KB231853

데이터 지향 프로그래밍의 원리

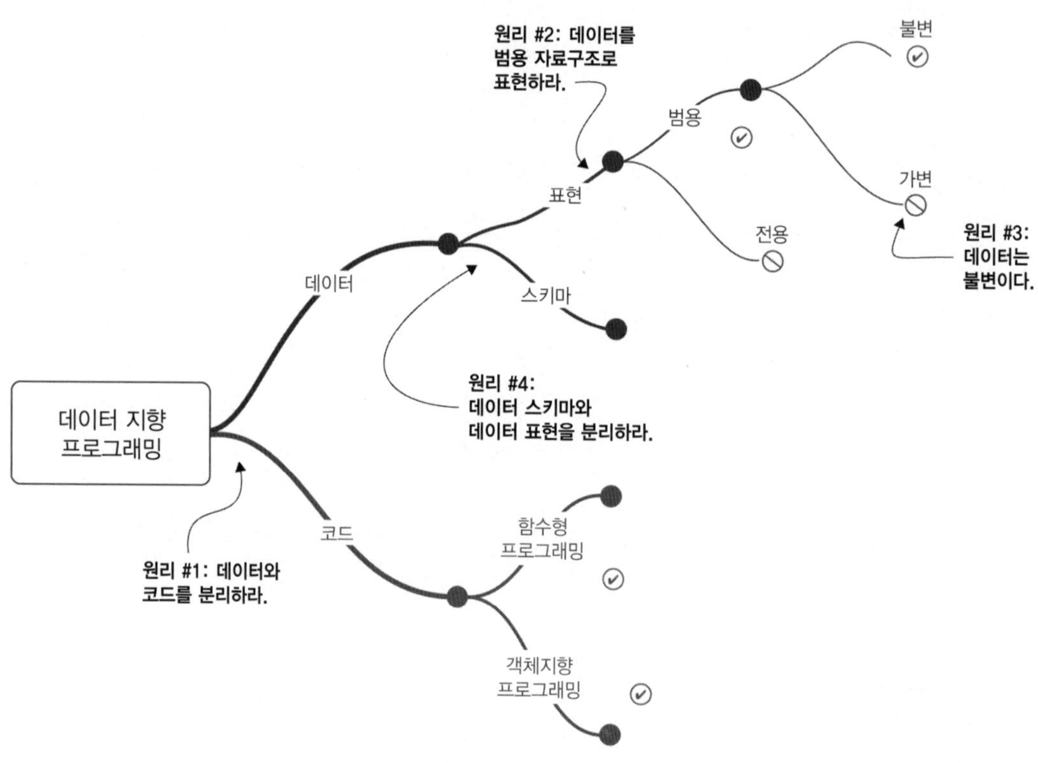

데이터 지향 프로그래밍

데이터 지향 프로그래밍

불필요한 복잡도를 낮추는 설계 원칙의 발견

예호나탄 샤르빗 지음

박성철 옮김

에이콘

에이콘출판의 기틀을 마련하신 故 정완재 선생님 (1935-2004)

언제나 문제투성이인 나를 지지해주는 카린[Karine]에게 프로그래밍 원리, 설계 방법, 아키텍처 방식, 심지어 언어의 기능조차 모두 (변화에) 적응하면서도 복잡성을 조직화하는 일과 관련돼 있다. 나는 2009년에 불변 데이터immutable data와 프로그램의 일부를 프로그램 자체 내부 데이터로 전환하는 두 가지 특성 때문에 클로저Clojure에 이끌렸고, 같은 이유로 최근에는 예호나탄 샤르빗이 쓴 이 책에 이끌렸다.

2005년에는 좋아하는 사람들과 함께 좋아하는 프로젝트 중 하나를 수행했다. 그건 자바 프로젝트였는데, 당시 자바 세계에서 일반적이지 않은 두 가지를 시도했다. 먼저, 핵심 데이터값을 불변으로 만들었다. 쉽지 않았지만, 효과가 아주 좋았다. 많은 클래스의 `clone`과 `deepClone` 메서드를 직접 작성했는데, 그로 인한 이득은 대단했다. 한 가지 예로, 사용자마다 개별화할 템플릿 문서가 필요하다고 가정하자. 전체 객체 트리의 복사본을 만들 수 있다면 객체 스스로는 자신이 템플릿 데이터인지 개별화된 데이터인지 알 필요가 없다. 결정은 그 참조를 가진 객체에 달렸다. 또 다른 큰 이점은 비교할 때다. 값이 불변이므로, 식별자가 동일하다는 것은 곧 값이 동등하다는 것을 의미한다. 따라서 동등성 확인을 매우 빠르게 할 수 있다.[1]

두 번째 기법은 (예호나탄이 이 책에서 보인 정도까지는 아니지만) 범용 데이터generic data를 활용하는 것이었다. 어떤 계층에 클래스 계층 구조가 있다고 할 때, 인접한 계층은 이 클래스를 좀 더 일반적인 클래스의 인스턴스로 표현한다. 한 계층의 멤버 변수는 다른 계층에서 맵에 담긴 필드로 서술될 수 있다. 이런 방식은 분명히 팀에서 몇몇 사람이 잡담처럼 가볍게 제안한 의견에 영향을 받은 것으로 보인다. 이 또한 바로 이득이 됐다. 다양한 구성으로 객체를 조합하고 재조합할 수 있었기 때문이다.

이와 같이 데이터 지향 프로그래밍DOP, Data-Oriented Programming은 우발적 복잡도accidental

1 5장에서 구조적 공유와 참조 비교에 대해 알 수 있다. – 옮긴이

complexity를 줄이고 작업하는 추상화의 수준을 높일 수 있다. 클래스에 범용 함수generic function를 만들어 넣은 결과, 프로그램의 반복되는 동작이 자연스럽지 않아 보일 것이다. 범용 함수가 있는 클래스는 프로그램 내부 값의 특정 부분 집합을 전담하는 작은 이름 공간namespace 같은 역할을 한다. 프로그램의 거의 모든 값은 맵과 리스트로 접어 넣을 수 있다. 객체 멤버의 이름(리플렉션 API를 사용해야 겨우 얻을 수 있는 데이터)은 맵의 키로 바꿀 수 있다. 이렇게 하면 코드가 조금씩 사라지는데, 이것이 깨달음의 첫 단계다.

이쯤 되면, 컴파일러가 컴파일하면서 멤버 이름을 사용해 코드에 오류가 없는지 확인하지 않느냐며 반대하는 사람이 있을 수 있다. 실제로 그렇다. 하지만 예호나탄이 컴파일 시점의 확인은 값에 오류가 없는지 확인하는 방법의 작은 하위 집합일 뿐이라는, 깨달음의 다음 단계로 우리를 안내할 것이니 믿어보자. 오류 확인 자체도 데이터로 만들 수 있다. 스키마를 프로그램 내부 값으로 만들 수 있을 뿐 아니라, 타입 시스템type system의 최전선에 있는 연구자들이 여전히 알아내려고 노력 중인 규칙도 적용할 수 있다. 이것이 두 번째 단계의 깨달음이다.

데이터 지향 프로그래밍은 특히 웹 API로 일할 때 빛난다. 통신에는 타입 시스템이 없으므로 요청에 포함된 데이터를 도메인 클래스에 그대로 매핑하려고 하면 구현이 복잡해질 뿐 아니라 쉽게 깨진다. 데이터를 데이터로 남겨두면 코드가 더 단순해지고 수백 메가바이트 크기의 프레임워크 라이브러리를 사용할 필요가 대폭 줄어든다.

그렇다면 캡슐화, 상속, 다형성이라는 객체지향 프로그래밍OOP, Object-Oriented Programming의 미덕은 이제 쓸모없는 것일까? 이 세 가지를 나눠 마치 '일품요리'처럼 각각 따로 맛볼 수 있다는 사실이 밝혀졌다(내 생각에 구현 상속은 이 중에서 가장 중요하지 않다. 종종 가장 먼저 배운 것임에도 그렇다. 나는 이제 프로토콜과 공유된 함수 서명을 통한 인터페이스 상속을 선호한다). 데이터 지향 프로그래밍은 전통적인 유형의 다형성을 제공한다. 첫 번째 인수의 자료형에 따라 여러 함수 중 하나로 디스패치dispatch하는 것이다(객체지향 언어에서 this는 암묵적인 메서드의 첫 번째 인자다. 생략된 첫 인자가 점(.) 앞에 올 뿐이다).[2] 하지만 데이터 지향 프로그래밍은 스키마 확인처럼 더 많은 역동성을 허용한다. 처음 두 인자의 자료형에 따라 디스패치한다고 생각해보자. 또는 인자에 오늘 날짜가 들어가 있는 '생일' 필드가 있는지에 따라 디스패치된다고 상상해보자. 이것이 깨달음의 세 번째 단계다.

캡슐화는 여전히 프로그램을 조직하는 논리에 적용해야 한다. 우리는 값이 아닌 하위 시스템을 캡슐화한다. 이 캡슐화는 데이비드 파나스David Parnas의 설계 결정 은닉design decision hiding을 구현한다. 하위 시스템 내부에서는 클래스가 강요하는, 단절된 이름 공간으로 데이터를 나누는 것을 그만둘 수 있다. 앨런 펄리스Alan Perlis는 "자료구조 열 개에 함수 열 개가 동작하는 것보다 자료구조 하나에 함수 100개가 동작하는 것이 더 낫다"고 말했다.

엔트로피와의 끝없는 전투 중에는 데이터 지향 프로그래밍으로 코드양을 줄여 싸움을 계속할 수 있고 추상화 수준을 높여 프로그램의 논리와 의미를 정확하고 명료하게 만들 수 있다. 데이터 지향 프로그래밍으로의 여정을 즐기고, 새로운 고원에 도착할 때면 잠시 멈춰 전망을 즐기면서 스스로에게 "데이터일 뿐이야!"라고 말하자.

— **마이클 나이가드**Michael T. Nygard

『Release의 모든 것』(한빛미디어, 2023)의 저자

2 OOP 특성을 가진 파이썬에서는 객체의 자기 참조가 명시적으로 첫 번째 인자로 선언되고 전달된다. 이 특성은 다른 특성과 함께 모듈라-3에서 온 것으로 알려졌다. – 옮긴이

이 책을 만난 시점은 정말 적절했다. 나는 거의 20년간 객체지향 프레임워크로 웹 앱을 구축했다. 스스로를 프로그래밍 전문가라고 생각하지는 않았지만, 전형적인 비즈니스 문제를 파악하고 데이터 모델을 구상하고 MVC 방식의 앱을 구축할 정도로는 내가 쓰는 도구에 대해 충분히 알고 있었다.

프로젝트의 시작은 늘 흥분됐다. 나는 구성 요소를 서로 연결하고 앱이 생명을 얻는 것을 보는 느낌을 정말 좋아한다. 하지만 일단 앱이 돌아가기 시작하면 문제에 빠지고 말았는데, 앱의 일부만 변경하고 싶어도 모델을 전부 검토해야만 했다. 테스트를 작성해야 한다는 것은 알았지만, 테스트하려면 너무 많은 상태를 설정해야만 했으므로 테스트가 그만한 가치가 있다고 느끼지 못했다. 변경하기 어려운 코드를 더 작성하고 싶지는 않았다. 콘솔에서 간단한 코드를 실행해보려고 해도 번거로웠다. 메서드를 호출하려면 데이터베이스 상태를 만들어야 했기 때문이다. 내가 잘못하고 있다고 생각했지만, 정밀한 테스트 프레임워크와 같이 익숙한 기존 해법은 일을 처리하기 쉽게 만들기보다는 오히려 복잡도를 더하는 것 같았다.

그러던 어느 날, 유튜브에서 클로저의 창시자인 리치 히키Rich Hickey의 발표를 봤다. 그는 함수형 프로그래밍FP, Functional Programming을 설명하면서 이를 객체지향과 비교했는데, 객체지향을 '장소지향 프로그래밍place-oriented programming'[3]이라고 부르면서 비꼬았다. 그의 주장이 맞는지는 확신할 수 없었지만, "당신이 아니라 당신의 언어가 문제입니다"라고 말하는 듯한 이면의 메시지에 흥미를 느꼈다. 결국 해당 주제와 관련해 찾을 수 있는 비디오는 모두 찾아봤고, 클로저가 답이 될 수도 있겠다는 생각을 하기 시작했다.

수년이 흘렀다. 나는 계속 클로저 영상을 보면서 함수형 원리를 가능한 한 적용하려고 시도해왔지만, 새로운 프로젝트를 시작할 때마다 손에 익은 프레임워크로 되돌아갔다. 완전히

---

3 데이터가 저장돼 있는 메모리 같은 특정 장소를 공유하고 제어하는 것이 핵심인 패러다임이라는 의미다. 결국 폰 노이만 아키텍처를 추상화지 않고 그대로 프로그래밍 언어 수준으로 노출한다는 뜻이다. – 옮긴이

다른 라이브러리 생태계를 가진 또 다른 언어로 바꾼다는 것은 너무나 큰 도약이었다.

그러다가 새로운 제품 개발을 막 시작하려던 시점에 이 책을 알게 됐다. 무엇보다 책 제목의 '데이터 지향[Data-Oriented]'이라는 단어가 마음을 울렸다. 예전에 봤던 클로저 비디오에서 프로그래머들이 이 말을 하는 것을 듣기는 했지만, 무슨 뜻으로 하는 말인지 명확히 이해하지는 못했다. 일일이 전용 객체를 만들기보다 맵이나 배열 같은 데이터 리터럴[data literal]을 사용해 시스템을 구축하는 것이 더 쉽다는 내용이었다. 내가 아는 언어는 데이터 리터럴을 훌륭하게 지원했으므로, 언젠가 클로저로 전환하는 대망의 날까지 나를 지탱해줄 만한 뭔가를 배워야 한다고 생각했다.

도입 부분을 읽자마자 첫 깨달음의 순간은 바로 다가왔다. 책의 서두에서 예호나탄은 자신이 클로저로 10년간 코드를 작성했음에도 이 책은 언어 중립적이고 예제는 자바스크립트로 제공될 것이라고 설명했다. 언어를 바꾸지 않고도 내가 프로그램을 작성하는 방식을 획기적으로 개선할 수 있다고 하니 믿을 수 없었다.

이 가능성에 너무 들떠 그 자리에서 책을 단숨에 다 읽어버렸는데, 그동안 보이지 않던 것이 보이기 시작했다. 내 코드는 테스트하기 어려웠다. 나는 ORM을 사용했고, 모든 기능이 데이터베이스 상태를 가정한 객체로 작성됐기 때문이다. 책에서 예제와 함께 설명된 내용을 도저히 무시할 수 없었다. 내게 필요한 것은 새로운 언어가 아니었다. 다른 프로그래밍 방식이 필요할 뿐이었다.

내가 대단하다고 생각하는 설계자들은 하나같이 좋은 설계란 분리해내는 것이라고 강조한다. 코드를 동작하게 만드는 일이 아니다. 엉겨 붙은 덩어리를 서로 다른 부분으로 떼어내고 전체에 영향을 주지 않고도 일부만 변경할 수 있게 해야 된다는 이야기다.

이 책에서는 코드와 데이터를 분리하며 그 결과는 놀랍고 흥미롭다. 더 나아가 특정 언어와 프로그래밍 방식을 분리하는 것으로 보인다. 나는 이제 클로저로 전환하지 않을 것 같고 더는 그래야 할 것처럼 느끼지도 않는다. 데이터 지향 프로그래밍은 내가 사용하는 언어의 새로운 가능성과 매일 등장하는 수많은 새 프레임워크를 보게 해줬다.

— **라이언 싱어**Ryan Singer

『Shape Up: Stop Running in Circles and Ship Work that Matters』의 저자

| 한국어판 추천의 글 |

소프트웨어는 물질적인 실체가 없습니다. 때문에 코드만 바꾸면 무궁무진하게 다양한 일을 해낼 수 있으므로 '손쉽게' 변경 가능한 무른 무엇이라고 생각하기 쉽습니다. 하지만 실제 소프트웨어는 엄청나게 복잡하고 그로 인해 경화되곤 합니다. 클래스 계층 구조와 함수 흐름이나 데이터 간의 의존 관계, 내재된 시간적 선후 관계 등이 복잡하게 뒤얽히면서 고객의 수정 요청을 코드에 적용하기 어려운 경우가 아주 많습니다. 따라서 개발 초기부터 이런 본질적인 소프트웨어의 복잡도를 낮춰서 최대한 말랑말랑하게 유지하기 위한 다양한 방법이 존재합니다.

이 책은 이런 문제를 해결하는 방법으로 데이터 지향 프로그래밍[DOP]을 소개합니다. DOP를 소개할 뿐 아니라 DOP라는 개념을 처음 접하면 질문을 던질 법한 내용들인 상태 관리, 동시성 제어, 테스트, 데이터 유효성 관리, 영속화, 디버깅 등에 대해서도 실제 예제를 통해 차근차근 설명합니다. 이를 통해 DOP의 핵심을 쉽게 이해할 수 있고 우리 프로젝트에도 차근차근 적용할 수 있습니다. 데이터와 코드의 분리, 순수하고 불변적인 데이터 구조, 상태가 없는 함수, 동적 디스패치 등과 같은 DOP의 개념은 하나의 시스템에서 돌아가는 앱뿐만 아니라 비동기적으로 여러 서버가 협력해 작동하는 분산 환경에서도 유용한 방법론이라고 생각합니다.

무엇보다도 부드럽고 자연스러운 번역 덕분에 이 책을 더 쉽게 이해할 수 있습니다. 여러 개발자에게 도움이 될 만한 좋은 책이 번역된 것이 무척 기쁩니다. 많은 분이 이 책을 읽고 좀 더 나은 개발자로 발전해나갔으면 좋겠습니다.

— **오현석**

(주)모빌리티42 CTO, 기술 서적 번역가

(『순수 함수형 데이터 구조』(에이콘, 2019), 『Kotlin in Action』(에이콘, 2017),

『리액트 훅 인 액션』(책만, 2024) 등 프로그래밍 관련 다수의 책 번역)

'자바 백엔드 개발은 웹 브라우저와 DB를 연결하는 인터페이스를 만드는 것에 불과하다'라는 자조적인 선언이 개발자 사이에 돌았던 기억이 있습니다. 비즈니스 로직은 DB가 담당하는 SQL과 저장 프로시저에 담겨 있고, 백엔드 코드는 웹 요청을 SQL로 만들어 DB에 전달하거나 DB에서 돌려받은 정보를 HTML, JSON, XML 등으로 변환하는 것이 전부라는 것이었죠. 결국 중요한 것은 데이터이고 애플리케이션은 데이터보다 수명이 짧으니 애플리케이션은 그저 DB 인터페이스로 만들면 충분하다는 이야기였습니다.

『데이터 지향 프로그래밍』이라는 제목을 봤을 때, 혹시 그때 들었던 이야기가 다시 반복되는 건 아닌가 하는 의심이 먼저 들었습니다. 하지만 책에서 설명하는 데이터를 지향하는 프로그래밍 방식은 전혀 달랐습니다.

저자는 행위라고 설명하는 애플리케이션 코드를 이용해 데이터를 다루는 놀랍도록 다양한 전략을 설명합니다. 백엔드 코드는 그저 DB 데이터의 포맷을 바꿔서 전달하는 인터페이스가 아니라, 범용적인 데이터로 표현되는 애플리케이션의 핵심 정보를 효과적으로 다루며 도메인과 애플리케이션 로직을 담을 수 있는 유용한 도구가 될 수 있다는 것을 보여줍니다.

가장 감탄한 것은 데이터를 처리하는 코드가 얼마나 효과적으로 동시성을 다룰 수 있으며 단위 테스트를 비롯한 다양한 테스트를 손쉽게 만들 수 있는지 보여주는 내용입니다. 이렇게 작성된 명료한 코드는 이해하기 쉽고 변경이 유연하며, 객체지향이 추구하고자 했던 것을 크게 포기하지 않으면서도 데이터를 잘 다루는 코드가 가능하겠다는 기대감을 갖게 합니다. 따라서 너무 많은, 비슷한 구조의 DTO 작성과 반복적인 단순 데이터 변환 코드에 지친다는 백엔드 개발자들에게 새로운 개발 전략을 찾기 위한 많은 힌트를 제공해줄 것입니다.

물론 대부분의 예제에서 사용한 자바스크립트나 그와 유사한 유연한 언어가 아니라면 분명 한계가 존재할 것입니다. 자바나 코틀린 개발자라면, 또 JPA와 같은 ORM에 익숙한 데이터 처리 기술을 포기할 수 없다면, 맵으로 표현한 데이터의 사용이 쉽지는 않으리라 생각합니다. 하지만 데이터를 다루는 언어 표현력의 발전에 도움을 받으면 새로운 길이 보이지 않을까 싶기도 합니다.

책에 나오는 대화의 많은 부분이 아마도 책을 읽는 기존 백엔드 개발 방식에 익숙한 개발자의 머리에 떠오를 것입니다. 이에 대해 저자가 어떻게 계속 설득하는지 따라가보면 꽤 많은 인사이트를 얻게 될 것입니다.

— **이일민**

이프릴Epril 대표 / 『토비의 스프링』 저자

| 지은이 소개 |

예호나탄 샤르빗 Yehonathan Sharvit

소프트웨어 엔지니어로 C++, 자바, 루비, 자바스크립트, 클로저, 클로저스크립트를 사용한 백엔드와 프론트엔드 프로그래밍에서 20년 이상의 경험을 쌓아왔다. 현재는 사이코그니토Cycognito에서 대규모 데이터 파이프라인의 소프트웨어 인프라를 구축하는 소프트웨어 아키텍트로 일하고 있다. 프로그래밍에 대한 열정을 블로그(https://blog.klipse.tech/)와 기술 콘퍼런스에서 공유하며, 엑스(https://x.com/viebel)에서 팔로우할 수 있다.

지은이의 말

2000년부터 소프트웨어 엔지니어로 일했던 내게는 2012년 이전과 이후가 명확하게 나뉜다. 2012년이 기준인 이유는 내가 클로저를 발견한 해가 2012년이기 때문이다. 클로저를 만나기 전까지 프로그래밍은 내 직업이었다. 그러나 클로저를 만난 후에 프로그래밍은 내 열정이 됐다.

몇 년 전, 클로저의 어떤 특징이 이 프로그래밍 언어를 내 스스로 큰 희열의 원천으로 여기게 했는지 문득 궁금해졌다. 그래서 나와 동일한 열정을 지닌 클로저 커뮤니티 회원들에게 이 질문을 공유했고, 클로저를 이토록 특별하게 만들어준 것은 언어의 특징이 아니라 원리에 있다는 사실을 알아냈다.

클로저의 핵심 원리를 정제하는 일에 착수하자, 이 원리가 사실 다른 프로그래밍 언어에도 적용 가능하다는 것을 깨달았다. 그때부터 이 책에 대한 발상이 떠오르기 시작했다. 내가 클로저에서 좋아하는 것들을 전 세계 개발자 공동체와 나누고 싶었다. 그러려면 클로저를 모르는 개발자들에게 생소한 아이디어를 분명히 표현할 수단이 필요했다.

이야기를 지어내는 것을 항상 좋아하던 나였지만, 프로그래머들이 내가 생각해낸 대화를 진지하게 받아들여줄지 확신이 없었다. 물론, 플라톤은 스승의 가르침을 전달하려고 '소크라테스 대화편'이라는 이야기를 지어냈다. 마찬가지로, 랍비인 유다 할레비Judah Halevi도 유대교의 토대를 설명하고자 카자르 왕의 이야기를 지어냈다. 하지만 이 두 작품은 사고의 영역에 속한다. 현실이 아니다.

그때 몇 년 전에 읽었던 경영 관련 서적인 『THE GOAL』(동양북스, 2019)이 떠올랐다. 엘리 골드렛Eliyahu Goldratt은 '제약 조건 이론theory of constraints'의 원리 덕에 공장을 살린 한 공장 관리자의 이야기를 지어내 그 책을 썼다. 플라톤, 유다 할레비, 엘리 골드렛은 이야기를 써서 발상을 나누고 싶다는 내 뜨거운 욕망을 정당화해줬다.

| 감사의 글 |

먼저 사랑하는 아내 카린[Karine]에게 고마운 마음을 전하고 싶습니다. 이 프로젝트를 진행하는 동안 그녀는 줄곧 나를 믿어줬으며, 내가 어둠에 겹겹이 싸여 있는 순간에도 빛을 볼 수 있도록 해줬습니다. 나의 멋진 아이들인 오다야[Odaya], 오렐[Orel], 아드바[Advah], 네호레이[Nehoray], 야이어[Yair]는 젊은 아빠 시절에 내가 만들어낸 이야기의 첫 관객이었고, 내가 쓴 것들 중 가장 아름다운 이야기입니다.

고마움을 표해야 할 많은 분들이 있습니다. 조엘 클라인[Joel Klein]은 예술과 영혼에 대해 매력적이고 풍성한 토론을 해줬습니다. 마이어 아몬[Meir Armon]은 책에서 빼야 할 내용을 결정하는 데 도움을 줬습니다. 리치 히키[Rich Hickey]는 클로저의 창시자입니다. 이 아름다운 언어는 이름조차 없던 데이터 지향 프로그래밍을 품고 있습니다. 크리스토프 그랜드[Christophe Grand]는 소중한 조언으로 데이터 지향 프로그래밍의 첫 세 원리를 정립하는 데 도움을 줬습니다. 마크 챔파인[Mark Champine]은 원고를 꼼꼼하게 검토하고 가치 있는 제안을 많이 해줬습니다. 에릭 노르맨드[Eric Normand]는 저를 격려해줬고 특히 자바에서 데이터 지향 프로그래밍을 적용하는 방법에 대해 조언해줬습니다. 버트 베이츠[Bert Bates]는 책을 쓰는 비법을 가르쳐줬습니다. 벤 버튼[Ben Button]은 JSON 스키마를 다루는 장을 검토해줬습니다.

매닝출판사의 모든 분들, 특히 첫 책이 실패했음에도 저와 계속 작업하는 데 동의해준 마이크 스티븐스[Mike Stephens], 시간을 내어 사소한 것까지 신경 써준 엘레샤 하이드[Elesha Hyde], 첫 장에 대한 긍정적인 피드백을 열정적으로 전해준 마리우스 부툭[Marius Butuc], 장 설명을 지금처럼 재미있게 만들어준 린다 코틀랴스키[Linda Kotlyarsky], 문장이 명료해지고 줄거리가 자연스러워지도록 해준 프란시스 부란[Frances Buran]에게 감사의 마음을 전합니다.

알렉스 구트[Alex Gout], 앨런 딩[Allen Ding], 안드레아스 샤버스[Andreas Schabus], 앤드류 제닝스[Andrew Jennings], 앤디 키르쉬[Andy Kirsch], 앤 엡스타인[Anne Epstein], 버톨드 프랭크[Berthold Frank], 크리스찬 크로처-벡[Christian Kreutzer-Beck], 크리스토퍼 카델[Christopher Kardell], 데인 발리아[Dane]

Balia, 다비드 카다무로Davide Cadamuro 박사, 엘리아스 일마리 리이나마Elias Ilmari Liinamaa, 에즈라 시멜로프Ezra Simeloff, 조지 토마스George Thomas, 기리 S.Giri S., 줄리아노 아라우조 베르토티Giuliano Araujo Bertoti, 그레고르 레이만Gregor Rayman, J. M. 보로비나 조스코J. M. Borovina Josko, 제롬 마이어Jerome Meyer, 헤수스 A. 후아레스 게레로Jesús A. Juárez Guerrero, 존 D. 루이스John D. Lewis, 존 겐터Jon Guenther, 켈룸 프라바스 세나나야케Kelum Prabath Senanayake, 켈빈 존슨Kelvin Johnson, 켄트 R. 스필너Kent R. Spillner, 킴 가브리엘슨Kim Gabrielsen, 콘스탄틴 에레민Konstantin Eremin, 마커스 게셀Marcus Geselle, 마크 엘스턴Mark Elston, 매튜 프록터Matthew Proctor, 마우리치오 토마시Maurizio Tomasi, 마이클 아이딘바스Michael Aydinbas, 밀로라드 임브라Milorad Imbra, 외제이 두만Özay Duman, 라파엘라 벤타글리오Raffaella Ventaglio, 라마난 나라라잔Ramanan Nararajan, 람바부 포사Rambabu Posa, 사우라브 싱Saurabh Singh, 세스 맥퍼슨Seth MacPherson, 실로 모리스Shiloh Morris, 빅터 듀란Victor Durán, 빈센트 테론Vincent Theron, 윌리엄 E. 휠러William E. Wheeler, 요게쉬 셰티Yogesh Shetty, 이반 펠리조트Yvan Phelizot 등 검토해주신 모든 분들의 제안 덕에 더 좋은 책을 만들 수 있었습니다.

마지막으로, 사촌 니심Nissim을 빼놓을 수 없습니다. 야만인 무리 같은 내 아이들과 놀아준 덕분에 오롯이 책에 집중할 수 있었습니다.

옮긴이 소개

박성철(gyumee@gmail.com)

중학교 2학년 때 이른바 '중2병'으로 컴퓨터에 푹 빠진 후 지금까지 40년가량 컴퓨터를 매개로 세상을 탐험하고 있다. 평생 혼자 살 운명이었으나 천사를 만나 구원받고 용인의 한적한 산기슭에서 아들과 함께 셋이서 행복한 가정을 꾸리고 산다. 지금은 컬리에서 멋진 개발자들과 함께 IT와 데이터 기술을 바탕으로 세상을 바꾸는 즐거운 퀘스트를 수행 중이다. 소프트웨어 개발에 대한 인식을 바꾸고 개발 현장을 개선하는 데 관심이 많다.

옮긴이의 말

마틴 클레프만Martin Kleppmann은 『데이터 중심 애플리케이션 설계』(위키북스, 2018)에서 소프트웨어가 이미 한 프로세스 또는 클러스터를 벗어나 다른 차원으로 확대됐다는 것을 명확히 보여줍니다. 다양한 이벤트(입력)를 다량으로 받아 빠르고 가볍게 처리해서 바로 응답(출력)해야 하는 현대의 시스템에서 개별 프로세스는 정교하고 복잡한 모델을 갖고 무거운 연산을 수행하기보다 단순히 데이터를 조작하면서 고도의 동시성과 반응성을 달성하는 것이 더 중요할 수 있습니다.

이 책은 문제를 단순하게 푸는 방법을 제시합니다. 시스템의 복잡성은 두 가지 측면에서 구분해볼 수 있습니다. 한 측면은 구조의 복잡성입니다. 어떤 시스템의 기존 구조가 단순할 수도, 복잡할 수도 있습니다. 또 다른 측면은 구성의 복잡성입니다. 한 시스템이 소수의 요소만으로 구성돼 단출할 수도, 여러 이질적인 요소가 마구 섞여 잡다할 수도 있습니다. 후자는 복합성이라고 달리 부를 수도 있겠습니다. 어떤 시스템은 복잡성은 높지만 복합성은 낮고, 어떤 시스템은 복잡성은 낮지만 복합성은 높습니다. 당연히 둘 다 높거나 낮은 시스템도 있습니다.

어떤 기술은 (구조가) 복잡한 문제는 잘 해결하지만 (구성이) 복합적인 문제를 푸는 데 그리 적합하지 않을 수 있습니다. 단순하지만 복합적인 시스템은 함수와 데이터 수는 많고 추상화 깊이는 낮습니다. 복잡한 문제에 적합한 기술을 복합적인 문제에 사용하게 되면 본질적 복잡성(해결하려는 문제 자체의 복잡성)에 우발적 복잡성(사용되는 기술 자체의 복잡성)까지 더해져 시스템 구축이 지나치게 복잡해질 수 있습니다.

저자는 오랫동안 클로저 커뮤니티에서 경험한 효과적이고 단순한 문제 해결 방식이 다른 프로그래밍 언어에서도 그대로 적용 가능하다고 생각하고, 그 원리와 구현 방식을 정리해 '데이터 지향 프로그래밍DOP'이란 이름을 붙여 소개합니다.

책을 읽는 많은 객체지향 프로그래밍OOP 개발자와 함수형 프로그래밍FP 개발자가 어쩌면 화를 낼지도 모릅니다. OOP 개발자에게는 FP를 다른 이름으로 포장해 설명하면서 지금까지 쌓아온 OOP를 섣불리 무너뜨리려는 것으로 보일 테고, FP 개발자에게는 잘못된 유사 FP를 가르치는 시도로 보일 것입니다.

저자가 통상의 OOP가 시스템을 복잡하게 만드는 경향이 있다며 보여주는 OOP 설계 예시가 확실히 좋은 설계라고는 할 수 없습니다. 하지만 흔히 보게 되는 (능숙하게 적용되지 못한) OOP인 것은 맞습니다.

저는 자바를 주로 사용합니다. 자바는 처음 세상에 소개될 때 OOP 언어를 표방했고, 급속히 가장 인기 있는 언어로 자리매김한 이유도 OOP의 인기에 편승했다는 점에서 찾을 수 있을 것입니다. 클래스를 만들지 않고는 동작하는 코드 한 줄도 작성하지 못하는 자바의 OOP에 대한 입장은 아주 견고해 보였습니다. 이런 자바도 자바 8 이후로 지난 10여 년간 람다식, 메서드 참조, 함수 인터페이스, 스위치식, 패턴 매칭, 레코드, 밀봉 클래스sealed class 등 OOP와 상관없어 보이는 여러 언어적인 개선을 이루고 있습니다.

자바의 이런 변화는 사실 당연한 듯 보입니다. 자바를 제외하고는 대부분의 언어가 다중 패러다임의 길을 걷기 때문입니다. 어찌 보면 자바는 사람들의 성원에 못 이겨 애써 따라가는 형세이므로, 아무도 이런 변화에 의문을 던지지 않는 분위기입니다. 하지만 이런 개선 사항을 어떻게 활용할지를 두고 토론이 벌어지면 저마다 생각이 다릅니다.

누군가는 이제 자바도 FP를 할 수 있게 됐다면서 FP를 해야 한다고 주장합니다. 다른 한편에서는 그저 화려한 표현이 추가됐을 뿐 프로그래밍 방식에 아무런 영향이 없다고 생각합니다.

새로운 언어 변화를 어떻게 사용하면 좋을지 안내하는 지침이 없다 보니 성급한 사람들은 최대한 최신 표기법을 적용하고 싶어 안달이고, 조심스러운 사람들은 성능과 가독성 등을 문제 삼으면서 이런 분위기를 불편해합니다.

자바 아키텍트이면서 앰버 프로젝트를 이끄는 브라이언 게츠Brian Goetz는 2022년 인포큐InfoQ에 '자바 데이터 지향 프로그래밍Data-Oriented Programming in Java'이란 글을 기고하면서 이것이 자바 8 이후의 개선 사항을 적절하게 활용하는 패러다임이라고 소개합니다. 게츠는 복잡한 문제는 기존의 OOP를 활용해 풀고 단순한 문제는 단순하게 풀라면서 자바 최신 개선 사항으로 DOP를 적용하는 예를 보여줍니다.

애플리케이션 전체가 아닌 일정 계층이나 영역에 DOP를 적용하는 것도 좋습니다. 예를 들어, 도메인 모델은 객체지향 모델링을 적용하더라도 외부와 통신하는 계층만 DOP를 적용하는 것을 고려할 수 있습니다. 경계를 구분할 때는 OOP의 캡슐화를 적극적으로 활용하고 세부 구현에는 DOP를 적용하는 것도 가능합니다.

상속 계층이 깊거나 클래스 내부에 은닉되는 구현이 복잡하고 클수록 OOP는 장점이 부각됩니다. 반면에 상속 깊이가 얕거나 내부 구현이 단순할 때 OOP는 비용만 많이 들고 별 도움이 안 된다고 느껴질 수 있습니다.

OOP가 특별히 도움이 되지도 않고 부담이 되지도 않는, 그래서 어느 프로그래밍 패러다임을 사용해도 상관없는 중간 지대도 상당히 클 것입니다.

게츠가 소개한 DOP와 이 책의 DOP는 완전히 동일하지 않습니다. DOP가 클로저 커뮤니티에서 도출된 만큼 DOP의 네 가지 원리에는 클로저 또는 클로저의 모태가 되는 리스프Lisp의 특성이 반영돼 있습니다. 클로저는 범용 자료구조를 적극적으로 사용하고 동적 타입이면서 함수형 프로그래밍을 지원하는 현대적인 리스프 방언입니다.

게츠는 DOP의 네 가지 원리에서 두 가지는 수용하면서 정적 타입 언어와 맞지 않는 두 가지는 적절하게 정적 타입 언어의 특징으로 흡수하는 유연성을 보입니다. 그리고 여전히 OOP를 기본으로 삼으면서 DOP를 보조로 사용하도록 권합니다. 게츠가 제시했던 자바용 DOP는 최근에 다음과 같은 (이 책에서 제시하는 원리와 다른) 네 가지 원리로 정리됐습니다.

- 데이터를 불변하면서도 투명하게 모델링하라.
- 데이터를 온전히 데이터 그 자체로 모델링하라.
- 잘못된 상태가 발생하지 않게 하라.
- 데이터와 동작을 분리하라.

이런 자바의 데이터 지향 프로그래밍 도입 시도는 다른 다중 패러다임 언어에서도 참고가 될 것입니다.

이 외에도 DOP를 실무에 적용하기 위한 부가적인 기법을 함께 소개하지만, 자바의 DOP는 자바의 최신 개선 사항을 소개하는 수준에 머물러 있어 추가적인 논의가 필요합니다.

책을 읽는 동안, 동의하지 않는 부분이 있더라도 일단 책의 안내에 따라 인내심을 갖고 끝까지 따라가볼 것을 권합니다. 특히 부록의 내용은 유용합니다. 이 책의 부록은 본문이 대화를 통한 이야기 형식이라 담아내지 못한 이론적인 내용이 잘 정리된, 또 다른 본문입니다. 이렇게 다 읽고 나서 책의 개념을 어떻게 적용할지 고민해보길 바랍니다.

어떤 분야(또는 어떤 언어)에서는 책에서 제시하는 네 가지 원리를 모두 적용하는 것이 의미가 있을지도 모릅니다. 반면 어떤 경우에는 한두 가지만 의미가 있을 것입니다.

개인적으로 범용 자료구조(특히 이종 맵)와 범용 함수는 (책에서 의사코드처럼 쓰인) 자바스크립트와 같이 맵 리터럴이 있는 동적 타입 언어에서는 자연스러울 수 있어도 정적 타입 언어(적어도 자바)에서는 적잖이 고민하게 될 것입니다. 부록에서는 정적 타입 언어에서 범용 자료구조와 함수를 사용하는 방법을 모색하지만, 다소 억지스럽고 한계가 있습니다. 저자의 주장과 달리 자바용 범용 함수 라이브러리 같은 생태계도 그리 건실하지 않습니다.

마지막으로, 마이클 T. 나이가드와 라이언 싱어가 쓴 '추천의 글'을 이 책을 읽기 전과 후에 꼭 읽어보길 바랍니다. 이렇게 책의 의미를 잘 소개한 추천사를 지금껏 본 적이 없다고 느낄 정도로 훌륭한 추천사이기 때문입니다. 특히 나이가드의 추천사는 그의 연륜이 느껴질 정도로 깊이가 있습니다(이 '옮긴이의 말'은 두 추천사를 읽을 것을 권하는 이 문단 외에는 쓸모없다고 해도 과언이 아닙니다).

마지막으로, 부족한 번역으로 인해 불편을 끼칠 것에 대해 미리 사과합니다. 그래도 부단히 노력한 결과인 만큼 즐거운 여정에 도움이 되길 바랍니다.

베타 리더의 한 마디

2021년 겨울부터 클로저를 사용하고 공부해오면서 문제에 대한 클로저의 유연하고 자유로운 접근 방법에 대해 감탄하곤 했습니다. 강력한 REPL, 범용 자료구조를 전제하고 만들어진 수많은 함수와 매크로들을 사용하는 것은 재미있고 지적으로도 자극적인 일이었습니다. 또한 프로그래머로서도 한 걸음 나아가는 기분을 느낄 수 있었습니다.

클로저의 방식을 익혀가는 것은 '단순함'이란 개념을 새로 쌓아 올리는 경험이기도 했습니다. 하지만 지인이나 친구들에게 생소한 프로그래밍 언어와 관련된 책을 권하기란 쉬운 일이 아니었습니다. 리스프의 문법이 시각적으로 난해하게 느껴진다는 것도 한 가지 이유였습니다.

박성철 님의 권유로 운 좋게 이 번역서를 출간 전에 미리 읽을 수 있었습니다. 이 책은 제가 클로저 프로그래밍 언어의 장점(불변성, 범용 자료구조, 데이터와 코드의 분리 등)이라 생각했던 것들을 DOP라는 보편적 패러다임으로 정제해 누구나 이해하기 쉬운 문법의 코드로 소개하고 있었습니다. 이 책은 복잡한 알고리듬을 충분히 이해하고 있거나 유행하는 프로그래밍 스타일들에 대한 지식을 준비해둬야만 읽을 수 있는 책이 아니며, 리스프 경험이 필요하지도 않습니다.

이 책은 데이터라는 가장 중요한 개념을 바탕으로 작고 단순한 것들을 순서대로, 그리고 반복적으로 짚어나갑니다. 한 장씩 읽어가면서 내가 주위 사람들에게 권하고 싶었던 것이 클로저라기보다는 DOP였을지도 모르겠다는 생각이 들었습니다. 이제 용기를 내어 주위 사람들에게 추천할 만한 좋은 책을 한 권 더 발견하게 된 것 같아 기쁩니다.

— **이종립**

카카오페이손해보험 백엔드 개발자

저는 오랫동안 자바를 사용해 객체지향 방식으로 엔터프라이즈 애플리케이션을 개발해왔습니다. 2010년 봄에 한 세미나에서 'Scalability'라는 발표를 통해 스칼라를 접하게 됐고, 이를 계기로 함수형 프로그래밍과 객체지향 프로그래밍을 모두 지원하는 스칼라를 통해 함수형 프로그래밍의 기초를 쌓을 수 있었습니다.

2014년 자바 8의 등장은 자바 개발자들에게 새로운 지평을 열어줬습니다. 람다식, 메서드 참조, 스트림, 옵셔널 등의 함수형 기능들은 자바 코드를 더욱 간결하고 직관적으로 만들어줬습니다. 이후 자바는 지속적으로 발전해 레코드, 밀봉 클래스, 패턴 매칭 등과 같은 다양한 언어적 개선이 이뤄졌습니다. 이러한 발전 덕분에 저는 객체지향과 함수형 프로그래밍을 적절히 조합해 더욱 효율적인 개발을 할 수 있게 됐습니다.

그러나 여전히 복잡한 도메인 로직은 객체지향 설계에 주로 의존하고 있었습니다. 객체지향은 복잡한 시스템의 상태 관리나 타입 확장에 강력한 도구이지만, 모든 문제에 대한 최적의 해답은 아니었습니다. 때로는 객체지향을 무분별하게 적용하려다 보니 오히려 시스템의 복잡성만 증가하는 경우도 있었습니다.

이런 고민 속에서 역자의 추천으로 브라이언 게츠가 인포큐에 기고한 '자바 데이터 지향 프로그래밍Data-Oriented Programming in Java'이라는 글을 접하게 됐고, 새로운 가능성을 발견했습니다. 이어서 이 책을 통해 복잡성을 줄이고 유연성을 극대화하는 새로운 프로그래밍 패러다임에 대해 배울 수 있게 됐습니다.

이 책은 기존의 객체지향 또는 함수형 프로그래밍 패러다임에서 벗어나 데이터 자체와 그 변환 과정에 집중하는 사고방식을 제시합니다. 즉, 데이터를 독립적인 개체로 취급하고 데이터가 시스템을 통해 어떻게 변화하고 흐르는지에 초점을 맞추는 것입니다. 데이터를 처리하는 코드에서 데이터를 분리하면, 시스템의 복잡성을 줄이고 데이터 불변성을 보장하며 일반화된 데이터 구조를 활용해 복잡한 클래스 계층 구조에 의존하지 않고 유연한 설계를 구현할 수 있습니다.

또한 실용적인 예시와 대화 형식의 설명을 통해 테스트, 동시성 처리, 상태 관리와 같은 실질적인 문제 해결 방법을 자연스레 익힐 수 있게 해주며, 딱딱한 설명 방식에서 벗어난 친근한 어조와 풍부한 예제 코드 덕분에 초급 개발자부터 숙련된 개발자까지 모두 데이터 지향 프로그래밍의 원리를 쉽게 이해하고 적용할 수 있습니다.

하나의 기술이나 패러다임만으로 모든 시스템의 문제를 해결할 수는 없지만, 다양한 접근법을 알면 사고를 확장하고 고정관념에서 벗어날 수 있습니다. 단순히 새로운 기술을 배우는 것을 넘어, 프로그래밍에 대한 새로운 시각을 원하는 분들에게 강력히 추천합니다!

마지막으로, 이 책을 번역해주신 박성철 님께 깊은 감사와 존경을 표합니다. 평소 끊임없이 전문성을 추구하고 개발자의 사회적 책임을 강조하는 그의 모습에서 언제나 배우고 있습니다. 또한 지속적인 학습과 성장에 대한 태도, 그리고 관련 지식을 커뮤니티와 나누려는 노력은 우리 모두에게 큰 영감이 됩니다.

— **박용권**

당근 시니어 소프트웨어 엔지니어 겸 엔지니어링 리더

대부분의 평범한 자바 개발자와 같이 OOP를 어설프게 익힌 후 연명하는 저에게 DOP는 너무 낯설었습니다. 객체가 아닌 데이터를 일급 시민으로 취급하는 프로그래밍 패러다임은, 요구 사항을 구현하기 위해 객체부터 설계하고 보는 제게는 정말 생소했습니다. 책 속의 등장인물들이 최초 설계한 클라핌의 프로그래밍 패러다임을 OOP에서 DOP로 변화시키는 과정을 따라가면서 제 스스로가 부끄럽게 여겨지기도 했습니다. 책을 읽으면서 '자바로 DOP를 구현할 수 있을까?'라는 고민을 하는 저를 위해 이 책의 부록 B에서는 정적 타입 언어로 범용 데이터를 다루는 예시를 보여줍니다. 이야기를 따라가면서 이렇게 저렇게 궁리를 해봐도 자바보다는 함수형 프로그래밍 언어를 사용하는 게 쉽겠다는 생각이 머릿속을 가득 채웁니다. 클로저를 배워보고 싶다는 생각도 들었습니다. 자바에 최근 도입된 레코드, 밀봉 클래스, 패턴 매칭을 좀 더 적극적으로 사용해봐야겠습니다.

이 책에서는 DOP의 네 가지 원리를 설명하고 각 원리가 갖는 이점과 결점, 비용을 나열해 DOP를 도입하기 위한 기준을 세울 수 있도록 독자에게 제공하고 있습니다. 이 흐름은 무척 합리적인 의사결정 과정을 보여줍니다. 따라서 책을 읽은 후 현실에 반영하기 전에 DOP의 장단점을 비교함으로써 적절하게 채용할 수 있을 겁니다. 책이 나오면 개발자들과 읽으면서 의견을 나눠보려 합니다.

운 좋게도 성철 님이 번역하는 과정을 관찰하다가 베타 리뷰까지 참여하게 됐습니다. 여러 번역어를 두고 고민하시는 모습을 곁에서 지켜본 저로서는 번역이란 작업은 정말 아무나 못할 힘겨운 과정임을 다시 한번 실감하게 됐습니다.

— **김지헌**

컬리 시니어 백엔드 개발자,

『Boot Spring Boot!』(지앤선, 2018) 저자

| 차례 |

개발자가 시스템을 덜 복잡하게 구축할 수 있도록 돕고자 쓰인 책이다. 따라서 이 책에 포함된 발상들은 프론트엔드 애플리케이션, 백엔드 웹 서버, 웹 서비스와 같이 정보를 조작하는 시스템에 주로 적용 가능하다.

이 책의 대상 독자

자바, C#, C++, 루비, 파이썬 같은 고급 프로그래밍 언어를 사용한 경험이 있는 프론트엔드, 백엔드, 풀 스택 개발자를 위한 책이다. 객체지향 프로그래밍 개발자라면 이 책에서 제시하는 몇 가지 발상이 다소 불편할 수 있고 이미 익숙한 프로그래밍 패러다임을 버려야 할 수도 있다. 함수형 프로그래밍 개발자는 이 책을 좀 더 쉽게 소화할 수 있다. 하지만 그들에게도 놀랄 만한 요소는 있을 것이다.

이 책의 구성: 로드맵

데이터 지향 프로그래밍[DOP]의 가치와 DOP 원리를 실제 운영 시스템에 적용하는 방법을 대화를 통한 이야기 방식으로 설명한다. 따라서 이 이야기를 따라 각 장을 순서대로 읽는 것을 권하지만, 어떤 장은 다른 장에 비해 독자의 호기심을 유독 자극할 수도 있다. 그럴 때는 1부와 7장의 내용이 2부와 3부를 이해하는 데 필요하다는 점을 유념하자.

이 책 전반에 걸쳐, 범용 함수로 데이터를 조작하는 방법을 설명하는 데 로대시[Lodash](https://lodash.com/)가 사용된다. 읽으려는 코드가 잘 모르는 로대시 함수를 사용한다면, 부록 D에서 그 함수의 행위를 확인할 수 있다.

1부, '유연성'은 여섯 장으로 구성돼 있고 기존 객체지향 프로그래밍[OOP]의 문제점을 집중적으로 다루면서 DOP를 무대 중앙에 등장시켜 DOP의 기본 원리를 사용해 유연한 시스템을 구축하는 방법을 알려준다. 1부에 속하는 장들은 다음과 같다.

- **1장. 객체지향 프로그래밍의 복잡성** OOP의 복잡성을 살펴본다. 그러고 나면 DOP 대서사가 시작된다. 선임 개발자 테오와 촉망되는 동료 데이브의 대화를 들어보자. OOP의 복잡성을 두고 고민하는 테오에게 공감해보고, 다른 프로그래밍 패러다임을 시도해봐야 하는 당위성을 만나보자.
- **2장. 코드와 데이터 분리** 시스템의 복잡도를 낮추고 유연성을 높일 해결책을 찾는 우리 친구 테오를 볼 수 있다. 어쩌면 그는 해고될 수도 있는 '위기'를 마주하고 있다. 이때 DOP라는 답을 가진 숙련된 개발자 죠가 등장한다. DOP 원리 #1이 정보 시스템의 복잡도를 경감하는 데 어떻게 도움이 되는지 알아보자.
- **3장. 기본 데이터 조작** DOP 원리 #2를 적용해 캡슐화된 데이터를 경직된 클래스에서 분리함으로써 범용 함수로 자유롭게 조작하는 방법을 탐구한다. 혁명 만세!
- **4장. 상태 관리** 다중 버전 방식의 상태 관리를 탐구한다. DOP에서는 상태가 단지 데이터일 뿐이므로, 시간을 거슬러 시스템을 이전 상태로 복원할 수 있다. DOP에서는 시간 여행이 현실인 것이다!
- **5장. 기본 동시성 제어** 낙관적 동시성 제어 전략을 적용해 시스템이 동시에 다량의 데이터를 읽고 쓸 수 있게 해준다. 동시성 제어에 잠금은 필요 없다.
- **6장. 단위 테스트** 분위기 좋은 카페에서 다룰 정도로 데이터 지향 코드의 단위 테스트가 얼마나 쉬운지를 증명하는 죠를 만나게 된다. 커피 한 잔과 함께 죠와 DOP 단위 테스트를 직접 작성해보면서 (데이터 변경을 포함해) 왜 그리 간단한지를 알아보자.

2부, '확장성'은 데이터 확인, 다중 스레드 환경, 대량 데이터 컬렉션, 데이터베이스 접근, 웹 서비스를 집중적으로 다루며 대규모 DOP 시스템을 구축하는 방법을 설명한다. 시스템 규모를 키울 필요가 있더라도 조금도 걱정할 필요는 없다.

- **7장. 기본 데이터 유효성 확인** 시스템으로 들어오고 나가는 데이터가 유효한지 확인하는 방법을 알려준다. 죠의 말처럼, DOP에서는 데이터 유효성 확인을 강요하지 않지

만 필요할 때는 할 수 있다. 유효성을 확인할 것이냐 말 것이냐, 그것이 문제로다.

- **8장. 고급 동시성 제어** 죠가 원자 메커니즘 구현의 세부 내용을 자세히 설명한 후에 잠금을 전혀 사용하지 않고 스레드 안전한 방식으로 전체 시스템 상태를 관리하는 방법을 배우게 된다. 많은 일을 아주 단순하게 해결할 수 있다.
- **9장. 영속 자료구조** 죠는 좀 더 학문적인 분위기의 장소로 이동해서 안전하면서도 확장 가능하게 데이터의 불변성을 보존하는 방법의 내부 동작 방식은 물론, 데이터 크기와 상관없이 효율적인 방식으로 구현하는 방법까지 설명한다.
- **10장. 데이터베이스 작업** 데이터베이스의 데이터를 유연하면서도 (당연히) 덜 복잡한 방식으로 표현하고, 얻고, 조작하는 방법을 알려준다.
- **11장. 웹 서비스** 웹 서비스와 통신하는 것이 얼마나 단순한지 깨닫게 해준다. '시스템 내부를 구축하듯 외부를 구축하라'는 죠의 말이 무슨 뜻인지 배우게 된다.

3부, '유지보수성'은 고급 데이터 유효성 확인, 다형성, 명료한 코드, 디버그 기법 등 팀으로 일할 때 꼭 익혀야 하는 DOP 기술을 다룬다. 팀 개발의 세상에 온 것을 환영한다.

- **12장. 고급 데이터 유효성 확인** 앞으로 다루게 될 데이터의 형태를 알 수 있게 해준다. 시스템 내부에서 흐르는 데이터의 유효성을 확인하는 방법을 배우게 되는데, 함수의 인자와 반환값의 원하는 형태를 정의하면 개발이 쉬워진다.
- **13장. 다형성** 테오와 데이브는 전원에서 열리는 수업으로 우리를 데려간다. 동물과 함께하는 그곳은 객체 없이 다중 메서드로 구현하는 다형성을 배우기에 최적의 장소다.
- **14장. 고급 데이터 조작** 데이브와 테오가 죠의 지혜로운 조언을 적용해 장황한 코드를 간결한 코드로 바꾸면서 그들만의 데이터 조작 도구를 만드는 방법을 보게 된다. 죠는 또 한 번 '말 앞에 마차를 두라'는 주옥 같은 조언을 해준다.
- **15장. 디버그** 과학 박물관에 간 데이브와 테오는 버그를 재현하고 수정하는 혁신적인 해결책을 창안하면서 마지막 환호를 지른다.

이 책에는 네 가지 부록이 수록돼 있다.

- **부록 A. 데이터 지향 프로그래밍 원리** 1부에서 자세히 다룬 네 가지 DOP 원리를 하나씩 요약하고, 각 원리가 함수형 프로그래밍과 객체지향 프로그래밍에 어떻게 적용될 수 있는지를 설명한다. 각 원리의 이점과 원리를 지킬 때 따르는 비용도 알려준다.
- **부록 B. 정적 타입 언어의 범용 데이터 접근** 자바나 C# 같은 정적 타입 프로그래밍 언어에서 범용 데이터에 접근하는 다양한 방법을 제시한다.
- **부록 C. 패러다임의 발전과 데이터 지향 프로그래밍** DOP에 영감을 준 여러 발상과 경향을 탐구한다. 대규모 시스템에 적용 가능한 새로운 발견을 살펴본다.
- **부록 D. 로대시 요약** 로대시 함수를 정리한다. 로대시는 이 책 전체에서 변경 없이 범용 함수로 데이터를 조작하는 방법을 설명하는 데 사용된다.

예제 코드

이 책의 예제 코드 대부분은 자바스크립트다. 자바스크립트를 사용한 이유는 두 가지다.

- 자바스크립트는 함수형 프로그래밍과 객체지향 프로그래밍 방식 모두를 지원한다.
- 자바스크립트는 언어를 잘 모르는 사람도 의사코드처럼 전체적인 흐름을 파악하며 읽을 수 있는 쉬운 문법을 갖고 있다.

다른 프로그래밍 언어를 사용하는 독자가 예제 코드를 쉽게 이해할 수 있도록 화살표 함수arrow function나 비동기 표기법 같은 고급 언어 특징은 피하고 기본 자바스크립트 문법만 사용했다. DOP를 정적 타입 언어에 적용하는 데 개념상 어려움이 있을 경우에는 자바 예제 코드를 추가했다.

문장에 포함된 코드나 별도 예제 코드는 `this`처럼 고정폭 글꼴을 사용했다. 원본 소스 코드는 대부분 종이책에 맞게 줄 바꿈을 추가하거나 들여쓰기를 다시 맞추는 등 형식이 변경됐다. 또한 예제 코드에는 부가 설명을 추가해 중요한 개념을 더 명확히 나타냈다.

실행 가능한 예제 코드는 이 책의 온라인 버전인 라이브북liveBook(https://livebook.manning.com/book/data-oriented-programming)이나 깃허브(https://github.com/viebel/data-oriented-programming)에서 얻을 수 있다.

동일한 코드를 에이콘출판사 도서정보 페이지(www.acornpub.co.kr/book/data-oriented-programming)에서 다운로드할 수 있다.

표지 설명

표지의 그림은 1797년에 발표된 자크 그라세 드 생소뵈르Jacques Grasset de Saint-Sauveur의 작품집에 수록된 '산토리니 섬의 소녀Fille de l'Isle Santorin'다. 자크 그라세 드 생소뵈르는 각 삽화를 손으로 섬세하게 그리고 채색했다.

당시에는 복장만으로도 사는 곳과 직업 또는 신분을 쉽게 파악할 수 있었다. 매닝은 이와 같은 작품집의 그림에서 여러 세기 전 지역 문화의 풍부한 다양성을 되살리고, 이를 바탕으로 책 표지를 꾸며 컴퓨터 산업의 창의성과 진취성을 기념한다.

등장인물

테오Theo: 시니어 개발자

낸시Nancy: 기업가

모니카Monica: 매니저(테오의 상사)

데이브Dave: 주니어 개발자(테오의 동료)

죠Joe: 독립 프로그래머

케이Kay: 치료사(죠의 아내)

제인Jane: 테오의 아내

니라이아Neriah: 죠의 아들

오렐리아Aurelia: 죠의 딸

이 이야기는 샌프란시스코를 무대로 펼쳐진다.

문의

한국어판의 정오표는 에이콘출판사 도서정보 페이지(www.acornpub.co.kr/book/data-oriented-programming)에서 확인할 수 있다.

한국어판에 관해 질문이 있다면 에이콘출판사 편집 팀(editor@acornpub.co.kr)이나 옮긴이의 이메일로 연락 주길 바란다.

Part 1

유연성

월요일 아침이다. 테오도르Theodore(이하 테오Theo)는 낸시Nancy와 함께 샌프란시스코 동물원 근처에 있는 이탈리아식 커피숍인 라 비타 에 벨라La Vita è Bella의 테라스에 앉아 있다. 낸시는 자신의 스타트업인 클라핌Klafim의 개발 에이전시를 찾는 기업가다. 테오는 스타트업의 신뢰를 다시 얻으려고 노력하는 소프트웨어 개발 에이전시인 알바트로스에서 일한다.

낸시와 그녀의 동업자는 책을 위한 소셜 네트워크 서비스인 클라핌의 초기 자본을 모금했다. 클라핌이 제안하는 고유의 가치는 사용자들이 동네 도서관에서 책을 빌리고는 온라인에서 만나 책에 대해 토론할 수 있게 함으로써 온라인 세계와 실세계를 결합하는 것이다. 제품의 대부분은 이미 존재하는 온라인 서비스를 통합해 구현되며, 낸시가 '통합 도서관 관리 시스템Global Library Management System'이라고 부르는 부분만이 개발해야 할 유일한 소프트웨어 영역이다. 웨이터가 테오에게 진한 에스프레소를, 낸시에게 우유를 곁들인 아메리카노를 내오면서 두 사람의 논의가 잠시 중단된다.

테오 통합 도서관 관리 시스템이 뭔가요?

낸시 장서 목록과 도서관 회원을 중심으로 도서관의 기본 관리 기능을 처리하는 소프트웨어 시스템이에요.

테오 좀 더 자세히 설명해주실 수 있나요?

낸시 물론이죠. 우선 빠르게 시제품을 만들어야 합니다. 클라핌에 대한 시장 반응이 좋으면 큰 프로젝트를 진행할 예정입니다.

테오 시제품은 어떤 기능이 필요한가요?

낸시는 커피잔 밑에 깔린 냅킨을 꺼내 항목별로 요구 사항 몇 가지를 적는다.

클라핌 시제품의 요구 사항

- 사용자에는 도서관 회원과 사서, 두 유형이 있다.
- 사용자는 이메일과 비밀번호로 시스템에 로그인한다.
- 회원은 책을 빌릴 수 있다.
- 회원과 사서는 제목이나 저자로 도서 정보를 검색할 수 있다.
- 사서는 회원에 대해 대출을 금지하거나 해제할 수 있다(예: 반납 연체 회원).
- 사서는 회원에게 대출된 책 현황을 조회할 수 있다.
- 도서 하나에 인쇄본이 여러 권 있을 수 있다.
- 책은 실제 도서관이 소유한다.

테오 그렇군요. 명확하네요.

낸시 회사에서 시제품을 만드는 데 얼마나 걸릴까요?

테오 한 달 안에 끝낼 수 있을 것 같습니다. 마감일을 수요일인 30일로 하시죠.

낸시 너무 오래 걸리네요. 2주 안에 만들어야 해요!

테오 무리입니다! 기능을 한두 개 줄일 수 있을까요?

낸시 안타깝게도 모든 기능이 꼭 필요하지만, 원하신다면 검색은 아주 기본적인 기능만 구현해도 됩니다.

(테오는 이 계약을 정말 놓치고 싶지 않아서 수면 시간을 줄여가며 열심히 일하기로 마음먹는다.)

테오 16일 수요일까지는 할 수 있을 것 같습니다.

낸시 훌륭합니다!

1

객체지향 프로그래밍의 복잡성

변덕스러운 기업가

1장에서 다루는 내용

- 시스템의 복잡도를 증가시키는 경향이 있는 OOP
- OOP를 이해하기 어려운 이유
- 객체에 코드와 데이터를 혼합하는 대가

이 장에서는 객체지향 프로그래밍OOP, Object-Oriented Programming 체계가 복잡해지는 경향이 있는 이유를 살펴본다. 이 복잡성은 특정 OOP 언어의 구문syntax이나 의미semantics와는 관련이 없다. OOP의 근본적인 통찰에서 물려받은 어떤 것이다. 프로그램은 객체로 구성돼야 하고, 이 객체는 어떤 상태를 갖고, 상태는 이 상태에 접근하거나 조작하는 메서드와 함께 있다.

수년에 걸쳐 OOP 생태계는 언어에 새로운 특징(예: 무명 클래스anonymous class와 무명 함수anonymous function)을 추가하고 개발자에게 더 간단한 인터페이스를 제공해 일부 복잡도를 숨기는 (자바의 스프링Spring과 잭슨Jackson 같은) 프레임워크를 개발함으로써 이 복잡도를 경감시켰다. 프레임워크는 내부에서 리플렉션reflection과 사용자 정의 어노테이션 같은 고급 언어적 특징에 의존한다.

이 장을 OOP를 비판하는 분석으로 받아들이고 읽어서는 안 된다. 이 장의 목적은 프로그래밍 패러다임인 OOP에서 복잡도가 증가되는 경향이 있다고 인식하도록 돕는 것이다. 따라서 시스템 복잡도가 줄어드는 경향인 다른 프로그래밍 패러다임을 발견할 수 있도록 동기를 부여하는 계기가 되길 바란다. 그 패러다임은 데이터 지향 프로그래밍DOP, Data-Oriented Programming이라는 이름으로 알려져 있다.

1.1 OOP 설계: 정통인가? 고전인가?

> **|노트|** 테오와 낸시 그리고 그들의 새 프로젝트는 1부의 도입부에서 소개됐다. 도입부를 놓쳤다면 잠시 시간을 내어 읽어보자.

주머니에 낸시의 냅킨을 넣고 사무실로 돌아가는 동안, 테오는 빠듯한 마감일에 맞추겠다고 약속한 사실 때문에 마음이 무척 불안했다. 하지만 그에게는 선택의 여지가 없었다! 지난주에 그의 상사인 모니카Monica가 무슨 일이 있더라도 낸시와의 거래를 성사시켜야 한다고 단호하게 지시했기 때문이다.

테오가 일하는 알바트로스는 전 세계에 고객이 있는 소프트웨어 컨설팅 회사다. 원래는 스타트업 고객이 많았다. 하지만 작년에 많은 프로젝트가 형편없이 관리된 탓에 스타트업 부서는 고객의 신뢰를 잃고 말았다. 그 때문에 경영진은 테오를 기업 부서에서 스타트업 부서의 수석 기술 책임자로 이동시켰다. 따라서 테오는 거래를 성사시키고 납기를 맞춰야 할 책임이 있다.

1.1.1 설계 단계

노트북으로 달려가 시스템을 코딩하기에 앞서, 테오는 냅킨보다 훨씬 큰 종이를 들고 클라핌 시제품을 구현하게 될 시스템의 UML 클래스도를 그리기 시작한다. 테오는 객체지향 프로그래머다. 그에게 있어 모든 비즈니스 개체는 객체로 표현되고, 모든 객체는 클래스로부터 만들어진다.

클라핌 시제품의 요구 사항

- 사용자에는 도서관 회원과 사서, 두 유형이 있다.
- 사용자는 이메일과 비밀번호로 시스템에 로그인한다.
- 회원은 책을 빌릴 수 있다.
- 회원과 사서는 제목이나 저자로 도서 정보를 검색할 수 있다.
- 사서는 회원에 대해 대출을 금지하거나 해제할 수 있다(예: 반납 연체 회원).
- 사서는 회원에게 대출된 책 현황을 조회할 수 있다.
- 도서 하나에 인쇄본이 여러 권 있을 수 있다.
- 책은 실제 도서관이 소유한다.

테오는 잠시 시스템 구조를 고민하며 시간을 보냈다. 그는 클라핌 통합 도서관 관리 시스템의 주요 클래스를 도출한다.

도서관 관리 시스템의 주요 클래스

- Library: 시스템 설계의 중심부
- Book: 도서 정보
- BookItem: 같은 책이 여러 권 있을 수 있으므로 각 도서의 인쇄본을 나타냄
- BookLending: 책을 대출하면 생성되는 도서 대출 객체
- Member: 도서관의 회원
- Librarian: 사서
- User: 사서와 회원의 기반 클래스
- Catalog: 장서 목록
- Author: 책 저자

클래스 도출은 쉬운 작업이었다. 이제부터가 어려운 부분인데, 바로 클래스 간 관계다. 두 시간 정도가 지난 후에 테오는 그림 1.1과 같은 통합 도서관 관리 시스템의 첫 번째 설계 초안을 내놓았다.

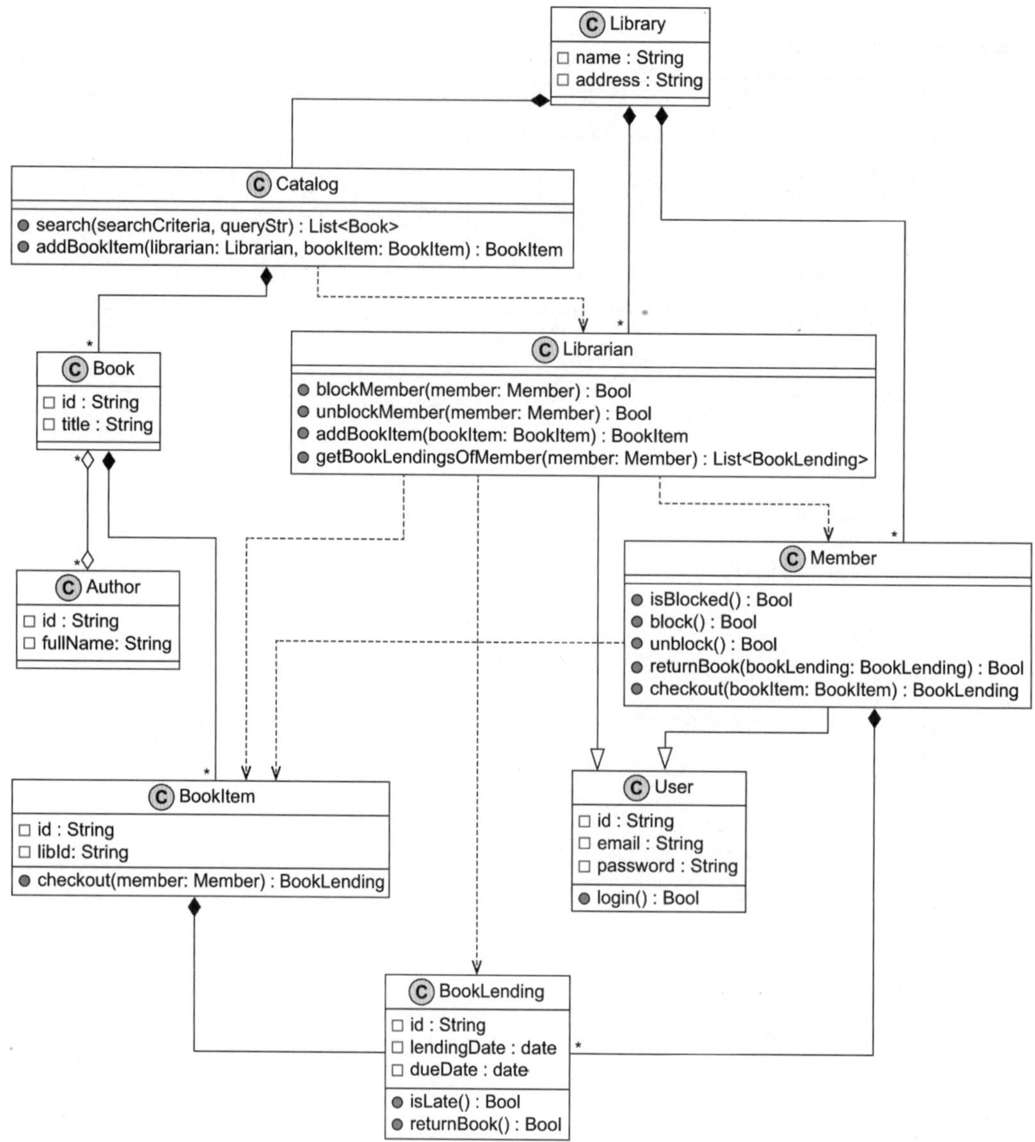

▲ **그림 1.1** 클라핌의 통합 도서관 관리 시스템 클래스도

|**노트**| 여기에 제시된 설계는 가장 뛰어나다고 뽐낼 만한 OOP 설계가 아니다. 숙련된 OOP 개발자라면 아마도 몇 가지 설계 패턴을 사용해 훨씬 나은 설계를 제안할 것이다. 이 설계는 단순하게 표현하려는 것이 목적이지 시스템의 모든 특징을 포함하려는 의도는 없다. 목적은 두 가지다.

- 개발자인 테오가 코딩을 시작하기에 충분하다.
- 이 책의 독자에게 전형적인 OOP 시스템의 복잡성을 설명하기에 충분하다.

테오는 자기 자신과 방금 그린 설계도에 대해 자부심을 느낀다. 그는 잠시 휴식을 위해 커피 한 잔을 마실 충분한 자격이 있다.

테오는 커피 머신 근처에서 몇 주 전에 알바트로스에 입사한 신입 소프트웨어 개발자인 데이브Dave를 만난다. 데이브는 호기심 때문에 도전적인 질문을 많이 하는데, 이 때문에 테오와 데이브는 서로를 높이 평가한다. 커피 머신 근처에서 이뤄지는 대화는 종종 프로그래밍과 관련된 흥미로운 토론으로 발전한다.

테오 안녕, 데이브! 잘 지내요?

데이브 그럭저럭요. 오늘은 제가 짠 코드에 버그가 있어서 고치고 있습니다. 왜 객체 상태가 계속 바뀌는지 이해할 수 없어요. 그래도 언젠가는 찾아낼 수 있겠죠. 일은 어떠세요?

테오 방금 새로운 고객을 위한 시스템 설계를 마쳤어요.

데이브 멋지네요! 제가 봐도 괜찮을까요? 설계를 잘해보려고 노력 중이거든요.

테오 물론이죠! 내 자리에 설계도가 있어요. 원한다면 지금 볼 수 있어요.

1.1.2 UML 기초

데이브는 라떼를 손에 들고 테오를 따라 그의 자리로 향한다. 테오는 자기 작품인 도서관 관리 시스템의 UML 도식(그림 1.1)을 데이브에게 자랑스럽게 보여준다. 데이브는 보자마자 놀라워한다.

데이브 와! 정말 상세한 클래스도네요.

테오 네, 꽤 마음에 들어요.

데이브 그런데 문제가 있어요. 각 화살표가 어떤 의미인지 전혀 기억나지 않습니다.

테오 이 클래스도에는 포함composition, 연관association, 상속inheritance, 사용usage 등 네 가지 화살표가 있어요.

데이브 포함과 연관은 뭐가 다른가요?

> **|노트|** OOP 용어에 익숙하지 않더라도 걱정하지 말자. 다음 장에서 따로 설명한다.

테오 객체가 서로가 없어도 살 수 있는지 여부에 따라 달라요. 포함 관계에서는 한 객체가 죽으면 다른 객체도 죽습니다. 연관 관계인 객체는 각자의 삶을 살고요.

> **|팁|** 포함 관계에서는 한 객체가 없어지면 다른 객체도 없어진다. 연관 관계에 있는 각 개체는 생애주기가 독립적이다.[1]

클래스도에서 한쪽 끝은 속이 찬 마름모꼴 화살표이고, 다른 쪽 끝에는 별표가 있기도 하고 없기도 한 두 가지 포함 관계가 있다. 그림 1.2는 각 관계를 보여준다.

- `Catalog`을 소유한 `Library`는 일대일 포함 관계다. `Library` 객체가 없어지면 해당 `Catalog` 객체도 같이 없어진다.
- 여러 `Member`를 보유한 `Library`는 일대다 포함 관계다. 도서관 객체가 없어지면 모든 회원 객체도 같이 없어진다.

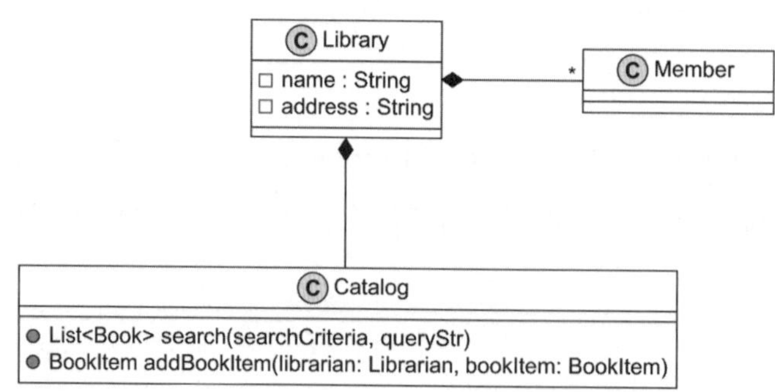

▲ **그림 1.2** 일대일 포함과 일대다 포함. 양쪽 모두 객체가 없어지면 포함된 객체도 함께 없어진다.

---

1 이 책에서는 포함 관계와 연관 관계로 표현하는데, UML 표준에서는 전자를 포함 연관 관계(composition), 후자를 집합 연관 관계(aggregation)라고 부른다. 여기서는 테오가 표준 UML을 자의적으로 단순하게 변형시켜서 사용하는 듯하다. – 옮긴이

|팁| 포함 관계는 실선 한쪽 끝에 마름모꼴이 있고 다른 쪽 끝에는 선택적으로 별표가 있는 것으로 표현된다.

데이브 도식에 연관 관계가 있나요?

테오 책과 저자 사이의 화살표를 보세요. 양쪽 끝에 속이 빈 마름모꼴과 별표가 있으니까 다대다 연관 관계인 거죠.

책 하나를 여러 저자가 저술할 수 있고, 저자 한 명이 여러 책을 저술할 수 있다. 더구나 Book과 Author 객체는 독립적으로 존재할 수 있다. 책과 저자 간의 관계는 다대다 연관 관계다(그림 1.3).

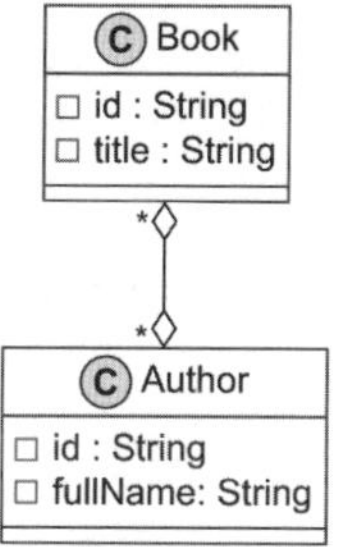

▲ **그림 1.3** 다대다 연관 관계, 각 객체는 독립적으로 존재한다.

|팁| 다대다 연관 관계는 양쪽 끝의 빈 마름모꼴과 별표로 표현된다.

데이브 점선으로 된 화살표도 많이 보이네요.

테오 점선 화살표는 사용 관계예요. 한 클래스가 다른 클래스의 메서드를 사용할 때를 나타냅니다. `Librarian::blockMember` 메서드가 그 예죠. 이 메서드는 `Member::block`을 호출해요.

|**팁**| 점선 화살표는 사용 관계를 가리킨다(그림 1.4). 예를 들어 한 클래스가 다른 클래스의 메서드를 사용하는 경우다.

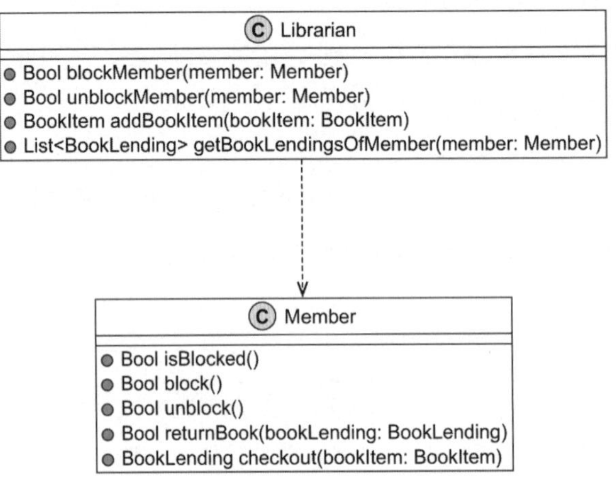

▲ **그림 1.4** 사용 관계: 한 클래스가 다른 클래스의 메서드를 사용한다.

데이브 잘 알겠습니다. 그리고 회원과 사용자 사이에 있는 것 같은 속이 빈 삼각형의 실선 화살표는 상속을 나타내는 것 같네요.

테오 정답입니다!

|**팁**| 속 빈 삼각형의 실선 화살표는 클래스 상속을 나타내며(그림 1.5), 여기서 화살표는 상위 클래스를 가리킨다.

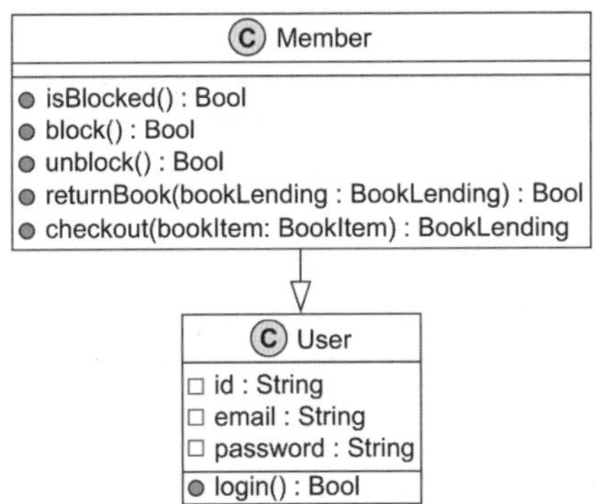

▲ **그림 1.5** 상속 관계: 한 클래스가 다른 클래스에서 파생된다.

1.1.3 클래스도 상세 설명

데이브 UML에 대한 기억이 가물가물했는데, 다시 알려주셔서 고맙습니다! 이제 다른 화살표가 어떤 의미인지 기억나는 것 같아요.

테오 고맙긴요. 그럼 어떻게 연결되는지 다 살펴보길 원하시나요?

데이브 어떤 클래스부터 볼까요?

테오 `Library`에서 시작해야 할 것 같아요.

Library 클래스

`Library`는 도서관 시스템의 뿌리가 되는 클래스다. 그림 1.6은 시스템 구조를 보여준다.

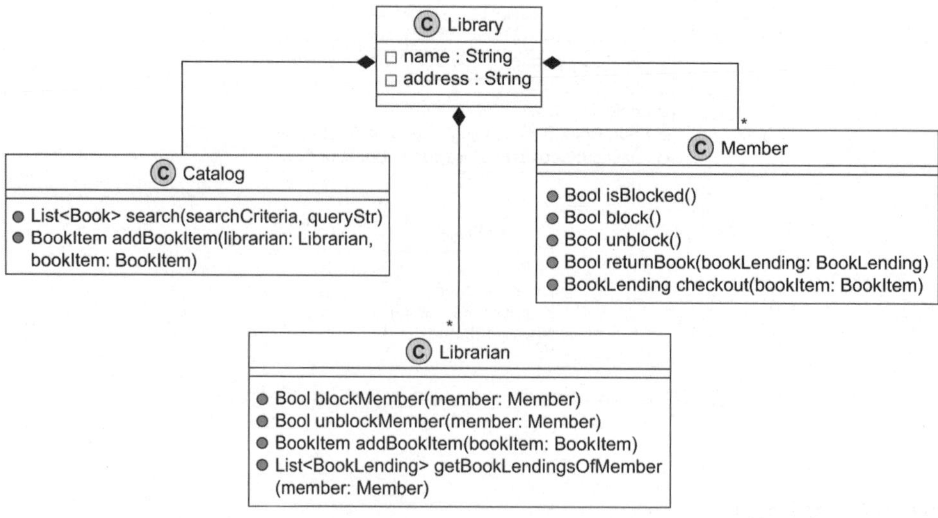

▲ **그림 1.6** Library 클래스

코드(행위) 측면에서 `Library` 객체는 스스로 아무 작업도 하지 않으며, 소유한 객체에 모두 위임한다. 데이터 측면에서 `Library` 객체는 다음을 소유한다.

- 여러 `Member` 객체
- 여러 `Librarian` 객체
- 단일 `Catalog` 객체

> **|노트|** 이 책에서는 '코드(code)'와 '행위(behavior)'라는 용어를 같은 의미로 사용한다.

Librarian, Member, User 클래스

`Librarian`과 `Member` 모두 `User`에서 파생된다. 그림 1.7은 이 관계를 보여준다.

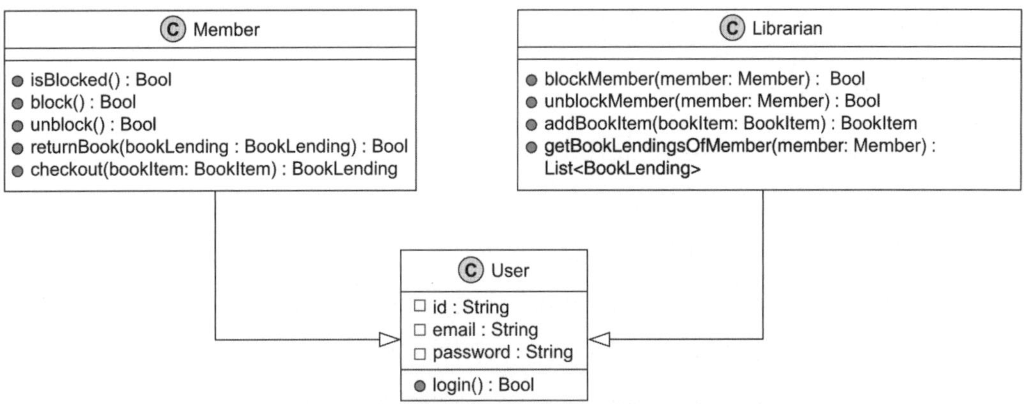

▲ **그림 1.7** User에서 파생된 Librarian과 Member

`User` 클래스는 도서관의 사용자를 나타낸다.

- 데이터 멤버의 측면에서 ID, 이메일, 암호(아직 보안과 암호화는 없음)가 포함된 최소한의 항목만 유지한다.
- 코드 측면에서 `login` 메서드로 로그인할 수 있다.

`Member` 클래스는 도서관의 회원을 나타낸다.

- `User`를 상속한다.
- 데이터 측면에서 `User`와 동일
- 코드 측면에서
  - `checkout` 메서드로 도서 대출
  - `returnBook` 메서드로 도서 반납
  - `block` 메서드로 대출 금지
  - `unblock` 메서드로 대출 금지 해지
  - `isBlocked` 메서드로 대출 금지 여부 확인
- 여러 `BookLending` 객체를 소유
- `checkout` 메서드 구현에 `BookItem` 사용

Librarian 클래스는 사서를 나타낸다.

- User에서 파생된다.
- 데이터 멤버 측면에서 User와 동일
- 코드 측면에서
  - Member를 대출 금지하거나 해지할 수 있음
  - getBookLendings 메서드로 회원이 대출한 책을 조회할 수 있음
  - addBookItem 메서드로 도서관에 BookItem을 추가할 수 있음
- blockMember, unblockMember, getBookLendings 메서드 구현에 Member 사용
- checkout 메서드 구현에 BookItem 사용
- getBookLendings 메서드 구현에 BookLending 사용

Catalog 클래스

장서를 나타내는 Catalog 클래스는 도서 관리를 책임진다. 그림 1.8은 Catalog, Librarian, Book 클래스 간의 관계를 보여준다. 코드 측면에서 Catalog 객체는 다음과 같다.

- search 메서드로 책 검색
- addBookItem 메서드로 도서관에 장서 추가

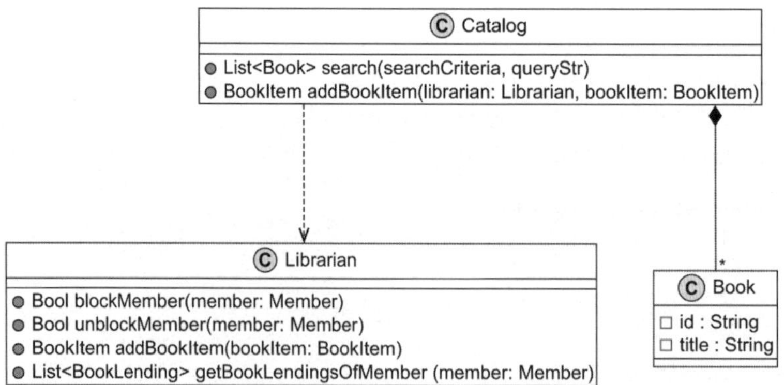

▲ **그림 1.8** Catalog 클래스

Catalog 객체는 addBookItem을 구현하기 위해 Librarian을 사용한다. 데이터 측면에서 보면 Catalog는 여러 Book 객체를 소유한다.

Book 클래스

그림 1.9는 각 도서의 정보를 나타내는 Book 클래스다. 데이터 관점에서 Book 객체는 다음과 같다.

- 최소한 ID와 제목이 있어야 한다.
- 여러 Author 객체와 연관된다(한 책에 여러 저자가 있을 수 있음).
- 개별 도서를 나타내는 BookItem 객체를 여러 개 소유한다.

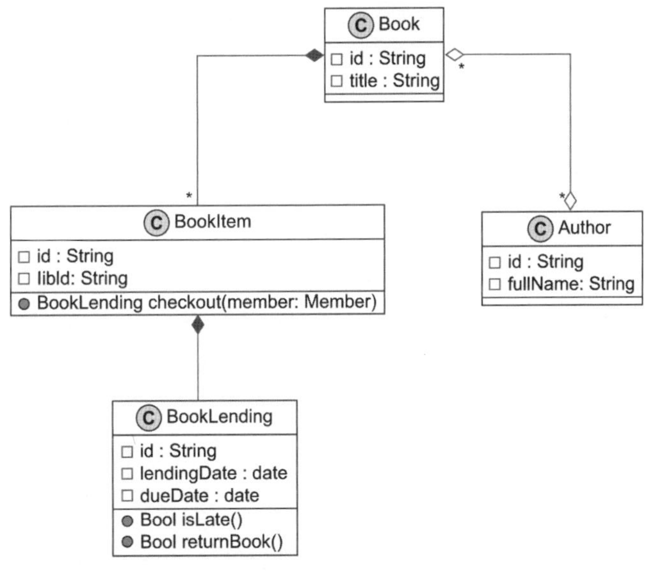

▲ **그림 1.9** Book 클래스

BookItem 클래스

BookItem 클래스는 도서의 개별 인쇄본을 나타내며, 같은 도서가 여러 권 있을 수 있다. 데이터 측면에서 BookItem 객체는 다음과 같다.

- 최소한의 회원 데이터로 `id`와 `libId`(도서관 ID)를 가져야 한다.
- 책을 대출할 때마다 하나씩, 여러 개의 `BookLending` 객체를 소유한다.

코드 측면에서 `BookItem` 객체는 `checkout` 메서드로 대출을 할 수 있다.

1.1.4 구현 단계

데이브는 테오의 클래스도를 자세히 살펴본 후 천천히 커피를 마시면서 내용을 음미한다. 이윽고 테오에게 감탄과 찬사를 표한다.

데이브 와! 정말 멋지네요!

테오 고마워요.

데이브 사람들이 코딩하기 전에 이렇게 시간을 들여서 자세히 설계를 기록하는 줄 몰랐습니다.

테오 저는 항상 그렇게 해요. 코딩 단계에서 시간을 많이 절약할 수 있거든요.

데이브 코딩은 언제 시작하시나요?

테오 라떼를 다 마시고 나서요.

머그잔을 다시 든 테오는 자신의 라떼가 완전히 식었다는 사실을 알아차린다. 클래스도를 데이브에게 보여줄 생각에 너무 들떠서 라떼를 마시는 것도 잊었던 것이다.

1.2 복잡성의 근원

테오가 커피(이번에는 카푸치노)를 한 잔 더 마시는 동안, 나(저자)는 그의 설계에 대해 반대 의견을 말해보고 싶다. 그 설계가 종이 위에서는 아름답고 명확해 보일지 모르지만, 시스템을 이해하기 어렵게 만든다고 확신하기 때문이다. 테오가 클래스를 잘못 선택했거나 클래스 간의 관계를 잘못 이해했다는 것은 아니다. 훨씬 더 깊은 문제다.

- 시스템 구현에서 그가 선택한 프로그래밍 패러다임에 관한 것이다.

- 객체지향 패러다임에 대한 것이다.
- OOP가 시스템의 복잡도를 증가시키는 경향을 보이는 점에 대한 것이다.

> **|팁|** OOP는 시스템을 복잡하게 만드는 경향이 있다.

이 책에서 언급되는 유형의 복잡도는 웹 사이트(http://mng.bz/enzq)에서 구할 수 있는 벤 모슬리^Ben Moseley^와 피터 마크스^Peter Marks^의 2006년 논문 「타르 웅덩이 밖으로^Out of the Tar Pit^」에 정의됐듯이, 시스템을 이해하기 어렵게 만드는 정도를 말한다. 즉, 프로그램이 소비하는 자원의 양을 다루는 유형의 복잡도와는 아무런 관련이 없다. 마찬가지로, 단순성은 복잡하지 않다(즉, 이해하기 쉽다)는 의미로 사용된다.

복잡성과 단순성은 (어려움과 쉬움처럼) 절대적인 개념이 아니고 상대적인 것임을 명심하자. 두 시스템의 복잡도를 비교해서 *A* 시스템이 *B* 시스템보다 더 복잡하다고(또는 단순하다고) 판단할 수 있을 뿐이다.

> **|노트|** 이 책의 맥락에서 복잡도란 이해하기 어려운 정도를 뜻한다.

이 장의 서두에서 언급했듯이, OOP에는 복잡도를 낮추는 방법이 많다. 이 책의 목적은 OOP를 비판하는 것이 아니라, 덜 복잡한 시스템을 구축하는 성향의 데이터 지향 프로그래밍^DOP^이라는 프로그래밍 패러다임을 소개하는 것이다. 사실, DOP 패러다임은 OOP와 호환된다.

DOP 원리에 충실한 OOP 시스템을 구축한다면, 시스템의 복잡도는 줄어들 것이다. DOP에 따르면, 테오의 시스템(그리고 많은 기존 OOP 시스템)에 내재된 복잡성의 주요 근원은 다음과 같다.

- 코드와 데이터가 섞여 있다.
- 객체가 변경 가능하다.
- 데이터가 멤버로 객체에 고정된다.

- 코드는 메서드로 클래스에 고정된다.

이 분석 내용은 함수형 프로그래밍FP, Functional Programming이 기존 OOP에 대해 갖는 생각과 비슷하다. 그러나 이 책에서 보게 되겠지만, DOP가 시스템 복잡도를 줄이려고 취하는 데이터 접근법은 FP 방식과 다르다. 부록 A에서는 OOP와 FP 방식 모두에 어떻게 DOP 원리를 적용하는지 설명한다.

> **|팁|** DOP는 OOP와 FP 모두와 호환된다.

이 장의 나머지 부분에서는 표 1.1에 요약된 기존 OOP 시스템의 특징을 하나씩 설명한다. 클라핌 프로젝트의 맥락에서 해당 내용을 살펴보고, 이들 특징이 어떤 의미에서 복잡성의 원인인지 설명할 것이다.

▼ **표 1.1** OOP의 특징과 시스템 복잡도에 미치는 영향

특징	복잡도에 미치는 영향
코드와 데이터가 섞여 있다.	클래스가 많은 관계에 연루되는 편이다.
객체가 변경 가능하다.	코드를 읽을 때 더 많은 생각이 필요하다. 다중 스레드 환경에서 명시적 동기화가 필요하다.
데이터가 객체에 묶여 있다.	데이터 직렬화가 쉽지 않다.
코드는 클래스에 묶여 있다.	클래스 계층 구조가 복잡하다.

1.2.1 다량의 클래스 간 관계

클래스도의 복잡도를 산정하는 한 가지 방법은 그림 1.10과 같이 멤버와 메서드를 생략하고 클래스와 클래스 간의 관계만 보는 것이다. 시스템을 설계할 때는 서로 다른 코드와 데이터 요소 간의 관계를 정의해야 한다. 이것을 피할 수는 없다.

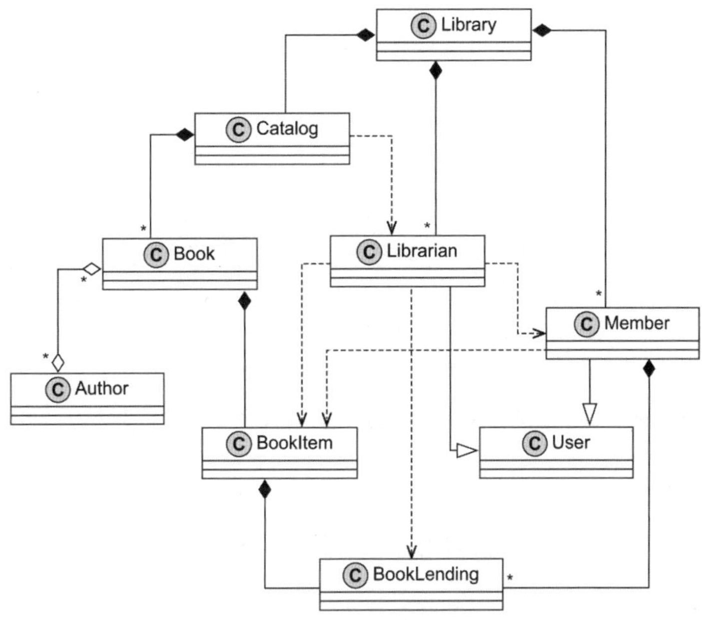

▲ **그림 1.10** 클라핌의 도서관 관리 시스템 클래스도 개요

> **|팁|** OOP에서 코드와 데이터는 각각 멤버와 메서드로 클래스에 함께 혼합된다.

시스템 분석의 관점에서, 코드와 데이터가 함께 혼합되면 각 소프트웨어의 구성 요소가 많은 관계를 맺을 가능성이 높아져서 시스템이 복잡해진다. 그림 1.11에서 `Member` 클래스를 자세히 살펴보자. `Member`는 다섯 가지 관계(데이터 관계 둘과 코드 관계 셋)를 맺는다.

- 데이터 관계:
  - `Library`는 여러 개의 `Member`를 갖는다.
  - `Member`는 여러 개의 `BookLending`을 갖는다.
- 코드 관계:
  - `Member`는 `User`를 확장한다.
  - `Librarian`은 `Member`를 사용한다.
  - `Member`는 `BookItem`을 사용한다.

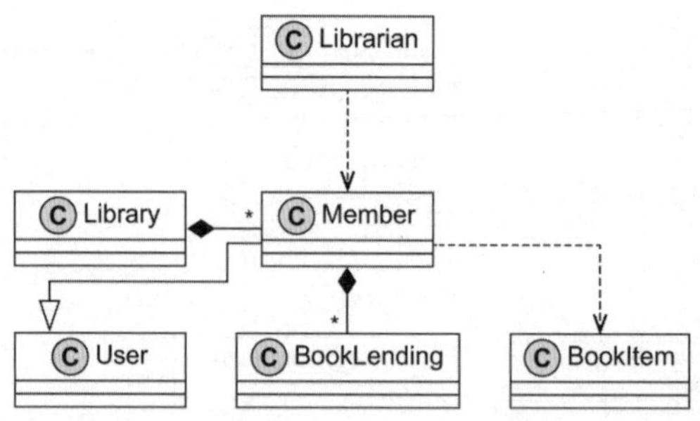

▲ **그림 1.11** Member 클래스는 다섯 가지의 관계를 맺는다.

어떻게든 `Member` 클래스를 두 개의 개별 요소로 나눌 수 있다고 잠시 상상해보자.

- 코드 요소는 `MemberCode`로 분리
- 데이터 요소는 `MemberData`로 분리

관계가 다섯 가지인 `Member` 클래스 대신 그림 1.12에 표시된 대로 관계가 셋인 `MemberCode`와 관계가 둘인 `MemberData`를 갖게 될 것이다.

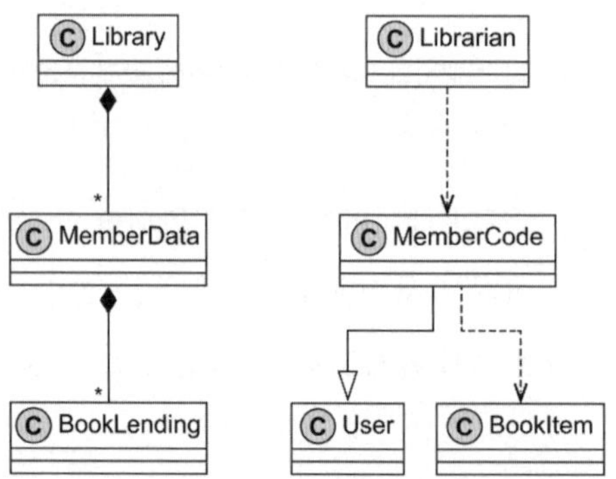

▲ **그림 1.12** Member가 코드와 데이터 두 요소로 나뉜 클래스도

`Member`가 `MemberCode`와 `MemberData`로 나뉜 클래스도는 두 분리된 영역으로 구성된다. 각 영역은 원래 그림보다 이해하기 쉽다.

원래 클래스도의 모든 클래스를 코드 요소와 데이터 요소로 나눠보자. 그림 1.13은 결과를 보여준다. 이제 시스템은 데이터 요소만 있는 영역과 코드 요소만 있는 영역으로 완전히 분리된다.

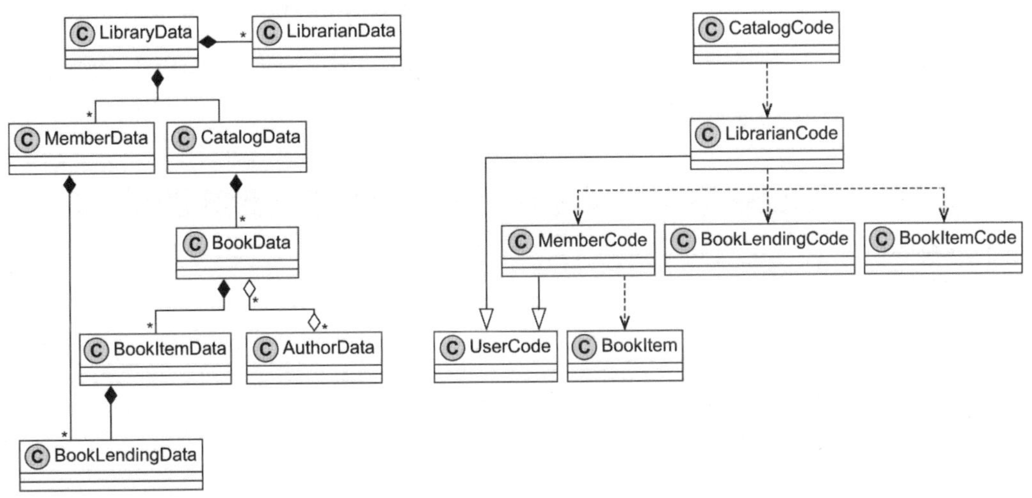

▲ **그림 1.13** 모든 클래스가 코드 요소와 데이터 요소로 나뉜 클래스도

> **|팁|** 모든 클래스가 코드와 데이터라는 두 독립 영역으로 나뉜 시스템은 코드와 데이터가 혼합된 시스템보다 단순하다.

두 분리된 하위 시스템으로 구성된 결과 시스템은 원래 시스템보다 이해하기 쉽다. 두 하위 시스템이 분리됐다는 사실은 각 하위 시스템을 개별적으로 순서와 상관없이 이해할 수 있다는 의미다. 결과 시스템이 단순해진 것은 우연이 아니라 데이터에서 코드를 분리해 도출된 당연한 귀결이다.

> **|팁|** 여러 개의 단순한 독립 영역으로 구성된 시스템은 복잡한 단일 영역으로 구성된 시스템보다 더 단순하다.

1.2.2 예상치 못한 코드 동작

지금까지 시스템 수준 분석을 하면서 다소 지쳤을지도 모르겠다. 이제 기분을 전환하고 코드를 보자.

리스트 1.1을 살펴보면, 회원의 대출 금지 상태를 가져와 두 번 출력한다. displayBlockedStatusTwice를 호출했을 때 프로그램이 첫 번째 console.log에서 true를 출력했다면 두 번째 console.log에서는 무엇을 출력할 것인가?

리스트 1.1 무척 간단한 코드

```
class Member {
  isBlocked;

  displayBlockedStatusTwice() {
    var isBlocked = this.isBlocked;
    console.log(isBlocked);
    console.log(isBlocked);
  }
}

member.displayBlockedStatusTwice();
```

"물론, true가 다시 출력될 겁니다"라고 말할 것이다. 맞다.

이제 리스트 1.2와 같이 약간 다른 의사코드를 살펴보자. 여기서는 변수를 할당하지 않고 회원의 대출 금지 상태를 두 번 출력한다. 앞의 질문과 동일한 질문을 해보자. displayBlockedStatusTwice를 호출했을 때 프로그램이 첫 번째 console.log 호출에서 true를 출력했다면 두 번째 console.log에서는 무엇을 출력할 것인가?

리스트 1.2 간단해 보이는 코드

```
class Member {
  isBlocked;

  displayBlockedStatusTwice() {
    console.log(this.isBlocked);
    console.log(this.isBlocked);
```

```
  }
}

member.displayBlockedStatusTwice();
```

정답은 다음과 같다. 단일 스레드 환경에서는 true가 출력되지만, 다중 스레드 환경에서는 예측할 수 없다. 확실히 다중 스레드 환경에서는 두 console.log 호출 사이에 맥락 전환context switching이 되면서 (사서가 회원의 대출 금지 상태를 해지하는 등) 객체의 상태가 바뀔 수 있다. 사실, 약간만 수정하면 어떤 코드는 자바스크립트 같은 단일 스레드 환경에서도 동일한 유형의 불확실성이 생길 수 있다. 데이터가 비동기 코드(원리 #3을 다룬 부록 A의 A.3절 참고)에 의해 변경될 수 있는 것이다. 두 코드의 차이는 다음과 같다.

- 리스트 1.1에서는 원시 자료형 값인 불리언 값에 두 번 접근했다.
- 리스트 1.2에서는 객체의 멤버에 두 번 접근했다.

> **|팁|** 데이터가 변경될 수 있다면 코드는 불확실해진다.

두 번째 코드의 불확실한 동작은 OOP의 불편한 결과 중 하나다. 보통은 값이 바뀌지 않는 원시 자료형primitive type과 달리 객체의 멤버는 값이 바뀔 수 있다. OOP에서 이 문제를 해결하는 방법 중 하나는 뮤텍스mutex 같은 동시성 안전 장치로 민감한 코드를 보호하는 것이다. 하지만 이런 장치는 성능에 심각한 영향을 미치거나 교착 상태에 빠질 위험이 생기는 또 다른 문제를 갖고 있다.

이 책 후반부에서는 DOP가 원시 자료형과 컬렉션 자료형을 모두 동일하게 불변 값으로 다룬다는 점을 확인하게 될 것이다. 모든 값을 동일하게 취급함으로써 DOP 개발자의 마음이 안정을 찾게 되고 더 많은 두뇌 세포를 우리가 만드는 애플리케이션의 중요한 부분을 처리하는 데 사용할 수 있게 된다.

> **|팁|** 데이터 불변성은 DOP 개발자의 마음을 안정시킨다.

1.2.3 쉽지 않은 데이터 직렬화

너무나 피곤한 테오는 책상에서 잠이 들었고, 꿈을 꾸고 있다. 낸시가 전송 계층에 JSON을 사용하는 REST API로 클라핌의 도서관 관리 시스템에 접근할 수 있게 해달라고 요청한다. 테오는 JSON 형식의 검색 요청을 받아서 결과를 JSON 형식으로 반환하는 `/search` 호출 종단점endpoint을 구현해야 한다.

리스트 1.3 /search 호출 종단점 입력 JSON

```
{
  "searchCriteria": "author",
  "query": "albert"
}
```

리스트 1.4 /search 호출 종단점 출력 JSON

```
[
  {
    "title": "The world as I see it",
    "authors": [
      {
        "fullName": "Albert Einstein"
      }
    ]
  },
  {
    "title": "The Stranger",
    "authors": [
      {
        "fullName": "Albert Camus"
      }
    ]
  }
]
```

테오는 아래 목록과 그림 1.14에 묘사된 것과 비슷한 클래스 셋을 만들어서 `/search` 호출 종단점을 구현할 것이다(당연히, OOP에서 모든 것은 클래스에 들어가야 하기 때문이다).

- SearchController는 검색 요청을 다룬다.
- SearchQuery는 JSON 검색 조건을 데이터로 변환한다.
- SearchResult는 검색 결과 데이터를 JSON 문자열로 변환한다.

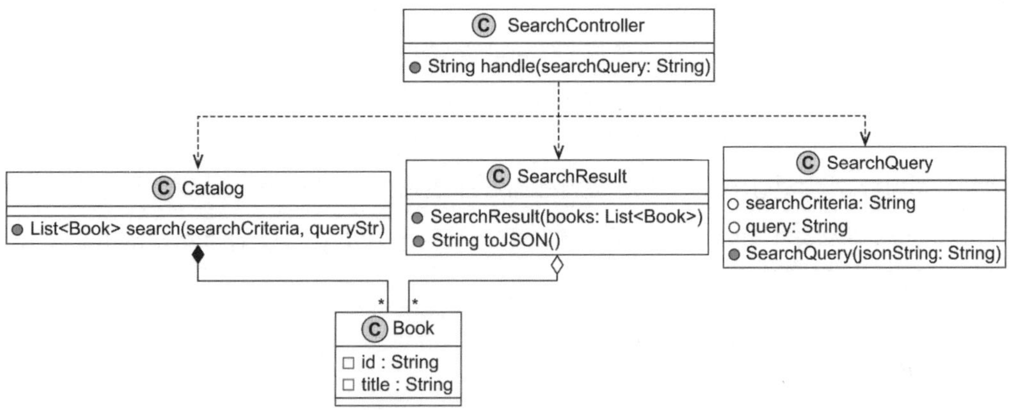

▲ **그림 1.14** SearchController 클래스도

SearchController(그림 1.14 참고)에는 다음과 같이 동작하는 처리 메서드가 하나 있다.

- JSON 검색 조건에서 SearchQuery 객체를 생성한다.
- SearchQuery 객체에서 searchCriteria와 queryStr을 얻는다.
- searchCriteria와 queryStr로 catalog:Catalog의 search 메서드를 호출하고 books: List<Book>을 받는다.
- 받은 books로 SearchResult 객체를 생성한다.
- SearchResult 객체를 JSON 문자열로 변환한다.

다른 호출 종단점은 어떨까? 예를 들어 사서는 /add-book-item으로 책을 추가할 수 있다. 테오는 정확히 동일한 과정을 반복해서 세 가지 클래스를 만들어야 할 것이다.

- 요청을 처리하는 AddBookItemController
- JSON 요청을 데이터로 변환하는 BookItemQuery

- 요청 처리 결과 데이터를 JSON 문자열로 변환하는 `BookItemResult`

테오가 `SearchQuery`에서 작성했던 JSON 역직렬화 처리 코드는 `BookItemQuery`에서 재작성돼야 할 것이다. 또한 `SearchResult`에서 작성했던 JSON 직렬화 처리 코드도 동일하게 `BookItemResult`에서 재작성돼야 할 것이다.

안타깝지만, 테오는 시스템의 호출 종단점마다 동일한 과정을 반복해야만 한다. 새로운 유형의 JSON 입출력을 접할 때마다 새 클래스를 생성하고 코드를 작성해야 할 것이다.

책상에 기대어 쉬고 있던 테오의 머리 옆에서 갑자기 전화가 울린다. 테오는 잠에서 깨면서 낸시가 JSON을 요청한 적이 없다는 것을 깨달았다. 모두 꿈이었다. 정말 끔찍한 악몽이다.

> **|팁|** OOP에서는 데이터 직렬화가 어렵다.

OOP에서 JSON 직렬화와 역직렬화를 다루려면 계속해서 너무나 많은 클래스를 추가하고 다량의 코드를 작성해야 한다는 것은 무척 실망스러운 일이다. 검색 요청이나 도서 조회 또는 다른 어떤 조회 요청의 직렬화도 매우 비슷하다는 것을 고려할 때 이런 실망감은 더욱 커진다.

- 데이터 필드를 하나씩 살피게 된다.
- 결국 데이터 필드의 이름과 값을 쉼표로 이어 붙이게 된다.

이토록 단순한 일을 처리하는 것이 OOP에서 어려운 이유는 무엇일까? OOP에서는 데이터가 클래스에 정의된 경직된 규격을 따라야 한다. 이는 데이터가 클래스의 멤버로 구속된다는 뜻이다. 범용으로 데이터에 접근하는 단순한 방법이 없다.

> **|팁|** OOP에서는 데이터가 클래스의 멤버로 고정된다.

범용의 데이터 접근이 무엇을 뜻하는지는 나중에 자세히 설명한다. DOP가 JSON 직렬화와 역직렬화 처리 방법을 어떻게 일반화해서 제공하는지도 보게 될 것이다. 그때까지는 계속 고통을 감수해야 한다. 하지만 우리는 최소한 이 고통을 인식하기 시작했고 피할 수 있다는 것도 알고 있다.

> **|노트|** 대부분의 OOP 프로그래밍 언어는 JSON 변환에 대한 어려움을 조금은 경감시켜준다. 여기에는 복잡할 수밖에 없는 리플렉션이나 장황한 코드가 동반된다.

1.2.4 복잡한 클래스 계층 구조

OOP에서 동일한 코드를 반복해 작성하지 않는 한 가지 방법은 클래스 상속이다. 실제로 시스템의 모든 요구 사항을 미리 알고 있다면, 기반 클래스에서 공통 행위를 상속받아 클래스를 만드는 식으로 클래스 위계 구조를 설계한다.

그림 1.15는 우리 클래스도에서 회원과 사서를 다루는 부분에 집중해 이 패턴의 예를 보여준다. `Librarian`과 `Member`는 모두 로그인할 수 있어야 한다. 그래서 `User` 클래스에서 이 능력을 상속받는다.

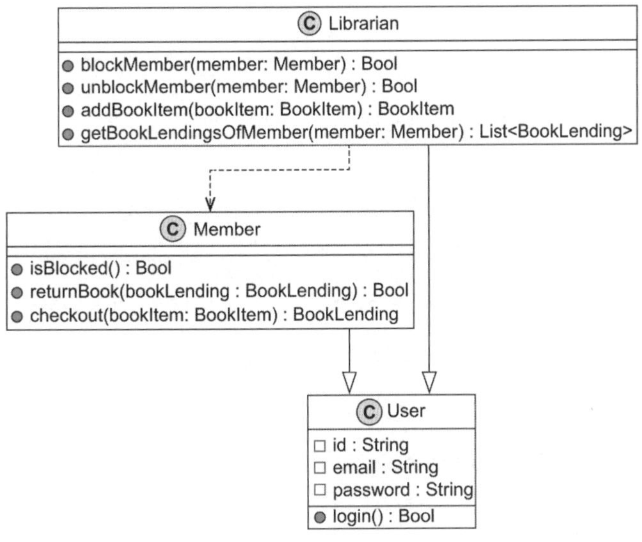

▲ **그림 1.15** 회원과 사서를 다루는 클래스도의 일부

지금까지는 괜찮지만, 시스템을 구현한 이후에 새로운 요구 사항이 추가된다면 이야기가 완전히 달라진다. 3월 29일 월요일 오전 11시, 마감인 수요일 자정을 이틀 남겨둔 시점으로 넘어가보자.

냰시가 무언가를 긴급히 요청하려고 테오에게 전화를 한다. 테오는 지금이 꿈인지 생시인지 잘 분간되지 않아서 자신의 몸을 꼬집어본다. 고통이 느껴지는 것을 보니 분명히 현실이다.

낸시 프로젝트는 잘되가고 있나요?

테오 네, 잘 진행되고 있습니다. 마감일에 맞출 수 있도록 일정을 준수하고 있어요. 지금 마지막 회차의 회귀 테스트를 진행 중입니다.

낸시 멋집니다! 그 말은 아주 작은 기능 하나를 시스템에 추가할 여유가 있다는 뜻이겠죠? 그죠?

테오 '아주 작다'는 말이 의미하는 것에 따라 다르겠죠.

낸시 VIP 회원을 시스템에 추가해야 해요.

테오 VIP 회원이 뭘 뜻하는 건가요?

낸시 VIP 회원은 도서관에 책 인쇄본을 직접 추가할 수 있어요.

테오 흠…

낸시 왜요?

테오 이건 아주 작은 변경이 아니에요.

낸시 왜죠?

낸시가 테오에게 한 것과 동일한 질문을 해보자. "왜 VIP 회원을 우리 시스템에 추가하는 것이 작은 일이 아닌가?" 무엇보다, 테오는 사서가 도서관에 책을 추가하도록 하는 코드(`Librarian::addBookItem`이다)를 이미 작성했다.

> **|팁|** OOP에서 코드는 클래스에 구속된다.

VIP 회원은 도서관에 직접 책을 추가할 수 있는 회원이다. 테오는 고객의 요구 사항을 둘로 분리했다.

- VIP 회원은 도서관 회원이다.
- VIP 회원은 직접 도서관에 책을 추가할 수 있다.

이윽고 테오는 새로운 클래스인 VIPMember가 필요하다고 결정한다. VIP 회원이 도서관 회원이라는 첫 요구 사항에 따르면, Member를 상속해서 VIPMember를 만드는 것이 합리적으로 보인다. 하지만 VIP 회원은 책을 추가할 수 있다는 두 번째 요구 사항을 처리하는 것은 더 복잡하다. VIPMember와 Librarian이 선형 관계가 아니므로 VIPMember를 Librarian을 상속해서 만들 수 없다.

- 한편으로, VIP 회원은 책을 추가할 수 있다는 점에서 사서와 같다.
- 반면에 VIP 회원은 회원의 대출을 금지하거나 대출 회원 목록을 조회할 수 없다는 점에서 사서와 같지 않다.

문제는 책을 추가하는 코드가 Librarian 클래스에 갇혀 있다는 것이다. VIPMember 클래스가 이 코드를 사용할 방법이 없다.

그림 1.16은 Librarian::addBookItem의 코드를 Librarian과 VIPMember 클래스 양쪽에서 사용할 수 있도록 만드는 한 가지 해법을 보여준다. 기존 클래스도에서 바뀐 것은 다음과 같다.

- 기반 클래스 UserWithBookItemRight는 User를 상속한다.
- addBookItem이 Librarian에서 UserWithBookItemRight로 이동한다.
- VIPMember와 Librarian이 UserWithBookItemRight를 확장한다.

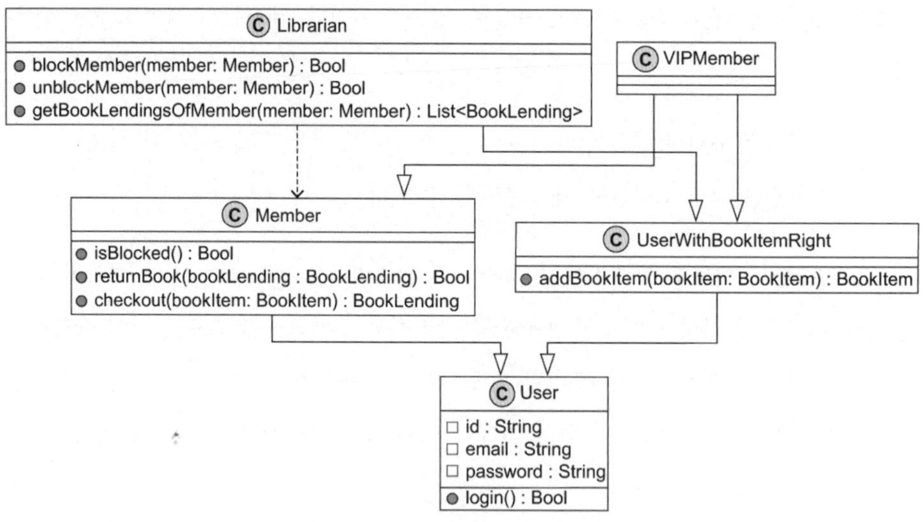

▲ **그림 1.16** VIP 회원을 포함하는 시스템의 클래스도

쉽지 않았지만, 테오는 노트북을 붙잡고 밤샘 코딩을 한 덕분에 변경된 요구 사항을 시간 내에 처리했다. 심지어 시스템에 새로운 테스트를 추가하고 회귀 테스트도 다시 실행할 수 있었다. 하지만 너무나 들뜬 나머지 `VIPMember`가 클래스도에 다중 상속으로 인한 다이아몬드 문제를 일으켰다는 사실을 놓치고 말았다. `VIPMember`는 `Member`와 `UserWithBookItemRight`를 확장하고, 이 둘은 모두 `User`를 확장한다.

3월 31일 수요일 아침 10시(마감 시한 14시간 전), 테오는 낸시에게 좋은 소식을 전하려고 전화를 한다.

테오 VIP 회원을 시간 내에 추가할 수 있었어요.

낸시 멋지네요! 제가 작은 기능이라고 했었잖아요.

테오 아… 예…

낸시 그렇지 않아도 마침 전화하려고 했었어요. 사업 파트너와 방금 회의를 마쳤는데, 출시 전에 아주 작은 기능이 또 하나 필요하다는 걸 깨달았습니다. 마감 전에 처리할 수 있을까요?

테오 다시 말하지만, '아주 작다'는 것이 어떤 의미인지에 따라 다릅니다.

낸시 시스템에 슈퍼 회원을 추가해야 해요.

테오 슈퍼 회원이 뭘 말하는 건가요?

낸스 슈퍼 회원은 다른 회원이 빌린 책의 목록을 조회할 수 있어요.

테오 으…

낸시 왜 그러시죠?

테오 그건 작은 변경이 아니라고요!

낸시 왜죠?

VIP 회원의 경우처럼, 슈퍼 회원을 시스템에 추가하려면 테오의 클래스 계층 구조를 바꿔야 한다. 그림 1.17은 테오가 머릿속에 떠올린 해법을 보여준다.

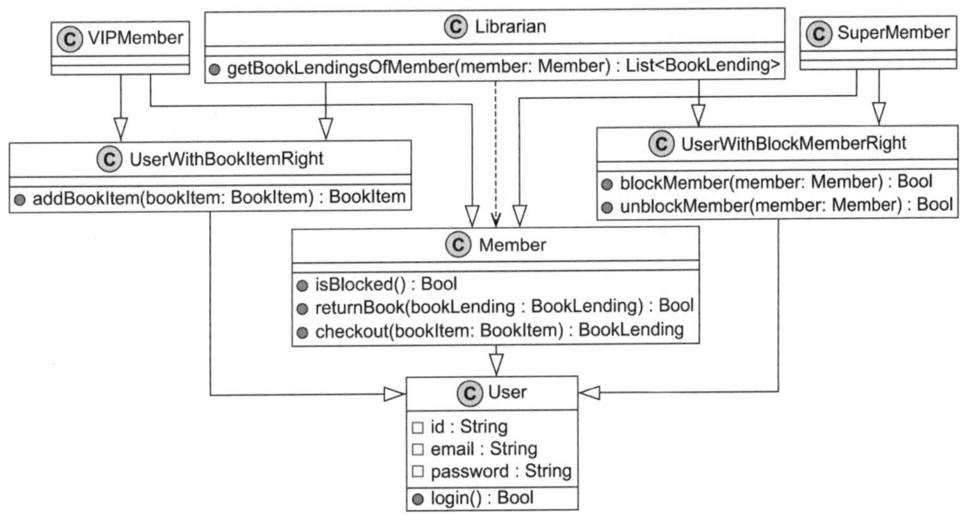

▲ **그림 1.17** 슈퍼 회원과 VIP 회원이 있는 시스템 클래스도

슈퍼 회원을 추가하면서 시스템이 정말 복잡해졌다. 테오는 불현듯 클래스도에서 세 개의 다이아몬드를 봤다. 여기서 말하는 다이아몬드란 흔히 생각하는 보석이 아니라 세 개의 '치명적인 죽음의 다이아몬드'다. OOP 개발자들은 클래스 *D*가 클래스 *A*를 상속하는 두 클래스 *B*와 *C*를 모두 상속하면서 생기는 모호함을 종종 이렇게 부른다.

테오는 `User` 클래스를 인터페이스로 변환하고 상속 설계 패턴 대신 구성composition을 사용해 다이아몬드 문제를 피하려고 한다. 하지만 마감이 다가오면서 스트레스를 받다 보니 두뇌를 전부 사용하기가 어렵다. 사실, 시스템이 무척 복잡해져서 마감에 맞춰 시스템을 납품할 수 없을 것 같다. 테오는 클래스 상속 대신 구성을 사용했어야 한다고 자책하지만, 이제는 너무 늦었다.

> **|팁|** OOP에서는 상속보다 구성을 선택하자.

마감 두 시간 전인 밤 10시에 테오는 낸시에게 상황을 설명하려고 전화를 한다.

테오 정말 최선을 다했지만 슈퍼 회원을 마감 전에 시스템에 추가할 수는 없겠어요.

낸시 걱정 마세요. 우리 사업 파트너와 저는 당분간 이 기능을 제외하기로 했습니다. 나중에 추가할 거예요.

분노와 안도가 뒤섞인 감정으로 사무실 주변을 서성이던 테오가 잠시 멈춰 섰다. 그는 오늘 밤을 사무실에서 컴퓨터와 씨름하며 보내는 대신 자신의 침대에서 푹 쉬며 보내게 될 것임을 깨닫는다. 아내도 기뻐할 것이다.

테오 그러면 내일 아침에 출시할 준비가 된 것 같네요.

낸시 네. 한 달 정도 이 새 제품을 제공해서 시장 반응이 좋으면 더 큰 프로젝트를 진행할 거예요.

테오 멋지군요. 그럼 한 달 후에 다시 보죠. 출시가 잘되길 바랍니다!

요약

- 이 책에서 말하는 복잡도는 이해하기 어려운 정도를 뜻한다.
- 우리는 코드와 행위라는 용어를 같은 의미로 사용한다.
- DOP는 데이터 지향 프로그래밍의 약어다.
- OOP는 객체지향 프로그래밍의 약어다.

- FP는 함수형 프로그래밍의 약어다.
- 포함 관계에서는 한 객체가 죽으면 다른 객체도 죽는다.
- 포함 관계는 한쪽 끝에 속이 찬 마름모가 있고 다른 쪽 끝에는 선택적으로 별표가 있는 것으로 표현된다.
- 연관 관계에서 각 객체는 독립적인 생애주기를 갖는다.
- 다대다 연관 관계는 속 빈 마름모꼴과 별표가 양 끝에 각각 있는 것으로 표현된다.
- 점선 화살표는 사용 관계를 나타낸다. 예를 들어 한 클래스가 다른 클래스의 메서드를 사용할 때를 들 수 있다.
- 속이 빈 삼각형의 실선 화살표는 클래스 상속을 표현하며 화살표가 상위 클래스를 향한다.
- 이 장에서 제시된 설계는 가장 뛰어나다고 뽐낼 만한 OOP 설계가 아니다. 숙련된 OOP 개발자라면 아마도 몇 가지 설계 패턴을 사용해 훨씬 나은 설계를 제안할 것이다.
- OOP 시스템을 이해하기 어렵다는 의미에서 기존 OOP 시스템은 복잡도를 증가시키는 경향이 있다.
- 기존 OOP에서 코드와 데이터는 각각 멤버와 메서드로 클래스에 함께 혼합된다.
- 기존 OOP에서는 데이터가 변경 가능하다.
- 복잡도가 증가하는 근원은 코드와 데이터가 함께 객체로 혼합되는 것과 관련이 있다.
- 코드와 데이터가 혼합될 때 클래스는 많은 관계를 맺게 된다.
- 객체가 변경 가능하면 코드가 어떤 식으로 동작하게 될지 이해하는 부가적인 사고가 필요하다.
- 객체가 변경 가능하면, 다중 스레드 환경에서 명시적인 동기화 구조가 필요하다.
- 데이터가 객체에 구속되면 데이터를 직렬화하기 쉽지 않다.
- 코드가 클래스에 구속되면, 클래스 계층 구조가 복잡해지기 쉽다.
- 모든 클래스가 코드와 데이터라는 두 별도 영역으로 나뉜 시스템은 코드와 데이터가 혼합된 시스템보다 단순하다.
- 여러 독립된 영역으로 구성된 시스템은 복잡한 한 덩어리로 된 시스템보다 덜 복잡하다.

- 데이터가 변경 가능하면 코드는 예측할 수 없다.
- 설계 패턴을 전략적으로 사용하면 기존 OOP의 복잡도를 어느 정도 완화하는 데 도움이 된다.
- 데이터 불변성은 DOP 개발자의 마음을 안정시킨다.
- 대부분의 OOP 프로그래밍 언어는 JSON 변환에 대한 어려움을 조금은 경감시켜준다. 여기에는 복잡할 수밖에 없는 리플렉션이나 장황한 코드가 동반된다.
- 기존 OOP에서 데이터 직렬화는 어렵다.
- 기존 OOP에서 데이터는 클래스의 멤버로 구속된다.
- 기존 OOP에서 코드는 클래스에 구속된다.
- DOP는 데이터를 재고함으로써 복잡도를 낮춘다.
- DOP는 OOP와 FP 모두와 호환된다.

2

코드와 데이터 분리

전혀 새로운 아름다운 세상

2장에서 다루는 내용

- 데이터에서 코드를 분리하는 이점
- 코드와 데이터가 분리된 시스템 설계
- 코드와 데이터를 분리하기 편리한 시스템 구현

DOP의 첫 번째 통찰은 코드와 데이터를 분리함으로써 우리 시스템의 복잡도를 낮출 수 있다는 것이다. 실제로, 데이터에서 코드가 분리되면 시스템이 데이터 개체data entity와 코드 모듈이라는 큰 두 부분으로 나뉘어 각각 독립적으로 생각할 수 있게 된다. 이 장에서는 (그림 2.1에 요약된) DOP의 첫 번째 원리를 자세히 살펴본다.

원리 #1[1] 코드를 함수 안에 두는 방식으로 데이터에서 코드를 분리한다. 함수의 동작은 어떤 식으로든 함수 콘텍스트(function context)에 캡슐화된 데이터에 따라 달라져서는 안 된다.

1 원문 용어인 principle은 보통 '원칙'으로 번역되지만 이 책에서는 '원리'로 번역했다. 절대 어겨서는 안 될 준칙이 아니라, 강하게 권장되기는 하지만 그 뜻을 이해하고 적절하게 적용해야 할 지침 같은 것으로 이해되길 바라서다. 이 책의 부록에서 각 원리를 따를 때 얻을 수 있는 득실을 잘 설명하는 만큼 무턱대고 지키려고 하기보다는 각자에게 맞는 방식으로 응용하는 편이 좋을 것이다. – 옮긴이

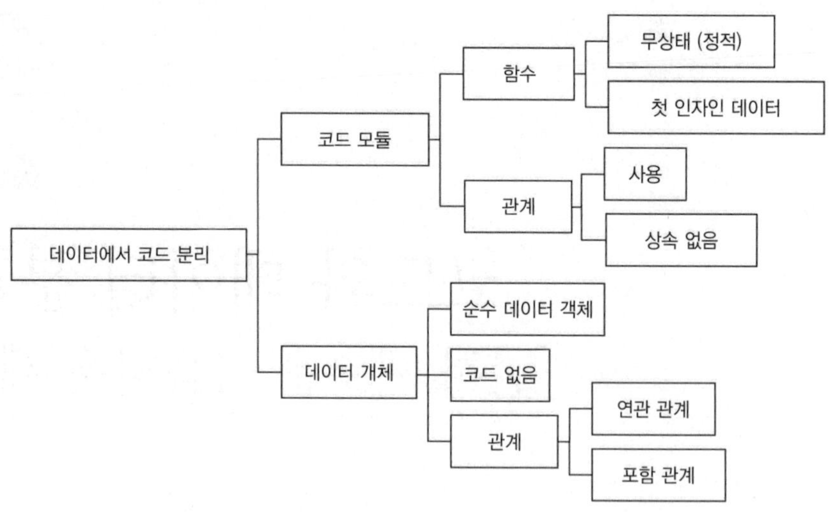

▲ **그림 2.1** DOP 원리 #1 요약: 데이터에서 분리된 코드

이 장에서는 클라핌 도서관 관리 시스템의 맥락에서 1장에서 소개한 코드와 데이터의 분리를 명확히 살펴본다. 그리고 이렇게 분리하면 시스템에 어떤 이점이 있는지도 소개한다.

- 시스템이 단순하다. 즉, 이해하기 쉽다.
- 시스템이 유연하고 확장 가능하다. 변경된 요구 사항에 맞춰서 설계를 바꿀 필요가 거의 없다.

이 장에서는 코드와 데이터가 분리된 시스템에서 코드를 설계하는 데 집중한다. 다음 장에서는 데이터의 설계에 집중할 것이다. 또한 이 책을 함께 진행하면서 데이터에서 코드를 분리해 얻을 수 있는 다른 이점도 알아볼 것이다.

2.1 DOP 시스템의 두 부분

테오는 시제품을 납품한 후 차를 몰고 집으로 돌아오면서 클라핌 프로젝트가 성공한 것인지를 스스로에게 물어본다. 물론, 그는 고객을 만족시킬 수 있었다. 하지만 능력이라기보다는 운이 좋았던 덕이다. 낸시가 슈퍼 회원 기능을 고집했다면 납기를 맞추지 못했을 것이다. 시스템에 작은 기능을 넣는 게 왜 그토록 난해했을까? 구축한 시스템은 왜 그렇게 복잡했을까? 테오는 시스템을 좀 더 유연하게 만들 방법이 필요하다고 생각한다.

다음 날 아침, 테오는 해커 뉴스Hacker News와 레딧Reddit에 시스템의 복잡도를 낮추고 유연한 시스템을 만들 방법을 물어본다.[2] 어떤 사람은 다른 프로그래밍 언어를 언급하고, 어떤 사람은 고급 설계 패턴에 대해 말한다. 그러다가 테오는 죠Joe라는 이름의 사용자가 남긴 댓글에 마음이 끌린다. 그 사용자는 데이터 지향 프로그래밍을 언급하면서 이것의 주요 목표가 시스템 복잡도를 낮추는 것이라고 주장한다. 테오는 이 용어를 들어본 적이 없었는데, 문득 호기심이 생겨서 메일로 죠에게 연락하기로 한다. 우연이지만, 죠도 샌프란시스코에 살고 있다. 테오는 죠를 사무실로 초대해 만나보기로 한다.

죠는 마흔 살의 개발자다. 7년 전에 클로저Clojure를 받아들이기 이전까지 그는 근 10년간 자바 개발자였다. 테오가 그 도서관 관리 시스템을 설계하고 구축하면서 변경되는 요구 사항을 수용하느라 고생했던 일을 말하자 죠는 태연하게 듣는다.

죠는 테오에게 자신과 자신의 팀이 지난 7년 동안 클로저로 구축한 시스템은 자바로 구축하던 시스템보다 덜 복잡하고 더 유연하다고 말한다. 죠에 따르면, 그들이 요즘 구축하는 시스템은 훨씬 단순한 편이다. DOP 원리를 따르기 때문이다.

테오 저는 데이터 지향 프로그래밍을 처음 들어봅니다. 새로운 개념인가요?

죠 그렇기도 하고 아니기도 해요. 제가 DOP라고 주로 부르는 데이터 지향 프로그래밍의 기본 발상은 프로그래머들에게 우수 실천법best practice으로 많이 알려진 것이에요. 하지만 DOP는 우수 실천법을 일관된 전체로 결합했다는 점에서 참신합니다.

테오 저에게는 조금 추상적이네요. 예를 들어 설명해주시겠어요?

죠 물론이죠. 예를 들어 DOP의 첫 번째 통찰은 코드와 데이터의 관계에 대한 거예요.

테오 데이터를 객체에 캡슐화하는 걸 말하나요?

2 해커 뉴스(https://news.ycombinator.com)와 레딧(https://www.reddit.com/)은 다양한 새 소식이나 토론 주제를 공유하고 이에 대한 의견을 나누는 뉴스 공유, 포럼, 소셜 네트워크 성격의 서비스다. 해커 뉴스는 기술과 프로그래밍 중심이면서 진지하고 전문적인 반면, 레딧은 훨씬 다양한 주제로 이야기를 나누고 캐주얼하며 익명성을 강조한다. – 옮긴이

죠 사실, DOP는 데이터 캡슐화에 반대해요.

테오 왜 그렇죠? 저는 데이터 캡슐화가 긍정적인 프로그래밍 패러다임이라고 생각했는데요.

죠 데이터 캡슐화는 장점과 단점이 모두 있어요. 기존에 도서관 관리 시스템을 설계한 방법을 생각해보세요. DOP에 따르면, 시스템의 복잡성과 경직성을 유발하는 주요 원인은 코드와 데이터가 객체에 함께 혼합돼 있다는 점이에요.

> **|팁|** DOP는 캡슐화에 반대한다.

테오 함수형 프로그래밍에 대해 들었던 내용과 비슷하게 들리네요. 그럼 DOP를 하려면 객체지향 프로그래밍을 버리고 함수형 프로그래밍을 배워야 하나요?

죠 아니요. DOP 원리는 언어와 상관없어요. DOP는 객체지향 언어와 함수형 프로그래밍 언어 모두에 적용할 수 있습니다.

테오 다행이군요. 저에게 모나드monad, 대수 자료형algebraic data type, 고차 함수higher order function 같은 것을 가르치시려는 줄 알고 겁먹었어요.

죠 아니에요. DOP에서는 그런 것들이 필요하지 않아요.

> **|팁|** DOP 원리는 언어에 구애받지 않는다.

테오 그럼 DOP에서는 어떤 식으로 코드와 데이터를 분리한다는 건가요?

죠 데이터는 구성 요소만 가진 데이터 개체로 표현됩니다. 코드는 무상태 함수stateless function로만 구성된 모듈로 모입니다.

테오 무상태 함수가 뭘 말하는 건가요?

죠 객체에서 상태와 캡슐화되는 대신, 인자로 데이터 개체가 전달됩니다.

테오 무슨 의미인지 잘 이해되지 않네요.

죠 그림으로 설명해줄게요.

죠는 칠판으로 다가서더니 자신이 한 말을 설명하는 그림을 재빨리 그렸다. 죠가 그린 그림은 그림 2.2와 같다.

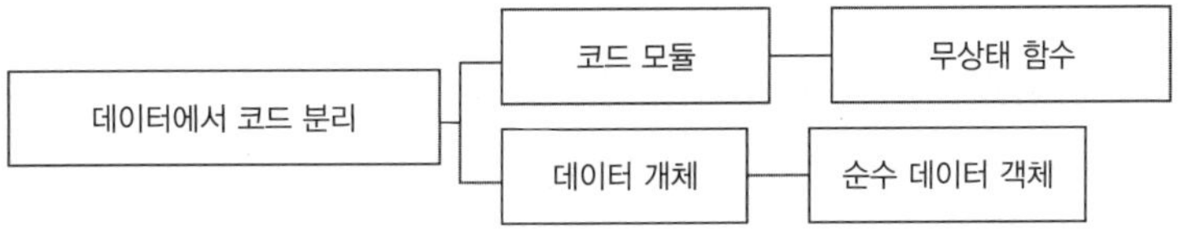

▲ **그림 2.2** 코드와 데이터의 분리

테오 여전히 잘 모르겠네요.

죠 도서관 관리 시스템을 예로 들어 어떤 모습일지 보여주면 이해하실 것 같네요.

테오 좋습니다. 코드부터 시작할까요? 아니면 데이터?

죠 음, 데이터 지향 프로그래밍이니 데이터에서 시작해보죠.

2.2 데이터 개체

DOP에서는 시스템의 데이터 개체를 알아내는 작업으로 설계 절차에 들어간다. 죠와 테오가 데이터 개체에 대해 나누는 대화는 이렇다.

죠 도서관 관리 시스템의 데이터 개체는 어떻게 되나요?

테오 데이터 개체가 뭘 말하는 거죠?

죠 시스템에서 정보를 담고 있는 부분을 말하는 거예요.

> |**노트**| 데이터 개체는 시스템에서 정보를 보관하는 부분이다.

테오 좋아요. 이 시스템은 도서관 관리 시스템이에요. 그래서 책과 회원이 있습니다.

죠 그렇겠죠. 하지만 그 외에도 더 있겠죠? 시스템의 데이터 개체를 알아내는 한 가지 방법은 시스템 요구 사항에서 명사와 명사구를 찾아보는 거예요.

테오는 낸시가 요구 사항을 적어둔 냅킨을 들여다봤다. 그는 데이터 개체로 보이는 명사와 명사구에 표시했다.

요구 사항에서 데이터 개체에 대응하는 용어에 표시함

- 사용자에는 도서관 회원과 사서, 두 유형이 있다.
- 사용자는 이메일과 비밀번호로 시스템에 로그인한다.
- 회원은 책을 빌릴 수 있다.
- 회원과 사서는 제목이나 저자로 도서 정보를 검색할 수 있다.
- 사서는 회원에 대해 대출을 금지하거나 해제할 수 있다(예: 반납 연체 회원).
- 사서는 회원에게 대출된 책 현황을 조회할 수 있다.
- 도서 하나에 인쇄본이 여러 권 있을 수 있다.

죠 잘하셨어요. 이들 개체를 자연스럽게 묶을 방법이 있을까요?

테오 잘 모르겠지만 사용자, 회원, 사서를 묶고, 도서 정보, 저자, 책을 또 다른 분류로 묶을 수 있을 것 같아요.

죠 좋아 보이는데요? 각 분류를 뭐라고 부를 건가요?

테오 첫 번째 분류는 사용자 관리, 두 번째 분류는 장서가 좋겠어요.

시스템의 데이터 개체가 정리된 다단 목록

- 장서 데이터
  - 도서 정보 데이터
  - 저자 데이터
  - 책 데이터
  - 대출 데이터
- 사용자 관리 데이터
  - 사용자 데이터
  - 회원 데이터
  - 사서 데이터

테오 도서 정보와 저자의 관계가 연관일지 포함일지 잘 모르겠네요.

죠 지금은 너무 자세히 파악하려고 애쓰지 않아도 됩니다. 나중에 데이터 개체 설계를 가다듬을 거예요. 일단 두 분류를 마인드 맵으로 그려볼까요?

테오와 죠는 잠시 의견을 나눈다. 그림 2.3은 그들이 생각한 마인드 맵이다.

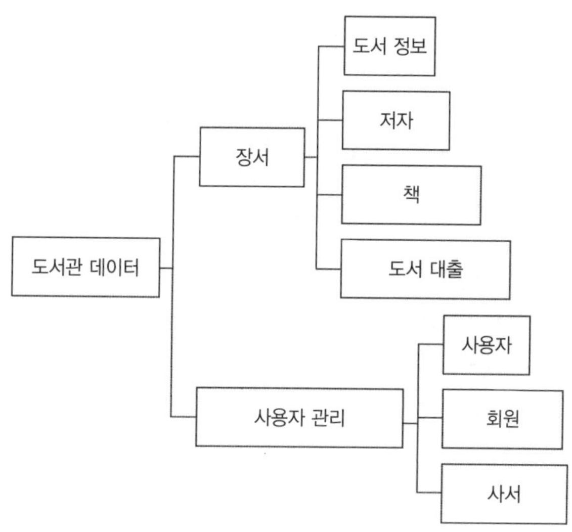

▲ **그림 2.3** 마인드 맵으로 정리된 시스템의 데이터 개체

DOP 시스템의 데이터 개체를 시각화하는 가장 정확한 방법은 연관과 포함에 서로 다른 화살표를 사용해 데이터 개체도를 그리는 것이다. 데이터 개체도는 나중에 다시 다룬다.

> **|팁|** 시스템의 데이터 개체를 알아내고 나서는 다단 목록이나 마인드 맵을 사용해 상위 분류로 구분하자.

다음 장에서는 데이터 개체의 설계와 표현을 더 깊이 다룰 것이다. 여기서는 단순하게 도서관 시스템의 데이터가 사용자 관리와 장서라는 두 상위 분류로 돼 있다고 가정하자.

2.3 코드 모듈

DOP에서 두 번째 설계 단계는 코드 모듈 정의다. 다시 죠와 테오의 대화를 들어보자.

죠 시스템의 데이터 개체를 식별하고 상위 분류로 정리했으니, 이제 시스템의 코드 부분을 다룰 차례입니다.

테오 코드 부분이라는 게 뭘 말하는 건가요?

죠 시스템의 기능을 식별하는 것이라고 설명할 수 있겠네요.

테오는 낸시의 요구 사항을 다시 본다. 이번에는 기능을 나타내는 동사에 밑줄을 긋는다.

요구 사항에서 기능에 대응하는 용어에 표시함

- 사용자에는 도서관 회원과 사서, 두 유형이 있다.
- 사용자는 이메일과 비밀번호로 시스템에 로그인한다.
- 회원은 책을 빌릴 수 있다.
- 회원과 사서는 제목이나 저자로 도서 정보를 검색할 수 있다.
- 사서는 회원에 대해 대출을 금지하거나 해제할 수 있다(예: 반납 연체 회원).
- 사서는 회원에게 대출된 책 현황을 조회할 수 있다.
- 도서 하나에 인쇄본이 여러 권 있을 수 있다.

이에 더해 회원도 당연히 책을 반납할 수 있어야 한다. 또한 사용자가 사서인지 아닌지 알 수 있는 방법이 있어야 한다. 테오는 이것들도 요구 사항에 추가하고 시스템의 용도를 나열한다.

도서관 시스템의 용도

- 도서 정보 검색
- 책 추가
- 회원 대출 금지
- 회원 대출 금지 해제

- 사용자 시스템 로그인
- 회원 대출 도서 조회
- 도서 대출
- 도서 반납
- 사서 여부 확인

죠 잘하셨어요. 이제는 외부에 공개돼야 할 기능이 뭔지 이야기해주세요.

테오 외부에 공개된다는 말이 무슨 뜻인가요?

죠 도서관 관리 시스템이 외부에 HTTP로 API를 공개한다고 생각해보죠. API 호출 종단점으로 어떤 기능이 공개돼야 할까요?

테오 사용자가 사서인지 파악하려고 확인하는 기능을 빼면 시스템의 모든 기능이 공개돼야 할 것 같아요.

죠 그렇군요. 이제는 공개될 기능에 짧은 이름을 붙이고 `Library`라는 모듈 상자에 모으시죠.

테오는 1분도 채 지나지 않아 그림 2.4와 같이 공개할 도서관의 기능을 포함하는 모듈을 고안해냈다.

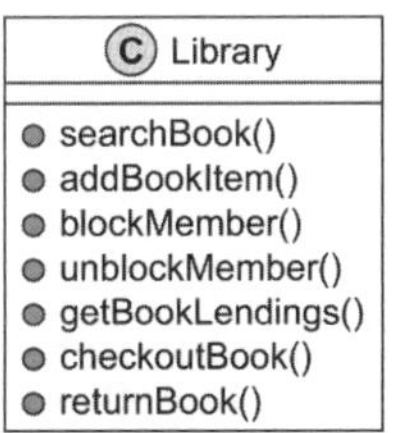

▲ **그림 2.4** 도서관 관리 시스템이 공개하는 기능을 포함한 Library 모듈

| **팁** | DOP 시스템의 코드 부분을 설계하는 첫 단계로 단일 모듈에 공개 기능을 모아놓는다.

죠 아름답습니다! 지금 첫 코드 모듈을 작성하신 거예요.

테오 저에게는 이 모듈이 클래스로 보입니다. 모듈과 클래스의 차이는 뭔가요?

죠 모듈은 함수를 모아놓은 거예요. OOP에서는 모듈이 클래스로 표현됩니다. 하지만 다른 프로그래밍 언어에서는 패키지나 이름 공간[3]이 될 수 있어요.

테오 알겠습니다.

죠 DOP 코드 모듈에서 중요한 건 무상태 함수만 포함된다는 점이에요.

테오 자바의 정적 메서드와 같은 건가요?

죠 네, 그리고 그 정적 메서드를 가진 클래스는 어떤 데이터 개체도 없어야 합니다.

테오 그러면 함수는 어떤 정보를 처리해야 하는지 어떻게 알 수 있나요?

죠 쉬워요. 우리가 그 정보를 함수의 첫 인자로 전달합니다.

테오 좋아요. 예를 보여주실 수 있을까요?

죠는 손톱을 물어뜯으면서 그림 2.4의 `Library` 모듈에 나열된 함수를 살펴보다가 적당한 후보를 선택한다.

죠 `getBookLendings`를 예로 들어보죠. 기존의 OOP에서 이 함수의 인자는 무엇이 될까요?

테오 사서 ID와 회원 ID입니다.

죠 그렇다면, `getBookLendings`는 기존 OOP에서 `librarianId`와 `memberId` 두 인자를 받는 `Library` 클래스의 메서드일 겁니다.

테오 예!

죠 이제부터가 미묘합니다. DOP에서 `getBookLendings`는 `Library` 모듈의 일부입니다.

테오 무슨 뜻인지 보여주시겠어요?

죠 물론이죠.

---

3 프로그래밍에서 이름 공간(namespace)은 어떤 이름이 고유하고 일관된 의미를 갖도록 맥락을 제공한다. 행위 측면에서, OOP에서 DOP를 적용할 때 클래스는 객체의 메서드가 아닌 함수의 이름 공간으로서 역할을 하게 된다. – 옮긴이

죠는 테오의 키보드로 가서 입력하기 시작한다. 그는 OOP에서 클래스 메서드[4]가 무엇인지 보여주는 예를 입력한다.

```
class Library {
  catalog
  userManagement

  getBookLendings(userId, memberId) {
    // 도서관의 상태는 this.catalog와 this.userManagement로 접근함
  }
}
```

테오 맞아요! 메소드는 객체의 상태(우리 경우에는 도서관 데이터)에 `this`를 통해 접근해요.

죠 객체의 상태가 객체 메서드의 인자라고 말할 수 있을까요?

테오 객체의 상태는 객체 메서드의 암시적인 인자라고 할 수 있어요.

> **|팁|** 기존 OOP에서 객체의 메서드에게는 객체의 상태가 암시적인 인자다.

죠 DOP에서는 데이터를 명시적인 인자로 전달합니다. `getBookLendings`의 서명은 이런 식이겠죠.

리스트 2.1 getBookLendings 메서드의 서명

```
class Library {
  static getBookLendings(libraryData, userId, memberId) {
  }
}
```

죠 도서관의 상태는 `libraryData`에 보관됩니다. 그리고 `libraryData`는 정적 메서드인

---

4 클래스의 인스턴스인 객체가 아닌 클래스 자체에 속한 메서드를 말한다. C++, 자바, C# 등에서는 정적 메서드라고 부른다. 반면에 파이썬 같은 몇몇 언어에서는 클래스 메서드와 정적 메서드가 다른 의미를 갖고, 클래스 메서드는 클래스의 메타데이터에 접근할 수 있다. 여기서는 정적 메서드의 의미로 쓰였다. – 옮긴이

getBookLendings에 명시적인 인자로 전달됩니다.

테오 그게 일반적인 규칙인가요?

죠 그럼요! 같은 규칙이 Library 모듈의 다른 함수는 물론 다른 모듈에도 적용됩니다. 모든 모듈은 무상태예요. 처리할 도서관 데이터를 인자로 받는 거죠.

|**팁**| DOP에서 코드 모듈의 함수는 상태가 없다. 함수가 다뤄야 하는 데이터는 명시적인 인자로 전달받고 대부분은 첫 번째 인자에 해당된다.

|**노트**| 모듈은 함수의 모음이다. DOP에서 모듈의 함수는 무상태다.

테오 self 인자가 메서드 서명에 명시되는 파이썬의 방식이 떠오르네요. 제가 예를 보여드리죠.

리스트 2.2 메서드 서명의 명시적인 인자인 파이썬 객체

```
class Library:
  catalog = {}
  userManagement = {}
  def getBookLendings(self, userId, memberId):
    # self.catalog와 self.userManagement로 도서관 상태에 접근
```

죠 비슷하지만, 저는 단순히 문법을 넘어 훨씬 근본적인 차이를 말하고 있어요. 데이터가 모듈의 외부에 존재한다는 사실입니다.

테오 알겠습니다. 말씀하신 것처럼 함수는 무상태인 거죠.

죠 정확합니다. 이 원리를 Library 모듈 전체에 적용해보시겠어요?

테오 그러죠.

테오는 Library 모듈의 함수에 인자를 추가해 설계가 더 구체화되도록 손본 후 그림 2.5의 도식을 죠에게 보여준다.

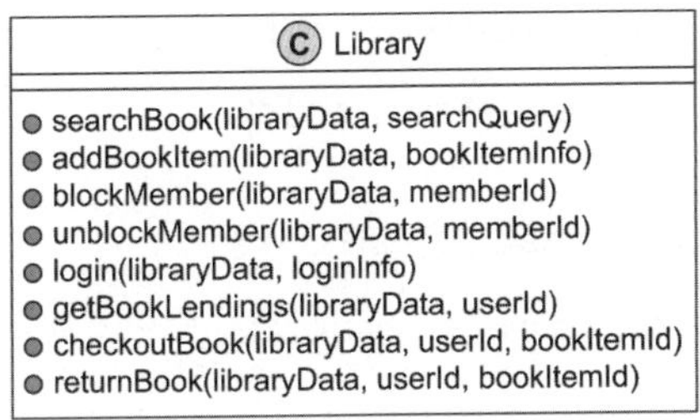

▲ **그림 2.5** 함수 인자가 추가된 Library 모듈

죠 완벽합니다. 이제 시스템의 상위 설계를 다룰 준비가 됐어요.

테오 DOP에서 상위 설계는 어떤 건가요?

죠 DOP에서 상위 설계는 모듈과 모듈 간의 상호동작을 정의하는 거예요.

테오 그렇군요. 모듈을 정의하는 데 도움이 될 만한 지침 같은 게 있을까요?

죠 물론이죠. 시스템의 상위 수준 모듈 구조는 데이터 개체의 상위 수준과 일치합니다.

테오 데이터 마인드 맵에 있는 데이터 개체 말인가요?

죠 바로 그거예요!

테오는 데이터 마인드 맵(그림 2.6)을 다시 살펴본다. 그는 상위 데이터 개체인 도서관, 장서, 사용자 관리를 응시한다. 이는 시스템에 `Library` 모듈 외의 상위 수준 모듈이 둘이라는 뜻이다.

- `Catalog` 모듈은 장서 데이터를 다룬다.
- `UserManagement` 모듈은 사용자 관리 데이터를 다룬다.

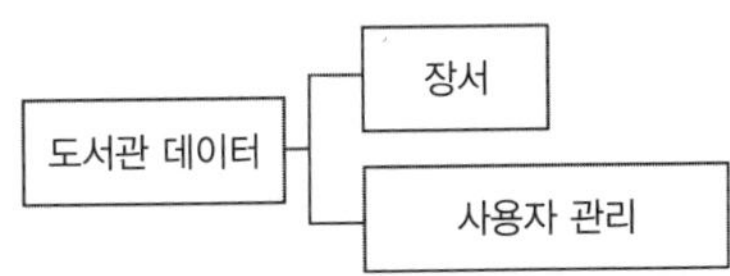

▲ **그림 2.6** 도서관 관리 시스템의 상위 수준 데이터 개체 마인드 맵

이윽고 테오는 `Catalog`와 `UserManagement` 모듈이 포함된 도서관 관리 시스템의 상위 설계를 그린다. 그림 2.7은 다음 두 모듈이 추가된 결과다.

- `Catalog`의 함수는 `catalogData`를 첫 인자로 받는다.
- `UserManagement`의 함수는 `userManagementData`를 첫 인자로 받는다.

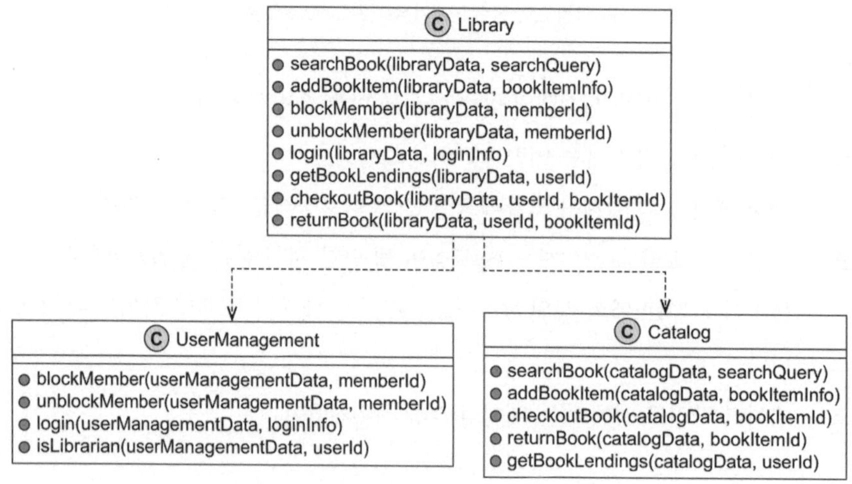

▲ **그림 2.7** 함수의 인자가 명시된 도서관 관리 시스템의 모듈

테오는 아직까지 데이터 개체가 모듈 사이에 어떻게 전달되는지가 명확히 이해되지 않는다. 현재 그에게는 `libraryData`가 두 개의 구성 요소를 가진 클래스로 보인다.

- `catalog`는 장서 데이터를 가진다.
- `userManagement`는 사용자 관리 데이터를 가진다.

또한 `Library`의 함수가 공통의 패턴을 공유하는 것도 보인다(이 장 후반에서 `Library` 모듈의 일부 함수에 대한 코드를 볼 것이다).

- `libraryData`를 인자로 받는다.
- `libraryData.catalog`를 `Catalog`의 함수에 전달한다.
- `libraryData.userManagement`를 `UserManagement`의 함수에 전달한다.

|팁| DOP 시스템의 상위 수준 모듈은 데이터 개체의 상위 수준과 구조가 일치한다.

2.4 이해하기 쉬운 DOP 시스템

테오는 자신이 만드는 시스템의 상위 설계를 표현한 두 도식을 살펴본다.

- 그림 2.8은 데이터 개체의 마인드 맵이다.
- 그림 2.9는 코드 모듈의 모듈도다.

살짝 당황한 테오가 죠에게 묻는다.

테오 저는 이 시스템이 데이터가 객체에 캡슐화된 기존 OOP 시스템보다 더 나은지 잘 모르겠네요.

죠 DOP 시스템이 기존 OOP 시스템보다 나은 점은 좀 더 이해하기 쉽다는 거예요.

테오 무엇 때문에 이해하기 쉬워진다는 건가요?

죠 시스템이 코드 모듈과 데이터 개체로 말끔히 나뉘기 때문이죠.

테오 그게 왜 쉽게 이해되는 데 도움이 되나요?

죠 시스템의 데이터 개체를 이해하려고 할 때, 코드가 데이터 개체를 어떻게 다루는지 자세히 고려할 필요가 없습니다.

테오 그래서 제가 도서관 관리 시스템의 데이터 마인드 맵을 봤을 때 그 자체로 이해할 수 있는 거군요.

죠 바로 그거예요. 그리고 이와 같이 시스템의 코드 모듈을 이해하려고 할 때도 그 코드가 처리할 데이터 개체를 구체적으로 생각할 필요가 없죠. 관심사가 코드와 데이터로 명확하게 분리되는 겁니다.

테오는 그림 2.8의 데이터 마인드 맵을 다시 본다. 그 순간 어떤 깨달음을 얻는다.

데이터가 그 자체로 존재한다!

> |**노트**| DOP 시스템은 데이터 개체와 코드 모듈이라는 두 부분으로 시스템이 나뉘므로 더 이해하기 쉽다.

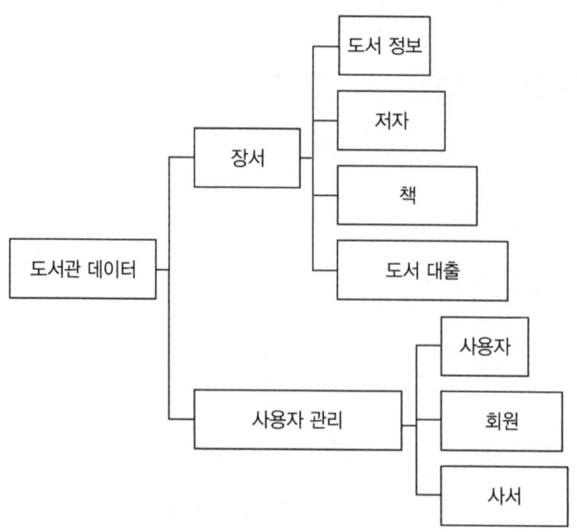

▲ **그림 2.8** 도서관 관리 시스템의 마인드 맵

이제 테오는 그림 2.9의 모듈도를 살펴본다. 이후 다소 혼돈을 느끼고 죠에게 묻는다.

- 어찌 보면 모듈도의 박스는 클래스를, 화살표는 클래스 사이의 관계를 나타내는 전형적인 OOP의 클래스도와 비슷해 보인다.
- 또 다른 측면에서, 왠지 모르게 코드 모듈도는 전형적인 OOP의 클래스도보다 훨씬 단순해 보인다.

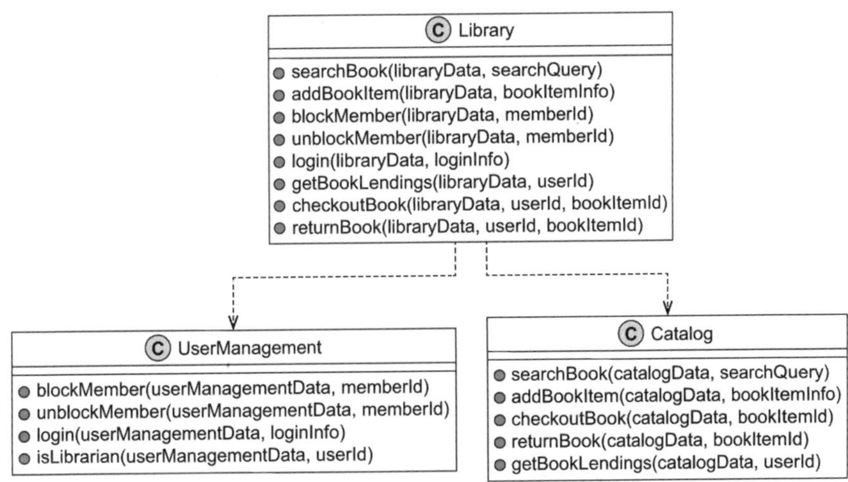

▲ **그림 2.9** 함수 인자가 표시된 도서관 관리 시스템의 모듈

테오 모듈도는 제가 OOP에서 익숙한 클래스도보다 훨씬 단순해 보이네요. 느낌은 그런데, 뭐라고 표현을 못하겠어요.

죠 모듈도에 제약이 있기 때문이에요.

테오 어떤 제약인가요?

죠 우리가 이미 본 함수에 대한 제약입니다. 모든 함수가 정적(또는 무상태)이지만, 동시에 모듈 사이의 관계에 제약이 있어요.

|**팁**| DOP에서 모든 함수는 상태가 없다.

테오 모듈 사이에는 어떤 식으로 제약이 있나요?

죠 DOP 모듈 간에는 한 가지 유형의 관계만 있습니다. 사용 관계예요. 한 모듈은 다른 모듈의 코드를 사용합니다. 모듈 사이에 연관도, 포함도, 상속도 없습니다. 이것 때문에 DOP 모듈도가 이해하기 쉬운 거예요.

테오 DOP 모듈도에 왜 연관이나 포함이 없는지 이해되네요. 연관이나 포함은 데이터 관계이니까요. 하지만 왜 상속 관계는 없는 거죠? DOP가 다형성에 반대한다는 뜻인가요?

죠 정말 좋은 질문이네요! 간단한 말해, DOP에서는 클래스 상속이 아닌 다른 방식으로 다형성을 얻습니다. 조만간 이 이야기를 할 거예요.

|**노트**| DOP의 다형성에 대한 논의는 13장을 참고한다.

테오 이제 호기심이 생깁니다. 저는 상속이 다형성을 달성하는 유일한 방법이라고 생각했어요.

테오는 그림 2.9의 모듈도를 다시 본다. 이제 그는 이 도식이 기존의 OOP 클래스도보다 단순하다고 느낄 뿐 아니라 왜 더 단순한지를 이해한다. 모든 함수는 정적이고 모듈 사이의 관계는 사용 유형일 뿐이다. 테오가 이해한 내용을 요약하면 표 2.1과 같다.

|**팁**| DOP 모듈 간의 관계는 오직 사용 관계뿐이다.

▼ **표 2.1** DOP 시스템의 각 부분을 이해하기 쉽게 만드는 요인

시스템의 부분	구성 요소에 대한 제약	관계의 제약
데이터 개체	(코드 없는) 순수 데이터	연관과 포함
코드 모듈	(데이터 개체 없는) 무상태 함수	사용(상속 없음)

|**팁**| DOP 시스템의 각 부분은 제약을 따라야 해서 이해하기 쉽다.

2.5 유연한 DOP 시스템

테오 코드와 데이터 사이를 명확하게 나누는 것이 어떻게 DOP 시스템을 기존 OOP 시스템보다 이해하기 쉽게 만드는지 알겠습니다. 하지만 변경된 요구 사항에 적응하는 건 어떤가요?

죠 DOP 시스템의 또 다른 장점은 확장과 요구 사항 변경을 수용하기 쉽다는 점입니다.

테오 낸시가 슈퍼 회원과 VIP 회원을 시스템에 추가해달라고 요청했을 때, 제 OOP 시스템에는 변경 사항들을 적용하기 어려웠습니다. 기반 클래스 몇 개를 추가해야 했고, 클래스 계층 구조가 진짜 복잡해졌어요.

죠 무슨 말인지 정확히 알겠습니다. 저도 비슷한 어려움을 여러 번 겪었어요. 슈퍼 회원과 VIP 회원 관련 요구 사항이 어떻게 바뀌었는지 설명해주세요. 그러면 DOP 시스템을 확장하는 것이 얼마나 쉬운지 제가 보여드릴 수 있을 거라고 확신해요.

슈퍼 회원과 VIP 회원 요구 사항

- 슈퍼 회원은 다른 회원에게 대출된 도서의 목록을 조회할 수 있는 회원이다.
- VIP 회원은 도서관에 책을 추가할 수 있는 회원이다.

테오는 자신의 IDE를 열어서 `Library` 모듈의 `getBookLendings` 함수(리스트 2.3)를 코딩하기 시작한다. 일단 슈퍼 회원에 대한 요구 사항은 처리하지 않는다. 테오는 죠가 DOP의 모듈 함수에 대해 한 말을 기억한다.

- 함수는 상태가 없다.
- 함수가 처리할 데이터는 함수의 첫 인자로 전달된다.

기능 관점에서 `getBookLendings`는 두 부분이다.

- 사용자가 사서인지 확인한다.

- 장서에서 대출된 도서를 얻는다.

기본적으로 getBookLendings의 코드는 역시 두 부분이다.

- UserManagement 모듈의 isLibrarian 함수를 호출하면서 UserManagementData를 전달한다.
- Catalog 모듈의 getBookLendings 함수를 호출하면서 CatalogData를 전달한다.

리스트 2.3 회원의 대출 도서 획득

```
class Library {
  static getBookLendings(libraryData, userId, memberId) {
    if(UserManagement.isLibrarian(libraryData.userManagement, userId)) {
      return Catalog.getBookLendings(libraryData.catalog, memberId);
    } else {
      throw "대출된 도서를 조회할 권한이 없음";   ◀ 오류를 처리하는 다른 방법이 있다.
    }
  }
}

class UserManagement {
  static isLibrarian(userManagementData, userId) {
    // 나중에 구현될 예정   ◀ 3장에서 범용 데이터 컬렉션을 사용해 권한을 관리하는 방법을 살펴본다.
  }
}

class Catalog {
  static getBookLendings(catalogData, memberId) {
    // 나중에 구현될 예정   ◀ 3장에서 범용 데이터 컬렉션을 사용해 데이터를 질의하는 방법을 살펴본다.
  }
}
```

이것이 테오가 처음으로 작성한 DOP 코드의 일부인데, 데이터 객체인 libraryData, libraryData.userManagement, libraryData.catalog를 여기저기 전달하는 것이 약간 어색하게 느껴진다. 하지만 그는 해냈다. 죠는 테오의 코드를 보고는 만족해하는 듯하다.

죠 이제 이 코드에 슈퍼 회원을 어떻게 수용할 건가요?

테오 UserManagement 모듈에 isSuperMember 함수를 추가하고 Library.getBookLendings에서 호출하도록 구현하려고 해요.

죠 바로 그겁니다. 그렇게 단순한 거예요.

테오는 노트북에 코드를 입력해서 죠에게 보여준다. 다음은 테오가 코드에 슈퍼 회원을 도입한 방식이다.

리스트 2.4 슈퍼 회원이 회원의 대출 도서를 얻을 수 있도록 함

```
class Library {
  static getBookLendings(libraryData, userId, memberId) {
    if(Usermanagement.isLibrarian(libraryData.userManagement, userId) ||
      Usermanagement.isSuperMember(libraryData.userManagement, userId)) {
      return Catalog.getBookLendings(libraryData.catalog, memberId);
    } else {
      throw "대출된 도서를 조회할 권한이 없음";    ◀ 오류를 처리하는 다른 방법이 있다.
    }
  }
}

class UserManagement {
  static isLibrarian(userManagementData, userId) {
    // 나중에 구현될 예정    ◀ 3장에서 범용 데이터 컬렉션을 사용해 권한을 관리하는 방법을 살펴본다.
  }
  static isSuperMember(userManagementData, userId) {
    // 나중에 구현될 예정    ◀
  }
}
class Catalog {
  static getBookLendings(catalogData, memberId) {
    // 나중에 구현될 예정    ◀ 3장에서 범용 데이터 컬렉션을 사용해 데이터를 질의하는 방법을 살펴본다.
  }
}
```

이제 데이터 객체를 여기저기 전달하느라 느꼈던 위화감보다 안도감이 훨씬 크게 느껴진다. 변경된 요구 사항을 수용하는 데는 단지 코드 몇 줄이면 되고, 시스템 설계를 바꿀 필요가 없다. 죠는 다시 한번 만족한 듯하다.

|팁| DOP 시스템은 유연하다. 대부분 시스템 설계를 바꾸지 않고도 요구 사항 변경을 수용할 수 있다.

테오는 addBookItem을 코딩하기 시작한다. 그는 Library.addBookItem의 서명을 본다. 세 번째 인자인 bookItemInfo의 의미가 분명하게 이해되지 않는다. 그래서 이에 대해 죠에게 묻는다.

리스트 2.5 Library.addBookItem의 서명

```
class Library {
  static addBookItem(libraryData, userId, bookItemInfo) {
  }
}
```

테오 bookItemInfo가 뭐죠?

죠 인쇄본 정보라고 할까요? 이 정보를 bookItemInfo라고 부르는 데이터 개체로 표현할 수 있다고 가정해보죠.

테오 객체라는 말인가요?

죠 지금은 bookItemInfo를 객체로 생각해도 좋아요. 나중에는 DOP에서 데이터를 표현하는 방식을 보여드릴게요.

인쇄본 정보가 bookItemInfo로 어떻게 표현될 것인지 아직 분명하지 않지만, 리스트 2.6의 Library.addBookItem은 테오가 리스트 2.4에서 작성한 Library.getBookLendings와 매우 비슷하다. 테오는 VIP 회원을 추가하면서 설계를 바꾸지 않아도 된다는 사실에 다시 한번 놀란다.

리스트 2.6 VIP 회원이 도서관에 책을 추가할 수 있도록 함

```
class Library {
  static addBookItem(libraryData, userId, bookItemInfo) {
    if(UserManagement.isLibrarian(libraryData.userManagement, userId) ||
```

```
      UserManagement.isVIPMember(libraryData.userManagement, userId)) {
      return Catalog.addBookItem(libraryData.catalog, bookItemInfo);
    } else {
      throw "대출된 도서를 조회할 권한이 없음";   ◀ 오류를 처리하는 다른 방법이 있다.
    }
  }
}

class UserManagement {
  static isLibrarian(userManagementData, userId) {
    // 나중에 구현될 예정
  }
  static isVIPMember(userManagementData, userId) {
    // 나중에 구현될 예정
  }
}

class Catalog {
  static addBookItem(catalogData, bookItemInfo) {
    // 나중에 구현될 예정   ◀ 4장에서 불변 데이터로 시스템의 상태를 관리하는 방법을 살펴본다.
  }
}
```

3장에서 범용 데이터 컬렉션을 사용해 권한을 관리하는 방법을 살펴본다.

테오 데이터에서 코드를 분리하는 방법을 배우려면 큰 사고의 전환이 필요하네요.

죠 무엇이 가장 받아들이기 어렵던가요?

테오 데이터가 객체에 캡슐화되지 않는다는 사실입니다.

죠 저도 OOP에서 DOP로 전환할 때 그랬어요.

이제 식사 시간이다. 테오는 회사 근처에 있는 심플Simple이란 이름의 작지만 멋진 식당에서 죠와 함께 점심을 먹는다.

요약

- DOP 원리는 언어에 구애받지 않는다.
- DOP 원리 #1은 데이터에서 코드를 분리하는 것이다.

- DOP 시스템은 코드와 데이터가 분리돼 기존 OOP 시스템보다 더 단순하다(그리고 이해하기 더 쉽다).
- 데이터 개체는 시스템에서 정보를 담는 요소다.
- DOP는 캡슐화에 반대한다.
- 시스템이 더 유연할수록 변화하는 요구 사항을 수용하기가 더 쉽다.
- DOP 시스템에서는 코드와 데이터가 분리돼 기존 OOP 시스템보다 더 유연하다.
- 코드가 데이터로부터 격리되면, 코드와 데이터를 분리해 독립적으로 설계할 자유를 얻게 된다.
- 데이터는 데이터 개체로 표현된다.
- 시스템에서 데이터 개체를 알아내고 이들을 상위 분류로 나눠 다단계 목록이나 마인드 맵을 만든다.
- DOP 시스템은 데이터 개체와 코드 모듈이라는 두 부분으로 시스템이 나뉘므로 기존 OOP 시스템보다 이해하기 쉽다.
- DOP에서 코드 모듈은 무상태 함수를 한곳에 모아놓은 것이다.
- DOP 시스템은 유연하다. 흔히 변화하는 요구 사항을 시스템 설계를 변경하지 않고도 수용한다.
- 기존 OOP에서는 객체의 상태가 객체의 메서드의 암시적인 인자다.
- 무상태 함수가 처리할 데이터는 명시적으로 전달된다.
- DOP 시스템의 상위 모듈 구조는 상위 데이터 개체와 일치한다.
- 코드 모듈 간 관계의 유형은 사용 관계가 유일하다.
- 데이터 개체 간 관계의 유형은 연관과 포함 관계뿐이다.
- DOP의 다형성은 13장에서 다룬다.

3

기본 데이터 조작

명상과 프로그래밍

3장에서 다루는 내용

- 문자열 맵으로 표현된 레코드로 유연성 향상
- 범용 함수를 사용한 데이터 조작
- 정보 경로를 통한 정보 구성 요소 접근
- 추가 작업 없는 JSON 직렬화

이전 장에서 코드를 데이터에서 분리하는 이유와 방법을 배웠으니, 지금부터는 데이터 자체를 이야기해보자. 시스템 설계 과정에서 경직된 클래스 계층이 수반되곤 하는 기존 OOP와 달리, DOP는 데이터 모델을 맵과 배열(또는 리스트)의 유연한 조합으로 표현하고 각 정보 요소를 정보 경로information path를 통해 접근할 수 있도록 규정한다. 이 장에서는 DOP의 두 번째 원리를 상세히 살펴본다.

원리 #2 데이터 개체를 범용 자료구조(generic data structure)[1]로 표현하라.

1 이 책에서는 원서의 'generic'이란 표현을 '범용'으로 번역한다. '일반'으로 번역하면 '보통'의 의미로 해석될 가능성이 높을 뿐 아니라, 정적 타입 언어에서 타입을 매개변수화하는 매개변수 다형성(parametric polymorphism)의 제네릭과도 달라서 '범용'이 가장 적합하다고 판단했다. 다루는 데이터의 자료형에 관여하거나 제한하지 않는다는 의미로 사용된다. – 옮긴이

레코드를 클래스의 인스턴스인 객체가 아닌 문자열 맵으로 표현하면 시스템이 더 유연해진다. 이를 통해 데이터는 경직된 클래스 기반 시스템으로부터 자유로워진다. 데이터는 항목을 추가하고 삭제하고 필드 명칭을 변경하는 범용 함수 덕분에 일급 시민first-class citizen[2]의 자격을 부여받는다.

> **|노트|** '문자열 맵'이란 키가 문자열인 맵을 뜻한다.

데이터를 다루는 코드와 데이터는 서로 약하게 의존한다. 코드는 조작해야 하는 레코드 안의 특정 필드의 키만 알면 될 뿐이다. 코드는 레코드의 모든 키를 전혀 몰라도 상관없다. 관련 있는 키만 알면 된다. 이 장에서는 데이터 조회만 다룰 것이다. 시스템 상태 변경을 관리하는 방법은 다음 장에서 논의한다.

3.1 데이터 모델 설계

'심플'이란 이름의 식당에서 점심 식사를 하는 동안, 테오와 죠는 프로그래밍에 대한 이야기를 나누지 않는다. 대신, 개인적인 이야기를 하면서 서로를 알아가는 시간을 보낸다. 테오는 죠가 케이Kay와 결혼했으며 케이가 웰빙과 관련된 다양한 분야를 여러 해 동안 공부한 뒤 창조적 아트테라피 상담소를 얼마 전에 개업했다는 사실을 알게 된다. 아들 니라이아Neriah는 14살이고 드론에 빠져 있으며, 12살인 딸 오렐리아Aurelia는 플루트를 연주한다.

죠는 테오에게 지난 10년간 명상을 수행했다고 말한다. 죠의 말에 따르면, 온갖 번민(특히 큰 고통의 근원이 될 수 있는 부정적인 생각)에 빠져 헤어나지 못하던 그는 명상을 통해 현실을 직접 대면할 수 있게 됐다. 현실을 있는 그대로 경험하는 법을 배울수록 마음도 따라서 평온해졌다. 명상을 처음 시작했을 때는 어렵기도 하고 이상하게 느껴지기도 했지만, 인내하면서 꾸준히 시도하자 해가 갈수록 삶의 만족도가 높아졌다.

---

2 프로그래밍에서 '일급 시민'이란 표현은 변수에 할당하고, 함수 인자로 넘기고, 함수의 반환값으로 받는 등 기본 자료형과 동일하게 취급할 수 있는 프로그래밍의 어떤 요소를 두고 하는 말이다. – 옮긴이

사무실에 돌아와서 죠는 테오에게 함께 시작한 DOP 여정의 다음 단계가 데이터 모델이 될 것이라고 말한다. 여기에는 데이터 표현도 포함된다.

죠 우리가 시스템의 데이터 부분을 설계할 때는 독립적으로 자유롭게 수행할 수 있어요.

테오 독립적이라는 말이 무슨 뜻인가요?

죠 제 말은 코드 때문에 신경 쓰지 않아도 된다는 뜻이에요. 데이터만 신경 쓰면 됩니다.

테오 아! 그렇죠. 그 때문에 DOP 시스템이 OOP보다 얼마나 더 단순해지는지 말씀하신 게 기억나네요. 관심사 분리separation of concerns는 OOP에서 익숙한 설계 원칙이에요.

죠 그렇죠.

테오 그리고 우리가 데이터를 생각할 때, 생각해야 하는 관계는 연관과 포함뿐이고요.

죠 맞습니다.

테오 DOP로 설계하는 데이터 모델이 OOP 개발자로서 제가 설계하던 데이터 모델과 많이 다를까요?

죠 그렇게 다르지 않아요.

테오 좋습니다. 제가 DOP 방식의 데이터 개체도data entity diagram를 그릴 수 있는지 보시죠.

테오는 아침 일찍 그렸던 데이터 마인드 맵을 살펴본다. 그러고는 그림 3.1의 도식을 그린다.

테오는 각 데이터 개체의 필드와 개체 간의 관계 유형을 구체적으로 다듬는다. 그림 3.2는 정리된 데이터 개체도다.

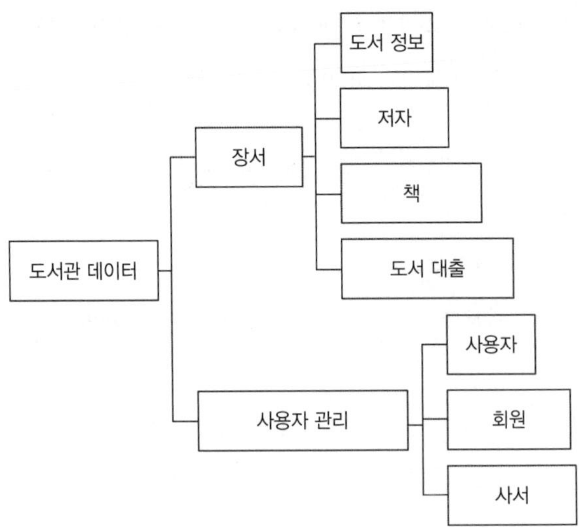

▲ **그림 3.1** 도서관 관리 시스템의 마인드 맵

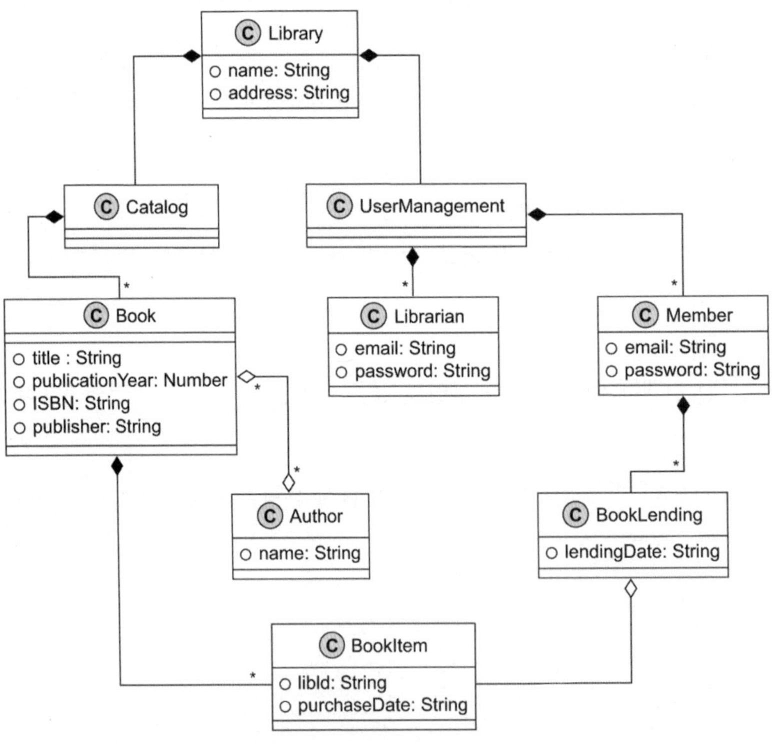

▲ **그림 3.2** 도서관 관리 시스템의 데이터 모델

죠 이제는 데이터 개체 간의 관계를 더 명확하게 해볼까요?

테오 무슨 말씀이신가요?

죠 예를 들어 이 데이터 개체도에서는 Book과 Author가 다대다 연관 관계로 연결돼 있어요. 이 관계가 프로그램에서 어떻게 표현될까요?

테오 Book 개체에는 저자 ID 컬렉션이 있을 것이고, Author 개체에는 도서 ID의 컬렉션이 있을 거예요.

죠 좋은 생각입니다. 그럼 무엇이 도서 ID가 될까요?

테오 도서 ISBN 코드요.

|**노트**| ISBN은 국제표준도서번호(International Standard Book Number)의 약어로서 출판되는 판매 도서의 고유한 식별 번호다.

죠 그러면 ISBN으로 Book을 얻을 수 있는 색인[index]은 어디에 보관하나요?

테오 장서 데이터가 bookByISBN 색인을 갖고 있으니 Catalog가 되겠죠.

죠 저자 ID는요?

테오 저자 ID는 저자 이름을 전부 소문자로 바꾸고 공백 대신 이음표를 사용합니다. 동일한 저자 이름은 없다고 가정합니다.

죠 그럼 저자 색인도 Catalog에 두겠군요.

테오 정확합니다!

죠 훌륭해요. Book과 Author의 관계가 100% 분명해졌습니다. 같은 작업을 시스템의 다른 관계에도 해보실래요?

테오에게는 무척 쉬운 작업이다. OOP 개발자로서 이런 일을 수도 없이 해왔기 때문이다. 그림 3.3은 도서관 시스템의 상세 데이터 개체도다.

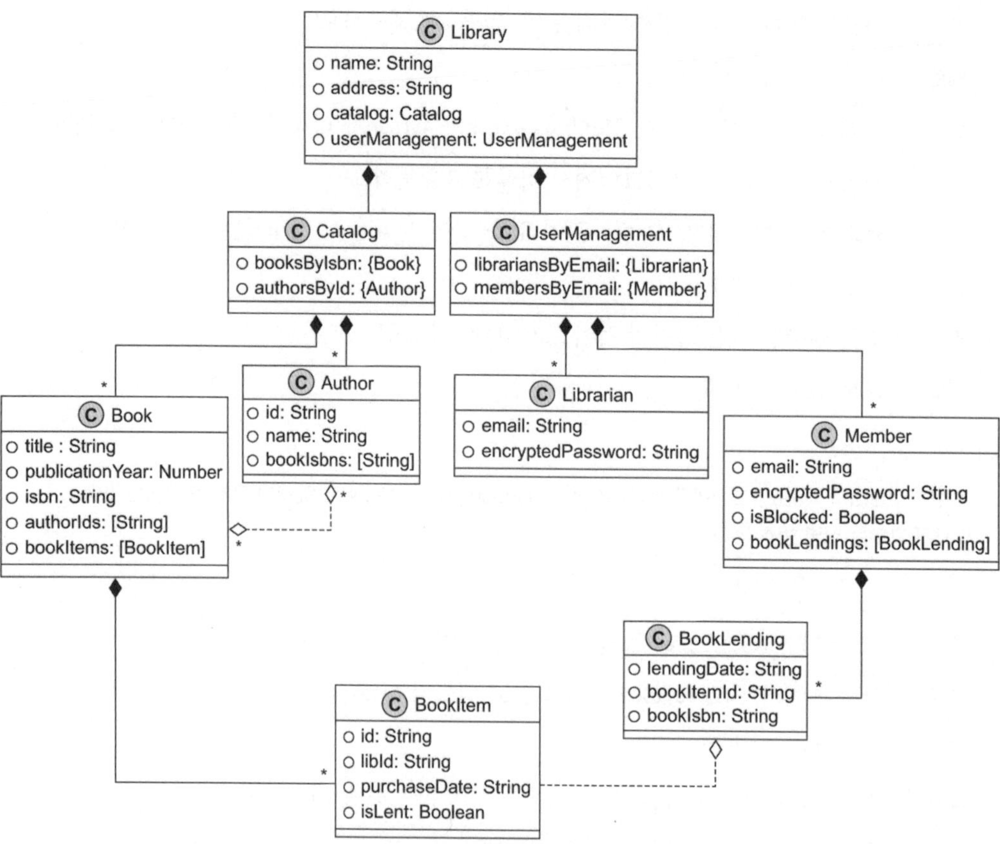

▲ **그림 3.3** 도서관 관리 관계 모델. 점선(예를 들어 Book과 Author 사이)은 간접 관계, [String]은 순차 문자열 컬렉션, {Book}은 Book의 색인을 나타낸다.

> |**노트**| '순차 컬렉션(positional collection)'이란 리스트나 배열처럼 요소에 순서가 있는 컬렉션을 뜻한다. '색인(index)'이란 요소에 키를 통해 접근할 수 있는 해시맵(hash map)이나 사전(dictionary)[3] 같은 컬렉션을 뜻한다.

`Catalog` 개체에는 두 가지 색인이 있다.

---

3 맵(map), 사전(dictionary), 연관 배열(associative array), 심볼 테이블(symbol table)은 모두 키와 값 한 쌍을 보관하는 컬렉션 자료형이다. 언어마다 부르는 이름이 다른데, 해시맵은 맵을 구현한 방법이 해시 테이블이라서 붙여진 이름이다. – 옮긴이

- **booksByIsbn**: 키는 도서 ISBN이고 값은 Book 개체다. 자료형이 {Book}으로 표현된다.
- **authorsById**: 키는 저자 ID이고 값은 Author 개체다. 자료형이 {Author}로 표현된다.

Book 개체 안에는 자료형이 [String]이고 저자 ID 모음인 순차 컬렉션 authors가 있다. Author 개체 안에는 자료형이 [String]이고 도서 ID 모음인 컬렉션 books가 있다.

> **|노트|** 컬렉션과 색인 자료형의 표기법에 대해 말하자면, String의 순차 컬렉션은 [String]으로 표기한다. Book의 색인은 {Book}으로 표기한다. 데이터 모델의 맥락에서 색인의 키는 언제나 문자열이다.

Book과 Author 사이는 점선으로 이어져 있는데, Book과 Author의 관계가 간접적이라는 뜻이다. Book 개체에서 Author 개체의 컬렉션에 접근하려면, Catalog 개체에 정의된 authorById 색인을 사용할 것이다.

죠 이 데이터 개체도가 마음에 듭니다.

테오 고맙습니다.

죠 이 도식에 있는(사실 어느 데이터 개체도에도 있는) 데이터를 모아놓은 세 가지 유형이 뭔지 말씀해주시겠어요?

테오 어디 보자… Book에 authors 같은 순차 컬렉션이 있고… Catalog에 booksByIsbn 같은 색인이 있고… 세 번째 것은 못 찾겠네요.

죠 데이터 모음의 세 번째 유형은 지금까지 Library, Catalog, Book 같은 데이터 개체라고 부르던 것입니다. 이를 컴퓨터 과학에서는 일반적으로 '레코드'라고 부르죠.

> **|노트|** 레코드(record)는 관련된 데이터 항목을 함께 묶은 자료구조다. 다양한 자료형의 필드 여러 개가 모여 있다.

테오 데이터 개체도가 레코드, 순차 컬렉션, 색인으로만 구성된다고 말하면 되는 걸까요?

죠 그렇습니다. 데이터 개체 간의 관계에 대해서도 비슷하게 한마디로 정리해보시겠어요?

테오 데이터 개체도에서 관계는 (속이 찬 마름모꼴에 실선으로 표현되는) 포함과 (속이 빈 마름모꼴에 점선으로 표현되는) 연관 중 하나입니다. 두 관계 유형 모두 일대일, 일대다, 다대다 중 하나일 수 있습니다.

죠 훌륭합니다!

> **|팁|** 데이터 개체도는 레코드로 구성된다. 레코드의 값은 모두 원시 자료형, 순차 컬렉션, 색인 중 하나다. 레코드 간의 관계는 포함이나 연관 중 하나다.

3.2 맵으로 관리되는 레코드

지금까지는 상위 시스템 수준에서 코드와 데이터를 분리해 얻을 수 있는 장점을 설명했다. 코드와 데이터 사이에 관심사가 분리되고 각 부분에는 명확한 제약이 있다.

- 코드는 데이터를 명시적인 인자로 전달받는 정적 함수로 구성된다.
- 데이터 개체는 레코드로 모델링되며 레코드 간의 관계는 순차 컬렉션과 색인으로 표현된다.

이제 데이터 표현과 관련해 의문이 든다. DOP는 컬렉션과 색인에 대해 특별히 요구하는 것이 없다. 하지만 레코드의 표현에 대해서는 확고한 주장이 있다. 레코드는 맵 같은 범용 자료구조로 표현돼야 한다.

이는 OOP와 FP 언어 모두에 적용된다. 자바스크립트, 파이썬, 루비 같은 동적 타입 언어에서는 범용 자료구조를 사용한 데이터 표현이 자연스럽게 느껴진다. 반면에 자바와 C# 같은 정적 타입 언어에서는 조금 번거롭다.

테오 DOP에서 순차 컬렉션, 색인, 레코드를 어떻게 표현하는지 정말로 궁금합니다.

죠 순차 컬렉션 먼저 시작하죠. DOP에서는 컬렉션을 어떻게 표현할지에 대해 특별히 언급하지 않아요. 연결 리스트, 배열, 백터, 집합이나 다른 최적의 컬렉션이 될 수 있어요.

테오 OOP와 같네요.

죠 맞습니다. 지금 당장은 간단하게 배열로 순차 컬렉션을 표현해보죠.

테오 색인은 어떤가요?

죠 색인은 동종homogeneous 문자열 맵으로 표현됩니다.

테오 동종 맵이란 게 뭐죠?

죠 맵의 모든 값이 동일 자료형인 것을 말합니다. 예를 들어 `Book` 색인에서 모든 값은 `Book` 자료형입니다. 그리고 저자 색인의 모든 값이 `Author`입니다. 계속 이런 식인 거죠.

테오 이것도 OOP랑 같네요.

> **|노트|** 동종 맵(homogeneous map)은 모든 값이 같은 자료형인 맵이다. 이종 맵(heterogeneous map)은 값의 자료형이 각기 다른 맵이다.

죠 자, 놀랄 준비를 하세요. DOP에서는 레코드가 맵으로 표현됩니다. 더 정확하게는 이종 문자열 맵입니다.

죠는 칠판으로 다가가 그림을 그리기 시작한다. 다 그리고 난 후 그림 3.4의 도식을 테오에게 보여준다.

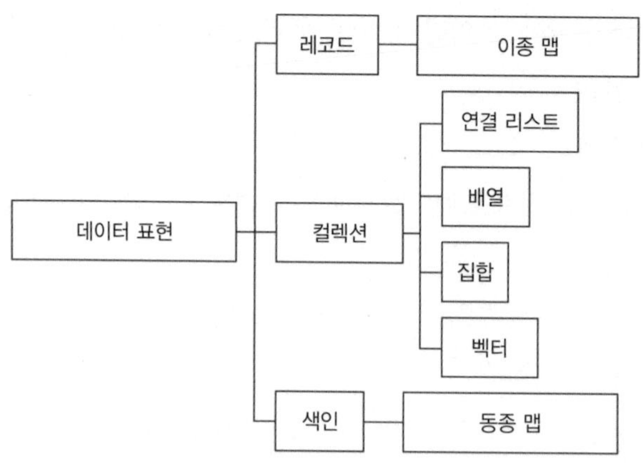

▲ **그림 3.4** 데이터 표현 구성 요소

테오는 잠시 침묵에 빠진다. 그는 시스템의 데이터 개체가 필드의 이름과 값의 자료형을 클래스에 정의하지 않는 범용 자료구조로 표현될 수 있다는 말에 충격을 받는다. 잠시 후 테오가 죠에게 묻는다.

테오 범용 자료구조를 사용해서 얻는 이점은 뭐죠?

죠 유연성과 일반성입니다.

테오 설명을 부탁드려도 될까요?

죠 조금 있다가 말씀드리죠. 그 전에 DOP 시스템에서 레코드가 어떤 모습일지 예를 보여드리고 싶어요.

테오 좋습니다.

죠 『왓치맨Watchmen』(시공사, 2008)으로 예를 들어볼게요. 제가 가장 좋아하는 그래픽 노블graphic novel인데, 작가는 앨런 무어Alan Moore와 데이브 깁슨스Dave Gibbons입니다. 이 명작은 1987년에 출간됐어요. ID가 `nyc-central-lib`인 실제 도서관에 이 책이 두 권 소장돼 있고 그중 한 권이 대출 중이라고 가정할게요. DOP에서 『왓치맨』을 나타내는 `Book` 레코드는 이런 식으로 표현될 겁니다.

죠가 테오의 노트북에 다가와서는 문서 편집기(IDE가 아니다)를 열고 테오의 `Book` 레코드를 입력한다.

리스트 3.1 맵으로 표현된 Book 레코드의 예

```
{
  "isbn": "978-1779501127",
  "title": "Watchmen",
  "publicationYear": 1987,
  "authors": ["alan-moore", "dave-gibbons"],
  "bookItems": [
    {
      "id": "book-item-1",
      "libId": "nyc-central-lib",
      "isLent": true
    },
    {
      "id": "book-item-2",
      "libId": "nyc-central-lib",
      "isLent": false
    }
  ]
}
```

테오가 노트북 화면을 들여다보고는 질문을 한다.

테오 제가 프로그램에서 『왓치맨』 Book 레코드의 인스턴스를 어떻게 만들 수 있나요?

죠 그건 사용하는 프로그래밍 언어에서 어떤 방식으로 맵의 인스턴스를 만들도록 하는지에 따라 다릅니다. 자바스크립트, 루비, 파이썬 같은 동적 언어에서는 매우 직관적입니다. 맵과 배열의 리터럴 문법을 사용할 수 있기 때문입니다. 제가 보여드릴게요.

죠는 Book 레코드의 인스턴스를 만드는 간략한 자바스크립트 코드를 작성한다. Book 레코드는 자바스크립트 맵으로 표현됐다. 그는 작성한 코드를 테오에게 보여준다.

리스트 3.2 자바스크립트에서 맵으로 표현된 Book 레코드

```
var watchmenBook = {
  "isbn": "978-1779501127",
  "title": "Watchmen",
```

```
  "publicationYear": 1987,
  "authors": ["alan-moore", "dave-gibbons"],
  "bookItems": [
    {
      "id": "book-item-1",
      "libId": "nyc-central-lib",
      "isLent": true
    },
    {
      "id": "book-item-2",
      "libId": "nyc-central-lib",
      "isLent": false
    }
  ]
}
```

테오 만약에 자바라면요?

조 조금 장황하지만, 불변 Map과 불변 List를 만드는 정적 팩토리 메서드를 사용하면 여전히 가능합니다.

> **|노트|** 자바 핵심 라이브러리의 자세한 정보는 '불변 리스트, 셋, 맵 생성(Creating Immutable Lists, Sets, and Maps)'을 참고하라(http://mng.bz/voGm).

조는 맵으로 표현되는 Book 레코드의 인스턴스를 생성하는 자바 코드를 입력한다. 그는 테오에게 자바 코드를 보여준다.

리스트 3.3 자바 맵으로 표현된 Book 레코드

```
var watchmen = Map.<String, Object>of(
  "isbn", "978-1779501127",
  "title", "Watchmen",
  "publicationYear", 1987,
  "authors", List.of("alan-moore", "dave-gibbons"),
  "bookItems", List.of(
    Map.of(
      "id", "book-item-1",
```

```
      "libId", "nyc-central-lib",
      "isLent", true
    ),
    Map.of(
      "id", "book-item-2",
      "libId", "nyc-central-lib",
      "isLent", false
    )
  )
);
```

|**팁**| DOP에서는 레코드를 이종 문자열 맵으로 표현한다.

테오 저는 확실히 Book 클래스와 BookItem 클래스를 써서 Book 레코드를 생성하는 쪽이 좋네요.

테오는 IDE를 열어서 Book 클래스의 인스턴스로 Book 레코드를 표현하는 자바스크립트 코드를 입력한다.

리스트 3.4 자바스크립트에서 Book 클래스의 인스턴스로 표현된 Book 레코드

```
class Book {
  isbn;
  title;
  publicationYear;
  authors;
  bookItems;
  constructor(isbn, title, publicationYear, authors, bookItems) {
    this.isbn = isbn;
    this.title = title;
    this.publicationYear = publicationYear;
    this.authors = authors;
    this.bookItems = bookItems;
  }
}
```

```
class BookItem {
  id;
  libId;
  isLent;
  constructor(id, libId, isLent) {
    this.id = id;
    this.libId = libId;
    this.isLent = isLent;
  }
}

var watchmenBook = new Book("978-1779501127",
  "Watchmen",
  1987,
  ["alan-moore", "dave-gibbons"],
  [new BookItem("book-item-1", "nyc-central-lib", true),
   new BookItem("book-item-2", "nyc-central-lib", false)]);
```

조 왜 레코드를 표현하는 데 맵보다 클래스가 좋으세요?

테오 클래스를 사용하면 레코드의 데이터 규격이 프로그램의 일부가 됩니다. 결국, IDE로 필드 이름을 자동 완성하거나 컴파일 시점에 오류를 찾을 수 있어요.

조 공감이 갑니다. 제가 이 방식의 단점을 몇 가지 보여드려도 될까요?

테오 물론이죠.

조 검색 결과에서 도서 정보를 표시하고 싶다고 해보죠. 이때, 저자 ID 대신 저자 이름을 표시하고 싶습니다. 그리고 개별 인쇄본의 정보는 필요치 않습니다. 이것을 어떻게 처리해야 할까요?

테오 저라면 Book 클래스에서 bookItems는 없고 authorIds 대신 authorNames를 구성 요소로 갖는 BookInSearchResults 클래스를 생성할 거예요. 그리고 Book 객체를 받아서 복사하는 생성자를 작성해야 하겠네요.

조 통상의 OOP에서는 데이터의 인스턴스를 만들면서 클래스만 이용하면 안전이 보장됩니다. 하지만 이와 같은 안전성 때문에 유연성이 희생됩니다.

|팁| 데이터 모델에서 유연성과 안전성은 양립할 수 없으므로 득실을 저울질해야 한다.

테오 그러면 다른 방법이 뭐가 있을까요?

죠 DOP 방식에서는 맵으로 레코드를 표현합니다. 데이터마다 클래스를 만들 필요가 없어요. 자유롭게 동적으로 레코드 필드를 추가하고 제거하고 이름을 변경합니다. 데이터 모델이 유연한 거죠.

테오 흥미롭군요.

|팁| DOP에서는 데이터 모델이 유연하다. 실행 중에 자유롭게 동적으로 레코드 항목을 추가하고 삭제하고 명칭을 변경할 수 있다.

죠 이제 일반성을 이야기해볼까요? Book 객체의 내용을 어떻게 JSON으로 직렬화할 생각인가요?

|팁| DOP에서는 범용 함수(generic function)로 레코드를 조작한다.

테오 클라핌 프로토타입 작업을 할 때가 생각나네요. 도서관 관리 시스템의 첫 번째 버전을 만들 때 JSON 직렬화로 인해 끔찍한 고생을 했어요.

죠 DOP에서는 레코드를 JSON으로 직렬화하는 것이 너무나 쉽습니다.

테오 Gson 자바 라이브러리처럼 레코드의 각 필드에 차례로 접근하는 데 리플렉션을 사용해야 하나요?

|노트| Gson에 대한 자세한 정보는 깃허브(https://github.com/google/gson)를 참고한다.

죠 전혀요. DOP에서는 레코드가 단지 데이터일 뿐이라는 걸 기억하세요. 우리는 모든 레코드를 처리하는 범용 JSON 직렬화 함수를 작성할 수 있어요. Book,

Author, BookItem뿐 아니라 어떤 레코드에도 사용할 수 있죠.

테오 놀랍네요.

> **|팁|** DOP에서는 JSON 직렬화를 위해 어떠한 추가 작업도 필요 없다.

죠 사실 조금 있다가 설명하겠지만, 많은 데이터 조작 작업이 범용 함수로 처리될 수 있습니다.

테오 범용 함수가 언어의 일부인가요?

죠 함수와 언어마다 다릅니다. 예를 들어 자바스크립트는 `JSON.stringify`라는 JSON 직렬화 함수를 기본으로 제공합니다. 하지만 키 이름을 바꾼다거나 하는 일은 하지 못하죠.

테오 성가시겠어요.

죠 그렇지는 않아요. 데이터 조작 기능이 있는 라이브러리를 따로 구할 수 있습니다. 자바스크립트 생태계에서 잘 알려진 데이터 조작 라이브러리로는 로대시가 있어요.

> **|노트|** 로대시에 대해 더 자세히 알고 싶다면 웹 사이트(https://lodash.com/)를 참조한다.

테오 다른 언어는 어떤가요?

죠 로대시는 자바, C#, 파이썬, 루비로 이식됐어요. 관련 사이트를 알려드리죠.

죠는 다음 사이트들을 테오에게 알려준다.

- **자바용 로대시**: https://javadev.github.io/underscore-java/
- **C#용 로대시**: https://www.nuget.org/packages/lodash/
- **파이썬용 로대시**: https://github.com/dgilland/pydash
- **루비용 로대시**: https://rudash-website.now.sh/

|**노트**| 이 책 전체에서 범용 함수로 데이터를 조작하는 방법을 설명하고자 로대시를 사용하는데, 로대시 자체가 특별한 것은 아니다. 다시 말해, 다른 데이터 조작 라이브러리나 직접 작성한 코드를 사용하면 정확히 동일한 방식으로 구현할 수 있다.

테오 멋지네요.

죠 사실, 로대시와 로대시의 다양한 데이터 조작 함수는 어떤 언어로도 이식이 가능해요. 레코드를 맵으로 표현하면 그토록 유용한 이유가 바로 이거죠.

|**팁**| DOP는 데이터 안전성을 양보하고 유연성과 일반성을 얻는다.

죠는 칠판에 적으면서 어떤 득실이 있는지를 간단히 정리한다(표 3.1).

▼ **표 3.1** 안전성, 유연성, 일반성 간의 득실 관계

	OOP	DOP
안전성(safety)	높음	낮음
유연성(flexibility)	낮음	높음
일반성(genericity)	낮음	높음

3.3 범용 함수를 사용한 데이터 조작

죠 이제 DOP에서 범용 함수로 데이터를 어떻게 조작하는지 보여드릴게요.

테오 좋아요. 도서관 관리 시스템의 검색 기능을 어떻게 구현하실지 어서 보고 싶습니다.

죠 알겠습니다. 먼저, 도서관의 장서 데이터를 담은 `Catalog` 레코드의 한 예를 만들어보죠. 『왓치맨』 한 권만 있다고 해볼게요.

죠는 그림 3.3에서 테오가 그린 데이터 모델에 따라 `Catalog` 레코드의 예를 작성한다. 다음은 죠가 테오에게 보여준 결과다.

리스트 3.5 Catalog 레코드

```
var catalogData = {
  "booksByIsbn": {
    "978-1779501127": {
      "isbn": "978-1779501127",
      "title": "Watchmen",
      "publicationYear": 1987,
      "authorIds": ["alan-moore", "dave-gibbons"],
      "bookItems": [
        {
          "id": "book-item-1",
          "libId": "nyc-central-lib",
          "isLent": true
        },
        {
          "id": "book-item-2",
          "libId": "nyc-central-lib",
          "isLent": false
        }
      ]
    }
  },
  "authorsById": {
    "alan-moore": {
      "name": "Alan Moore",
      "bookIsbns": ["978-1779501127"]
    },
    "dave-gibbons": {
      "name": "Dave Gibbons",
      "bookIsbns": ["978-1779501127"]
    }
  }
}
```

테오 이야기했던 booksByIsbn과 authorsById 두 색인이 보이네요. DOP에서는 레코드와 색인을 어떻게 구분하나요?

조 데이터 개체도에서는 레코드와 색인이 분명하게 구분됩니다. 하지만 코드에서는 둘 다 데이터일 뿐이에요.

테오 그래서 이 방식을 데이터 지향 프로그래밍이라고 부르는 거군요.

죠 어떤 시스템 데이터라도 프로그램 내에 시각화하는 것이 얼마나 단순한지 보세요. 데이터가 데이터로 표현되기 때문이죠.

> **|팁|** DOP에서는 데이터가 데이터로 표현된다.

테오 동어 반복처럼 보이는데요?

죠 아! 그런가요? 전 그렇게 보이지 않아요. OOP에서는 데이터를 보통 객체로 표현하는데, 이로 인해 프로그램 내에서 데이터를 시각화하기가 더 어려워집니다.

> **|팁|** DOP에서는 시스템 데이터의 어느 부분이든 시각화할 수 있다.

테오 장서 데이터에서 특정 도서의 제목을 어떻게 얻을 수 있죠?

죠 매우 좋은 질문이네요. 사실 DOP 시스템에서는 모든 정보에 정보 경로information path가 있는데, 정보 경로를 사용하면 해당 정보를 얻을 수 있습니다.

테오 정보 경로요?

죠 예를 들어, 장서 데이터에서 『왓치맨』이라는 책의 제목은 정보 경로가 `["booksByIsbn","978-1779501127","title"]`입니다.

테오 아! 알겠습니다. 그러니까, 정보 경로는 파일 경로와 비슷한 것이지만 정보 경로의 이름은 중첩된 개체에 해당하는군요.

죠 정확합니다. 일단 정보 경로를 알았다면 로대시의 `_.get` 함수를 사용해 그 정보를 얻을 수 있어요.

죠는 테오의 노트북에 몇 자를 입력한다. 테오는 도서명을 얻는 코드가 너무나 간단해서 놀란다.

리스트 3.6 정보 경로로 도서명을 얻음

```
_.get(catalogData, ["booksByIsbn", "978-1779501127", "title"])
// → "Watchmen"
```

테오 깔끔하군요. _.get 같은 함수를 직접 구현하려면 얼마나 어려울지 궁금합니다.

잠시 동안 이런저런 시도를 하다가 마침내 테오는 자신의 구현을 만들 수 있었다. 그는 이 코드를 죠에게 보여준다.

리스트 3.7 직접 작성한 get 구현

```
function get(m, path) {
  var res = m;
  for(var i = 0; i < path.length; i++) {   ← for 루프 대신 forEach를 사용할 수 있다.
    var key = path[i];
    res = res[key];
  }
  return res;
}
```

테오가 구현한 get을 테스트한 후에 죠는 테오를 칭찬한다. 테오가 이토록 빨리 따라와줘서 고마운 마음이 든다.

리스트 3.8 직접 작성한 get의 테스트

```
get(catalogData, ["booksByIsbn", "978-1779501127", "title"]);
// → "Watchmen"
```

죠 잘하셨어요.

테오 _.get 같은 함수가 자바 같은 정적 타입 언어에서도 문제없이 동작할지 궁금하네요.

죠 값을 전달하기만 하면 되는지, 아니면 구체적으로 그 값에 접근해야 하는지에 따라 다릅니다.

테오 무슨 말인지 잘 모르겠어요.

죠 우리가 도서명을 하나 얻었고 이 문자열을 전부 대문자로 변환하길 원한다고 해보죠. String으로 정적 형변환을 해야겠죠? 도서명 항목 값을 문자열로 형변환하고 나서 문자열로 처리하는 예를 보여드릴게요.

리스트 3.9 레코드 필드 값의 문자열 형변환

```
((String)watchmen.get("title")).toUpperCase()
```

테오 이해되네요. 맵의 값들은 자료형이 서로 다릅니다. 그래서 컴파일러는 맵을 Map<String,Object>로 선언하죠. 레코드의 항목은 자료형 정보를 잃어버립니다.

죠 조금은 성가시지만, 우리 코드에서는 데이터를 전달하기만 하는 경우가 많아요. 이럴 때는 정적 형변환이 필요 없죠. 더구나 C# 같은 언어에서는 동적 자료형[4]을 사용하면 형변환[5]이 필요 없어요.

> **|팁|** 정적 타입 언어에서는 레코드 필드 값을 정적 형변환해야 할 때가 있다.

테오 성능은 어떨까요?

죠 대부분의 프로그래밍 언어에서 맵은 무척 효율적으로 처리됩니다. 맵의 필드에 접근하는 속도는 클래스 구성 요소에 접근하는 속도보다 살짝 느린데, 대부분은 심각한 문제가 아닙니다.

> **|팁|** 클래스 구성 요소 대신 맵의 필드에 접근한다고 해서 심각한 성능 문제가 발생하지는 않는다.

테오 다시 정보 경로에 대해 이야기해보죠. 이런 방식은 OOP에서도 가능해요. catalogData.booksByIsbn["978-1779501127"].title로 『왓치맨』의 도서명에 접근할 수 있

---

4 동적 자료형에 대해서는 공식 참조 문서(https://learn.microsoft.com/ko-kr/dotnet/csharp/language-reference/builtin-types/reference-types#the-dynamic-type)를 참고한다.

5 C#의 동적 항목과 형변환에 대한 자세한 내용은 부록 A를 참고한다.

습니다. 레코드 필드 대신 클래스 멤버를 쓰고 색인 키에 문자열을 씁니다.

죠 하지만 근본적인 차이가 있어요. 레코드를 맵으로 표현하면, _.get 같은 범용 함수를 사용해서 정보 경로를 통해 정보를 얻을 수 있어요. 하지만 레코드가 객체로 표현된다면, 각 정보 경로 유형에 맞는 구체적인 코드를 작성해야 해요.

테오 구체적인 코드라는 게 뭘 의미하나요? catalogData.books-ByIsbn["978-1779501127"].title에서 무엇이 구체적인 건가요?

죠 자바 같은 정적 타입 언어에서는 Catalog와 Book을 정의한 클래스가 필요합니다.

테오 그러면 자바스크립트 같은 동적 타입 언어에서는요?

죠 자바스크립트라고 해도, 클래스의 인스턴스인 객체로 레코드를 표현할 때는 경로를 인자로 받아서 그 경로에 해당하는 정보를 표시하는 함수를 쉽게 작성할 수 없어요. 경로 유형마다 특정 코드를 작성해야 할 겁니다. 클래스 구성 요소는 점(.) 표기로 접근하고 맵 필드에는 대괄호([]) 표기로 접근합니다.

테오 DOP에서는 정보 경로가 일급 시민이라고 말하려는 건가요?

죠 바로 그겁니다. 정보 경로는 변수에 저장하고 인자로 함수에 전달할 수 있어요.

> **|팁|** DOP에서는 경로와 범용 함수로 모든 정보를 얻을 수 있다.

죠는 칠판에 다가가서 그림 3.5와 같이 장서 데이터를 트리 형식으로 보여주는 도식을 그린다.

죠 보시는 것처럼, 각 정보는 문자열과 숫자로 된 경로로 접근할 수 있어요. 예를 들어 앨런 무어Alan Moore의 첫 번째 책은 경로가 ["catalog", "authorsById", "alan-moore", "bookIsbns", 0]입니다.

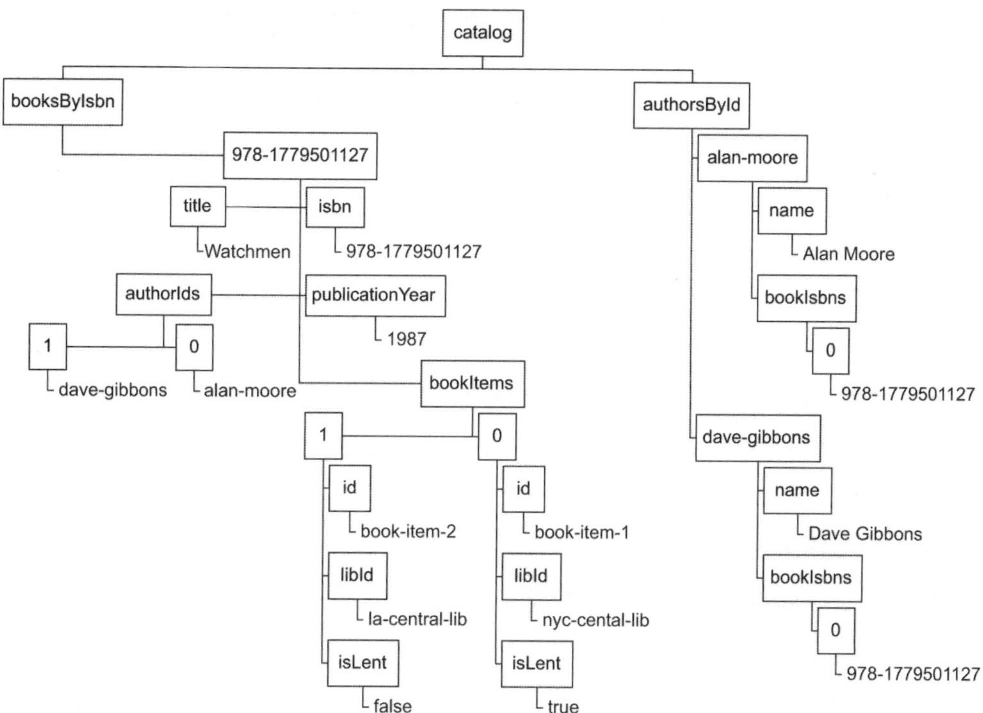

▲ **그림 3.5** 트리로 표현된 장서 데이터

3.4 검색 결과 연산

테오 재미있네요. DOP의 표현력이 느껴지기 시작합니다.

조 아직 감탄하기는 이릅니다. 도서 정보를 얻어서 검색 결과로 표현하는 코드를 작성하는 게 얼마나 쉬운지 보여드리죠. 검색 결과에 어떤 정보가 표시돼야 하는지 알려주시겠어요?

테오 `isbn`, 제목, 저자명이 도서 정보 검색 결과로 보여야 합니다.

조 그러면『왓치맨』의 `BookInfo` 레코드는 어떻게 될까요?

테오는 재빨리 노트북에 코드를 입력한다.

리스트 3.10 검색 결과에서 사용되는 『왓치맨』 BookInfo 레코드

```
{
  "title": "Watchmen",
  "isbn": "978-1779501127",
  "authorNames": [
    "Alan Moore",
    "Dave Gibbons",
  ]
}
```

죠 그럼 도서명이 일치하는 도서를 검색해서 JSON 형식으로 반환하는 함수를 어떻게 작성하는지 차근차근 보여드릴게요. 저는 로대시의 범용 데이터 조작 함수를 사용할 겁니다.

테오 시작하시죠.

죠 authorNames 함수로 시작하겠습니다. 이 함수는 authorsById 색인을 뒤져서 Book 레코드의 저자명을 연산합니다. ID가 authorId인 저자의 이름을 가리키는 정보 경로가 무엇인지 말씀해보시겠어요?

테오 ["authorsById", authorId, "name"]입니다.

죠 이제 _.map을 사용해 여러 저자의 이름을 얻는 방법을 보여드리죠.

죠는 저자 ID와 저자명을 대응시키는 코드를 작성한다. 테오는 무심코 죠의 어깨너머로 코드를 엿본다.

리스트 3.11 저자 ID를 저자명에 대응시킴

```
_.map(["alan-moore", "dave-gibbons"],
  function(authorId) {
    return _.get(catalogData, ["authorsById", authorId, "name"]);
  });
// → [ "Alan Moore", "Dave Gibbons"]
```

테오 이 _.map 함수가 뭔가요? 함수형 프로그래밍[FP] 같은 느낌이 드는데요? 저에게 DOP를 구현하면서 FP를 배울 필요는 없다고 하셨잖아요.

죠　함수형 프로그래밍을 배워야 _.map을 사용할 수 있는 건 아니에요. _.map은 컬렉션의 값을 변환하는 함수입니다. 단순한 for 반복문으로도 구현할 수 있어요.

테오는 컴퓨터 앞에서 몇 분을 들여 _.map을 구현하는 법을 결국 알아낸다.

리스트 3.12 직접 구현한 map 함수

```
function map(coll, f) {
  var res = [];
  for(var i = 0; i < coll.length; i++) {      ◀ for 루프 대신 forEach를 사용할 수 있다.
    res[i] = f(coll[i]);
  }
return res; }
```

죠는 테오의 map 구현을 테스트해보고 나서 테오에게 자신의 테스트를 보여준다. 죠는 다시 한번 테오를 칭찬한다.

리스트 3.13 테오가 구현한 map 함수 테스트

```
map(["alan-moore", "dave-gibbons"],
  function(authorId) {
    return _.get(catalogData, ["authorsById", authorId, "name"]);
  });
// → [ "Alan Moore", "Dave Gibbons"]
```

죠　잘하셨습니다.

테오　말씀하신 대로 어렵지 않네요.

죠　이제 _.map을 써서 authorNames를 구현해보죠.

테오는 몇 분 걸리지 않아 authorNames를 구현해낸다. 그는 작업을 마친 노트북을 죠에게 보여준다.

리스트 3.14 도서의 저자명 연산

```
function authorNames(catalogData, book) {
  var authorIds = _.get(book, "authorIds");
```

```
  var names = _.map(authorIds, function(authorId) {
    return _.get(catalogData, ["authorsById", authorId, "name"]);
  });
  return names;
}
```

죠 Book 레코드를 BookInfo 레코드로 변환하는 bookInfo 함수도 필요합니다. 코드를 보여드리죠.

리스트 3.15 Book 레코드를 BookInfo 레코드로 변환

```
function bookInfo(catalogData, book) {
  var bookInfo = {
    "title": _.get(book, "title"),
    "isbn": _.get(book, "isbn"),
    "authorNames": authorNames(catalogData, book)
  };
  return bookInfo;   ◀── bookInfo용 클래스를 만들 필요가 없다.
}
```

테오 코드를 보니 BookInfo 레코드에는 title, isbn, authorNames라는 세 개의 필드가 있네요. 코드를 보지 않고도 이 정보를 알 수 있는 방법이 있나요?

죠 데이터 개체도에 추가하거나 bookInfo 함수를 문서화하면서 적어 넣을 수 있습니다. 둘 다 하거나요.

테오 레코드 필드 정보가 프로그램에 포함되지 않는다는 DOP의 개념에 제가 익숙해져야겠어요.

죠 정말로 프로그램의 일부가 아닙니다. 그래서 아주 유연하죠.

테오 프로그램에 레코드 정보를 표현하면서도 유연성을 얻을 방법은 없을까요?

죠 있습니다. 언젠가 레코드 필드 정보를 DOP 프로그램에 포함시키는 방법을 보여드릴 거예요(7장과 12장 참고).

테오 기대됩니다.

죠 이제 모든 준비가 됐네요. 장서 중에서 검색 조건에 일치하는 도서 정보를 반환하는 searchBooksByTitle 함수를 작성할 수 있게 됐어요. 먼저 _.filter 함수로 검색 조건에 일치하는 Book 레코드를 찾은 다음, _.map 함수와 bookInfo로 각 Book 레코드를 BookInfo 레코드로 변환합니다.

리스트 3.16 조건에 맞는 도서 검색

```
function searchBooksByTitle(catalogData, query) {
  var allBooks = _.values(_.get(catalogData, "booksByIsbn"));
  var matchingBooks = _.filter(allBooks, function(book) {
    return _.get(book, "title").includes(query);
  });
  var bookInfos = _.map(matchingBooks, function(book) {
    return bookInfo(catalogData, book);
  });
  return bookInfos;
}
```

includes 자바스크립트 함수는 한 문자열이 다른 문자열을 포함하는지 확인한다.

테오 또 아무런 설명 없이 로대시 함수를 쓰셨어요!

죠 죄송해요. 제가 기본 데이터 조작 함수에 너무 익숙하다 보니 언어의 기본이라고 종종 착각합니다. 어떤 함수가 낯선가요?

테오 _.values와 _.filter예요.

죠 _.values는 맵의 값으로 구성된 컬렉션을 반환하고 _.filter는 조건을 만족하는 값의 컬렉션을 반환합니다.

테오 _.values는 간단해 보이고, _.filter를 구현해볼게요.

_.filter 구현에는 시간이 좀 더 걸리지만, 결국 테오는 문제를 해결해낸다. 이제 테스트할 수 있다.

리스트 3.17 직접 구현한 filter

```
function filter(coll, f) {
  var res = [];
  for(var i = 0; i < coll.length; i++) {
    if(f(coll[i])) {
      res.push(coll[i]);
    }
```

for 루프 대신 forEach를 사용할 수 있다.

```
  }
  return res;
}
```

리스트 3.18 직접 구현한 filter 함수 테스트

```
filter(["Watchmen", "Batman"], function (title) {
  return title.includes("Watch");
});
// → ["Watchmen"]
```

테오 저에게는 book 레코드의 도서명에 접근하려고 _.get(book, "title")이라고 써야 하는 것이 조금 어색합니다. book.title과 같이 점 표기를 쓰거나 book["title"]과 같이 대괄호 표기를 쓸 것으로 예상했어요.

죠 book이 객체로 표현되지 않은 레코드라는 사실을 기억하세요. 사실 자바스크립트에서는 _.get(book, "title"), book.title 또는 book["title"] 모두 가능합니다. 하지만 저는 로대시의 _.get 함수를 쓰는 편입니다. 어떤 언어에서는 맵에 점 표기법이나 대괄호 표기법을 쓸 수 없을 겁니다.

테오 언어 중립적이려면 대가가 따르는군요.

죠 맞아요. searchBooksByTitle을 테스트해보시겠어요?

테오 그러죠. searchBooksByTitle을 호출해서 도서명에 Watch라는 문자열이 있는 책을 검색해볼게요.

리스트 3.19 searchBooksByTitle 테스트

```
searchBooksByTitle(catalogData, "Wat");
//[
//  {
//    "authorNames": [
//      "Alan Moore",
//      "Dave Gibbons"
//    ],
//    "isbn": "978-1779501127",
//    "title": "Watchmen"
```

```
//  }
//]
```

테오 동작하는 것 같아요! 검색 구현이 끝난 건가요?

죠 거의 다 됐어요. 우리가 작성한 searchBooksByTitle 함수는 Catalog 모듈의 일부가 될 것이고 레코드 컬렉션을 반환합니다. JSON 문자열을 반환하는 Library 모듈의 함수도 하나 작성해야 해요.

테오 저에게 DOP에서는 JSON 직렬화가 간단하다고 말씀하셨었죠.

죠 맞습니다. searchBooksByTitleJSON 함수 코드는 Catalog 레코드를 얻어서 searchBooksByTitle에게 전달하고는 JSON.stringify를 사용해 그 결과를 JSON으로 변환합니다. JSON.stringify는 자바스크립트에 기본으로 제공되는 함수입니다. 제가 지금 보여드리죠.

리스트 3.20 JSON으로 도서관 장서를 검색하는 구현

```
function searchBooksByTitleJSON(libraryData, query) {
  var results = searchBooksByTitle(_.get(libraryData, "catalog"), query);
  var resultsJSON = JSON.stringify(results);
  return resultsJSON;
}
```

죠 우리 코드를 테스트하려면 Catalog가 포함되는 Library 레코드를 만들어야 합니다. 한번 해보시겠어요?

테오 이 Library 레코드에 name, address, UserManagement 같은 모든 Library 필드가 들어 있어야 하나요?

죠 그럴 필요는 없어요. 지금은 catalog 필드만 있으면 됩니다.

리스트 3.21 Library 레코드

```
var libraryData = {
  "catalog": {
    "booksByIsbn": {
      "978-1779501127": {
        "isbn": "978-1779501127",
```

```
        "title": "Watchmen",
        "publicationYear": 1987,
        "authorIds": ["alan-moore",
          "dave-gibbons"],
        "bookItems": [
          {
            "id": "book-item-1",
            "libId": "nyc-central-lib",
            "isLent": true
          },
          {
            "id": "book-item-2",
            "libId": "nyc-central-lib",
            "isLent": false
          }
        ]
      }
    },
    "authorsById": {
      "alan-moore": {
        "name": "Alan Moore",
        "bookIsbns": ["978-1779501127"]
      },
      "dave-gibbons": {
        "name": "Dave Gibbons",
            "bookIsbns": ["978-1779501127"]
      }
    }
  }
};
```

리스트 3.22 도서관의 장서를 검색해 JSON을 얻는 테스트

```
searchBooksByTitleJSON(libraryData, "Wat");
```

테오 지금까지 작성한 네 함수를 어떻게 결합해야 할까요?

조 `authorNames`, `bookInfo`, `searchBooksByTitle` 함수는 `Catalog` 모듈로 들어가고, `searchBooksByTitleJSON` 함수는 `Library` 모듈로 들어갑니다.

테오는 Library와 Catalog 두 모듈의 결과 코드를 살펴보고 그 간결함에 감탄한다.

리스트 3.23 Library와 Catalog의 검색 결과 연산

```
class Catalog {
  static authorNames(catalogData, book) {
    var authorIds = _.get(book, "authorIds");
    var names = _.map(authorIds, function(authorId) {
      return _.get(catalogData, ["authorsById", authorId, "name"]);
    });
    return names;
  }

  static bookInfo(catalogData, book) {
    var bookInfo =  {
      "title": _.get(book, "title"),
      "isbn": _.get(book, "isbn"),
      "authorNames": Catalog.authorNames(catalogData, book)
    };                          ◀─ bookInfo용 클래스를
    return bookInfo;               만들 필요가 없다.
  }

  static searchBooksByTitle(catalogData, query) {
    var allBooks = _.get(catalogData, "booksByIsbn");
    var matchingBooks = _.filter(allBooks,
      function(book) {                              ◀─ _.filter가 맵을 전달받으면
        return _.get(book, "title").includes(query);   맵의 모든 값을 확인한다.
    });
    var bookInfos = _.map(matchingBooks, function(book) {
      return Catalog.bookInfo(catalogData, book);
    });
    return bookInfos;
  }
}

class Library {
  static searchBooksByTitleJSON(libraryData, query) {
    var catalogData = _.get(libraryData, "catalog");
    var results = Catalog.searchBooksByTitle(catalogData, query);   자바스크립트 기본 기능을
    var resultsJSON = JSON.stringify(results);                    ◀─ 사용해 데이터를 JSON으로
                                                                     변환한다.
```

```
    return resultsJSON;
  }
}
```

리스트 3.24대로 최종 코드를 테스트하고 나서 테오는 리스트 3.23의 소스 코드를 다시 살펴본다. 잠시 후 그에게 또 한 번 깨달음의 순간이 온다.

리스트 3.24 JSON 형식의 검색 결과

```
Library.searchBooksByTitleJSON(libraryData, "Watchmen");
// → "[{\"title\":\"Watchmen\",\"isbn\":\"978-1779501127\",
// → \"authorNames\":[\"Alan Moore\",\"Dave Gibbons\"]}]"
```

테오 코드가 간결하기도 하지만, 코드에 추상적인 것이 없다는 사실이 중요한 것 같습니다. 단지 데이터 조작일 뿐이네요.

죠가 미소 지으면서 "바로 그겁니다!"라고 말한다.

죠 제 첫 명상 선생님이 10년 전에 저에게 한 말이 생각납니다. 명상은 우리 생각이 만들어낸 추상 없이 우리 마음이 현실을 있는 그대로 이해하도록 안내한다고 하셨어요.

| **팁** | DOP에서는 코드 기반의 많은 부분이 추상화 없는 데이터 조작일 뿐이다.

3.5 이종 자료형의 레코드 처리

DOP가 어떻게 레코드를 일급 시민으로 다루도록 해주는지 살펴봤다. 레코드를 범용 함수를 사용해 유연한 방식으로 조작할 수 있는 것이다. 하지만 레코드가 단지 여러 필드를 모아 놓은 것일 뿐이라면, 레코드의 자료형이 무엇인지 어떻게 알 수 있을까? DOP는 놀랍게도 이 질문에 대한 답을 갖고 있다.

테오 질문이 하나 있습니다. 레코드가 맵일 뿐이라면 레코드의 자료형을 어떻게 알 수 있나요?

조 의외의 답을 가진 멋진 질문입니다.

테오 궁금하군요.

조 대부분, 레코드의 자료형을 알 필요는 없습니다.

테오 네? 무슨 의미인가요?

조 가장 중요한 것은 각 필드의 값이라는 뜻입니다. 예를 들어 Catalog.authorNames 소스 코드를 보세요. 이 코드는 Book 레코드를 처리하지만 중요한 것은 authorIds 필드뿐입니다.

의심스러워서 테오는 Catalog.authorNames의 소스 코드를 살펴본다. 이것이 테오가 본 것이다.

리스트 3.25 도서의 저자명 연산

```
function authorNames(catalogData, book) {
  var authorIds = _.get(book, "authorIds");
  var names = _.map(authorIds, function(authorId) {
    return _.get(catalogData, ["authorsById", authorId, "name"]);
  });
  return names;
}
```

테오 Member와 Librarian처럼 다양한 사용자 유형 간의 차이는 어떤가요? 둘 다 email과 encryptedPassword를 갖고 있는데, 어떤 레코드가 Member인지 Librarian인지를 어떻게 알 수 있죠?

조 간단합니다. Catalog의 librariansByEmail 색인이나 membersByEmail 색인에서 그 레코드를 찾을 수 있는지 확인하면 됩니다.

테오 좀 더 구체적으로 설명해주시겠어요?

조 물론이죠. 사서와 회원이 각각 한 명인 것으로 가정하고, 우리 초소형 도서관의 사용자 관리 데이터가 어떤 식일지 작성해볼게요. UserManagement 레코드의 비밀번호는 단순하게 기본 베이스-64 인코딩base-64 encoding으로 암호화합니다.

리스트 3.26 UserManagement 레코드

```
var userManagementData = {
  "librariansByEmail": {
    "franck@gmail.com" : {
      "email": "franck@gmail.com",
      "encryptedPassword": "bXlwYXNzd29yZA=="     ◀ 'mypassword'의 베이스-64 인코딩
    }
  },
  "membersByEmail": {
    "samantha@gmail.com": {
      "email": "samantha@gmail.com",
      "encryptedPassword": "c2VjcmV0",     ◀ 'secret'의 베이스-64 인코딩
      "isBlocked": false,
      "bookLendings": [
        {
          "bookItemId": "book-item-1",
          "bookIsbn": "978-1779501127",
          "lendingDate": "2020-04-23"
        }
      ]
    }
  }
}
```

> **|팁|** 대부분의 경우, 레코드 자료형을 알 필요가 없다.

테오 아침에 저에게 오후에는 UserManagement.isLibrarian의 코드를 보여주겠다고 말씀하셨죠.

죠 그래서 우리가 여기 있는 거죠. 이제 오후가 됐으니 약속을 지켜야겠죠?

죠는 isLibrarian을 구현한다. 이후 잠시 멈췄다가 isLibrarian을 테스트한다.

리스트 3.27 사용자가 사서인지 확인

```
function isLibrarian(userManagement, email) {
  return _.has(_.get(userManagement, "librariansByEmail"), email);
}
```

리스트 3.28 isLibrarian 테스트

```
isLibrarian(userManagementData, "franck@gmail.com");
// → true
```

테오 _.has가 맵에 어떤 키가 있는지 확인하는 함수인 것 같네요. 맞나요?

조 정확합니다.

테오 좋아요. librariansByEmail 맵이 email 요소를 갖고 있는지만 단순하게 확인하셨네요.

조 넵.

테오 회원이 슈퍼 회원이나 VIP 회원인지 확인하는 데 같은 패턴을 사용하실 건가요?

조 물론이죠. SuperMembersByEmail과 VIPMembersByEmail 색인을 만들 수 있어요. 하지만 더 좋은 방법이 있습니다.

테오 어떤 방법이죠?

조 어떤 회원이 VIP 회원이면, 레코드에 isVIP 필드를 추가하고 값을 true로 주는 겁니다. 회원이 VIP 회원인지 확인하려면 그 회원 레코드의 isVIP 필드가 true로 설정됐는지 확인합니다. isVIPMember를 어떻게 코딩할지 보여드리죠.

리스트 3.29 회원이 VIP 회원인지 확인

```
function isVIPMember(userManagement, email) {
  return _.get(userManagement, ["membersByEmail", email, "isVIP"]) == true;
}
```

테오 isVIP 필드에 정보 경로 ["membersByEmail", email, "isVIP"]로 접근하시네요.

조 네, 저는 그런 방식이 코드를 아주 명확하게 만든다고 생각해요.

테오 동의합니다. 제 생각으로는 같은 일을 isSuperMember에도 할 수 있을 것 같네요.

슈퍼 회원이면 isSuper 필드를 true로 설정하는 거죠.

죠 네, 이런 식으로요.

죠는 UserManagement 클래스에 모든 함수를 모은다. 그런 다음, 코드를 테오에게 보여준다.

리스트 3.30 UserManagement 모듈의 코드

```
class UserManagement {
  static isLibrarian(userManagement, email) {
    return _.has(_.get(userManagement, "librariansByEmail"), email);
  }

  static isVIPMember(userManagement, email) {
    return _.get(userManagement,
      ["membersByEmail", email, "isVIP"]) == true;
  }

  static isSuperMember(userManagement, email) {
    return _.get(userManagement,
      ["membersByEmail", email, "isSuper"]) == true;
  }
}
```

UserManagement 모듈 코드를 얼마간 살펴본 테오는 갑자기 어떤 생각이 떠오른다.

테오 왜 회원 레코드에 VIP나 Super 값을 갖는 type 필드를 두지 않는 걸까요?

죠 제품 요구 사항에 따라 저는 어느 회원이 VIP 회원이자 슈퍼 회원일 수도 있다고 가정해요.

테오 음… 그러면 types 필드가 VIP나 Super 또는 둘 모두를 담는 컬렉션일 수 있겠어요.

죠 어떤 상황에서는 types 필드를 두는 것이 유용할 겁니다. 하지만 레코드가 지원하는 각 기능에 불리언^Boolean 필드를 두는 것이 더 간단하다고 봅니다.

테오 isVIP와 isSuper 같은 필드를 나타내는 용어가 있나요?

죠 저는 그런 필드를 특성 필드^feature field라고 부릅니다.

|팁| 레코드 관련 자료형 정보를 유지하는 대신 (isVIP 같은) 특성 필드를 사용하자.

테오 특성 필드를 사서와 회원을 구분하는 용도로 쓸 수 있을까요?

죠 isLibrarian과 isMember 필드를 두자는 이야기인가요?

테오 그렇습니다. 그리고 사서와 회원 모두 공통 User 자료형을 갖는 거죠.

죠 그래도 됩니다. 하지만 사서와 회원이 별도 레코드 자료형을 갖는 것이 더 단순한 것 같아요. 사서 레코드는 Librarian이고, 회원 레코드는 Member인 거죠.

테오 왜죠?

죠 데이터 관점에서 사서와 회원 사이에는 명확한 구분이 있으니까요. 예를 들어, 회원은 책을 빌릴 수 있지만 사서는 그렇지 못합니다.

테오 동의해요. 이제 우리는 데이터 개체도에서 Member 특성 필드를 두 개 언급해야 합니다.

이에 따라 테오는 칠판에 그려진 도식에 이들 필드를 추가한다. 그런 다음, 추가한 내용을 죠에게 보여준다(그림 3.6).

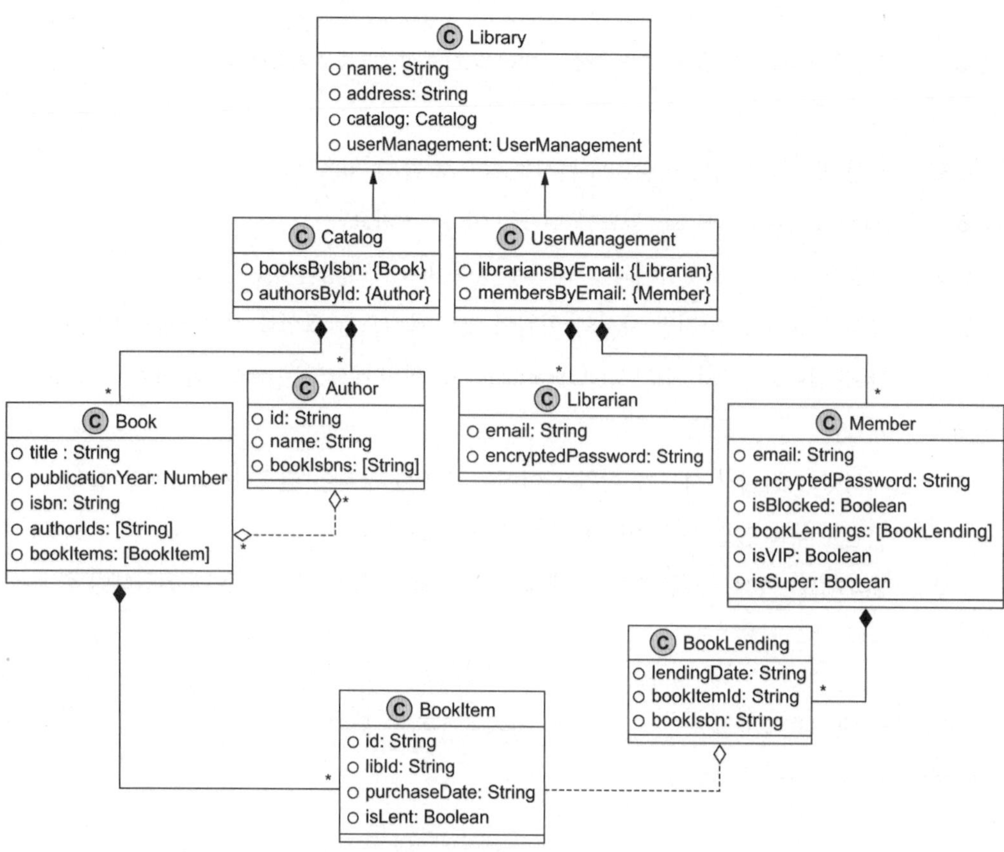

▲ **그림 3.6** Member에 특성 필드 isVIP와 isSuper가 있는 도서관 관리 데이터 모델

조 우리가 함께 설계한 이 데이터 모델이 마음에 드시나요?

테오 무척 단순하고 명확합니다.

조 그것이 DOP의 가장 큰 목표죠.

테오 그리고 코드와 데이터 모델 모두 변경되는 요구 사항을 너무나 쉽게 수용해서 놀랍습니다.

조 복잡한 클래스 계층도가 더는 필요 없다고 생각하실 것 같네요.

테오 당연하죠! 그리고 DOP와 명상의 흥미 있는 관계도 발견했습니다.

조 정말요?

테오 심플에서 식사할 때, 명상이 생각의 왜곡 없이 현실을 있는 그대로 경험하도록 도와줬다고 말씀해주셨어요.

죠 그렇습니다.

테오 오늘 가르쳐주신 것을 통해, DOP에서는 클래스의 왜곡 없이 데이터를 데이터로 다루도록 권한다는 것을 이해했습니다.

죠 대단하시네요! 저에게 이토록 중요한 두 가르침의 연결점을 저는 미처 깨닫지 못했습니다. 제가 보기에 DOP 세계를 계속 여행하길 원하시는 것 같군요.

테오 물론입니다. 내일 다시 만나시죠.

죠 아쉽지만, 내일은 제 딸 오렐리아의 12번째 생일을 축하하러 온 가족이 해변에 놀러가기로 했어요.

테오 오렐리아에게 생일 축하한다고 전해주세요!

죠 아마도 다음 주 월요일에 다시 볼 수 있을 것 같은데, 어떠세요?

테오 저야 좋죠.

요약

- DOP 원리 #2는 데이터 개체를 범용 자료구조로 표현하는 것이다.
- 문자열 맵이란 키가 문자열인 맵을 뜻한다.
- 데이터를 데이터로 표현한다는 말은 레코드를 문자열 맵으로 표현한다는 뜻이다.
- 순차 컬렉션이란 리스트나 배열처럼 요소에 순서가 있는 컬렉션을 뜻한다.
- `String`의 순차 컬렉션은 `[String]`으로 표기한다.
- 색인이란 요소에 키를 통해 접근할 수 있는 해시맵이나 사전 같은 컬렉션을 뜻한다.
- `Book`의 색인은 `{Book}`으로 표기한다.
- 데이터 모델의 맥락에서 색인의 키는 언제나 문자열이다.
- 레코드는 관련된 데이터 항목을 함께 모아놓은 자료구조다. 자료형이 서로 다른 필드가 한곳에 모여 있다.
- 동종 맵은 모든 값이 같은 유형인 맵이다.

- 이종 맵은 값이 각각 다른 자료형인 맵이다.
- DOP에서는 레코드를 이종 문자열 맵으로 표현한다.
- 데이터 개체도는 레코드로 구성된다. 레코드의 값은 모두 원시 자료형, 순차 컬렉션, 색인 중 하나다.
- 데이터 개체도에서 레코드 간의 관계는 포함이나 연관 중 하나다.
- DOP 시스템의 데이터 부분은 유연하고 각 정보 요소는 정보 경로를 통해 접근할 수 있다.
- 데이터 모델에서 유연성과 안전성은 양립할 수 없어서 득실을 저울질해야 한다.
- DOP는 데이터 안전성을 양보하고 유연성과 일반성을 얻는다.
- DOP에서는 데이터 모델이 유연하다. 따라서 실행 중에 자유롭게 동적으로 레코드 항목을 추가하고 삭제하고 명칭을 변경할 수 있다.
- 데이터는 범용 함수로 조작한다.
- 범용 함수는 언어 자체나 로대시 같은 별도 라이브러리로 제공된다.
- JSON 직렬화는 범용 함수의 관점에서 구현된다.
- 한편으로 레코드 필드에 접근하면서 정의된 요소를 통한 컴파일 시점 안전성은 잃어버리지만, 클래스와 객체의 제한에서는 자유로워진다. 데이터는 데이터로서 표현된다.
- 코드와 데이터의 의존성이 약해지면, 요구 사항 변경을 쉽게 수용할 수 있다.
- 데이터를 데이터로 표현할 때, 시스템 데이터를 시각화하는 것이 간단해진다.
- 보통은 레코드에 대한 자료형 정보를 유지하지 않아도 된다.
- 시스템 데이터의 어느 일부도 시각화할 수 있다.
- 정적 타입 언어에서는 레코드 필드 값을 정적 형변환해야 할 때가 있다.
- 레코드 관련 자료형 정보를 유지하는 대신 특성 필드를 사용한다.
- 클래스 구성 요소 대신 맵의 필드에 접근한다고 해서 심각한 성능 문제가 발생하지는 않는다.
- DOP에서는 어떤 정보 요소도 정보 경로와 범용 함수로 얻을 수 있다.
- DOP에서는 코드 기반의 많은 부분이 추상화 없는 데이터 조작일 뿐이다.

▼ 이 장에서 소개된 로대시 함수

함수	설명
get(map, path)	경로에 있는 맵 값을 얻는다.
has(map, path)	경로가 가리키는 필드가 맵에 있는지 확인한다.
values(map)	맵의 값을 배열로 생성한다.
filter(coll, pred)	coll의 요소를 순회하면서 pred가 true를 반환하는 모든 요소의 배열을 반환한다.
map(coll, f)	coll의 모든 요소에 f를 적용한 값을 배열로 생성한다.

4

상태 관리
시간 여행

4장에서 다루는 내용

- 다중 버전 방식 상태[1] 관리
- 변경의 연산 단계
- 변경의 반영 단계
- 이전 상태 버전 이력 보존

지금까지는 DOP가 해시맵으로 표현된 시스템 데이터에 접근하는 범용 함수로 데이터 조회를 어떻게 처리하는지 살펴봤다. 이 장에서는 DOP가 변경(시스템 상태를 바꾸는 요청)을 어떻게 다루는지 설명한다. DOP에서는 상태state를 바로 갱신하는 대신, 시스템 데이터의 여러 버전을 유지한다. 특정 시점에 시스템 상태는 특정 버전의 시스템 데이터를 참조한다. 이 장은 DOP의 세 번째 원리를 자세히 살펴본다.

---

1 이전 연산의 산출값을 메모리 특정 위치에 기록해뒀다가 다음 연산에 사용할 때 이런 데이터를 '상태'라고 한다. 명령형 프로그래밍은 상태와 상태를 변경하는 명령문으로 프로그램이 구성된다고 생각하는 패러다임이다. 상태는 암시적으로 변화하기 때문에 예상치 못한 결과를 만들어내곤 한다. – 옮긴이

원리 #3 데이터는 불변(immutable)이다.

여러 버전의 시스템 데이터를 유지하려면 데이터가 불변이어야 한다. 불변 데이터는 구조적 공유structural sharing라고 부르는 기법 덕에 연산과 메모리 모두의 측면에서 효율적이다. 구조적 공유에서는 서로 다른 버전의 데이터 간에 동일한 부분이 복제되는 대신 공유된다. DOP에서 변경은 두 단계로 나뉜다.

- 연산 단계calculation phase에서는 시스템 데이터의 차기 버전을 산출한다.
- 반영 단계commit phase에서는 시스템 상태가 연산 단계에서 연산된 시스템 데이터의 차기 버전을 참조하도록 이동시킨다.

연산 단계와 반영 단계를 구분하면 시스템에서 상태를 갖는 부분을 최소로 줄일 수 있다. 변경에서 반영 단계의 코드에만 상태가 있고 연산 단계의 코드는 무상태이며 조회 코드와 비슷하게 범용 함수로 만들어진다. 반영 단계의 구현은 모든 변경 작업에 공통적으로 쓰일 수 있다. 따라서 반영 단계 내에서는 상태가 언제나 유효한 버전의 시스템 데이터를 참조한다고 보장할 수 있다.

이 상태 관리 방식의 또 다른 이점은 시스템 데이터의 이전 버전 이력을 추적할 수 있다는 것이다. (필요할 때) 간단히 이전 상태로 시스템을 복원할 수 있다. 표 4.1은 두 단계를 설명한다.

▼ **표 4.1** 두 변경 단계

단계	역할	상태	구현
연산	시스템 데이터의 차기 버전을 연산	무상태	개별적
반영	시스템 상태를 차기 버전으로 이동	상태 처리	공통적

이 장에서는 시스템에서 동시에 변경이 일어나지 않는다고 가정한다. 동시성 제어는 다음 장에서 다룰 것이다.

4.1 다중 버전 시스템 데이터

월요일에 테오의 사무실을 찾아온 죠는 일을 시작하기 전에 운동으로 마음을 가다듬어야 한다고 말한다. 결국 테오와 죠는 동네 한 바퀴를 돌면서 산책을 시작했고, 대화 주제는 버전 관리 시스템으로 바뀐다. 그들은 깃Git이 전체 변경 이력을 어떻게 보관하고 얼마나 쉽고 빠르게 이전 상태로 코드를 복원할 수 있는지에 대해 이야기를 나눈다. 테오가 죠에게 깃의 시간 여행 능력이 자신이 가장 좋아하는 영화인 〈백 투 더 퓨처Back to the Future〉를 떠오르게 한다고 말하자, 죠는 한 달 전에 14살짜리 아들인 니라이아와 〈백 투 더 퓨처〉 3부작을 봤던 일을 이야기한다.

그들은 산책을 마치고 테오의 사무실로 돌아온다. 테오와 죠는 오늘의 '수업'을 시작하기 전에 주방에서 에스프레소를 내린다.

죠 지금까지는 시스템에서 정보를 얻는 조회를 DOP에서 어떻게 다룰지 살펴봤어요. 이제는 변경을 어떻게 다룰지 보여드리려고 해요. 변경이라는 건 시스템의 상태를 바꾸는 작업을 말합니다.

> **|노트|** 변경은 시스템의 상태를 바꾸는 작업이다.

테오 DOP에서 조회와 변경의 근본적인 차이가 있을까요? 결국 전체 시스템 상태는 해시맵으로 표현됩니다. 해시맵의 일부를 수정하는 코드는 작성하기 쉽고, 해시맵에서 정보를 얻는 코드와 비슷할 거예요.

죠 해시맵 데이터 자체를 직접 변경할 수도 있어요. 하지만 그렇게 하면 변경하는 코드로 인해 시스템이 유효하지 않은 상태에 빠지기 쉽습니다. 그리고 시스템 상태의 이전 버전을 추적할 수도 없게 되고요.

테오 그렇군요. 그러면 DOP에서 어떻게 변경을 처리하나요?

죠 DOP에서는 깃 같은 버전 관리 시스템이 하는 것과 비슷하게 다중 상태 방식을 활용합니다. 시스템 데이터의 여러 버전을 관리하는 거죠. 특정 시점에 시스템의 상태는 시스템 데이터의 특정 버전을 참조합니다. 변경이 일어나고 나면 다음 버전을 참조하도록 이동시킵니다.

테오 헷갈리네요. 시스템 상태가 변경 가능한 건가요? 아니면 불변인가요?

죠 데이터는 불변이지만 데이터를 참조하는 상태는 변경 가능합니다.

| **팁** | 데이터는 불변이지만 상태 참조는 변경 가능하다.

혼란스러워 하는 테오의 표정을 본 죠는 칠판에 재빨리 도식을 그린다.

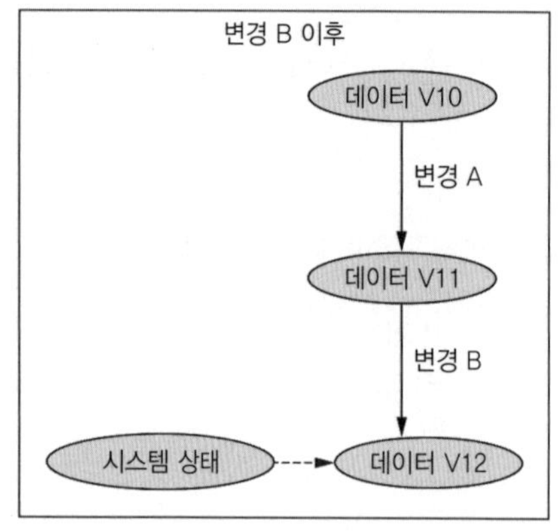

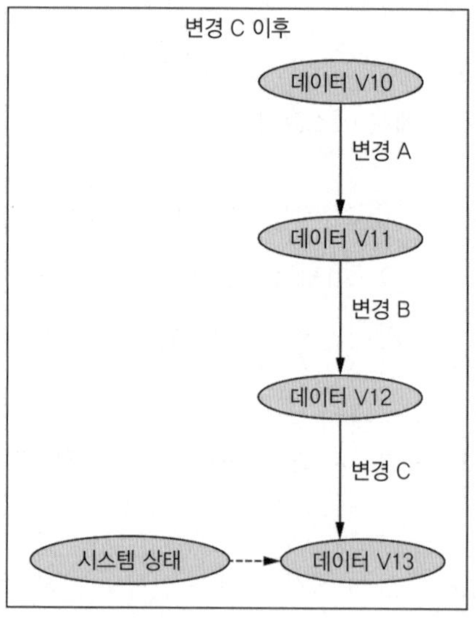

▲ **그림 4.1** 변경 B가 실행된 후에는 시스템 상태가 데이터 V12를 참조하고 변경 C가 실행된 후에는 시스템 상태가 데이터 V13을 참조한다.

테오 변경하는 코드가 실행되기 전에 시스템 데이터 복사본을 만들어야 한다는 뜻인가요?

죠 아니요. 그렇게 하면 효율이 떨어질 거예요. 데이터 전체를 복사해야 할 테니까요.

테오 그럼 어떻게 돌아가는 건가요?

죠 구조적 공유라고 부르는 기법을 사용해 처리해요. 다음 버전 상태의 데이터 대부분이 복사되기보다는 공유됩니다. 이 기법은 시스템 데이터의 신규 버전 생성이 메모리와 연산 모두의 관점에서 효율적이에요.

테오 호기심이 생기네요.

> **|팁|** 구조적 공유를 사용하면 데이터의 신규 버전을 (메모리와 연산 측면에서) 효율적으로 생성할 수 있다.

죠 잠시 후에 구조적 공유가 어떻게 동작하는지 자세히 설명할게요.

테오는 그림 4.1을 다시 살펴본다. 그림은 시스템 상태가 시스템 데이터의 한 버전을 어떻게 참조하는지 설명하고 있다. 갑자기 질문 하나가 떠오른다.

테오 시스템 데이터의 이전 버전은 유지되나요?

죠 간단한 애플리케이션에서는 메모리 정리 중에 이전 버전이 자동으로 제거됩니다. 하지만 어떤 경우에는 데이터의 이전 버전 참조 이력을 보관해요.

테오 어떤 경우인 거죠?

죠 예를 들어 시스템에서 시간 여행을 지원하고 싶다면, 깃처럼 시스템을 이전 상태 버전으로 쉽게 되돌릴 수 있어요.

테오 이제 데이터는 불변이지만 상태 참조는 변경 가능하다는 말이 무슨 뜻인지 이해되네요.

4.2 구조적 공유

앞에서 언급된 것처럼, 구조적 공유structural sharing는 불변 데이터의 신규 버전을 효율적으로 생성할 수 있게 한다. DOP에서는 변경의 연산 단계에서 구조적 공유를 사용함으로써 시스템의 현 상태에 기반해 다음 상태를 연산한다. 연산 단계의 내부에서는 상태 관리를 다룰 필요가 없다. 상태 관리는 반영 단계로 넘긴다. 결국, 변경의 연산 단계에 관여하는 코드는 무상태이고 조회 코드만큼 단순하다.

테오 데이터의 신규 버전을 더 효율적으로 생성한다는 이 방법이 정말로 궁금하네요.

조 우리 라이브러리 시스템에서 간단한 예를 찾아볼까요? 장서 하나의 필드 값을 수정하고 싶다고 해보죠. 『왓치맨』의 출판 연도 같은 것 말입니다. 『왓치맨』의 출판 연도를 가리키는 정보 경로를 이야기해주시겠어요?

테오는 그림 4.2의 장서 데이터를 빠르게 찾아보고 조의 질문에 답한다.

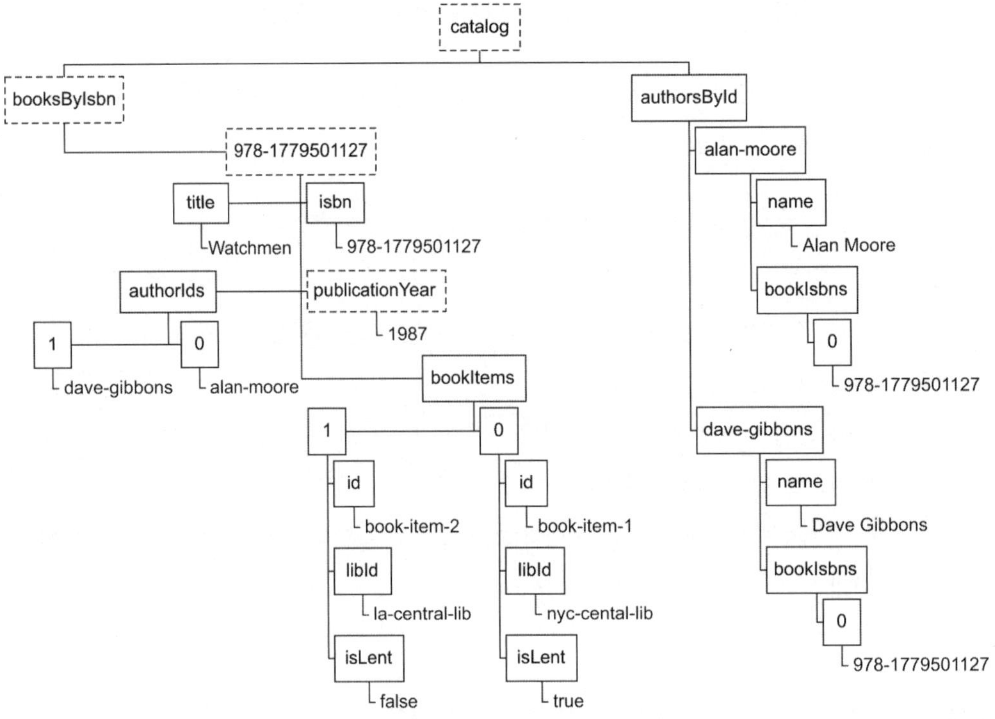

▲ **그림 4.2** 장서 데이터의 시각적인 표현.
『왓치맨』의 출판 연도를 향하는 정보 경로의 노드는 테두리가 점선으로 표시된다.

테오 『왓치맨』 출판 연도의 정보 경로는 `["catalog", "booksByIsbn", "978-1779501127", "publicationYear"]`예요.

조 이제 로대시가 제공하는 불변 함수 `_.set`을 사용해보세요.

테오 잠깐만요. 불변 함수라니, 무슨 뜻이죠? 로대시 웹 사이트에서 `_.set` 문서를 보니 객체를 변경한다고 써 있는데요?

죠 맞습니다. 로대시 함수는 기본으로 불변이 아니에요. 그 함수의 불변 버전을 사용하려면 로대시 FP 안내서가 설명하는 대로 로대시 FP 모듈을 써야 해요.

> **|노트|** _.set의 로대시 문서는 https://lodash.com/docs/4.17.15#set이며 로대시 FP 안내서는 깃허브(https://github.com/lodash/lodash/wiki/FP-Guide)에 있다.

테오 불변 함수의 함수 서명signature은 변경 가능 함수와 같나요?

죠 기본으로, 불변 함수의 인자 순서는 다릅니다. 로대시 FP 안내서에는 이를 해결하는 방법이 설명돼 있어요. 다음 코드로 불변 함수의 서명이 변경 가능 함수와 정확히 같아집니다.

리스트 4.1 불변 함수와 변경 가능 함수가 동일한 서명을 갖도록 로대시를 구성하는 코드

```
_ = fp.convert({
  "cap": false,
  "curry": false,
  "fixed": false,
  "immutable": true,
  "rearg": false
});
```

> **|팁|** 우리는 로대시 불변 함수를 쓰려고 로대시 FP 모듈을 사용하며, 불변 함수의 서명이 로대시 문서 웹 사이트와 동일해지도록 구성한다.

테오 다시 말해, 불변 버전의 함수를 사용할 때도 여전히 로대시 문서를 믿을 수 있겠네요.

죠 문서에서 함수가 객체를 변경시킨다고 설명하는 부분만 빼고요.

테오 물론이죠.

죠 이제 불변 함수 _.set으로 도서관 데이터의 새로운 버전을 생성하는 코드를 어떻게 작성하는지 보여드릴게요.

죠의 손가락이 테오의 키보드 위로 날아다닌다. 테오는 옆에서 『왓치맨』 출판 연도를 1986으로 설정해 도서관 데이터의 신규 버전을 만드는 코드를 살펴본다.

리스트 4.2 _.set을 불변 함수로 사용

```
var nextLibraryData = _.set(libraryData,
  ["catalog", "booksByIsbn",
    "978-1779501127", "publicationYear"],
  1986);
```

|**노트**| 함수가 데이터를 변경하는 대신 전달받은 데이터의 새로운 버전의 데이터를 생성한다면 이 함수를 불변이라고 부른다.

테오 앞서 구조적 공유는 불변 함수가 메모리와 연산의 측면에서 효율적으로 동작하게 해준다고 말씀하셨습니다. 무엇 때문에 효율이 좋은지 알려주실 수 있나요?

죠 기꺼이 설명해드리겠지만, 그 전에 몇 가지 질문에 답해주셔야 합니다. 준비되셨나요?

테오 음… 네…

죠 『왓치맨』의 출판 연도를 갱신해서 영향을 받은 도서관 데이터는 어느 부분일까요? `UserManagement`? `Catalog`?

테오 `Catalog`뿐입니다.

죠 `Catalog`의 어떤 부분이죠?

테오 `booksByIsbn` 색인뿐이에요.

죠 `booksByIsbn` 색인의 어떤 부분이죠?

테오 『왓치맨』에 대한 정보를 갖고 있는 `Book` 레코드뿐입니다.

죠 `Book` 레코드의 어느 부분이죠?

테오 `publicationYear`뿐입니다.

죠 맞습니다! 이제 현재 버전의 도서관 데이터가 이렇다고 가정해보죠.

죠는 칠판으로 다가가서 그림을 그린다. 그림 4.3이 그 결과다.

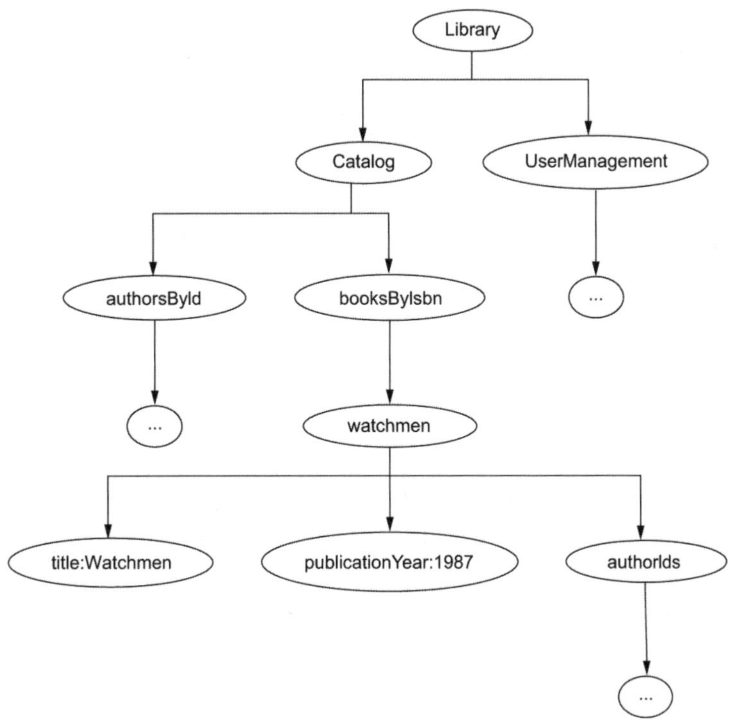

▲ **그림 4.3** 간략하게 시각화한 현재 버전의 도서관

테오 지금까지는 알겠습니다.

죠 이제는 `Library`의 새로운 버전을 생성하기 위해 불변 함수를 사용할 때 그 함수가 무엇을 하게 될지 보여드리죠. 『왓치맨』의 출판 연도를 1987년이 아닌 1986년으로 설정한 버전 말입니다.

죠는 칠판의 그림을 고친다. 이제 그림 4.4와 같이 보인다.

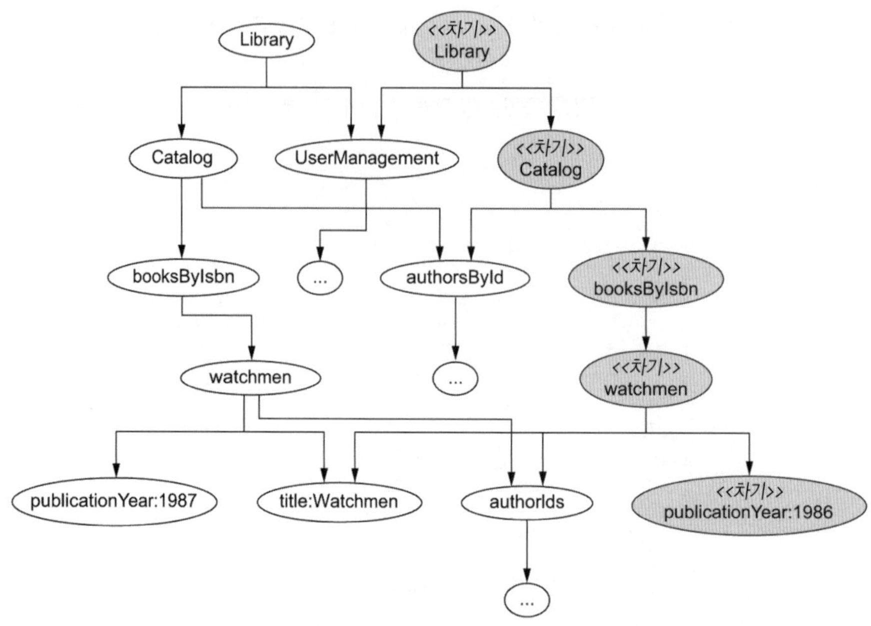

▲ **그림 4.4** 구조적 공유는 데이터의 신규 버전을 효율적으로 생성하는 방법을 제공한다.
차기 Library는 Library와 공통인 부분을 사용하는 노드를 재귀적으로 만든다.

테오 설명을 해주시겠어요?

죠 불변 함수는 새로운 `Library` 해시맵을 생성합니다. 이 해시맵은 기존 `Library`의 전체 데이터를 완전히 복사하는 대신 두 버전 간에 공통인 `Library`의 일부를 재귀적으로 사용하죠.

테오 저에게는 조금 추상적으로 들리네요.

죠 `Library`의 다음 버전은 이전 것과 같은 `UserManagement` 해시맵을 사용합니다. 신규 `Library` 안의 `Catalog`는 현재 `Catalog`와 같은 `authorsById`를 사용하고요. 차기 `Catalog` 안의 『왓치맨』 `Book` 레코드는 `publicationYear` 필드를 제외하고는 현재 `Book`의 모든 필드를 사용합니다.

테오 그래서 사실상 두 버전 간에 데이터 대부분은 공유된다는 말인 거죠?

죠 정확합니다! 그래서 이 기법을 구조적 공유라고 부르는 거예요.

| **팁** | 구조적 공유는 바뀔 필요가 없는 부분을 재귀적으로 공유해 새로운 버전의 데이터를 생성하는 (메모리와 연산 모두의 측면에서) 효율적인 방법을 제공한다.

테오 정말 멋지네요.

죠 정말 그렇죠. 이제 불변 함수를 사용해서 새로운 회원을 추가하는 변경을 어떻게 작성하는지 볼까요?

다시 한번 죠는 칠판으로 다가선다. 그림 4.5는 새로운 회원을 추가할 때 구조적 공유가 어떤 식으로 보이는지 설명하려고 죠가 그린 그림이다.

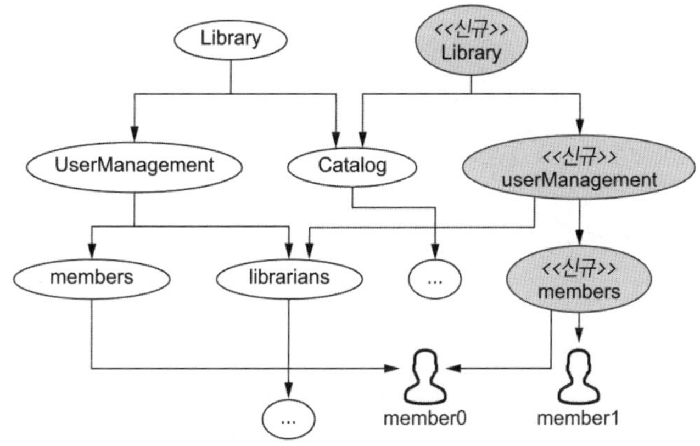

▲ **그림 4.5** 구조적 공유를 사용한 회원 추가. 대부분의 데이터가 두 버전 간에 공유된다.

테오 굉장합니다! `Catalog`와 `librarians` 해시맵은 복사될 필요가 없네요.

죠 이제, 코드 측면에서 `UserManagement.addMember`에 위임하는 `Library.addMember` 함수를 작성해야 합니다.

테오 제 생각에는 이전에 도서 검색을 구현할 때 우리가 작성했던 코드와 비슷할 것 같네요. `Library.searchBooksByTitleJSON`이 `Catalog.searchBooksByTitle`에 위임하던 코드 말입니다.

죠 모든 함수가 정적이고 조작할 데이터를 인자로 받는다는 점에서 비슷해요. 하지만 두 가지 차이가 있어요. 우선, 변경이 실패할 수 있습니다. 예를 들어 추가하려는 회원이 이미 있을 때가 그런 경우죠. 그리고 Library.addMember 코드는 Library.searchBooksByTitleJSON 코드보다 좀 더 정교합니다. 신규 버전의 UserManagement를 참조하는 새로운 Library 버전을 생성해야 하기 때문이죠. 한 가지 예를 보여드릴게요.

리스트 4.3 회원을 추가하는 변경 코드

```
UserManagement.addMember = function(userManagement, member) {
  var email = _.get(member, "email");
  var infoPath = ["membersByEmail", email];
  if(_.has(userManagement, infoPath)) {   ◀ 동일한 이메일 주소를 사용하는 회원이 이미 존재하는지 확인한다.
    throw "회원이 이미 존재함.";
  }
  var nextUserManagement =  _.set(
    userManagement,   ◀ 새 회원이 포함된 새 userManagement 버전을 생성한다.
    infoPath,
    member);
  return nextUserManagement;
};

Library.addMember = function(library, member) {
  var currentUserManagement = _.get(library, "userManagement");
  var nextUserManagement = UserManagement.addMember(
    currentUserManagement,
    member);
  var nextLibrary = _.set(library,
    "userManagement",
    nextUserManagement);   ◀ 새 userManagement 버전을 포함하는 library의 새 버전을 생성한다.
  return nextLibrary;
};
```

테오 불변 함수가 데이터를 직접 바꾸지 않고 바뀐 버전의 데이터를 반환하는 부분이 조금 이상하게 느껴지네요.

죠 7년 전에 클로저에서 불변 데이터를 처음 접했을 때 저도 이상하다고 생각했어요.

테오 익숙해지는 데 얼마나 걸리던가요?

죠 두어 주밖에 안 걸렸어요.

4.3 구조적 공유 구현

죠가 사무실을 떠난 후, 테오는 커피 머신 근처에 있는 데이브를 만난다. 데이브는 다소 당황한 듯 보였다.

데이브 방금 사무실을 나간 저 사람은 누구죠?

테오 제 DOP 멘토인 죠예요.

데이브 DOP가 뭔데요?

테오 DOP는 데이터 지향 프로그래밍을 말해요.

데이브 들어보지 못한 용어네요.

테오 아직은 프로그래머들에게 널리 전파되지 않았지만, 무척 강력한 프로그래밍 패러다임이에요. 지금까지 본 바로는 프로그래밍을 무척 단순하게 만들어줍니다.

데이브 예를 들어주실 수 있어요?

테오 방금 구조적 공유가 무엇이고 어떻게 구조적 공유가 복제 없이 데이터의 새로운 버전을 효과적으로 만들 수 있게 해주는지를 배웠어요.

데이브 어떤 식인 거죠?

테오는 데이브를 자신의 사무실로 데려가서 죠가 칠판에 그렸던 그림(그림 4.6)을 보여준다. 데이브에게 정확히 어떤 식으로 움직이는지 설명하는 데 수 분이 걸렸지만, 결국 데이브는 이해한다.

데이브 구조적 공유는 어떻게 구현될 수 있을까요?

테오 잘 모르겠어요. 저는 로대시의 `_.set` 함수를 썼어요.

데이브 상당히 흥미로운 도전처럼 들립니다.

테오 관심 있으면 한번 도전해보세요. 지금은 이런 재귀 알고리듬 같은 것을 신경 쓰기에는 너무 피곤하네요.

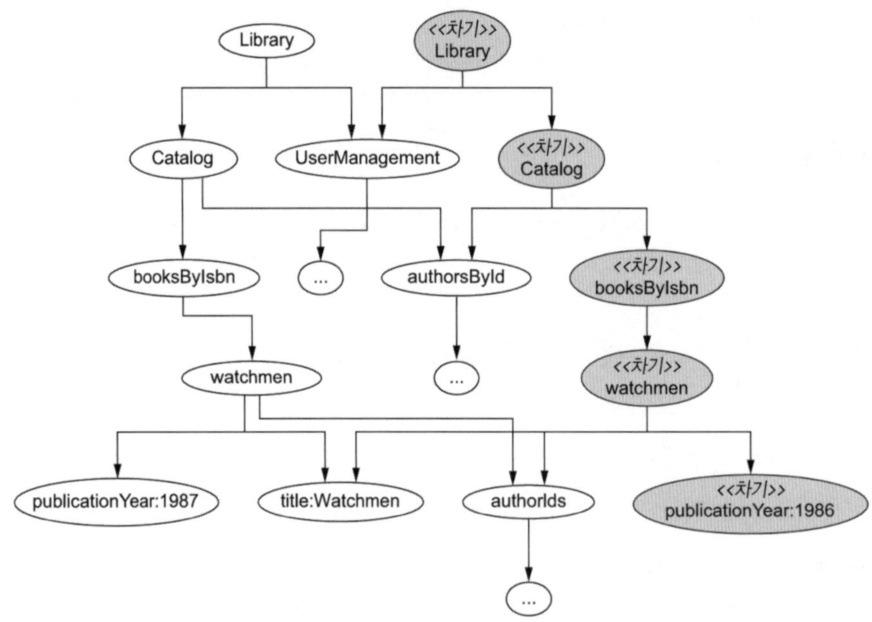

▲ **그림 4.6** 구조적 공유의 실례

다음 날, 테오는 자기 사무실로 향하다가 데이브의 자리에서 멈춰 선다. 데이브는 자랑스럽게 자신의 구조적 공유 구현을 테오에게 보여준다. 테오는 자바스크립트 코드가 단지 11줄뿐이라는 사실에 놀란다.

리스트 4.4 구조적 공유 구현

```
function setImmutable(map, path, v) {
  var modifiedNode = v;
  var k = path[0];
  var restOfPath = path.slice(1);
  if (restOfPath.length > 0) {
    modifiedNode = setImmutable(map[k], restOfPath, v);
  }
  var res = Object.assign({}, map);     ◀── 자바스크립트의 맵 얕은 복제(shallow clone)
  res[k] = modifiedNode;
  return res;
}
```

테오 데이브, 정말 대단해요!

데이브 (웃으며) 대단하긴요.

테오 아차, 이만 가봐야겠어요. 죠와 만나기로 했는데 벌써 늦었네요. 죠가 제 사무실에서 기다리면서 제가 왜 안 오는지 궁금해하고 있을 거예요.

4.4 데이터 안전성

죠가 수업을 시작하려고 한다. 테오가 먼저 어제 배운 내용을 질문한다.

테오 구조적 공유와 관련해 잘 이해되지 않는 게 있어요. 우리가 작성한 코드가 두 데이터 버전이 공유하는 데이터를 수정하게 되면 어떤 일이 일어나는 걸까요? 두 버전에 모두 영향을 미치게 되는 걸까요?

죠 그 질문을 나타내는 코드를 짧게 작성해주실 수 있나요?

테오는 노트북에 코드를 입력한다. 다음은 테오가 생각해낸, 두 버전이 공유하는 일부 데이터를 수정하는 예다.

리스트 4.5 두 버전이 공유하는 데이터 수정

```
var books = {
  "978-1779501127": {
    "isbn": "978-1779501127",
    "title": "Watchmen",
    "publicationYear": 1987,
    "authorIds": ["alan-moore",
    "dave-gibbons"]
  }
};
var nextBooks = _.set(books, ["978-1779501127", "publicationYear"], 1986);

console.log("Before:", nextBooks["978-1779501127"]["authorIds"][1]);

books["978-1779501127"]["authorIds"][1] = "dave-chester-gibbons";
```

```
console.log("After:", nextBooks["978-1779501127"]["authorIds"][1]);
// → Before: dave-gibbons
// → After: dave-chester-gibbons
```

테오 회원을 수정하는 updatedMember라는 함수가 있다고 할 때 회원의 isBlocked 값은 어떻게 되는지가 궁금하거든요.

죠 해시맵을 변경하는 함수를 통한 데이터 변경은 금지한다는 것이 답입니다.

> **|노트|** 모든 데이터 조작은 불변 함수로 처리돼야 한다. 해시맵에서 제공되는 값 설정 함수를 사용해서는 안 된다.

테오 '금지'라는 것이 개발자가 그런 일이 일어나지 않도록 주의해야 한다는 의미인가요?

죠 그렇습니다.

테오 개발자가 실수하지 않게 시스템을 보호할 방법은 없을까요?

죠 자료구조 수준에서 데이터의 불변성을 보장할 방법이 있습니다. 이것을 '영속 자료구조persistent data structure'라고 말해요.

테오 영속 자료구조도 메모리와 연산 모두의 관점에서 효율적인가요?

죠 그렇죠. 영속 자료구조 내부에서 데이터가 조직되는 방식 덕분에 불변 함수보다 더 효율적입니다.

> **|팁|** 영속 자료구조는 데이터 수준에서 불변적이다. 실수로라도 데이터를 변경할 방법이 없다.

테오 영속 자료구조를 지원하는 라이브러리가 있나요?

죠 물론이죠. 마침 제 컴퓨터에 그 라이브러리 목록이 저장돼 있어요.

프로그래머답게 꼼꼼하게 조직화하는 죠는 재빨리 목록을 찾아 테오에게 보여준다.

- **자바스크립트용** Immutable.js: https://immutable-js.com/

- **자바용 파구로**Paguro: https://github.com/GlenKPeterson/Paguro[2]
- **C# 불변 컬렉션**: http://mng.bz/y4Ke
- **파이썬용 퍼시스턴트**Pyrsistent: https://github.com/tobgu/pyrsistent
- **루비용 햄스터**Hamster: https://github.com/hamstergem/hamster

테오 왜 불변 함수 대신 영속 자료구조를 사용하지 않으시죠?

죠 영속 자료구조의 단점은 언어의 기본 자료구조가 아니라는 거예요. 기본 자료구조를 영속 자료구조로 변환하거나 그 반대로 변환하는 작업이 필요한 거죠.

테오 어떤 방식을 추천하시나요?

죠 가볍게 재미로 하는 일이라면 불변 함수를 사용하세요. 하지만 제품을 만들 거라면 영속 자료구조를 사용하도록 권합니다.

테오 언어의 기본 자료구조가 영속적이지 않다니 안타깝네요.

죠 그것이 제가 클로저를 좋아하는 이유이기도 합니다. 언어의 기본 자료구조가 불변이거든요.[3]

4.5 변경의 반영 단계

지금까지는 변경의 연산 단계를 어떻게 구현하는지 살펴봤다. 연산 단계는 시스템의 어떤 것도 바꾸지 않는다는 측면에서 무상태다. 이제 반영 단계에서 시스템의 상태를 어떻게 갱신하는지 살펴보자.

테오는 `Library.addMember` 코드를 다시 들여다본다. 뭔가 마음에 들지 않는다. 이 함수는 추가된 회원을 포함한 도서관의 새로운 상태를 반환한다. 하지만 도서관의 현 상태는 아무런 영향 없이 그대로 유지된다.

---

2 자바용 영속 자료구조 라이브러리는 이 외에도 p컬렉션스(pCollections, https://pcollections.org/)와 웨이버(Vavr, https://www.vavr.io/)가 있다. – 옮긴이

3 영속 자료구조를 언어의 기본 라이브러리로 제공하는 언어에는 클로저 외에도 하스켈(Haskell), 엘름(Elm), 스칼라(Scala) 등이 있다. – 옮긴이

리스트 4.6 시스템 상태를 새 버전으로 이동시키는 반영 단계

```
Library.addMember = function(library, member) {
    var currentUserManagement = _.get(library, "userManagement");
    var nextUserManagement = UserManagement.addMember(
        currentUserManagement,
        member);
    var nextLibrary = _.set(library, "userManagement", nextUserManagement);
    return nextLibrary;
};
```

테오 `Library.addMember`가 도서관의 상태를 바꾸지 않는데요. 도서관의 상태를 갱신하려면 어떻게 해야 하나요?

죠 아주 좋은 질문입니다. `Library.addMember`는 데이터를 연산할 뿐이고 무상태예요. 상태는 반영 단계에서 시스템 상태가 참조하는 상태 버전을 바꾸면서 갱신됩니다.

테오 그게 어떤 의미인가요?

죠 우리가 회원을 시스템에 추가할 때 일어나는 일은 이렇습니다. 연산 단계에서는 회원이 둘인 상태의 버전을 생성합니다. 반영 단계 전 시스템 상태는 회원이 하나인 상태의 버전을 참조해요. 반영 단계의 책임은 이 시스템 상태를 이동시켜 회원이 둘인 상태 버전을 참조하도록 만드는 거예요.

> **|팁|** 반영 단계는 시스템 상태를 연산 단계가 반환한 상태의 버전으로 이동시키는 것을 책임진다.

죠는 테오가 혹시 가질지도 모를 오해를 해소하는 데 도움이 되길 바라면서 칠판에 또 다른 그림을 그린다(그림 4.7).

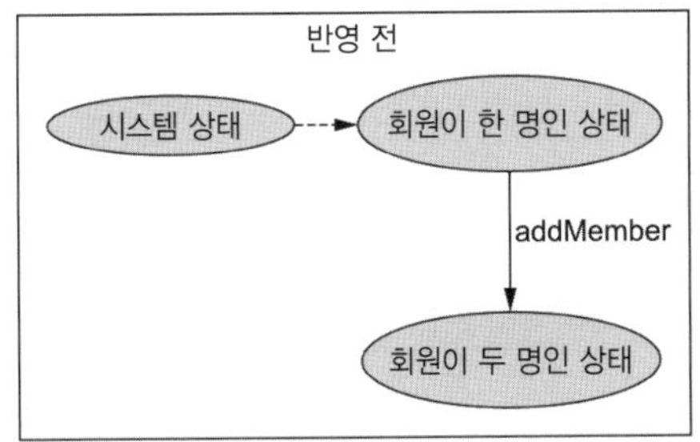

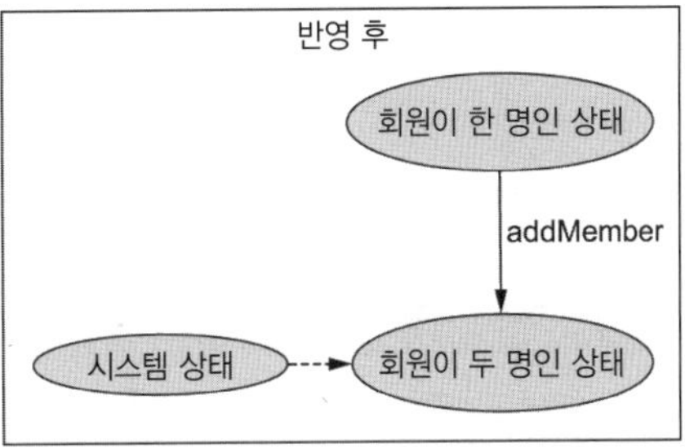

▲ **그림 4.7** 시스템 상태가 새 버전을 가리키도록 하는 반영 단계

테오 어떻게 구현하나요?

죠 코드는 클래스 두 개로 돼 있어요. `System`은 상태를 가진 싱글턴singleton 클래스이고 변경을 구현해요. 또한 `SystemState`는 상태를 가진 싱글턴 클래스이고 시스템 상태를 관리해요.

테오 기존 OOP와 비슷해 보이네요.

죠 맞아요. 그리고 시스템에서 상태가 있는 이 부분이 OOP 같아요.

테오 OOP를 활용할 방법을 꾸준히 찾으시니 기쁘네요.

죠 명상을 하면서 우리 우주의 모든 부분에 역할이 있다는 걸 배웠죠.

테오 멋지군요! 코드를 보여주시겠어요?

죠 물론이죠.

죠는 키보드를 입력하기 전에 잠시 생각에 잠긴다. 그는 `System` 클래스와 `addMember`의 변형된 구현을 보여주려 한다.

리스트 4.7 System 클래스

```
class System {
  addMember(member) {
    var previous = SystemState.get();

    var next = Library.addMember(previous, member);
    SystemState.commit(previous, next);    ◀ SystemState는 리스트 4.8에서 다룬다.
  }
}
```

테오 SystemState는 어떻게 생겼을까요?

죠 그렇게 질문하실 줄 알았어요. SystemState 클래스의 코드는 이렇습니다. 상태를 가진 클래스죠.

리스트 4.8 SystemState 클래스

```
class SystemState {
  systemState;

  get() {
    return this.systemState;
  }

  commit(previous, next) {
    this.systemState = next;
  }
}
```

테오 SystemState에서 특별한 점을 찾지 못하겠네요. 그냥 접근 메서드랑 commit 함수만 가진 단순한 클래스인 거죠?

죠 머지않아 SystemState.commit 메서드가 데이터의 유효성을 확인하고 이력을 추적하도록 코드를 개선하게 될 거예요. 지금 당장은 연산 단계의 코드에는 상태가 없고 상태가 있는 이력 단계의 코드와는 결합이 끊어져 있다는 점이 중요합니다.

|팁| 연산 단계에는 상태가 없고 반영 단계에는 상태가 있다.

4.6 시스템 상태 무결성 보장

테오 연산 단계에서 함수가 불변 데이터를 다루는 방식과 관련해 여전히 신경 쓰이는 게 있어요. 데이터 무결성은 어떻게 유지되나요?

죠 무슨 뜻이죠?

테오 OOP에서는 데이터와 메서드가 같은 클래스에 속하고 그 메서드로만 데이터를 조작해요. 이렇게 클래스의 내부 상태가 다른 클래스 때문에 오염되는 것을 막죠.

죠 도서관의 상태가 유효하지 않게 되는 예를 하나 보여주시겠어요?

테오 예를 들어, 어떤 코드가 회원에게 대출된 도서 항목을 추가하려고 변경한다고 생각해보죠. 그런데 장서 목록에는 대출된 것으로 표시하지 않은 거예요. 그럼 시스템 데이터는 오염되겠죠.

죠 DOP에서는 여러 클래스에 유효성 확인 역할을 분산하는 대신 전체 시스템 수준에서 데이터 무결성을 보장하는 장점이 있어요.

테오 어떻게 그렇게 되나요?

죠 사실, 반영 단계의 코드가 모든 변경에 공통적으로 관여하기 때문에 시스템 데이터의 유효성을 중앙에서 확인할 수 있게 해줘요. 반영 단계의 초반에 새 버전의 시스템 상태가 유효한지 확인하는 단계가 있습니다. 따라서 데이터가 유효하지 않다면 반영은 거부됩니다. 보여드릴게요.

리스트 4.9 데이터 유효성 확인이 추가된 반영 단계

```
SystemState.commit = function(previous, next) {
  if(!SystemValidity.validate(previous, next)) { // 아직 구현되지 않음
    throw "유효하지 않은 시스템 데이터로 변경하려고 했음";
  };
  this.systemData = next;
};
```

테오 깃의 커밋 후크commit hook랑 비슷해 보입니다.

죠 그 비유 좋네요.

테오 `SystemValidity.validate`를 호출하면서 이전 상태는 `previous`로, 다음 상태는 `next`로 전달하는 건 왜인가요?

죠 `SystemValidity.validate`가 효율적으로 연산할 수 있게 하려고요. 예를 들어, `validate` 함수가 두 버전을 비교해서 바뀐 데이터만 유효한지 확인하게 할 수 있죠.

|**팁**| DOP에서는 시스템 데이터 전체의 유효성을 확인한다. 데이터 유효성 확인은 데이터 조작과 엮이지 않는다.

테오 `SystemValidity.validate` 코드는 어떤 모양일까요?

죠 조만간 데이터 스키마와 데이터의 일부가 스키마에 맞는지 확인하는 방법을 보여드리죠.

|**노트**| 죠가 이 데이터 스키마를 어떻게 정의하는지 알고 싶다면 7장과 12장을 보자.

4.7 이전 상태 복원

불변 데이터를 사용하고 구조적 공유를 통해 변경하는 다중 버전 상태 방식의 또 다른 장점은 메모리 사용의 폭발적인 증가 없이도 데이터의 모든 버전 이력을 계속 보존할 수 있다는 것이다. 보존하던 이력을 사용하면 이전 상태로 시스템을 되돌릴 수도 있다.

테오 앞서 시스템을 이전 상태로 되돌리기 쉽다고 하셨는데, 그걸 설명해주시겠어요?

죠 기꺼이 해드리죠. 하지만 그에 앞서, 모든 버전의 데이터를 계속 보존하는 것이 메모리 관점에서 왜 효율적인지 이해시키고 싶어요.

테오 제 생각에는 불변 함수가 구조적 공유를 사용하고, 그래서 후속 상태 버전 간에 데이터 대부분이 공유된다는 사실과 관련됐을 것 같아요.

|**팁**| 구조적 공유를 사용하면 시스템 상태의 여러 버전을 보관해도 메모리 사용이 폭발적으로 증가하지 않는다.

죠 정확합니다. 이제, 변경을 되돌리기가 얼마나 쉬운지 보여드릴게요. 취소 기능을 구현하려면, `SystemState` 클래스가 두 시스템 데이터를 참조해야 합니다.

systemData는 현 시스템 상태를 참조하고 previousSystemData는 이전 시스템 상태를 참조합니다.

테오 그렇겠네요.

조 반영 단계에서는 previousSystemData와 systemData 모두를 갱신합니다.

테오 그것이 취소 구현과 어떻게 연결되나요?

조 취소는 systemData가 previousSystemData와 동일한 버전의 시스템 데이터를 참조하게 하면 됩니다.

테오 예를 들어 차근차근 설명해주시겠어요?

조 이해하기 쉽게 시스템 상태마다 버전 번호를 붙여볼게요. V0부터 시작해서 변경이 반영될 때마다 V1, V2, V3 같은 식으로 증가해요.

테오 잘 알겠습니다.

조 현 시스템 상태가 V12에 있다고 해보죠(그림 4.8 참고). SystemState 객체에서 systemData는 V12를 참조하고 previousSystemData는 V11을 참조합니다.

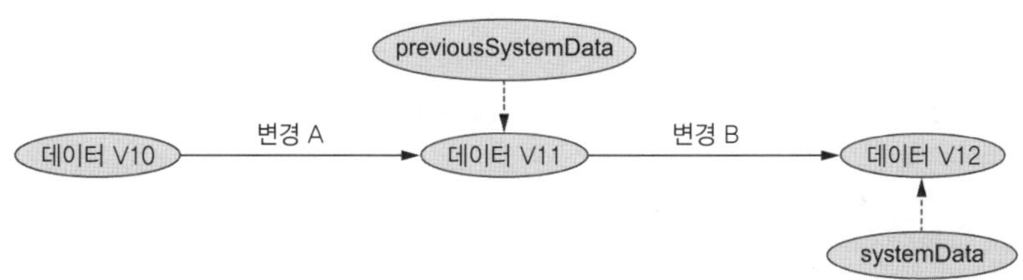

▲ **그림 4.8** 시스템 상태가 V12에 있을 때, systemData는 V12를 참조하고 previousSystemData는 V11을 참조한다.

테오 지금까지는 좋아요.

조 이제 (신규 회원이 추가된다거나 하는) 새로운 변경을 반영하려고 해요. 두 참조 모두 다음 버전으로 이동합니다. systemData는 V13을 참조하고 previousSystemData는 V12를 참조하죠.

조는 칠판을 지우면서 또 다른 그림(그림 4.9)을 그릴 자리를 마련한다. 다 그리고 나서 테오에게 그림을 보여준다.

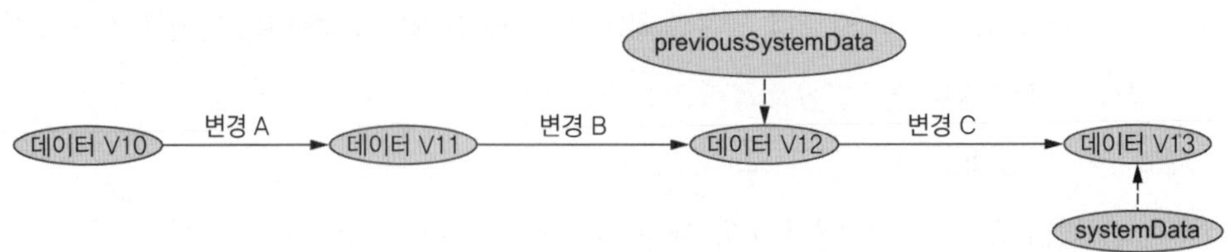

▲ **그림 4.9** 변경이 반영되면, systemData는 V13을 참조하고 previousSystemData는 V12를 참조한다.

테오 변경을 취소하면 두 참조 모두 과거로 되돌아가겠네요.

죠 이론적으로는 그렇습니다. 하지만 현실에서는 그렇게 하려면 모든 상태 참조의 스택을 유지해야 해요. 결국, 우리가 변경을 취소하면 두 참조 모두 V12를 가리킵니다. 칠판에 이 상태를 나타내는 그림 하나를 더 그릴게요(그림 4.10).

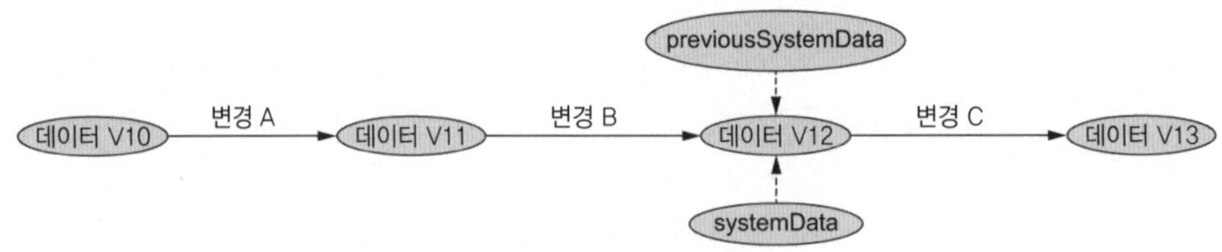

▲ **그림 4.10** 변경이 취소되면 systemData와 previousSystemData 모두 V12를 참조한다.

테오 취소를 어떻게 구현하는지 보여주실 수 있나요?

죠 사실, `SystemState` 클래스를 조금만 바꾸면 됩니다. `commit` 함수에서 뭐가 바뀌는지 주의해서 보세요. `systemDataBeforeUpdate`가 시스템의 현 상태를 계속 참조하도록 합니다. 유효성 확인과 충돌 해소가 성공하면, `previousSystemData`와 `systemData`를 모두 새로운 값으로 바꿔요.

리스트 4.10 취소 기능이 추가된 SystemState 클래스

```
class SystemState {
  systemData;
  previousSystemData;

  get() {
    return this.systemData;
```

```
  }

  commit(previous, next) {
    var systemDataBeforeUpdate = this.systemData;
    if(!Consistency.validate(previous, next)) {
      throw "유효하지 않은 시스템 데이터로 변경하려고 했음";
    }
    this.systemData = next;
    this.previousSystemData = systemDataBeforeUpdate;
  }

  undoLastMutation() {
    this.systemData = this.previousSystemData;
  }
}
```

테오 System.undoLastMutation 구현은 systemData가 previousSystemData와 동일한 값을 참조하는 걸로 충분하다는 사실을 알았습니다.

죠 말씀드린 것처럼 취소를 여러 번 해야 한다면 코드가 좀 더 복잡해지겠지만, 어떤 방식인지는 이해하셨을 겁니다.

테오 제 생각도 그래요. 〈백 투 더 퓨처〉는 공상 과학 영역에 속하지만, DOP에서는 시간 여행이 현실이네요.

요약

- DOP 원리 #3은 데이터가 불변이라고 규정한다.
- 변경은 시스템의 상태를 바꾸는 작업이다.
- 상태 관리의 다중 버전 방식은 변경을 연산 단계와 반영 단계로 나눈다.
- 모든 데이터 조작은 불변 함수로 처리된다. 해시맵을 직접 값을 설정하는 함수를 사용해 변경해서는 안 된다.
- 구조적 공유는 데이터의 새로운 버전을 (메모리와 연산의 관점에서) 효율적으로 생성할 수 있게 해준다. 두 버전 간의 공통 데이터를 복제하는 대신 공유한다.

- 구조적 공유에서는 변경할 필요가 없는 부분을 재귀적으로 공유해 데이터의 새로운 버전을 생성한다.
- 변경은 연산과 반영, 두 단계로 나뉜다.
- 어떤 함수가 데이터를 변경하는 대신 전달받은 데이터를 그대로 유지하고 새로운 버전을 생성한다면 불변 함수라고 부른다.
- 연산 단계에서는 데이터가 구조적 공유를 사용하는 불변 함수로 처리된다.
- 연산 단계는 무상태다.
- 반영 단계에서는 시스템 상태를 갱신한다.
- 반영 단계는 시스템 상태를 연산 단계에서 반환된 상태의 버전으로 이동시키는 역할을 책임진다.
- 데이터는 불변이지만 상태 참조는 변경 가능하다.
- 반영 단계는 상태를 유지한다.
- 시스템 데이터 전체를 대상으로 무결성을 확인한다. 데이터 유효성 확인은 데이터 조작과 상관없는 별도의 작업이다.
- 반영 단계의 코드가 모든 변경을 공통으로 처리하기 때문에 상태를 갱신하기 전에 시스템 상태의 유효성을 확인하는 중앙 관문으로서 역할할 수 있다.
- 구조적 공유 덕에 시스템 데이터 이력을 메모리 측면에서 효율적으로 유지할 수 있다.
- 연산 단계와 반영 단계를 구분한 덕분에 단순하게 시스템을 이전 상태 중 하나로 복원할 수 있다.
- 로대시 불변 함수가 필요해서 우리는 로대시 FP 모듈(https://github.com/lodash/lodash/wiki/FP-Guide)을 사용한다.

▼ 이 장에서 소개한 로대시 함수

함수	설명
`set(map, path, value)`	주어진 map에 <path, value> 필드를 더한 새로운 맵을 생성한다.

5

기본 동시성 제어

가정 불화

5장에서 다루는 내용

- 무잠금 낙관적 동시성 제어 전략을 활용한 동시 변경 관리
- 고성능 읽기와 쓰기 지원
- 동시에 일어난 변경 간의 조정

시스템이 동시성을 관리하도록 바꿔야 하는 부분은 반영 단계commit phase뿐이다. 반영 단계는 불일치 조정 알고리듬을 포함하는데, 데이터가 불변 해시맵으로 표현된다면 이 알고리듬은 모든 시스템에 범용으로 사용될 수 있다. 시스템 상태의 후속 버전이 구조적으로 공유된 형태로 생성되므로 조정 알고리듬의 구현은 동작이 효율적이다.

이전 장에서는 상태 관리의 다중 버전 방식을 설명했다. 이 방식에서는 변경 작업이 명확히 구분된 두 단계로 나뉜다. 연산 단계는 연산만 다루고 반영 단계에서는 상태 참조가 다음 버전을 가리키도록 이동시킨다. 대개 운영 시스템에서는 여러 변경 작업이 동시에 일어난다. 상태를 다음 버전으로 이동시키는 작업을 이전 장에서 다룬 것과 같이 단순하게 처리할 수는 없다. 이 장에서는 동시에 발생하는 변경을 다루는 방법을 배울 것이다.

DOP에서는 반영 단계의 코드만 상태를 다루기 때문에 잠금lock이 전혀 필요 없는 낙관

적 동시성 제어optimistic concurrency control 전략을 사용할 수 있다. 덕분에 읽고 쓰는 성능이 매우 높아진다. 동시에 변경할 때 발생하는 불일치를 조정reconciliation하는 알고리듬을 구현해야 하므로 코드 수정 작업이 간단하지는 않다. 하지만 변경해야 하는 대상은 반영 단계뿐이다. 이전 장의 연산 단계 코드는 그대로 놔두면 된다.

> **|노트|** 이 장의 내용은 조금 이해하기 어렵다. 조정 알고리듬의 흐름이 절대 단순하지 않을 뿐 아니라 구현에 평범하지 않은 재귀가 쓰인다.

5.1 낙관적 동시성 제어

업무 시작 전에 테오는 죠를 사내 헬스장으로 데려간다. 두 사람은 스텝머신을 타면서 다시 개인적인 대화를 나눈다. 죠는 지난 밤에 아내 케이와 다툰 일을 이야기한다. 케이는 죠가 가족보다 일에 더 관심을 둔다고 생각한다. 이에 테오는 아내 제인Jane과 집 예산 관리 문제로 심각한 의견 불일치를 겪었던 일을 털어놓는다. 당시 두 부부는 이마고 관계 치유Imago Relationship Therapy 전문 상담사를 찾아갔으며, 그 상담사는 부부가 의견 불일치를 성장과 회복의 기회로 삼을 수 있도록 도와줬다.

죠는 '불일치'라는 말에 귀가 번쩍 뜨인다. 오늘 설명하려는 내용이 불일치 해소와 동시 변경에 대한 것이기 때문이다. 비록 불일치의 종류는 좀 다르지만 말이다. 샤워를 마치고 아침으로 건강식을 먹은 후 테오와 죠는 사무실로 향한다.

죠 어제는 동시에 변경이 일어나지 않는다는 가정하에 불변 데이터로 상태를 관리하는 방법을 보여드렸어요. 오늘은 DOP에서 동시성 제어를 다루는 방법을 보여주려고 합니다.

테오 동시 변경을 동기화하는 데 DOP에서는 어떤 유형의 잠금 장치를 사용하는지 무척 궁금하네요.

죠 사실, 잠금 장치는 전혀 사용되지 않아요.

테오 사용되지 않는다고요? 왜죠?

죠 잠금은 성능에 좋지 않습니다. 그리고 조심하지 않으면 시스템이 교착 상태에 빠질 수 있어요.

테오 그러면 DOP에서는 동시에 변경될 때 일어날 수 있는 불일치 문제를 어떻게 다루나요?

죠 DOP에서는 낙관적 동시성 제어라는 전략을 사용하는데, 이 전략에서는 잠금이 쓰이지 않아요. 일래스틱서치Elasticsearch 같은 데이터베이스가 고도로 확장 가능한 이유가 이 전략 덕분입니다.

> **|노트|** 일래스틱서치에 대한 자세한 정보는 웹 사이트(https://www.elastic.co/elasticsearch/)에서 찾을 수 있다.

테오 제 부부 관계 상담사가 분노에서 자유로운 낙관적 갈등 해소 전략을 말할 때가 생각나네요.

죠 낙관적 동시성 제어와 DOP는 서로 잘 맞아요. 잠시 후에 살펴보겠지만, 이 전략은 시스템 데이터가 불변일 때 효율이 엄청나게 좋습니다.

> **|팁|** 낙관적 동시성 제어와 불변 데이터는 대단히 효율적이다.

테오 낙관적 동시성 제어는 어떻게 동작하나요?

죠 낙관적 동시성 제어는 변경 작업이 허락을 받는 대신 용서를 구하게 합니다.

> **|팁|** 낙관적 동시성 제어는 사전에 허락을 받기보다 변경 후에 용서를 구하는 방식이다.

테오 무슨 뜻인가요?

죠 연산 단계에서는 그 변경이 유일한 작업인 것처럼 연산을 수행해요. 반영 단계는 동시에 일어나는 변경이 서로 상충되지 않으면 조정하고, 상충하면 중지시킬 책임이 있습니다.

> **|팁|** 연산 단계에서는 하나의 변경이 진행되는 것처럼 연산을 수행한다. 반영 단계는 동시에 일어나는 변경을 조정할 책임이 있다.

테오 구현하기 무척 까다로워 보이네요.

죠 상태를 다루는 일은 절대 쉽지 않죠. 하지만 좋은 점은 반영 단계의 조정 코드가 범용이라는 사실이에요.

테오 그 말은 반영 단계의 코드가 어느 DOP 시스템에서나 동일하게 사용될 수 있다는 뜻인가요?

죠 물론입니다. 반영 단계를 구현하는 코드는 시스템의 어떤 세부 사항도 가정하지 않아요. 시스템 데이터가 불변 맵으로 표현된다는 점 빼고는 말이죠.

> **|팁|** 낙관적 동시성 제어의 반영 단계 구현은 범용이다. 불변 해시맵으로 데이터가 표현된다면 어느 시스템에서도 사용될 수 있다.

테오 멋진데요?

죠 동시성을 처리하는 데 있어서 연산 단계의 코드는 바꿀 필요가 전혀 없다는 것도 멋진 부분이죠. 연산 단계의 관점에서 보면, 동시에 진행되는 다른 변경 작업이 전혀 없는 것처럼 완전히 격리된 채 시스템 데이터의 차기 버전이 연산됩니다.

죠는 일어나서 칠판에 자신의 말이 무슨 뜻인지를 그림으로 표현한다. 테오가 그림 5.1의 내용을 살펴보는 동안 죠는 표 5.1의 정보를 정리한다.

▼ **표 5.1** 낙관적 동시성 제어를 사용하는 변경의 두 단계

단계	역할	상태	구현
연산	독립적으로 차기 상태 연산	무상태	개별적
반영	시스템 상태 조정과 갱신	상태 처리	공통적

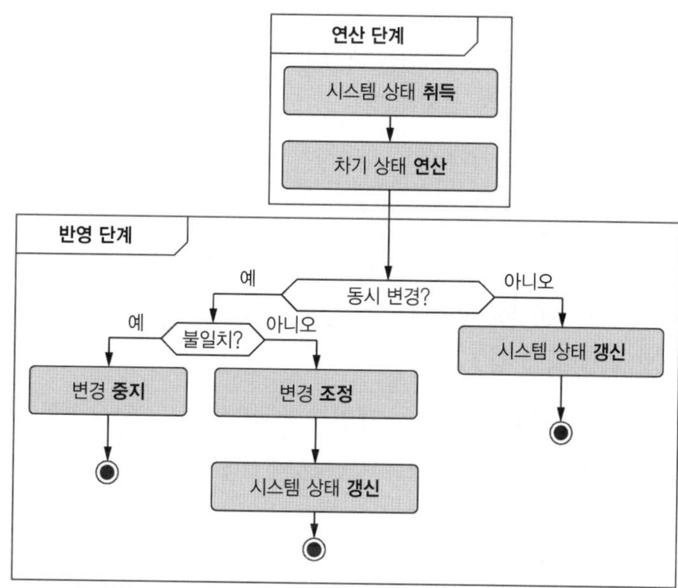

▲ **그림 5.1** 낙관적 동시성 제어의 흐름

5.2 동시 변경 조정

테오 동시에 일어난 변경이 서로 일치하지 않는 예를 좀 보여주시겠어요?

죠 물론이죠. 두 회원이 같은 책을 동시에 빌리려고 할 때가 한 예가 되겠네요. 또 다른 예로는 두 사서가 동일한 도서 정보의 출판 연도를 동시에 수정하려고 할 때를 들 수 있겠고요.

테오 반영 단계의 조정 코드가 범용이라고 말씀하셨는데요. 조정은 정확히 어떤 의미인가요?

죠 깃git에서 브랜치를 메인 브랜치에 병합하려고 할 때 일어나는 일과 아주 비슷합니다.

테오 저는 메인 브랜치가 원래 상태 그대로일 때가 가장 좋아요.

죠 맞습니다. 병합이 아무런 불일치 없이 자동으로 처리될 수 있다면 정말 다행이죠. 이런 경우에 깃이 어떻게 병합을 처리하는지 기억하세요?

테오 깃은 빨리 감기fast-forward 방식의 병합을 수행합니다. 메인 브랜치가 병합하려는 브랜치와 동일해지도록 갱신해요.

죠 그렇죠! 그런데 그 사이에 다른 개발자가 메인 브랜치에 자기 코드를 커밋했다는 것을 알게 되면 무슨 일이 일어나죠?

테오 그러면 깃이 3-방향three-way 병합을 수행합니다. 병합하려는 두 브랜치의 모든 변화와 메인 브랜치를 합치려고 시도하는 거죠.

죠 항상 잘 진행되던가요?

테오 대부분은 잘됩니다. 하지만 두 개발자가 동일한 코드를 수정했을 수도 있어요. 그럴 때는 직접 일치하지 않는 부분을 해결해야 해요. 정말 짜증이 나는 상황이죠.

> **|팁|** 운영 시스템에서는 여러 변경이 동시에 일어난다. 따라서 상태를 갱신하기 전에 동시에 변경되면서 발생할 수 있는 불일치를 조정해야 한다.

죠 DOP에서 반영 단계의 조정 알고리듬reconciliation algorithm은 깃의 병합과 매우 비슷합니다. 사람이 불일치를 해결하는 부분만 빼고요. DOP에서는 변경 작업을 중지합니다. 동시 변경 상황에서 빨리 감기, 3-방향 병합, 중지라는 세 가지 조정이 있을 수 있어요.

죠는 다시 칠판에 다가서서 그림 5.2와 5.3의 두 가지 도식을 그린다.

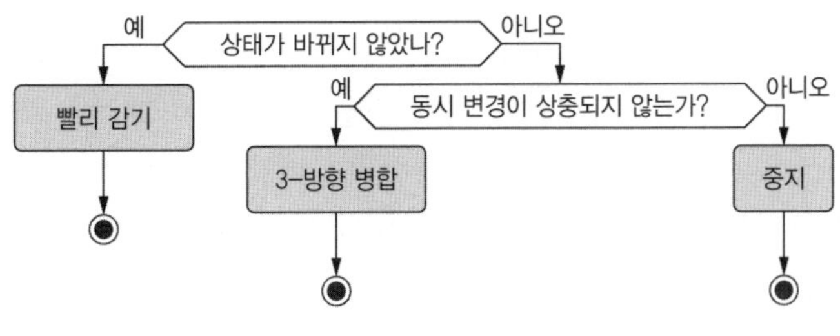

▲ **그림 5.2** 조정 흐름

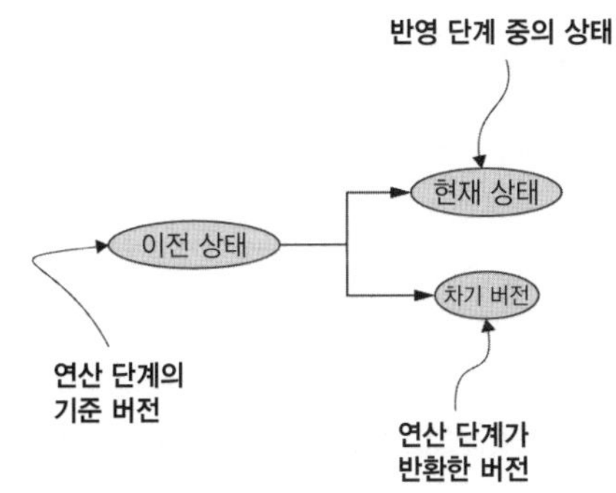

▲ **그림 5.3** 반영 단계 시작 시 세 가지 시스템 상태 버전

테오 좀 더 자세히 설명해주실래요?

죠 변경의 반영 단계가 시작되면, 우리는 세 가지 버전의 시스템 상태를 갖게 됩니다. 이전 상태는 연산 단계에서 연산할 때 기준으로 삼았던 버전이고요. 현재 상태는 반영 단계가 실행되는 순간의 버전입니다. 차기 버전은 연산 버전이 반환한 버전이에요.

테오 이전 상태와 현재 상태가 다른 이유는 뭘까요?

죠 상태를 변경하는 동안 다른 변경 작업이 동시에 진행됐을 때 달라집니다.

테오 그렇군요.

죠 현재 상태가 이전 상태와 동일한 상황이라면, 동시에 변경이 진행되지 않았다는 뜻입니다. 따라서 깃에서와 같이, 안전하게 시스템 상태를 차기 버전으로 빨리 감기해서 갱신할 수 있습니다.

테오 상태가 동일하게 유지되지 않았다면요?

죠 그러면 변경이 동시에 진행됐다는 뜻이겠죠. 깃에서 사용되는 3-방향 병합과 비슷한 방식으로 두 변경이 상충되는지 확인해야 합니다. 차이가 있다면, 코드를 한 줄씩 비교하는 대신 시스템 해시맵의 필드를 비교한다는 점이죠.

테오 설명해주실 수 있나요?

죠 이전 버전과 차기 버전의 차이를 연산하고 다시 이전 버전과 현재 버전을 비교합니다. 비교한 두 결과의 차이 중에 공통되는 필드가 없다면 동시에 진행된 두 변경이 서로 상충되지 않습니다. 이전 상태에서 차기 상태로 바뀐 내용을 현재 상태에 안심하고 적용할 수 있는 거죠.

죠는 칠판에 또 다른 도식을 그려서 설명한 내용을 시각적으로 표현한다. 그러고 나서 그림 5.4를 테오에게 보여준다.

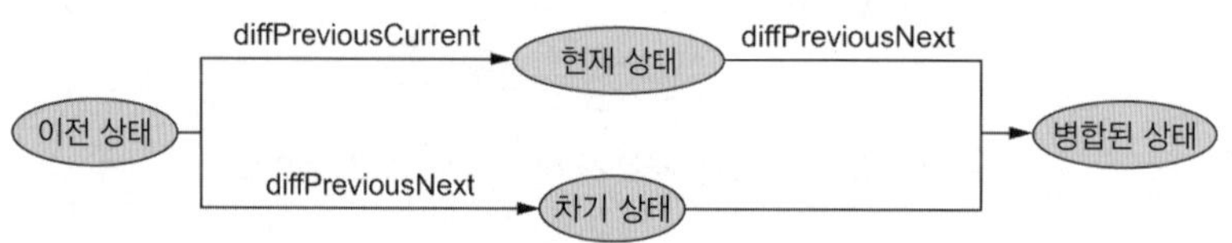

▲ **그림 5.4** 3-방향 병합에서는 이전 상태와 차기 상태의 차이를 비교한 후에 현재 상태와도 차이를 비교한다.

테오 불일치되는 변경 사항이 있으면 어떻게 되나요?

죠 그러면 그 변경 작업을 중지합니다.

테오 사용자 요청을 중지시키면 안 될 것 같은데요.

죠 사실, 사용자 대상 시스템에서 동시에 일어나는 변경이 불일치되는 일은 자주 일어나지 않습니다. 그래서 작업을 중지시키고 사용자가 다시 변경하도록 해도 별 문제가 안 되는 거죠. 깃과 DOP의 차이를 대략 표로 정리해 보여드리죠(표 5.2).

▼ **표 5.2** 깃과 데이터 지향 프로그래밍 간의 차이점

데이터 지향 프로그래밍	깃
동시 변경	다중 브랜치
시스템 데이터의 버전	커밋(commit)
상태	참조(reference)
연산 단계	브랜치 분기
유효성 확인	커밋 전 후크(pre-commit hook)
조정	병합
빨리 감기	빨리 감기
3-방향 병합	3-방향 병합
중지	수작업 불일치 해소
해시맵	트리(폴더)
노드	BLOB(파일)
데이터 필드	코드 줄

테오 아주 좋습니다. 도움이 되겠어요. 하지만 같은 개체의 같은 필드가 동시에 바뀌는 경우, 사용자에게 요청을 처리할 수 없다고 알리는 것으로 충분할 것 같습니다.

|**팁**| 사용자 대상 시스템에서 동시에 일어나는 변경이 상충되는 경우는 흔치 않다.

5.3 컬렉션 축소

죠 비교 알고리듬을 구현하는 작업에 도전할 마음의 준비가 됐나요?

테오 괜찮으시다면 그 전에 잠깐 커피 한 잔 하실래요? 그러면, 무슨 문제라도 해결할 준비가 될 거예요.

테오와 죠는 커다란 머그잔에 따른 따뜻한 커피와 버터 쿠키 몇 조각을 즐기고 나서 다시

돌아온다. 비교 알고리듬 논의는 계속된다.

죠 비교 알고리듬을 구현하면서 우리는 컬렉션을 축소[reduce]할 겁니다.

테오 함수형 프로그래밍에 대해 이야기하는 자리에서 컬렉션 축소란 말을 들은 적이 있습니다. 하지만 자세한 내용은 기억나지 않네요. 어떤 것인지 잠시 설명해주시겠어요?

죠 숫자 컬렉션이 갖고 있는 요소의 총합을 계산하고 싶다고 해보죠. 로대시의 _.reduce를 사용하면 다음과 같습니다.

리스트 5.1 _.reduce를 사용한 합계 계산

```
_.reduce([1, 2, 3], function(res, elem) {
  return res + elem;
}, 0);
// → 6
```

테오 잘 이해되지 않네요.

죠는 칠판으로 가서 _.reduce에 대한 설명을 적는다. 테오는 죠가 펜을 내려놓을 때까지 기다렸다가 칠판에 적힌 설명을 살펴본다.

_.reduce 설명

_.reduce가 받는 인자는 셋이다.

- coll: 컬렉션
- f: 인자 둘을 받는 함수
- initVal: 값

흐름:

1. currentRes를 initVal 값으로 초기화한다.
2. coll의 각 요소 x에 대해 f(currentRes, x)를 실행하고, 이 값으로 currentRes를 수정한다.
3. currentRes를 반환한다.

테오 _.reduce에 대해 방금 적으신 코드의 흐름을 직접 확장[expansion]해봐도 괜찮을까요?

죠 좋은 생각 같습니다.

테오 우리의 경우, initVal은 0입니다. 이는 첫 번째 f 호출이 f(0, 1)이 될 거란 뜻이죠. 그리고 f(f(0, 1), 2)가 될 것이고, 결국 f(f(f(0, 1), 2), 3)이 될 거예요.

죠 확장을 잘하시네요. 그림으로 표현해볼까요?

이번에는 테오가 칠판으로 가서 도식을 그린다. 테오의 도식은 그림 4.4와 같다.

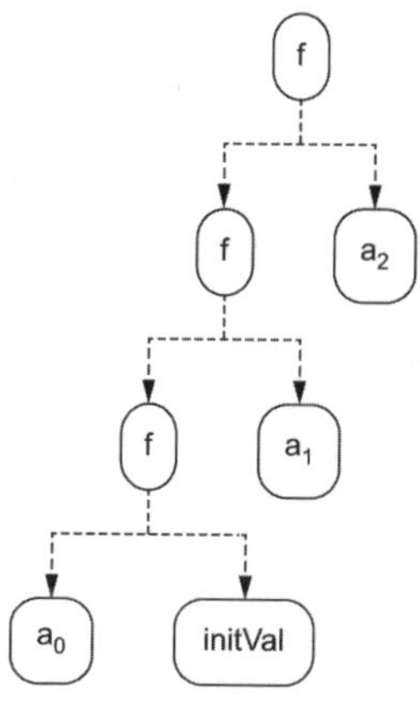

▲ **그림 5.5** _.reduce의 시각화

테오 이제는 훨씬 명확하네요. 직접 _.reduce를 구현해보면 완벽하게 이해될 것 같아요.

테오는 생각보다 빨리 reduce()를 구현할 수 있었고, 바로 죠에게 코드를 보여준다.

리스트 5.2 직접 구현한 _.reduce

```
function reduce(coll, f, initVal) {
  var currentRes = initVal;
  for (var i = 0; i < coll.length; i++) {
    currentRes = f(currentRes, coll[i])
  }
```

for 반복문 대신 forEach를 사용할 수 있다.

```
  return currentRes;
}
```

테오의 코드가 잘 동작하는지(리스트 5.3 참고) 확인한 죠는 테오가 예상보다 잘 따라오는 것 같아 대단하게 생각한다.

리스트 5.3 직접 구현한 reduce() 테스트

```
reduce([1, 2, 3], function(res, elem) {
  return res + elem;
}, 0);
// → 6
```

죠 잘하셨어요.

5.4 구조적 비교

> **|노트|** 여기서는 구조적 비교 알고리듬(structural diff algorithm)의 구현을 다룬다. 재귀를 정교하게 사용하는 내용을 자세히 파악할 마음의 준비가 돼 있지 않다면 이 내용을 마음 편히 지나쳐도 좋다. 알고리듬 구현에 대해 잘 몰라도 책의 나머지 부분을 즐기는 데 아무런 문제가 없으며, 나중에 다시 읽어도 된다.

테오 여러 버전의 시스템 상태 간 차이는 어떻게 비교하나요?

죠 그것이 조정 알고리듬에서 가장 어려운 부분이에요. 해시맵용 구조적 비교 알고리듬을 구현해야 합니다.

테오 구조적 비교가 뭘 말하는 거죠?

죠 구조적 비교 알고리듬은 해시맵의 구조를 조사합니다. 필드의 순서는 무시하고요.

테오 예를 보여주시겠어요?

죠 다단으로 중첩된 필드가 없는 간단한 맵으로 시작해보죠. 기본적으로, 차이는 필드가 교체됐거나 추가됐거나 삭제된 세 가지 유형이 있어요. 지금은 너무 복잡해지지 않도록 교체와 추가만 다루도록 할게요.

죠는 다시 칠판으로 가서 세 가지 유형의 차이를 표현하는 표 5.3을 그린다. 테오가 짐작해보건대, 오늘은 아무래도 칠판이 가득 차서 적을 공간이 부족해질 것만 같다.

▼ **표 5.3** 필드가 중첩되지 않은 맵 간의 구조적 차이 유형

유형	첫 번째 맵	두 번째 맵	차이
교체	{"a": 1}	{"a": 2}	{"a": 2}
추가	{"a": 1}	{"a": 1, "b": 2}	{"b": 2}
삭제	{"a": 1, "b": 2}	{"a": 1}	지원 안 함

테오 두 맵의 선후 관계가 매우 중요해 보이는군요. 필드가 중첩돼 있으면 어떻게 되나요?

죠 기본적인 방식은 같습니다. 하지만 다단으로 중첩된 맵은 이해하기 좀 더 어려워요.

죠는 표 5.3의 몇 가지 열을 바꾼다. 작업이 끝난 후 테오에게 표 5.4의 중첩된 필드를 보여준다.

▼ **표 5.4** 필드가 중첩된 맵 간 구조적 차이의 유형

<table>
<tr><th>유형</th><th>첫 번째 맵</th><th>두 번째 맵</th><th>차이</th></tr>
<tr><td>교체</td><td><pre>{
  "a": {
    "x": 1
  }
}</pre></td><td><pre>{
  "a": {
    "x": 2
  }
}</pre></td><td><pre>{
  "a": {
    "x": 2
  }
}</pre></td></tr>
<tr><td>추가</td><td><pre>{
  "a": {
    "x": 1
  }
}</pre></td><td><pre>{
  "a": {
    "x": 1,
    "y": 2,
  }
}</pre></td><td><pre>{
  "a": {
    "y": 2
  }
}</pre></td></tr>
</table>

(이어짐)

유형	첫 번째 맵	두 번째 맵	차이

삭제	{
	"a": {
	"x": 1,
	"y": 2,
	}
	}
		{
		"a": {
		"y": 2
		}
		}
			지원 안 함

> |**노트**| 이 장에서 설명하는 버전의 구조적 비교 알고리듬은 삭제를 다루지 않는다. 삭제도 다룰 수는 있지만, 알고리듬이 더 복잡해진다.

테오 말씀하신 것처럼 더 복잡하네요. 배열은 어떤가요?

죠 배열은 요소를 순차적으로 비교합니다. 모든 요소가 동일하다면 결과는 `null`이고, 다르다면 두 번째 배열의 값이 결과가 됩니다.

죠는 칠판에 또 다른 표를 그려 다양한 유형의 차이를 정리한다. 테오는 표 5.5와 같은 결과를 살펴본다.

▼ **표 5.5** 중첩된 요소가 없는 두 배열 간의 구조적 차이 유형

유형	첫 번째 맵	두 번째 맵	차이
교체	[1]	[2]	[2]
추가	[1]	[1, 2]	[null, 2]
삭제	[1, 2]	[1]	지원 안 함

테오 `null`을 사용하는 것이 좀 이상하지만 좋습니다. 구조적 비교 알고리듬을 구현하는 건 복잡한가요?

죠 복잡하죠. 30줄짜리 코드를 작성하는 데 상당한 정신적 노력이 필요했네요.

죠는 자신의 개인 저장소 중 하나에서 그 코드를 내려받는다. 테오는 진지하게 엄지손가락과 집게손가락을 턱에 대고 이마를 살짝 앞으로 기울여 코드를 분석한다.

리스트 5.4 구조적 비교의 구현

```
function diffObjects(data1, data2) {
  var emptyObject = _.isArray(data1) ? [] : {};
  if(data1 == data2) {
   return emptyObject;
  }
  var keys = _.union(_.keys(data1), _.keys(data2));
  return _.reduce(keys,
    function (acc, k) {
      var res = diff(
        _.get(data1, k),
        _.get(data2, k));
      if((_.isObject(res) && _.isEmpty(res)) ||
        (res == "no-diff")) {
        return acc;
      }
      return _.set(acc, [k], res);
    },
    emptyObject);
}

function diff(data1, data2) {
  if(_.isObject(data1) && _.isObject(data2)) {
    return diffObjects(data1, data2);
  }
  if(data1 !== data2) {
    return data2;
  }
  return "no-diff";
}
```

- _.isArray로 인자가 배열인지 확인한다.
- _.union으로 두 배열을 합쳐서 고유한 값을 가진 배열 하나를 생성한다(수학에서 두 집합의 합집합과 비슷하다).
- _.isObject로 인자가 컬렉션(맵이나 배열)인지 확인한다.
- _.isEmpty로 인자가 빈 컬렉션인지 확인한다.
- "no-diff"는 두 값이 같을 때 표시하는 방법이다.

테오 와! reduce 내부에 재귀가 들어가 있네요. 데이브는 분명히 이 코드를 좋아할 겁니다. 하지만 제가 지금 이해하기에는 어렵네요. 동작 방식보다는 이 코드가 뭘 하는 건지에 좀 더 집중해보죠.

구조적 비교 알고리듬에 익숙해지려고 테오는 죠가 칠판에 그린 표의 예로 알고리듬을 실행시킨다. 테오는 점점 복잡한 예제를 풀면서 손가락을 열심히 움직이지만, 머릿속은 복잡하게 꼬여만 간다.

리스트 5.5 구조적 비교의 사용 예

```
var data1 = {
  "a": {
    "x": 1,
    "y": [2, 3],
    "z": 4
  }
};

var data2 = {
  "a": {
    "x": 2,
    "y": [2, 4],
    "z": 4
  }
}

diff(data1, data2);
//{
//  "a":  {
//    "x": 2,
//    "y":  [
//      undefined,
//      4
//    ]
//  }
//}
```

테오 구조적 비교 알고리듬의 성능은 어떤가요? 두 데이터의 모든 요소를 탐색하는 알고리듬 같은데요.

조 일반적으로 그렇습니다. 하지만 시스템 데이터가 구조적 공유로 관리된다면 코드가 훨씬 효율적으로 동작해요.

테오 무슨 뜻인지 모르겠어요.

조 구조적 공유 방식에서는 두 버전의 시스템 상태가 중첩된 상태 대부분을 공유해요. 따라서 대부분의 경우, diffObjects가 호출되면 data1과 data2가 동일해서 바로 반환될 겁니다.

|**팁**| 두 버전의 상태 간 차이를 비교하는 작업은 동일한 해시맵에서 구조적으로 공유되도록 생성돼 대부분의 노드가 공통인 두 해시맵 덕에 효율적으로 동작한다.

테오 불변 데이터의 또 다른 장점, 다시 말해 동시 변경 상황에서 구조적 비교 알고리듬이 어떻게 동작하는지 살펴볼까요? 사용자가 없고 장서도 『왓치맨』 한 권만 있는 아주 작은 도서관에서 시작해볼게요.

리스트 5.6 작은 도서관의 데이터

```
var library = {
  "catalog": {
    "booksByIsbn": {
      "978-1779501127": {
        "isbn": "978-1779501127",
        "title": "Watchmen",
        "publicationYear": 1987,
        "authorIds": ["alan-moore", "dave-gibbons"]
      }
    },
    "authorsById": {
      "alan-moore": {
        "name": "Alan Moore",
        "bookIsbns": ["978-1779501127"]
      },
      "dave-gibbons": {
        "name": "Dave Gibbons",
        "bookIsbns": ["978-1779501127"]
      }
    }
  }
};
```

죠 불일치가 일어나지 않는 변경으로 시작해보죠. 어떻게 할까요?

테오　한쪽 버전은 『왓치맨』의 출판 연도를 수정하고, 다른 쪽 버전은 『왓치맨』의 제목과 저자 이름을 수정해보죠.

테오는 노트북에서 도서관 정보의 세 가지 버전을 만든다. 테오가 죠에게 보여준 코드에서 한 가지 버전은 『왓치맨』의 출판 연도가 변경됐고, 또 다른 버전은 『왓치맨』의 제목과 저자명이 변경됐다.

리스트 5.7 상충되지 않은 두 변경

```
var previous = library;

var next = _.set(
  library,
  ["catalog", "booksByIsbn", "978-1779501127", "publicationYear"],
  1986);

var libraryWithUpdatedTitle = _.set(
  library,
  ["catalog", "booksByIsbn", "978-1779501127", "title"],
  "The Watchmen");

var current = _.set(
  libraryWithUpdatedTitle,
  ["catalog", "authorsById", "dave-gibbons", "name"],
  "David Chester Gibbons");
```

테오　이전 상태와 현재 상태를 비교한 결과가 어떤 식일지 궁금하네요.

죠　코드를 실행해보시죠. 그럼 알 수 있을 거예요.

테오는 간단한 코드를 실행해서 이전 상태와 차기 상태의 구조적 비교를 수행하고, 다시 이전 상태와 현재 상태의 구조적 비교를 수행한다. 테오는 궁금증이 풀리면서 모든 것이 이해되기 시작한다.

리스트 5.8 한 가지만 다른 맵의 구조적 비교 결과

```
diff(previous, next);
//{
//  "catalog": {
//    "booksByIsbn": {
//      "978-1779501127": {
//        "publicationYear": 1986
//      }
//    }
//  }
//}
```

리스트 5.9 두 가지 차이가 있는 맵의 구조적 비교 결과

```
diff(previous, current);
//{
//  "catalog": {
//    "authorsById": {
//      "dave-gibbons": {
//        "name": "David Chester Gibbons",
//      }
//    },
//    "booksByIsbn": {
//      "978-1779501127": {
//        "title": "The Watchmen"
//      }
//    }
//  }
//}
//
```

조 이전 버전과 차기 버전 간의 구조적 비교 결과에 나온 필드 하나의 정보 경로를 이야기해주실 수 있나요?

테오 ["catalog", "booksByIsbn", "978-1779501127", "publicationYear"]입니다.

조 좋아요. 이전 버전과 현재 버전 간의 구조적 비교 결과의 정보 경로는요?

테오 책 제목은 ["catalog", "booksByIsbn", "978-1779501127", "title"]이고 저자명은 ["authorsById", "dave-gibbons", "name"]이네요.

죠 완벽합니다! 이제, 구조적 비교의 정보 경로를 조사해서 상충하는 변경을 찾아내는 방법을 아시겠어요?

테오 공통된 정보 경로가 있는지 여부를 확인해야 해요.

죠 정확히 그렇습니다. 공통된 정보 경로가 있다면 변경이 상충된다는 뜻이에요.

테오 하지만 다단으로 중첩된 맵의 정보 경로를 얻는 코드를 어떻게 작성해야 할지 모르겠어요.

죠 이 코드도 reduce 함수 안의 재귀가 사용돼야 해서 쉽지 않습니다. 제 저장소에서 또 다른 코드를 내려받아 보여드리죠.

리스트 5.10 중첩된 맵의 정보 경로 계산

```
function informationPaths (obj, path = []) {
  return _.reduce(obj,
    function(acc, v, k) {
      if (_.isObject(v)) {
        return _.concat(acc,
          informationPaths(v,
            _.concat(path, k)));
      }
      return _.concat(acc, [_.concat(path, k)]);
    },
    []);
}
```

테오 변경된 두 버전의 구조적 비교 결과를 갖고 이 코드가 기대한 대로 동작하는지 살펴볼게요.

테오는 코드 두 줄을 작성해서 죠의 코드를 테스트한다. 첫 번째는 이전 버전과 차기 버전의 구조적 비교 결과의 정보 경로를 출력한다. 그리고 두 번째는 이전 버전과 현재 버전의 구조적 비교 결과의 정보 경로를 출력한다.

리스트 5.11 이전 버전과 차기 버전 간에 차이가 나는 필드

```
informationPaths(diff(previous, next));
// → ["catalog,booksByIsbn,978-1779501127,publicationYear"]
```

리스트 5.12 이전 버전과 현재 버전 간에 차이가 나는 필드

```
informationPaths(diff(previous, current));
// [
//   [
//     "catalog",
//     "booksByIsbn",
//     "978-1779501127",
//     "title"
//   ],
//   [
//     "authorsById",
//     "dave-gibbons",
//     "name"
//   ]
//]
```

테오 좋군요! 제 생각에 로대시는 두 배열이 공통 요소를 갖고 있는지 확인하는 함수를 갖고 있는 것 같아요.

죠 비슷해요. 주어진 두 배열 모두에 포함된 고유한 값을 배열로 반환하는 _.intersection이란 함수가 있어요. 이 함수를 사용해서 교집합이 없는지 확인하면 됩니다. 이 예를 보세요.

리스트 5.13 두 맵의 비교 결과에 공통 정보 경로가 있는지 확인

```
function havePathInCommon(diff1, diff2) {
  return !_.isEmpty(_.intersection(informationPaths(diff1),
    informationPaths(diff2)));
}
```

테오 두 변경 간에 불일치가 없는 경우라면 이전 버전에서 차기 버전으로 바꾸는 변경 사항을 현재 버전에 안전하게 적용할 수 있다고 앞서 말씀하셨는데요. 어떻게 구현하면 되나요?

죠 이전 버전과 차기 버전의 차이를 현재 버전에 재귀적으로 병합합니다.

테오 로대시가 불변 버전의 재귀 병합을 제공하나요?

죠 그렇습니다. 또 다른 예를 보여드릴게요. 코드를 보시죠.

리스트 5.14 변경 사항 적용

```
_.merge(current, (diff(previous, next)));
//{
//  "catalog": {
//    "booksByIsbn":{
//      "978-1779501127":{
//        "isbn":"978-1779501127",
//        "title":"The Watchmen",
//        "publicationYear":1986,
//        "authorIds":["alan-moore","dave-gibbons"]
//      }
//    },
//    "authorsById":{
//      "alan-moore":{
//        "name":"Alan Moore",
//        "bookIsbns":["978-1779501127"]
//      },
//      "dave-gibbons":{
//        "name":"David Chester Gibbons",
//        "bookIsbns":["978-1779501127"]
//      }
//    }
//  }
//}
```

테오 이렇게 간단하다고요?

죠 당연하죠.

5.5 조정 알고리듬 구현

죠 이제 조정 알고리듬을 구현하는 데 필요한 재료가 모두 준비됐군요.

테오 뭘 하면 될까요?

죠 SystemState.commit의 코드만 바꾸면 됩니다. 제 노트북의 예제를 보시겠어요?

리스트 5.15 SystemState 클래스

```
class SystemState {
  systemData;

  get() {
    return this.systemData;
  }

  set(_systemData) {
    this.systemData = _systemData;
  }

  commit(previous, next) {
    var nextSystemData = SystemConsistency.reconcile(
      this.systemData,    ◀─ SystemConsistency 클래스는
      previous,              리스트 5.16에서 구현됐다.
      next);
    if(!SystemValidity.validate(previous, nextSystemData)) {
      throw "The system data to be committed is not valid!";
    };
    this.systemData = nextSystemData;
  }
}
```

테오 SystemConsistency가 어떤 식으로 불일치를 조정하나요?

죠 SystemConsistency 클래스는 이전 버전과 현재 버전을 비교하면서 작업을 시작해요. 두 버전이 같다면, 빨리 감기를 하고 차기 버전을 반환합니다. SystemConsistency 코드를 보시죠.

리스트 5.16 실제 조정 흐름

```
class SystemConsistency {
  static threeWayMerge(current, previous, next) {
    var previousToCurrent = diff(previous, current);
    var previousToNext = diff(previous, next);
    if(havePathInCommon(previousToCurrent, previousToNext)) {
      return _.merge(current, previousToNext);
    }
    throw "Conflicting concurrent mutations.";
  }
  static reconcile(current, previous, next) {
    if(current == previous) {
      return next;
    }
    return SystemConsistency.threeWayMerge(current,
      previous,
      next);
  }
}
```

시스템 상태가 연산 단계에서 사용됐던 상태와 동일하다면 빨리 감기를 수행한다.

테오 잠시만요! 왜 이전 버전과 현재 버전의 참조를 비교하나요? 두 버전의 값을 비교해야 하는 거 아닌가요? 그리고 다단 중첩된 두 해시맵의 모든 값을 일일이 비교하려면 연산 시간이 무척 오래 걸릴 것이고요.

죠 그것이 불변 데이터의 또 다른 이점이에요. 변경되지 않는 데이터는 참조를 비교해도 안전합니다. 참조가 동일하면 데이터도 동일하다고 보장할 수 있어요.

> **|팁|** 데이터가 불변이면, 참조를 비교해도 안전하며 매우 빠르다. 참조가 동일하다면, 데이터도 동일하다는 뜻이다.

테오 3-방향 병합 알고리듬 구현은 어떻게 되나요?

죠 이전 버전이 현재와 다르면, 동시에 변경이 일어났었다는 뜻입니다. 두 변경이 상충하는지 알아내려면 두 번 비교해야 해요. 이전 버전과 현재 버전을 비교하고 이전 버전과 차기 버전을 비교하는 거죠. 두 비교 결과의 교집합이 없다면 상충하지 않는다는 뜻입니다. 이전 버전과 다음 버전 사이의 변화를 안전하게 현재 버전에 반영할 수 있어요.

테오는 화면 가까이 다가가 리스트 5.16의 SystemConsistency 클래스 코드를 자세히 살펴본다. 그러면서 코드가 스레드에 안전한지 확인하려 한다.

테오 제 생각에 SystemConsistency 클래스 코드는 스레드에 안전하지 않아요! SystemConsistency 클래스 안에서 시스템이 변화했는지 확인하는 중이나 SystemData 클래스 안에서 상태를 갱신할 때 맥락 전환이 일어나면 이전 변경에서 바뀐 부분이 덮어 써지게 될 거예요.

죠 지당하신 말씀이에요. 이 코드는 동시성이 이벤트 루프로 관리되는 자바스크립트 같은 단일 스레드 환경에서 잘 동작합니다. 하지만 다중 스레드 환경에서 돌리려면 스레드에 안전하게 코드를 개선해야 합니다. 언젠가 보여드리죠.

|**노트**| SystemConsistency 클래스는 스레드에 안전하지 않다. 8장에서 이 코드를 스레드에 안전하도록 만들 것이다.

테오 왜 낙관적 동시성 제어라고 부르는지 이제 알 것 같아요. 불일치가 그렇게 자주 일어나지 않는다고 가정하기 때문이군요.

죠 그렇습니다. 해결할 수 없는 '불일치'에 대해 당신의 치료사가 뭐라고 말할지 궁금하네요. 조정이 불가능한 부부 간의 갈등도 있을까요?

테오 그런 가능성에 대해 그분이 언급한 적은 없는 것 같아요.

죠 무척 낙관적인 분이시네요.

요약

- 낙관적 동시성 제어에서는 사전에 허락을 받기보다 사후에 용서를 구하는 식으로 변경한다.

- 낙관적 동시성 제어에서는 잠금이 없다.
- 낙관적 동시성 제어로 시스템 상태의 동시 변경을 관리하면 높은 성능의 읽기와 쓰기가 지원된다.
- 불변 데이터와 함께 사용되는 낙관적 동시성 제어는 효율이 매우 좋다.
- 상태를 갱신하기 전에, 동시에 발생했을 가능성이 있는 변경 사이의 불일치를 조절해야 한다.
- 동시에 일어난 변경을 조절하는 방식은 깃에서 빨리 감기나 3-방향 병합 방식으로 브랜치를 병합하는 것과 비슷하다.
- 동시성을 관리하기 위해 시스템에서 바꿔야 할 부분은 반영 단계뿐이다.
- 연산 단계에서는 오직 한 가지 변경 작업만 진행된다고 생각하고 연산한다.
- 반영 단계는 동시에 발생한 변경을 조정할 책임이 있다.
- 조정 알고리듬은 시스템 데이터가 불변 해시맵으로 표현된 시스템이라면 어느 시스템에도 사용될 수 있는 범용 알고리듬이다.
- 시스템 상태의 후속 버전이 구조적 공유로 생성된다는 사실 덕에 조정 알고리듬 구현은 효율적이다.
- 사용자용 시스템은 동시에 일어나는 변경이 불일치하는 경우가 흔치 않다.
- 동시에 일어난 변경을 안전하게 조정할 수 없다면, 그 변경을 중지하고 사용자에게 다시 시도하도록 요청한다.
- 두 버전의 상태 간 차이를 구조적으로 비교하는 작업은 동일한 해시맵에서 구조적으로 공유되도록 생성돼 대부분의 노드가 공통인 두 해시맵 덕에 효율적으로 동작한다.
- 데이터가 불변이면, 참조를 비교해도 안전하며 빠르다. 참조가 동일하다면 데이터도 동일하다는 뜻이다.
- 중첩된 해시맵 간 구조적 차이에는 교체, 추가, 삭제의 세 가지 유형이 있다.
- 이 장에서 다루는 구조적 비교 알고리듬은 삭제를 제외한 교체와 추가만 지원한다.

▼ 이 장에서 소개된 로대시 함수

함수	설명
concat(arrA, arrB)	arrA와 arrB를 이어 붙인 새 배열을 생성한다.
merge(mapA, mapB)	mapA와 mapB를 재귀적으로 결합한 맵을 생성한다.
intersection(arrA, arrB)	arrA와 arrB 모두에 속한 고유 값으로 구성된 새 배열을 생성한다.
union(arrA, arrB)	arrA와 arrB의 고유 값으로 구성된 새 배열을 생성한다.
isEmpty(coll)	coll이 비었는지 확인한다.
reduce(coll, f, initVal)	coll의 각 요소로 f 함수를 수행해 누적된 결과를 한 값으로 축소한다. f를 호출할 때 이전 f 함수의 반환값이 인자로 전달된다.
isArray(coll)	coll이 배열인지 확인한다.
isObject(coll)	coll이 컬렉션인지 확인한다.

6 단위 테스트
카페 코딩

6장에서 다루는 내용

- 테스트 케이스를 위한 최소한의 입력 데이터 생성
- 기대되는 결과와 함수가 반환한 결과 비교
- 테스트 케이스의 특성과 개수에 관한 지침

데이터 지향 시스템에서는 코드가 주로 데이터 조작 작업을 한다. 함수 대부분이 데이터를 받고 데이터를 반환하는 것이다. 이는 코드가 정상 동작하는지 확인하는 것이 무척 쉽다는 뜻이다. 단위 테스트는 입력 데이터를 준비하고, 함수가 반환한 결과 데이터를 정상 결과 데이터와 비교하는 테스트 케이스로 구성된다. 이 장에서는 이전 장에서 작성한 데이터 조회와 데이터 변경 코드에 맞는 단위 테스트를 작성한다.

6.1 간결한 데이터 지향 테스트 케이스

테오와 죠는 '인생은 아름다워'라는 작고 멋스러운 프랑스식 카페의 한 구석에 놓인 나무 테이블에 둘러앉아 있다. 이 카페는 금문교 부근에 위치해 있다. 테오는 카페오레와 크루아상을 주문하고, 죠는 진한 에스프레소에 팽 오 쇼콜라를 주문한다. 두 사람은 늘 나누던 프로그래밍과 퇴근 후 생활에 대해 이야기하는 대신, 죠의 주도로 단위 테스트라는 매우 구체적인 주제를 이야기하는 중이다. 테오가 죠에게 설명을 부탁한다.

테오 단위 테스트가 이런 카페에서 다룰 정도로 간단한 주제일까요?

죠 보통 단위 테스트라면 아니죠. 하지만 데이터 지향 코드의 단위 테스트라면 그렇습니다.

테오 뭐가 다른 걸까요?

죠 데이터 지향 시스템의 코드베이스 대부분은 데이터를 조작하는 일을 하기 때문이죠.

테오 네, 우리가 지금까지 작성한 함수 대부분은 데이터를 받아서 데이터를 반환하더군요.

|**팁**| 데이터 지향 시스템의 코드 대부분은 데이터를 조작하는 일을 한다.

죠 데이터를 다루는 함수의 테스트 케이스는 입력 데이터와 기대되는 결과를 준비하고, 그 함수가 반환하는 결과와 기대되는 결과를 비교하는 식으로 작성됩니다.

테스트 케이스의 단계

1. 입력 데이터 데이터 생성: `dataIn`
2. 기대되는 결과 생성: `dataOut`
3. 함수가 반환하는 결과와 기대되는 결과 비교: `f(dataIn)`과 `dataOut`

테오 그게 전부예요?

죠 네. 잠시 후에 보겠지만, DOP에서는 대부분 모의[mock] 함수가 필요 없어요.

테오 문자열이나 숫자 같은 기본 자료형이라면 비교할 수 있을 것 같아요. 하지만 맵 같은 데이터 컬렉션은 잘 모르겠네요.

죠 필드를 하나씩 비교해야죠.

테오 재귀로요?

죠 네!

테오 아! 안 됩니다! 저는 카페에서 재귀 코드를 작성할 만한 능력은 없다고요. 그런 복잡한 코드는 조용한 사무실에서 집중해야 작성할 수 있어요.

죠 걱정 마세요. DOP의 데이터는 범용 자료구조로 표현되니까요. 로대시에는 데이터 컬렉션을 재귀적으로 비교하는 `_.isEqual`이라는 범용 함수가 있어요. 맵과 배열 모두에 사용할 수 있고요.

죠는 노트북을 열고 `_.isEqual`을 사용해서 동일한 데이터 컬렉션과 서로 다른 데이터 컬렉션을 비교하는 코드를 실행시켜 테오가 이해할 수 있도록 한다.

리스트 6.1 동일한 데이터 컬렉션의 재귀적 비교

```
_.isEqual({
    "name": "Alan Moore",
    "bookIsbns": ["978-1779501127"]
  }, {
    "name": "Alan Moore",
    "bookIsbns": ["978-1779501127"]
  });
// → true
```

리스트 6.2 동일하지 않은 데이터 컬렉션의 재귀적 비교

```
_.isEqual({
    "name": "Alan Moore",
    "bookIsbns": ["978-1779501127"]
  }, {
    "name": "Alan Moore",
    "bookIsbns": ["bad-isbn"]
  });
// → false
```

테오 멋지군요!

죠 DOP의 테스트 케이스 대부분은 이런 식입니다.

테오는 시도해보기로 결심하고 노트북을 켠다. 그리고 의사코드를 몇 줄 입력한다.

리스트 6.3 데이터 지향 테스트 케이스의 일반 패턴

```
var dataIn = {
  // 입력
};

var dataOut = {
  // 기대되는 결과
};

_.isEqual(f(dataIn), dataOut);
```

> **|팁|** 데이터 조작을 다루는 코드의 단위 테스트는 단순하게 작성할 수 있다.

테오 정말로 카페에서 해볼 만한 일로 보이네요!

6.2 데이터 조작 코드의 단위 테스트

우아하게 나비 넥타이를 맨 웨이터가 테오와 죠에게 크루아상과 팽 오 쇼콜라를 가져다준다. 두 사람은 잠시 대화를 멈추고 프랑스식 페이스트리를 즐긴다. 앞에 놓인 페이스트리를 다 먹고 난 후에는 웨이터에게 주문한 커피를 가져다달라고 부탁한다. 잠시 후, 그들은 중단했던 대화를 이어간다.

죠 검색 기능을 구현한 코드 흐름을 기억하세요?

테오 검색 기능 구현 코드를 다시 살펴볼게요.

테오는 노트북으로 검색 기능을 구현한 코드를 연다. 죠가 손톱을 물어뜯는 것을 본 테오는 코드를 재빨리 확인한다.

리스트 6.4 도서 검색 구현에 사용된 코드

```
class Catalog {
  static authorNames(catalogData, authorIds) {
    return _.map(authorIds, function(authorId) {
      return _.get(catalogData, ["authorsById", authorId, "name"]);
    });
  }

  static bookInfo(catalogData, book) {
    var bookInfo =  {
      "title": _.get(book, "title"),
      "isbn": _.get(book, "isbn"),
      "authorNames": Catalog.authorNames(catalogData,
        _.get(book, "authorIds"))
    };
    return bookInfo;
  }

  static searchBooksByTitle(catalogData, query) {
    var allBooks = _.get(catalogData, "booksByIsbn");
    var matchingBooks = _.filter(allBooks, function(book) {
      return _.get(book, "title").includes(query);
    });
    var bookInfos = _.map(matchingBooks, function(book) {
      return Catalog.bookInfo(catalogData, book);
    });
    return bookInfos;
  }
}

class Library {
  static searchBooksByTitleJSON(libraryData, query) {
    var catalogData = _.get(libraryData, "catalog");
    var results = Catalog.searchBooksByTitle(catalogData, query);
    var resultsJSON = JSON.stringify(results);
    return resultsJSON;
  }
}
```

6.2.1 함수 호출 트리

웨이터는 테오와 죠에게 카페오레와 진한 에스프레소를 가져다준다. 그들은 커피를 즐기며 계속 이야기를 나눈다.

죠 코드 흐름에 맞는 단위 테스트를 작성하기에 앞서, 코드 흐름의 함수 호출 트리를 시각화하면 도움이 될 것 같아요.

테오 함수 호출 트리라니 무슨 뜻이죠?

죠 `Library.searchBooksByTitleJSON` 코드 흐름의 함수 호출 트리를 그려볼게요.

죠는 에스프레소를 내려놓고 통에서 냅킨 하나를 꺼낸다. 그는 조심스레 냅킨을 넓게 펴고 그 위에 그림을 그린다. 다 그린 후, 테오에게 그림 6.1의 함수 호출 트리를 보여준다.

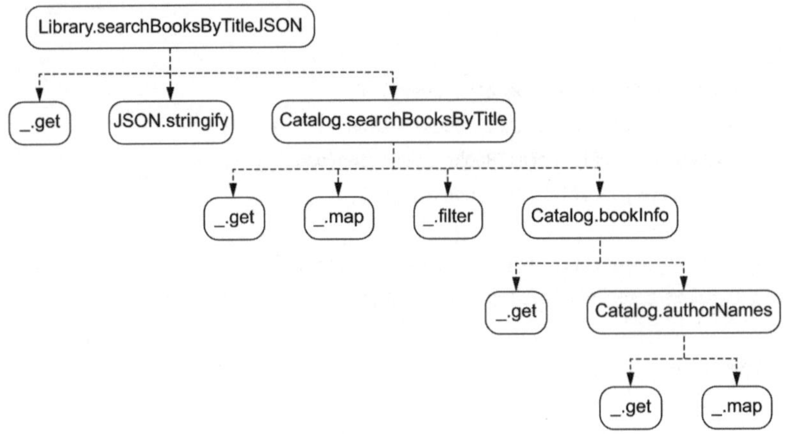

▲ **그림 6.1** 도서 검색 코드 흐름의 함수 호출 트리

테오 멋지네요! 이렇게 함수 호출 트리를 그리는 방법을 가르쳐주실 수 있으세요?

죠 물론이죠. 트리의 루트는 트리로 표현하고 싶은 함수의 이름입니다. 이 경우에는 `Library.searchBooksByTitleJSON`이죠. 이 트리에서 노드의 자식은 함수가 호출하는 함수의 이름입니다. 예를 들어, `Library.searchBooksByTitleJSON` 코드를 다시 보면 이 함수가 `Catalog.searchBooksByTitle`, `_.get`, `JSON.stringify`를 호출하는 걸 볼 수 있어요.

테오 트리를 언제까지 재귀적으로 계속 확장해야 하나요?

죠 우리 애플리케이션의 코드베이스에 속하지 않은 함수에 도달할 때까지 계속합니다. 이들 노드는 트리의 가장 말단인 잎 노드leaf node가 됩니다. 예를 들어 로대시의 `_.get`, `_.map` 등의 함수인 거죠.

테오 함수가 전혀 다른 함수를 호출하지 않으면 어떻게 하나요?

죠 다른 함수를 호출하지 않는 함수는 트리의 잎 노드가 됩니다.

테오 `Catalog.bookInfo`처럼 무명 함수 내에서 호출되는 함수는요?

죠 `Catalog.bookInfo`는 `Catalog.searchBooksByTitle` 코드 안에 등장합니다. 따라서 `Catalog.searchBooksByTitle`의 자식 노드로 간주될 수 있습니다. 무명 함수 내부에 포함돼 있다는 사실은 함수 호출 트리의 맥락과 관련이 없습니다.

> **|노트|** 함수 f의 함수 호출 트리는 f가 루트인 트리다. 그리고 트리 중 노드 g의 자식은 g가 호출하는 함수다. 트리의 끝 단 잎 노드는 애플리케이션의 코드베이스에 속하지 않는 함수다. 이런 함수는 다른 함수를 호출하지 않는 함수다.

테오 코드를 트리로 시각화하니 멋지네요. 하지만 이게 단위 테스트와 무슨 관계인 거죠?

죠 함수 호출 트리는 우리가 작성할 테스트 케이스의 특성과 개수를 가늠하는 데 도움이 됩니다.

테오 어떻게요?

죠 곧 알게 되실 거예요.

6.2.2 끝 단 함수의 단위 테스트

죠 우리가 그린 트리에서 가장 깊은(가장 아래에 있는) 노드로 보이는 함수에서 시작해 볼까요? `Catalog.authorNames` 말입니다. `Catalog.authorNames` 코드를 보고 `Catalog.authorNames`의 입력과 출력이 무엇인지 말해주시겠어요?

죠는 테오가 코드를 자세히 살펴보도록 노트북을 돌려놓는다. 테오는 죠의 노트북 화면을 살펴보면서 카페오레를 한 모금 마신다.

리스트 6.5 Catalog.authorNames

```
Catalog.authorNames = function (catalogData, authorIds) {
  return _.map(authorIds, function(authorId) {
    return _.get(catalogData, ["authorsById", authorId, "name"]);
  });
};
```

테오 Catalog.authorNames의 입력은 catalogData와 authorIds네요. 출력은 authorNames이고요.

죠 제가 볼 수 있게 시각적으로 표현해주실 수 있나요?

테오 물론입니다.

이제 테오가 냅킨에 그림을 그릴 차례다. 그는 작은 사각형을 그리고, 들어오는 화살표 두 개와 나가는 화살표 하나를 그림 6.2와 같이 그린다.

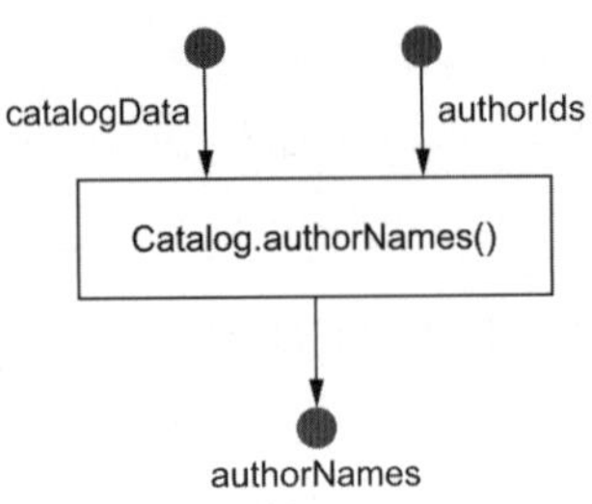

▲ **그림 6.2** 시각화된 Catalog.authorNames의 입력과 출력

죠 잘하셨어요! 이제 Catalog.authorNames 단위 테스트에 입력으로 얼마나 많은 조합이 필요할까요?

테오 생각 좀 해볼게요.

테오는 냅킨을 하나 더 꺼낸다. 이번에는 표에 생각을 정리한다(표 6.1).

▼ **표 6.1** Catalog.authorNames 테스트 케이스 표

catalogData	authorIds	authorNames
저자가 둘인 장서	빈 배열	빈 배열
저자가 둘인 장서	저자 ID가 하나인 배열	저자명이 하나인 배열
저자가 둘인 장서	저자 ID가 둘인 배열	저자명이 둘인 배열

테오　우선 저자 ID가 둘인 `catalogData`가 있어야 하고, 이것과 빈 배열, 저자 ID가 하나인 배열, 저자 ID가 둘인 배열을 인자로 넘기며 `Catalog.authorNames`를 호출합니다.

죠　`catalogData`는 어떻게 만들 생각인가요?

테오　전에 생성했던 방식 그대로요.

테오는 노트북을 자기 쪽으로 돌려 `catalogData` 코드를 작성하고 죠에게 보여준다.

리스트 6.6 전체 catalogData 맵

```
var catalogData = {
  "booksByIsbn": {
    "978-1779501127": {
      "isbn": "978-1779501127",
      "title": "Watchmen",
      "publicationYear": 1987,
      "authorIds": ["alan-moore", "dave-gibbons"],
      "bookItems": [
        {
          "id": "book-item-1",
          "libId": "nyc-central-lib",
          "isLent": true
        },
        {
          "id": "book-item-2",
          "libId": "nyc-central-lib",
          "isLent": false
        }
      ]
```

```
    }
  },
  "authorsById": {
    "alan-moore": {
      "name": "Alan Moore",
      "bookIsbns": ["978-1779501127"]
    },
    "dave-gibbons": {
      "name": "Dave Gibbons",
      "bookIsbns": ["978-1779501127"]
    }
  }
};
```

조 단위 테스트에 이 커다란 catalogData 맵을 사용할 수도 있지만, Catalog.authorNames란 맥락에 맞는 더 작은 맵을 사용할 수도 있어요. catalogData의 booksByIsbn과 저자의 bookIsbns는 제거해도 됩니다.

조가 catalogData에서 몇 줄을 삭제하자 맵이 훨씬 간소해졌다. 조는 테오에게 수정된 결과를 보여준다.

리스트 6.7 최소한의 catalogData

```
var catalogData = {
  "authorsById": {
    "alan-moore": {
      "name": "Alan Moore"
    },
    "dave-gibbons": {
      "name": "Dave Gibbons"
    }
  }
};
```

테오 잠시만요! 이 catalogData는 유효하지 않아요.

조 DOP에서 데이터의 유효성은 맥락에 따라 달라져요. Library.searchBooksByTitleJSON과 Catalog.searchBooksByTitle의 맥락에서는 이 최소한의 catalogData가 실

제로 유효하지 않아요. 하지만 Catalog.bookInfo와 Catalog.authorNames의 맥락에서는 완벽히 유효해요. 이 두 함수가 catalogData의 authorsById 필드만 사용하기 때문이죠.

|**팁**| 데이터의 유효성은 맥락 의존적이다.

테오 테스트 케이스에 최소한의 데이터 버전을 사용하는 것이 왜 더 나은가요?

죠 이유는 단순해요. 작은 데이터가 더 다루기 쉽기 때문이죠.

|**팁**| 데이터가 작을수록 다루기 쉽다.

테오 단위 테스트를 작성할 때 유용하겠네요.

죠 당연하죠. 코딩을 시작하기 전에 하나 더 해야 할 게 있습니다. Catalog.authorNames의 결과가 기대한 것인지 확인할 방법은 무엇일까요?

테오 Catalog.authorNames가 반환하는 값이 기대한 저자 이름을 가진 배열인지 확인하면 되겠죠.

죠 배열 비교는 어떻게 할 건가요?

테오 글쎄요. 저는 참조가 아닌 값을 비교하고 싶습니다. 제 생각에는 배열이 예상한 크기인지 확인한 후에 배열의 요소를 하나씩 재귀적으로 확인하면 될 것 같아요.

죠 카페에서 하기에는 정신적으로 너무 부담스러울 것 같아 보이네요. 앞서 보여드렸던 것처럼(리스트 6.1 참고), 로대시의 _.isEqual로 두 데이터 컬렉션을 재귀적으로 비교할 수 있어요.

|**팁**| 함수가 반환한 결과와 기대한 결과는 _.isEqual로 비교할 수 있다.

테오 좋네요. 테스트 케이스를 작성해보죠.

테오는 노트북에 타이핑을 시작하고, 잠시 후 `Catalog.authorNames`용 테스트 케이스를 몇 가지 작성했다. 각 테스트 케이스는 `_.isEqual` 호출 안에 `Catalog.authorNames` 호출이 포함돼 있다.

리스트 6.8 Catalog.authorNames의 단위 테스트

```
var catalogData = {
  "authorsById": {
    "alan-moore": {
      "name": "Alan Moore"
    },
    "dave-gibbons": {
      "name": "Dave Gibbons"
    }
  }
};

_.isEqual(Catalog.authorNames(catalogData, []), []);
_.isEqual(Catalog.authorNames(
  catalogData,
  ["alan-moore"]),
  ["Alan Moore"]);
_.isEqual(Catalog.authorNames(catalogData, ["alan-moore", "dave-gibbons"]),
  ["Alan Moore", "Dave Gibbons"]);
```

죠 잘하셨어요. 더 추가할 테스트 케이스가 있을까요?

테오 네, 장서 데이터에 없는 저자 ID가 사용된 경우와 장서 데이터가 빈 경우의 테스트 케이스가 될 수 있겠어요. 최소한의 장서 데이터와 `_.isEqual`로 테스트 케이스를 작성하니 정말 쉽네요.

테오는 이 도전을 진심으로 즐기고 있다. 그는 테스트 케이스를 몇 가지 더 추가해서 죠에게 보여준다.

리스트 6.9 추가된 Catalog.authorNames용 테스트 케이스

```
_.isEqual(Catalog.authorNames({}, []), []);
_.isEqual(Catalog.authorNames({}, ["alan-moore"]), [undefined]);
```

```
_.isEqual(Catalog.authorNames(catalogData, ["alan-moore",
  "albert-einstein"]), ["Alan Moore", undefined]);
_.isEqual(Catalog.authorNames(catalogData, []), []);
_.isEqual(Catalog.authorNames(catalogData, ["albert-einstein"]),
  [undefined]);
```

테오 이 단위 테스트는 어떻게 실행하죠?

죠 좋아하는 테스트 프레임워크를 사용하세요.

> |**노트**| 이 책에서는 테스트 실행기나 테스트 프레임워크를 다루지 않으며, 테스트 케이스의 로직만 다룰 것이다.

6.2.3 트리 중간 노드의 단위 테스트

테오 함수 호출 트리의 상위에 있는 노드의 단위 테스트는 어떤 식일지 궁금하네요.

죠 물론 알아봐야죠. Catalog.bookInfo의 테스트를 작성해볼까요? Catalog.bookInfo의 테스트 케이스는 몇 가지가 있을까요?

리스트 6.10 Catalog.bookInfo

```
Catalog.bookInfo = function (catalogData, book) {
  return  {
    "title": _.get(book, "title"),
    "isbn": _.get(book, "isbn"),
    "authorNames": Catalog.authorNames(catalogData,
      _.get(book, "authorIds"))
  };
};
```

테오는 자기 노트북에서 다시 Catalog.bookInfo의 코드를 살펴본다. 그리고 또 다른 냅킨을 집어 들고 입력과 출력을 도식화해서 그린다(그림 6.3 참고).

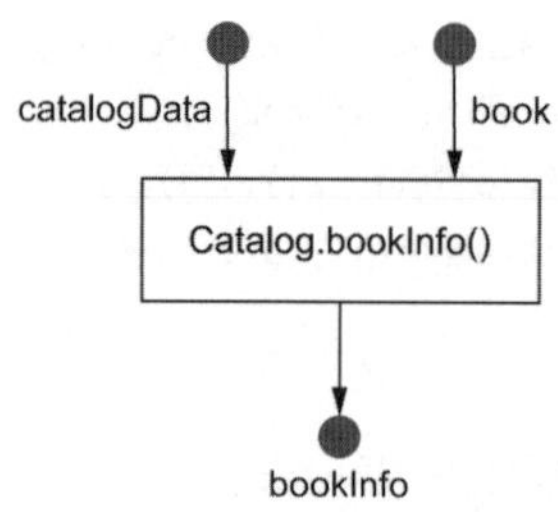

▲ **그림 6.3** Catalog.bookInfo의 입력과 출력 시각화

테오 `Catalog.authorNames`와 비슷한 수의 테스트 케이스가 있을 것 같아요. 저자가 하나인 책, 둘인 책, 저자 정보가 있는 책, 저자 정보가 없는 책 등등…

죠 워워! 그럴 필요는 없습니다. 이미 작성된 `Catalog.authorNames`의 단위 테스트가 있으니 모든 경우를 다시 확인하지 않아도 돼요. 코드가 동작하는지 확인하는 최소한의 테스트 케이스만 작성하면 됩니다.

|**팁**| 함수의 단위 테스트를 작성할 때는 테스트 대상 함수가 호출하는 함수가 단위 테스트로 테스트되고 기대대로 동작한다고 가정한다. 이로써 단위 테스트의 테스트 케이스가 현저하게 줄어든다.

테오 말이 되네요.

죠 `Catalog.bookInfo`의 최소한의 테스트 케이스를 어떻게 작성하시겠어요?

테오는 `Catalog.bookInfo`의 코드를 다시 한번 살펴본다(리스트 6.10 참고). 이제 죠의 질문에 답할 수 있다.

테오 `Catalog.authorNames`에 사용했던 장서 데이터와 책 레코드 하나를 사용하겠어요. `_.isEqual`을 사용해 함수가 반환하는 값을 책 정보 레코드와 비교함으로써 이 함수가 기대하는 대로 동작하는지 테스트하려고 해요. 제가 보여드리죠.

테오가 단위 테스트를 작성하는 데 시간이 다소 오래 걸린다. `Catalog.authorNames`의 입력과 출력이 모두 레코드이기 때문이다. (`Catalog.authorNames`의 경우처럼) 문자열 배열을 다루는 것보다 레코드를 다루는 것이 더 복잡하다. 테오는 _.isEqual 덕에 두 맵을 비교하느라 속성값을 하나씩 비교하는 코드를 작성하지 않아도 돼 다행이라고 생각한다. 작업이 끝나자 테오는 결과를 죠에게 보여주고 냅킨으로 이마를 닦는다.

리스트 6.11 Catalog.bookInfo의 단위 테스트

```
var catalogData = {
  "authorsById": {
    "alan-moore": {
      "name": "Alan Moore"
    },
    "dave-gibbons": {
      "name": "Dave Gibbons"
    }
  }
};

var book = {
  "isbn": "978-1779501127",
  "title": "Watchmen",
  "publicationYear": 1987,
  "authorIds": ["alan-moore", "dave-gibbons"]
};

var expectedResult = {
  "authorNames": ["Alan Moore", "Dave Gibbons"],
  "isbn": "978-1779501127",
  "title": "Watchmen",
};

var result = Catalog.bookInfo(catalogData, book);

_.isEqual(result, expectedResult);
```

죠 완벽합니다! 이제 Catalog.bookInfo의 단위 테스트와 Catalog.authorNames의 단위 테스트를 비교하면 어떤가요?

테오 Catalog.bookInfo의 단위 테스트에는 테스트 케이스가 하나뿐입니다. 반면에

Catalog.authorNames의 테스트 케이스에 사용된 데이터보다는 더 복잡하네요.

죠 바로 그렇습니다. 호출 트리 끝 단 노드의 함수는 테스트 케이스가 더 많지만, 이 테스트 케이스에 사용되는 데이터는 덜 복잡한 편입니다.

|**팁**| 함수 호출 트리의 아래 단에 위치한 함수는 트리 상위의 함수에 비해 데이터가 덜 복잡하다(표 6.2).

▼ **표 6.2** 함수 호출 트리 내 함수의 깊이와 테스트 케이스의 특성 및 개수의 상관관계

트리 내 위치	데이터의 복잡도	테스트 케이스 수
위 뿌리 쪽	높음	적음
깊은 끝 쪽	낮음	많음

6.3 조회 함수의 단위 테스트

이전 절에서는 Catalog.bookInfo와 Catalog.authorNames 같은 함수의 단위 테스트를 어떻게 작성하는지 살펴봤다. 그럼 함수 호출 트리의 루트에 가까운 조회 함수의 노드는 단위 테스트를 어떻게 작성하는지 알아본다.

죠 검색 요청의 호출 종단점 코드는 단위 테스트를 어떻게 작성할 건가요?

구체적인 내용이 기억나지 않아서 테오는 Library.searchBooksByTitleJSON 코드를 확인한다. 오늘 주제가 카페의 분위기를 충분히 즐길 수 있을 만큼 쉽긴 하지만, 오전에 이미 무척 많은 코딩을 했다.

리스트 6.12 Library.searchBooksByTitleJSON

```
Library.searchBooksByTitleJSON = function (libraryData, query) {
  var catalogData = _.get(libraryData, "catalog");
  var results = Catalog.searchBooksByTitle(catalogData, query);
```

```
  var resultsJSON = JSON.stringify(results);
  return resultsJSON;
};
```

테오는 코드를 살펴보고 나서 어떻게 단위 테스트를 작성할지 잠시 생각에 빠진다. 한순간 실마리가 떠오른 그는 결국 방법을 알아낸다.

테오 `Library.searchBooksByTitleJSON`의 입력은 도서관 데이터와 검색 조건 문자열입니다. 그리고 출력은 JSON 문자열(그림 6.4 참고)이고요. 결국, 저는 책이 한 권 있는 도서관 데이터 레코드를 만들고 책의 이름과 일치하는 검색 조건 문자열로 조회하는 테스트와 일치하지 않는 테스트를 작성할 거예요.

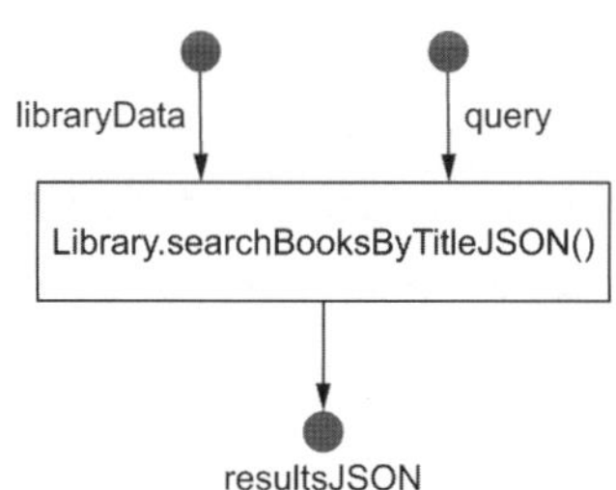

▲ **그림 6.4** Library.searchBooksByTitleJSON()의 입력과 출력

죠 테스트 케이스의 기대 결과는 어떻게 하죠?

테오 검색 조건 문자열이 일치하는 경우라면, 기대되는 결과는 도서 정보를 담고 있는 JSON 문자열이에요. 검색 조건 문자열이 일치하지 않는 경우에는 기대되는 결과가 빈 배열을 가진 JSON 문자열이고요.

죠 음…

테오 뭐가 문제인가요?

죠 대답이 그다지 마음에 들지 않습니다.

테오 왜죠?

죠 그건, 작성하시려는 테스트 케이스가 데이터 비교 대신 문자열 비교에 의존하기 때문이에요.

테오 뭐가 다른 걸까요? 어차피 제가 비교하려는 문자열도 데이터가 직렬화된 것인데요.

죠 JSON 문자열을 비교하는 것은 데이터를 비교하는 것보다 본질적으로 훨씬 더 복잡해요. 예를 들어 동일한 데이터를 직렬화해도 문자열이 다를 수 있습니다.

테오 정말요? 어떻게요?

죠 이 두 문자열을 보세요. 둘 다 동일한 데이터를 직렬화했어요. 둘은 필드의 순서가 다르기 때문에 다른 문자열입니다. 하지만 사실 동일한 데이터를 직렬화한 것이죠.

죠는 노트북을 돌려 테오에게 보여준다. 테오는 코드를 보자마자 다시 한번 죠가 옳다는 것을 깨닫는다.

리스트 6.13 같은 데이터를 직렬화한 서로 다른 문자열

```
var stringA = "{\"title\":\"Watchmen\",\"publicationYear\":1987}";
var stringB = "{\"publicationYear\":1987,\"title\":\"Watchmen\"}";
```

> **|팁|** 데이터를 다루는 함수의 단위 테스트에서는 문자열 비교를 피하자.

테오 잘 알겠습니다. 그럼 제가 어떻게 하면 될까요?

죠 `Library.searchBooksByTitleJSON`이 반환한 값을 문자열 그대로 비교하는 대신, 결과를 역직렬화해서 기대되는 데이터와 비교할 수 있어요.

테오 문자열을 역직렬화한다니, 무슨 뜻이죠?

죠 문자열 `s`의 역직렬화는, 예를 들어 직렬화하면 `s`가 되는 데이터를 생성한다는 뜻입니다.

테오 문자열 역직렬화 함수가 로대시에 있나요?

죠 사실, 자바스크립트에 기본으로 문자열 역직렬화 함수가 있어요. `JSON.parse`가 그것입니다.

죠는 노트북으로 테오에게 문자열 역직렬화 예를 보여준다. JSON.parse의 일반적인 사용법을 설명하는 코드가 보인다.

리스트 6.14 문자열 역직렬화 예

```
var myString = "{\"publicationYear\":1987,\"title\":\"Watchmen\"}";
var myData = JSON.parse(myString);
_.get(myData, "title");
// → "Watchmen"
```

테오 멋지네요. JSON.parse를 사용해 Library.searchBooksByTitleJSON의 단위 테스트를 작성해볼게요.

테오는 노트북에 단위 테스트를 입력한다. 그가 짧은 코드를 작성해서 보여주는 데 시간이 얼마 걸리지 않는다.

리스트 6.15 Library.searchBooksByTitleJSON의 단위 테스트

```
var libraryData = {
  "catalog": {
    "booksByIsbn": {
      "978-1779501127": {
        "isbn": "978-1779501127",
        "title": "Watchmen",
        "publicationYear": 1987,
        "authorIds": ["alan-moore",
          "dave-gibbons"]
      }
    },
    "authorsById": {
      "alan-moore": {
        "name": "Alan Moore",
        "bookIsbns": ["978-1779501127"]
      },
      "dave-gibbons": {
        "name": "Dave Gibbons",
        "bookIsbns": ["978-1779501127"]
      }
```

```
    }
  }
};

var bookInfo = {
  "isbn": "978-1779501127",
  "title": "Watchmen",
  "authorNames": ["Alan Moore",
    "Dave Gibbons"]
};

_.isEqual(JSON.parse(Library.searchBooksByTitleJSON(libraryData,
  "Watchmen")),
  [bookInfo]);

_.isEqual(JSON.parse(Library.searchBooksByTitleJSON(libraryData,
  "Batman")),
  []);
```

죠 잘하셨어요. 이제 마지막 퍼즐 조각으로 넘어갈 준비가 된 것 같아요. Catalog.searchBooksByTitle의 단위 테스트를 작성해보죠.

테오와 죠가 단위 테스트로 이야기를 나누기 시작한 지도 한참이나 지났기 때문에 테오는 죠에게 에스프레소를 한 잔 더 마시면 어떻겠냐고 제안한다. 그들은 웨이터를 불러 주문하고 Catalog.searchBooksByTitle 코드를 다시 들여다본다.

리스트 6.16 Catalog.searchBooksByTitle

```
Catalog.searchBooksByTitle = function(catalogData, query) {
  var allBooks = _.get(catalogData, "booksByIsbn");
  var matchingBooks = _.filter(allBooks, function(book) {
    return _.get(book, "title").includes(query);
  });
  var bookInfos = _.map(matchingBooks, function(book) {
    return Catalog.bookInfo(catalogData, book);
  });
  return bookInfos;
};
```

Library.searchBooksByTitleJSON의 단위 테스트를 작성하는 것보다 Catalog.searchBooksByTitle의 단위 테스트를 작성하는 것이 테오에게는 더 즐거운 경험이다. 그 이유는 두 가지다.

- 함수가 데이터를 반환하기 때문에 결과를 역직렬화할 필요가 없다.
- 장서 데이터를 도서관 데이터 맵 안에 포함시킬 필요가 없다.

리스트 6.17 Catalog.searchBooksByTitle의 단위 테스트

```
var catalogData = {
  "booksByIsbn": {
    "978-1779501127": {
      "isbn": "978-1779501127",
      "title": "Watchmen",
      "publicationYear": 1987,
      "authorIds": ["alan-moore",
        "dave-gibbons"]
    }
  },
  "authorsById": {
    "alan-moore": {
      "name": "Alan Moore",
      "bookIsbns": ["978-1779501127"]
    },
    "dave-gibbons": {
      "name": "Dave Gibbons",
      "bookIsbns": ["978-1779501127"]
    }
  }
};

var bookInfo = {
  "isbn": "978-1779501127",
  "title": "Watchmen",
  "authorNames": ["Alan Moore",
    "Dave Gibbons"]
};
_.isEqual(Catalog.searchBooksByTitle(catalogData, "Watchmen"), [bookInfo]);
_.isEqual(Catalog.searchBooksByTitle(catalogData, "Batman"), []);
```

죠 시작은 좋습니다.

테오 전 다 끝낸 것 같은데, 놓친 게 있는 건가요?

죠 검색 조건 문자열이 모두 소문자인 테스트 케이스를 잊으셨어요.

테오 그렇군요. 바로 테스트 케이스를 하나 추가하겠습니다.

테오는 1분도 채 안 돼 테스트 케이스를 추가하고 죠에게 보여준다. 하지만 소문자로 "watchmen"이라고 쓰여진 테스트 케이스가 실패하자 테오는 무척 당황하고 만다.

리스트 6.18 Catalog.searchBooksByTitle의 추가 테스트 케이스

```
_.isEqual(Catalog.searchBooksByTitle(catalogData, "watchmen"),
  [bookInfo]);
```

죠 저런, 너무 속상해하지 마세요. 결국 단위 테스트의 목적은 코드의 버그를 찾아내는 것입니다. 그래야 고칠 수 있으니까요. CatalogData.searchBooksByTitle의 코드를 수정하실 수 있겠어요?

테오 물론이죠. 제가 해야 할 일이라고는 검색 조건 문자열과 책 제목을 비교 전에 소문자로 바꾸는 것뿐이에요. 이런 식으로 하면 될 것 같네요.

리스트 6.19 버그가 수정된 Catalog.searchBooksByTitle

```
Catalog.searchBooksByTitle = function(catalogData, query) {
  var allBooks = _.get(catalogData, "booksByIsbn");
  var queryLowerCased = query.toLowerCase();  ◀── 검색 조건을 소문자로 변환
  var matchingBooks = _.filter(allBooks, function(book) {
    return _.get(book, "title")
      .toLowerCase()  ◀── 책 제목을 소문자로 변환
      .includes(queryLowerCased);
  });
  var bookInfos = _.map(matchingBooks, function(book) {
    return Catalog.bookInfo(catalogData, book);
  });
  return bookInfos;
};
```

Catalog.searchBooksByTitle의 코드를 수정한 후 테오는 테스트 케이스를 모두 다시 실행한다. 이번에는 모든 테스트 케이스가 통과돼서 마음이 편안해졌다.

리스트 6.20 Catalog.searchBooksByTitle의 추가 테스트 케이스

```
_.isEqual(Catalog.searchBooksByTitle(catalogData, "watchmen"),
  [bookInfo]);
```

죠 모든 테스트 케이스가 통과되면 기분이 정말 좋죠.

테오 그렇네요.

죠 제 생각에는 우리가 모든 검색 코드의 단위 테스트를 작성한 것 같아요. 이제 변경을 확인하는 단위 테스트를 작성할 준비가 됐습니다. 고맙게도 마침 웨이터가 우리가 주문한 커피를 갖고 왔네요.

6.4 변경의 단위 테스트

죠 회원 추가 변경을 확인하는 단위 테스트를 작성하기 전에 System.addMember의 함수 호출 트리를 그려보죠.

테오 제가 해볼게요.

테오는 회원을 추가하는 변경에 관여하는 함수의 코드를 살펴본다. 코드가 System, Library, UserManagement라는 세 클래스에 걸쳐 흩어져 있다는 사실을 확인한다.

리스트 6.21 회원 추가 변경에 관여하는 함수

```
System.addMember = function(systemState, member) {
  var previous = systemState.get();
  var next = Library.addMember(previous, member);
  systemState.commit(previous, next);
};

Library.addMember = function(library, member) {
  var currentUserManagement = _.get(library, "userManagement");
  var nextUserManagement = UserManagement.addMember(
```

```
    currentUserManagement, member);
  var nextLibrary = _.set(library, "userManagement", nextUserManagement);
  return nextLibrary;
};

UserManagement.addMember = function(userManagement, member) {
  var email = _.get(member, "email");
  var infoPath = ["membersByEmail", email];
  if(_.has(userManagement, infoPath)) {
    throw "Member already exists.";
  }
  var nextUserManagement =  _.set(userManagement,
    infoPath,
    member);
  return nextUserManagement;
};
```

테오는 냅킨을 하나 더 꺼내든다. System.addMember의 함수 호출 트리를 그리는 일 정도는 이제 무척 익숙하다(그림 6.5).

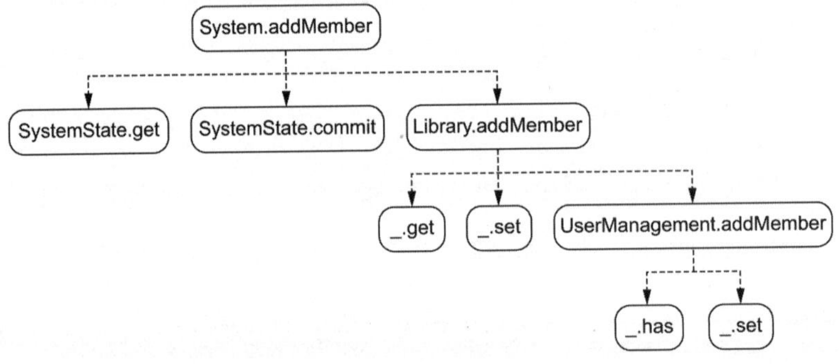

▲ **그림 6.5** System.addMember의 함수 호출 트리

죠 훌륭합니다! 그러면 이 트리의 어떤 함수가 회원 추가 변경 작업 단위 테스트로 테스트돼야 할까요?

테오 제 생각에 테스트돼야 할 함수는 System.addMember, SystemState.get, SystemState.commit, Library.addMember, UserManagement.addMember예요. 맞나요?

죠 모두 맞습니다. SystemState에 속한 함수의 단위 테스트는 나중에 작성하는 것으로 미뤄두죠. 이 함수는 범용 함수라서 특정 변경의 맥락 외에서 테스트돼야 하니까요. 당장은 SystemState 클래스의 단위 테스트를 이미 작성했다고 가정해보죠. 우리에게는 System.addMember, Library.addMember, UserManagement.addMember 세 함수가 남았습니다.

테오 단위 테스트를 어떤 순서로 작성해야 할까요? 상향식일까요? 하향식일까요?

죠 핵심인 UserManagement.addMember에서 시작해볼까요? 다른 두 함수가 하위에 위치해 있습니다.

테오 알겠습니다.

죠 변경의 중심이 되는 함수의 단위 테스트를 작성하려면 조회 함수의 테스트를 작성할 때보다 더 많은 노력을 기울여야 합니다. 조회 함수는 시스템 데이터에 기반해 응답을 반환하지만, 변경 함수는 시스템의 현재 상태와 몇 가지 인자에 기반해 변경 연산을 수행하고 새로운 시스템 상태를 반환하기 때문이에요.

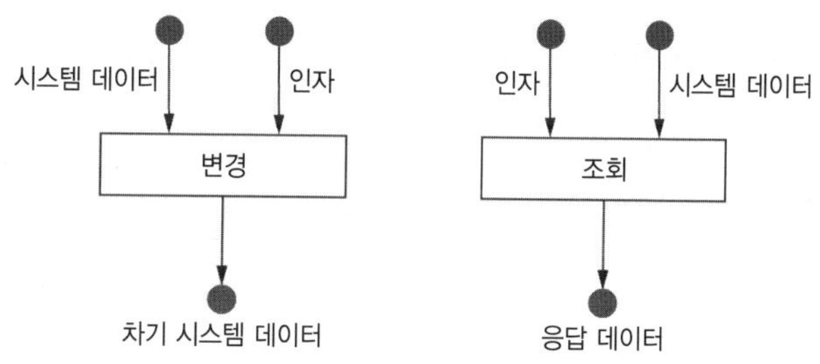

▲ **그림 6.6** 변경 함수가 반환하는 결과는 조회 함수가 반환하는 결과보다 더 복잡하다.

> **|팁|** 변경 작업의 주 함수의 단위 테스트를 작성하는 일은 조회 함수의 경우보다 더 많은 노력이 필요하다.

테오 그 말은 UserManagement.addMember의 테스트 케이스에서 입력과 기대되는 결과가 모두 시스템의 상태를 기술하는 맵이라는 뜻인가요?

죠 정확합니다. 가장 단순한 경우로 시작해보죠. 시스템 초기 상태가 빈 경우 말입니다.

테오 UserManagement.addMember에 전달되는 userManagementData가 빈 맵이란 뜻인가요?

죠 네.

다시 한번, 테오는 노트북에 손을 얹고 잠시 생각한 후 키보드를 치기 시작한다. 테오는 회원 하나를 빈 사용자 관리 맵에 추가하고 결과 맵이 기대와 같은지 확인하는 코드가 필요하다는 사실을 스스로 떠올린다. 코드를 모두 작성한 후 죠에게 보여준다.

리스트 6.22 첫 회원 등록 Catalog.addMember 테스트 케이스

```
var member = {
  "email": "jessie@gmail.com",
  "password": "my-secret"
};

var userManagementStateBefore = {};

var expectedUserManagementStateAfter = {
  "membersByEmail": {
    "jessie@gmail.com": {
      "email": "jessie@gmail.com",
      "password": "my-secret"
    }
  }
};

var result = UserManagement.addMember(userManagementStateBefore, member);
_.isEqual(result, expectedUserManagementStateAfter);
```

죠 아주 좋습니다. 이어서 초기 상태가 비어 있지 않은 경우의 테스트를 작성해보세요.

테오는 코드를 몇 줄 더 작성해야 하지만 특별히 복잡할 것은 없다고 생각한다. 작성을 끝내고 다시 코드를 죠에게 보여준다.

리스트 6.23 기존 회원이 있는 경우의 Catalog.addMember 테스트

```
var jessie = {
  "email": "jessie@gmail.com",
  "password": "my-secret"
};

var franck = {
  "email": "franck@gmail.com",
  "password": "my-top-secret"
};

var userManagementStateBefore = {
  "membersByEmail": {
    "franck@gmail.com": {
      "email": "franck@gmail.com",
      "password": "my-top-secret"
    }
  }
};

var expectedUserManagementStateAfter = {
  "membersByEmail": {
    "jessie@gmail.com": {
      "email": "jessie@gmail.com",
      "password": "my-secret"
    },
    "franck@gmail.com": {
      "email": "franck@gmail.com",
      "password": "my-top-secret"
    }
  }
};

var result = UserManagement.addMember(userManagementStateBefore, jessie);
_.isEqual(result, expectedUserManagementStateAfter);
```

조 멋져요! 또 다른 UserManagement.addMember의 테스트 케이스가 있을까요?

테오 아니요. 없는 것 같아요.

죠 변경이 실패한 경우는 어때요?

테오 그렇네요! 저는 테스트하면서 언제나 부정적인 경우를 놓치곤 해요. 제가 긍정적인 사고를 주로 하는 사람이란 사실과 관련된 것 아닌가 생각합니다.

> **|팁|** 단위 테스트에 부정적인 경우가 누락되지 않도록 조심하자.

죠 저도 그래요. 명상을 할수록 저는 인생의 긍정적인 면에 좀 더 초점을 맞출 수 있게 됩니다. 아무튼, 변경이 실패하는 경우의 테스트는 어떻게 작성하실 건가요?

테오 `UserManagement.addMember`에 `userManagementStateBefore`에 이미 존재하는 회원을 전달할 겁니다.

죠 그리고 실패하는 경우에 코드가 기대한 대로 동작하는지 어떻게 확인하려고 하세요?

테오 잠시만요. 회원이 이미 있다면, `UserManagement.addMember`가 예외를 던집니다. 따라서 제가 할 일은 테스트 케이스 코드를 `try/catch` 블록으로 감싸는 거예요.

죠 좋아 보이네요.

이번에도 테오는 그리 큰 어려움 없이 새로운 테스트 케이스를 작성한다. 작성을 마친 테오는 자신 있게 노트북을 죠를 향해 돌린다.

리스트 6.24 실패할 것으로 예상되는 경우의 UserManagement.addMember의 테스트

```
var jessie = {
  "email": "jessie@gmail.com",
  "password": "my-secret"
};

var userManagementStateBefore = {
  "membersByEmail": {
    "jessie@gmail.com": {
      "email": "jessie@gmail.com",
      "password": "my-secret"
    }
```

```
  }
};

var expectedException = "Member already exists.";
var exceptionInMutation;

try {
  UserManagement.addMember(userManagementStateBefore, jessie);
} catch (e) {
  exceptionInMutation = e;
}

_.isEqual(exceptionInMutation, expectedException);
```

테오 이제는 Library.addMember와 System.addMember의 단위 테스트로 넘어가도 될 것 같은데요.

죠 저도 그렇게 생각합니다. Library.addMember부터 시작해주실래요?

테오 Library.addMember는 UserManagement.addMember와 무척 비슷해요. 그러니 테스트 케이스도 비슷하게 작성하면 될 것 같습니다.

죠 사실, 그럴 필요는 없어요. 조회 함수의 단위 테스트를 작성할 때 말씀드린 것처럼, 함수의 단위 테스트를 작성할 때는 트리의 하위에 있는 함수가 기대한 대로 동작한다고 가정할 수 있어요.

테오 맞네요. 그러면 기존 회원의 경우만 테스트하도록 작성할게요.

죠 그러시죠.

테오는 리스트 6.23의 기존 회원이 있는 UserManagement.addMember의 테스트 케이스 코드를 복사 및 붙이기copy-and-paste해서 테스트를 작성하기 시작한다. 얼마 수정하지 않고도 Library.addMember의 단위 테스트가 준비됐다.

리스트 6.25 Library.addMember의 단위 테스트

```
var jessie = {
  "email": "jessie@gmail.com",
  "password": "my-secret"
```

```
};

var franck = {
  "email": "franck@gmail.com",
  "password": "my-top-secret"
};

var libraryStateBefore = {
  "userManagement": {
    "membersByEmail": {
      "franck@gmail.com": {
        "email": "franck@gmail.com",
        "password": "my-top-secret"
      }
    }
  }
};

var expectedLibraryStateAfter = {
  "userManagement": {
    "membersByEmail": {
      "jessie@gmail.com": {
        "email": "jessie@gmail.com",
        "password": "my-secret"
      },
      "franck@gmail.com": {
        "email": "franck@gmail.com",
        "password": "my-top-secret"
      }
    }
  }
};

var result = Library.addMember(libraryStateBefore, jessie);
_.isEqual(result, expectedLibraryStateAfter);
```

조 멋집니다. 이제 마지막 단위 테스트만 남았네요. System.addMember의 단위 테스트를 작성하시죠. 시작하기에 앞서 System.addMember의 입력과 출력을 설명해보시겠어요?

테오는 System.addMember 코드를 다시 살펴보고는 조금 혼란스러워 망설인다. 함수가 아무것도 반환하지 않는 것처럼 보인다.

리스트 6.26 System.addMember

```
System.addMember = function(systemState, member) {
  var previous = systemState.get();
  var next = Library.addMember(previous, member);
  systemState.commit(previous, next);
};
```

테오 System.addMember의 입력은 시스템 상태와 회원입니다. 하지만 System.addMember가 무엇을 반환하는지 잘 모르겠네요.

죠 사실, System.addMember는 아무것도 반환하지 않습니다. 이 함수는 전체 코드에서 상태가 있는 부분이고 데이터를 조작하는 일은 하지 않아요. DOP가 비록 코드에서 상태의 영향을 받는 부분의 크기를 줄여주지만 완전히 없애지는 않습니다. 이렇게 시각화할 수 있어요.

죠는 웨이터를 불러서 냅킨을 더 달라고 부탁한다. 웨이터가 냅킨을 가져다주자 그림 6.7의 도식을 그린다.

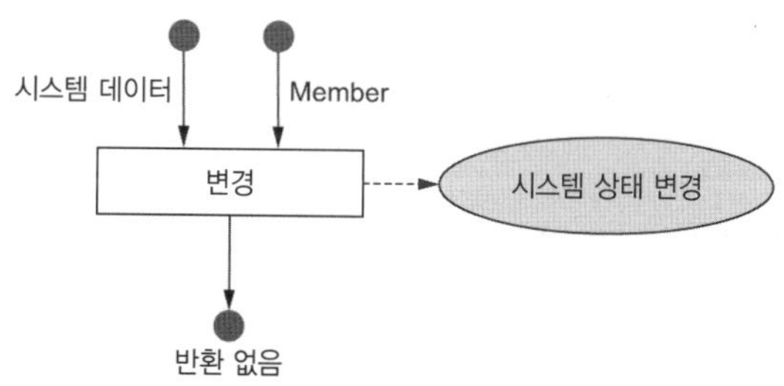

▲ **그림 6.7** System.addMember는 데이터를 반환하지 않고 시스템 상태를 변경한다.

테오 그럼 코드가 원하는 대로 동작하는지 어떻게 검증할 수 있죠?

죠 코드가 실행된 후에 시스템 상태를 구해서 그 상태의 기댓값과 비교할 거예요.

테오 알겠습니다. 단위 테스트를 작성해볼게요.

죠 상태가 있는 코드의 단위 테스트는 데이터 조작 코드의 것보다 작성하기 복잡합니다. 조용한 사무실에서 집중해야 해요.

테오 그럼 사무실로 돌아가시죠. 웨이터! 계산서 주시겠어요?

계산을 마친 후 그들은 케이블카를 타고 알바트로스로 돌아간다. 사무실에 돌아와 테오는 `Library.addMember`의 단위 테스트를 코딩하기 시작한다.

테오 `_.isEqual`을 시스템 상태에 사용할 수 있나요?

죠 그럼요. 시스템 상태도 다른 맵과 다를 바 없는 맵이니까요.

> **|팁|** 시스템 상태는 맵이다. 따라서 테스트 케이스에서 변경이 실행된 후에 시스템 상태를 기대되는 시스템 상태와 `_.isEqual`을 사용해 비교할 수 있다.

테오는 테스트의 초기 데이터로 `Library.addMember`의 코드를 복사 및 붙이기한다. 그러고 나서 `libraryStateBefore`로 초기화된 `SystemState` 객체를 `System.addMember`에 전달한다. 마지막으로, 테스트를 마무리하고자 변경이 실행된 후의 시스템 상태를 기대한 상태값과 비교한다.

```
class SystemState {
  systemState;

  get() {
    return this.systemState;
  }

  commit(previous, next) {
    this.systemState = next;
  }
}
window.SystemState = SystemState;
```

리스트 6.27 System.addMember의 단위 테스트

```
var jessie = {
  "email": "jessie@gmail.com",
  "password": "my-secret"
};

var franck = {
  "email": "franck@gmail.com",
  "password": "my-top-secret"
};

var libraryStateBefore = {
  "userManagement": {
    "membersByEmail": {
      "franck@gmail.com": {
        "email": "franck@gmail.com",
        "password": "my-top-secret"
      }
    }
  }
};

var expectedLibraryStateAfter = {
  "userManagement": {
    "membersByEmail": {
      "jessie@gmail.com": {
        "email": "jessie@gmail.com",
        "password": "my-secret"
      },
      "franck@gmail.com": {
        "email": "franck@gmail.com",
        "password": "my-top-secret"
      }
    }
  }
};

var systemState = new SystemState();         // ◀ 빈 SystemState 객체를 생성한다 (4장 참고).
systemState.commit(null, libraryStateBefore);  // ◀ 변경 전에 도서관 데이터로 시스템 상태를 초기화한다.
```

```
System.addMember(systemState, jessie);   ◄── SystemState 객체의
                                             변경을 실행한다.

_.isEqual(systemState.get(),
  expectedLibraryStateAfter);   ◄── 변경 실행 후 상태를 검증한다.
```

조 와! 대단합니다. 해냈네요. 축하합니다!

테오 고맙습니다. DOP에서 대부분의 코드가 데이터를 조작하는 일을 해서 다행입니다. 데이터 조작만 다루는 무상태 코드의 단위 테스트가 훨씬 작성하기 편하네요.

조 이제 DOP의 기본을 알게 되셨어요. 클라핌 프로토타입을 DOP 원리에 따라 재설계해보시겠어요?

테오 물론입니다. 어제 낸시가 클라핌이 시장에서 좋은 반응을 얻고 있다고 하더라고요. 일주일 후에 낸시와 만나서 다음 단계를 논의하기로 했어요. 낸시가 알바트로스와 장기간 함께 일할 의사가 있으면 좋겠어요.

조 기대되네요! 낸시의 결정에 영향을 줄 만한 것이 뭔지 아시나요?

텡 아마도 우리가 추정하는 비용일 거예요. 낸시가 다른 소프트웨어 회사와도 만났다고 하더군요. 하지만 경쟁력 있는 제안을 한다면 우리가 계약을 따낼 거라고 생각합니다.

조 DOP로 재설계하면 훨씬 적은 시간에 기능을 구현할 수 있을 거라고 확신합니다. 이는 경쟁사보다 낮은 총비용을 낸시에게 제시할 수 있을 거란 뜻이에요.

테오 그렇게 됐으면 좋겠네요.

다음 단계

낸시와의 회의는 잘 진행됐다. 결국 알바트로스는 계약을 따냈다. 테오의 상사인 모니카는 만족감을 나타냈고, 프로젝트는 예산이 넉넉한 장기 프로젝트가 될 것이다. 또한 일정이 만만치 않으므로 마감일을 맞추려면 개발 팀을 고용해야 한다. 사무실로 돌아오는 차에서 테오는 죠의 전화를 받는다.

죠 낸시와의 회의는 어땠나요?

테오 우리가 계약을 따냈습니다!

죠 멋집니다! 제가 DOP를 사용하면 예상 비용이 낮아질 거라고 말했죠!

테오 사실, 이 프로젝트에 DOP를 사용하지 않으려고 해요.

죠 왜죠?

테오 도서관 관리 시스템의 프로토타입을 DOP로 재설계하고 나서 우리 엔지니어들과 깊이 분석해봤습니다. 그 결과, DOP가 프로토타입 단계에는 매우 적합할지 모르지만 프로젝트 규모가 커지면 잘 맞지 않을 거라는 결론을 얻었어요.

죠 분석한 세부 내용을 저에게도 공유해주실 수 있나요?

테오 지금은 어려워요. 운전 중이거든요.

죠 이따가 알바트로스 사무실로 제가 갈 테니 만날 수 있을까요?

테오 이 신규 프로젝트와 빠듯한 마감 날짜 때문에 무척 바쁩니다.

죠 그래도 작별 인사는 해야 하지 않을까요?

테오 좋습니다. 그러면 오후 4시에 만나시죠.

> |**노트**| 이 이야기는 2부를 여는 글에서 계속된다.

요약

- 데이터 지향 시스템의 코드 대부분은 데이터를 조작하는 일을 한다.
- 데이터 조작을 다루는 코드의 단위 테스트는 단순하게 작성할 수 있다.
- 테스트 케이스는 동일하게 다음과 같은 단순한 일반 패턴을 따른다.
  a. 입력 데이터 생성
  b. 기대되는 결과 데이터 생성
  c. 함수가 반환하는 결과와 기대되는 결과 데이터의 비교
- 기대하는 결과 데이터와 함수가 반환하는 결과를 비교하려면 두 데이터를 재귀적으로 비교해야 한다.

- 두 데이터의 재귀적 비교는 범용 함수로 구현된다.
- 함수가 JSON 문자열을 반환하면, 문자열을 비교하기보다는 이 문자열을 분석해 다시 데이터로 변환한 후에 데이터를 비교한다.
- 함수 f의 함수 호출 트리는 루트가 f이고 트리의 특정 노드 g의 자식은 g가 호출하는 함수인 트리다.
- 트리 끝 단의 노드는 애플리케이션 코드베이스에 속하지 않으며 다른 함수를 호출하지 않는 함수다.
- 함수 호출 트리를 시각화하면 단위 테스트에 포함되는 테스트 케이스의 특성과 개수에 관련된 도움을 받을 수 있다.
- 함수 호출 트리의 아래 단에 위치한 함수는 트리 상위의 함수에 비해 데이터가 덜 복잡하다.
- 함수 호출 트리의 아래 단에 위치한 함수는 보통 트리의 상단에 위치한 함수보다 더 많은 테스트 케이스로 테스트돼야 한다.
- 변경의 단위 테스트는 변경의 계산 단계에 초점을 둔다.
- 데이터의 유효성은 맥락 의존적이다.
- 데이터가 작을수록 다루기 쉬워진다.
- 함수의 반환 결과와 기대한 결과는 두 데이터를 재귀적으로 비교하는 범용 함수로 비교한다(예: `_.isEqual`).
- 함수의 단위 테스트를 작성할 때는 그 함수가 호출하는 함수가 모두 단위 테스트로 테스트되고 기대한 대로 동작한다고 가정한다. 이를 통해 단위 테스트의 테스트 케이스가 현저하게 줄어든다.
- 데이터를 다루는 함수의 단위 테스트에는 문자열 비교를 사용하지 않는다.
- 변경의 중심이 되는 함수의 단위 테스트를 작성할 때는 더 많은 노력이 필요하다.
- 단위 테스트에 부정적인 경우의 테스트도 포함돼야 한다.
- 시스템 상태는 맵이다. 따라서 테스트 케이스의 맥락에서 변경이 실행된 후의 시스템 상태와 기대되는 시스템 상태는 `_.isEqual` 같은 범용 함수로 비교할 수 있다.

Part 2

확장성

테오는 죠와의 만남을 앞두고 마음이 편치 않다. 죠는 DOP에 매우 열정적이었고 정말 많은 것을 알려줬다. 죠와 만나는 매 순간이 새로운 것을 배우는 기회였으므로, 테오는 죠가 적지 않은 시간을 자신에게 내어준 점을 무척 고마워한다. 따라서 어떤 식으로든 그에게 상처를 주고 싶지 않다. 놀랍게도 죠는 평소와 같은 편안한 모습으로, 심지어 미소까지 지으면서 사무실에 들어선다.

죠 계약을 따냈다니 정말 축하합니다.

테오 고맙습니다. 회사에서도 다들 기뻐하는 분위기인데, 저는 스트레스를 받게 된 상황이라 마냥 좋지만은 않네요.

죠 어떤 스트레스죠?

테오 그게… 개발 팀을 고용해야 해요. 그리고 마감이 아주 촉박합니다.

죠 하지만 DOP를 사용하지 않겠다고 하셨잖아요. 그럼 통상의 마감일을 제시했을 것 같은데요.

테오 아니요. 제 상사인 모니카는 어떻게든 이번 계약을 성사시키길 원했어요. 이 프로젝트의 성공이 알바트로스에 전략적으로 중요하다고 생각하기 때문입니다. 그래서 그녀가 '낙관적' 시간 추정이라고 부르는 일정 수준의 위험을 감수할 만한 거죠. 저는 매우 비현실적인 시간 추정이라고 말했지만, 모니카는 우리가 똑똑하게 판단하고 개발자를 더 영입하면 달성할 수 있다고 주장해요.

죠 알겠습니다. 통화할 때 왜 바쁘다고 하셨는지 이해되네요. 아무튼, 프로젝트 규모가 커지면 DOP가 적합하지 않다고 생각한 이유를 공유해주실 수 있을까요?

테오 무엇보다, 죠의 가르침에 대해 제가 진심으로 고마워한다는 점을 말씀드리고 싶어요. 클라핌 프로토타입을 DOP로 재구현하면서 이 패러다임이 주는 유연성 덕분에 정말 즐거웠고 생산적이었어요.

죠 가치를 발견하셨다니 기쁘네요.

테오 하지만 전화로 말씀드린 것처럼, 이제 대규모 코드베이스를 여러 개발자가 작업하는 장기 프로젝트로 키워야 합니다. 우리는 DOP가 대규모 프로젝트에는 맞지 않다는 결론을 얻었어요.

죠 그 결정의 배경이 되는 사유를 알려주시겠어요?

테오 이유는 많습니다. 무엇보다, DOP가 범용 자료구조만 다루기 때문에 우리가 다루는 데이터가 어떤 유형인지 알기 어렵습니다. OOP에서는 모든 데이터의 자료형을 알 수 있는데 말이죠. 프로토타입을 만들 때는 문제가 없습니다. 하지만 코드베이스가 커지고 더 많은 개발자가 프로젝트에 합류하면 너무 힘들 거예요.

죠 알겠습니다. 또 어떤 이유가 있나요?

테오 우리 시스템은 다중 스레드 환경에서 돌아갈 거예요. 죠가 소개해준 동시성 제어 전략을 검토했는데 스레드에 안전하지 않더라고요.

죠 알겠습니다. 또 어떤 이유가 있나요?

테오 구조적 공유를 사용한 불변 자료구조를 구현할 방법을 조금 조사해봤는데요. 자료구조의 크기가 커지면 심각한 성능 저하가 있다는 사실을 알게 됐습니다.

죠 알겠습니다. 또 어떤 이유가 있나요?

테오 우리 시스템이 커질수록, 애플리케이션 데이터를 저장하는 데 데이터베이스를 사용하고 도서 정보를 보강하는 데 외부 서비스를 사용하게 될 겁니다. 그런데 지금까지 보여주신 예는 모두 데이터를 메모리에 보관해요.

죠 알겠습니다. 또 어떤 이유가 있나요?

테오 제가 DOP를 포기하기에 충분한 이유를 말씀드렸다고 생각하지 않으시나요?

죠 저도 대규모 프로젝트에서 DOP에 대해 우려하시는 바가 전적으로 타당하다고 생각합니다. 하지만 그것이 DOP를 버려야 한다는 뜻은 아니에요.

테오 무슨 뜻이죠?

죠 저는 명상 덕분에 수련 중에 떠오르는 부정적인 잡념에 집착하지 않는 법을 배웠어요. 때로는 호흡만 계속하면 마음이 고요해지지만, 때로는 더 깊은 수준의 수련이 필요합니다.

테오 호흡과 제가 다시 DOP를 고려하는 것 간에 무슨 관계가 있는지 모르겠어요.

죠 이 경우에는 호흡만으로 충분하지 않을 겁니다. 하지만 DOP를 깊이 알면 도움이 될 거예요. 지금까지는 테오의 프로토타입을 재설계하는 데 필요한 재료만 말씀드렸어요. DOP를 큰 프로젝트에서 사용하려면 몇 가지 배움이 더 필요합니다.

테오 하지만 배울 시간이 더는 없는 걸요. 바로 일을 시작해야 합니다.

죠 혹시 '젊은 나무꾼과 노인'이라는 이야기를 들어보셨나요?

테오 아니요.

죠 이야기는 이렇습니다.

젊은 나무꾼과 노인

한 젊은 나무꾼이 나무를 베느라 힘겹게 톱질을 하고 있었다. 이를 가까이서 지켜보던 한 노인이 "무엇을 하고 있는가?"라고 물었다.

"보면 모르세요?" 나무꾼이 답했다. "나무를 베고 있습니다."

노인이 말했다. "지쳐 보이는구만. 잠시 쉬면서 톱날을 세우도록 하게."

젊은 나무꾼은 노인에게 몇 시간에 걸쳐 톱질을 계속해왔고 도무지 쉴 틈이 나지 않는다고 말했다.

노인은 굽히지 않았다. "톱날을 세우면, 나무를 훨씬 빨리 벨 수 있을 걸세".

이에 나무꾼은 "저는 날을 세울 시간이 없어요. 보시는 것처럼 너무 바쁘다고요."라고 답했다.

테오는 잠시 이 이야기의 의미를 생각한다. 그러고는 시간을 들여 톱날을 세우고 더 깊은 수준의 수련에 돌입해야 할지를 고민한다.

테오 정말로 DOP를 사용하면 훨씬 빠르게 프로젝트를 완수할 수 있다고 생각하세요?

죠 저는 그렇게 될 것을 알고 있습니다.

테오 하지만 마감일을 지키지 못하면, 저는 해고될 거예요. 책임져야 하는 사람은 죠 당신이 아니라 바로 저라고요.

죠 거래를 하죠. 만약 마감을 지키지 못해 테오가 해고되면, 알바트로스에서 받는 연봉의 두 배를 주고 제 회사에 고용하겠습니다.

테오 마감을 지키게 되면요?

죠 테오가 마감을 지킨다면 승진하게 되겠죠. 그렇게 되면, 제 아들 니라이아와 제 딸 오렐리아에게 선물을 사주세요.

테오 좋습니다. 그럼 언제 DOP에 대해 더 깊이 배울 수 있을까요?

죠 지금 바로 시작하지 않을 이유가 뭐죠?

테오 잠시만요. 회의 일정을 조정하겠습니다.

7

기본 데이터 유효성 확인

엄숙한 선물

7장에서 다루는 내용

- 시스템 경계에서 데이터의 유효성을 확인하는 것의 중요성
- JSON 스키마 언어를 사용한 데이터 유효성 확인
- 기존 코드베이스로의 데이터 유효성 확인 통합
- 데이터 유효성 확인 실패 시 상세 정보를 얻는 법

언뜻 보면, DOP를 적용한다는 것은 데이터에 접근하면서 유효성 확인 없이 데이터가 언제나 유효하다고 믿어야 하는 것처럼 생각될 것이다. 사실, 데이터 지향 원리에 따르면 데이터 유효성 확인은 가능할 뿐 아니라 권장된다.

이 장에서는 데이터가 범용 자료구조로 표현될 때 데이터의 유효성을 확인하는 방법을 설명한다. 일단 시스템의 경계에서 일어나는 유효성 확인에 초점을 맞추고, 3부에서 시스템을 관통하는 데이터의 유효성 확인을 다룰 것이다. 이 장에서는 네 번째 DOP 원리를 자세히 살펴본다.

원리 #4 데이터 스키마를 데이터 표현과 분리한다.

7.1 DOP의 데이터 유효성 확인

테오가 회의 일정을 조정했다. 마감이 촉박한 상황에서 DOP에 또 한 번 기회를 준 것이 큰 실수는 아닌지 여전히 의심스럽다.

> **|노트|** 테오가 회의 일정을 조정한 이유는 2부의 도입부에 나타나 있다. 아직 해당 내용을 읽지 않았다면 잠시 읽어보자.

죠 이번과 같은 큰 프로젝트에서 DOP의 어떤 측면이 가장 아쉽다고 생각하세요?

테오 데이터 유효성 확인입니다.

죠 좀 더 자세히 설명해주실래요?

테오 OOP에서는 클래스의 인스턴스가 생기면 올바른 이름과 자료형을 가진 필드가 있다는 것이 확실히 보장됐습니다.[1] 하지만 DOP에서는 필드 이름과 필드 타입에서 사소한 실수가 너무 쉽게 발생할 수 있어요.

죠 좋아요. 그런데 기쁜 소식이 있습니다! DOP에서 데이터 유효성을 확인할 방법이 있습니다.

테오 어떻게 하면 되죠? 저는 DOP와 데이터 유효성 확인은 서로 상반되는 개념인 줄 알았어요!

죠 전혀 그렇지 않아요. DOP가 데이터 유효성을 확인하도록 강요하지 않는 건 맞아요. 하지만 확인하지 못하게 막는 건 아닙니다. DOP에서는 데이터 스키마가 데이터 표현과 분리돼 있어요.

테오 그렇게 하는 것이 어떻게 데이터 정합성 문제를 제거할 수 있는 거죠?

죠 DOP에 따르면, 유효성을 확인해야 할 가장 중요한 데이터는 시스템의 경계를 넘나드는 데이터입니다.

테오 경계라는 게 뭘 말씀하시는 거죠?

---

1 모든 OOP 언어가 필드 유무와 자료형을 보장하지 않지만, 이 책에서는 자바나 C# 같은 정적 타입 OOP 언어를 염두에 두고 이야기한다. 실행 중에 타입을 확인하는 일부 동적 타입 OOP 언어도 어느 정도는 이에 해당된다. – 옮긴이

죠 웹 서버의 경우, 웹 서버가 클라이언트 또는 데이터 출처와 통신하는 영역이 될 거예요.

테오 그림으로 설명해주시면 이해하는 데 도움이 될 것 같아요.

죠가 칠판으로 다가가서 펜을 집어 든다. 그러고는 그림 7.1과 같은 도식을 그린다.

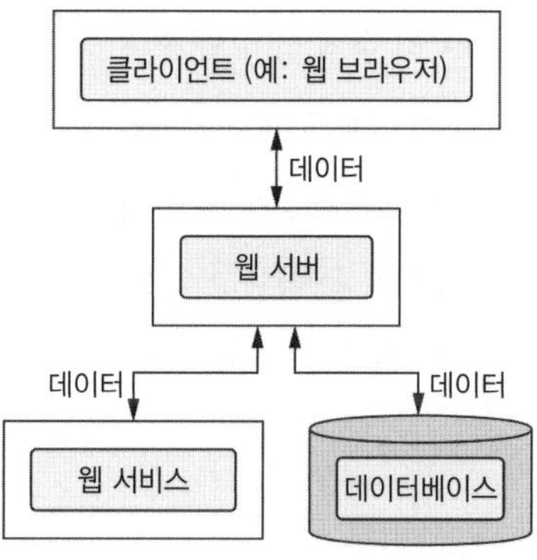

▲ **그림 7.1** 최근 웹 서버의 상위 수준 아키텍처

죠 이 아키텍처 그림은 데이터 교환의 관점에서 시스템 경계라고 부르는 것이 무엇인지 정의합니다. 세 가지 시스템 경계가 무엇인지 말씀해보시겠어요?

|**노트**| 시스템의 경계는 데이터를 서로 교환하는 시스템의 영역으로 정의된다.

테오 어디 보자… 첫 번째로 클라이언트 경계, 그리고 데이터베이스 경계가 있네요. 마지막으로, 웹 서비스 경계입니다.

죠 정확합니다. DOP에서는 유효성 확인을 두 가지로 구분합니다. 시스템의 경계에서 수행되는 유효성 확인과 시스템 내에서 수행되는 유효성 확인이죠. 둘을 구분하기 위해 시스템 경계를 식별하는 것이 중요합니다. 오늘은 시스템 경계에서 수행되는 유효성 확인에 집중할 겁니다.

테오 그 말은 시스템 경계의 데이터 유효성 확인이 더 중요하다는 뜻인가요?

조 바로 그렇습니다! 일단 시스템으로 들어오고 나가는 데이터가 유효하다고 확인되면, 시스템 내부에서 잘못된 데이터가 생길 가능성은 아주 낮습니다.

> **|팁|** 시스템 경계의 데이터가 유효하다면 시스템 내부의 데이터 유효성은 큰 문제가 되지 않는다.

테오 그럼 시스템 내부의 데이터 유효성은 왜 확인해야 하나요?

조 코드베이스가 커져도 시스템을 코딩하기 편하게 만들려는 거예요.

테오 그러면, 경계에서 데이터의 유효성을 확인하는 주목적은 뭐죠?

조 잘못된 데이터가 시스템으로 들어오고 나가지 않도록 막고, 잘못된 데이터가 발견되면 오류 정보를 표시하려는 겁니다. 잘 구분하실 수 있게 칠판에 표를 하나 그려볼게요(표 7.1).

▼ **표 7.1** 데이터 유효성 확인의 두 가지 유형

데이터 유효성 확인 유형	목적	환경
경계	예방	운영 환경
내부	개발 편의	개발 환경

테오 시스템 내부의 데이터 유효성 확인은 언제 배울 수 있을까요?

조 나중에 코드가 많아지면요.

7.2 JSON 스키마 소개

테오 지금은 도서관 관리 시스템이 데이터베이스나 접속되는 HTTP 클라이언트 없이 메모리에서 돌아갑니다. 하지만 낸시는 시스템이 클라이언트 앱, 데이터베이스, 외부 서비스와 연동되는 실제 웹 서버에서 돌아가길 원할 거예요.

조 좋아요. 클라이언트 앱에서 도서를 검색하면 어떤 식으로 요청이 처리될지 상상해보죠.

테오 기본적으로, 검색 요청은 검색하려는 문자열과 그 문자열이 제목에 포함된 책에

서 얻고 싶은 필드의 이름으로 구성됩니다. 따라서 요청은 필드가 둘이에요. 하나는 자료형이 문자열인 `title`이고, 다른 하나는 자료형이 문자열 배열인 `fields`입니다.

테오는 바로 칠판에 뭔가를 적는다. 다 적은 후 한 발 물러나서 죠에게 검색 요청 코드를 보여준다.

리스트 7.1 검색 요청의 예

```
{
  "title": "habit",
  "fields": ["title", "weight", "number_of_pages"]
}
```

죠 알겠습니다. 제가 데이터 표현과 분리된 검색 요청 스키마를 어떻게 나타내면 되는지 보여드리죠.

테오 분리라는 게 정확히 뭘 뜻하는 건가요?

죠 데이터는 데이터대로 존재하고 데이터 스키마는 또 그 자체로 존재하는 거죠. 어떤 데이터를 하고 싶은 대로 아무 때나 자유롭게 어떤 데이터 스키마와 일치하는지 확인할 수 있습니다.

> **|팁|** DOP에서는 데이터 스키마가 데이터 표현과 별도로 존재한다.

테오 저에게는 조금 추상적이네요.

죠 네, 지금은 그러실 거예요. 하지만 잠시 후면 훨씬 명확해질 겁니다. 일단 지금은 JSON 스키마라고 하는 스키마 언어로 검색 요청의 데이터 스키마를 어떻게 만드는지 보여드리죠.

테오 제가 좋아하는 JSON이군요!

> **|노트|** JSON 스키마 언어에 대한 정보는 웹 사이트(https://json-schema.org)에 있다. 이 책에서 사용하는 JSON 스키마 버전은 2020-12이다.

죠 먼저 요청의 자료형을 나타내야 합니다. 도서 검색 요청의 자료형은 무엇이죠?

테오 맵입니다.

죠 JSON 스키마에서 맵의 자료형은 `object`예요. 이 맵의 기본 코드를 보세요. 필드가 `type`과 `properties`, 이렇게 둘인 맵입니다.

죠는 칠판으로 가서 필드가 둘인 맵의 코드를 재빨리 써내려간다.

리스트 7.2 맵의 기본 스키마 코드

```
{
  "type": "object",
  "properties": {...}
}
```

죠 `type`의 값은 `"object"`이고 `properties`의 값은 맵인데, 맵 필드의 스키마가 담겨 있어요.

테오 맵 필드의 스키마를 `properties`에 JSON 스키마를 사용해 표현하는 건가 보군요.

죠 바로 그렇습니다.

테오 뭔가 반복되면서 어지럽네요.

죠 JSON 스키마에서 스키마 하나는 보통 `type`이라는 필드를 가진 JSON 객체예요. 자료형을 정의하는 것이죠. 예를 들어 `title` 필드의 자료형은 `string`이고…

테오 `fields` 필드의 자료형은 `array`이고요.

죠 네!

이제 테오가 칠판으로 갈 차례다. 테오는 검색 요청 스키마의 빈 부분을 필드 정보로 채운다.

리스트 7.3 검색 요청의 기본 스키마 코드

```
{
  "type": "object",
  "properties": {
    "title": {"type": "string"},
    "fields": {"type": "array"}
  }
}
```

테오가 책상으로 돌아가려고 하자 죠는 오른손으로 돌아가라는 신호를 보내면서 "칠판 앞에 그대로 서 계시겠어요?"라고 말한다. 테오는 다시 칠판 앞에 선다.

죠 배열 속 요소의 자료형 정보를 제공해서 `fields` 속성의 정확도를 좀 더 높일 수 있어요. JSON 스키마에서는 배열 스키마에 `items`라는 속성이 있습니다. 이 속성의 값은 배열 요소의 스키마예요.

테오는 망설임 없이 칠판에 이 정보를 추가한다. 옆으로 물러나자 결과가 죠에게 보인다.

리스트 7.4 배열 요소의 정보가 포함된 검색 요청 스키마

```
{
  "type": "object",
  "properties": {
    "title": {"type": "string"},
    "fields": {
      "type": "array",
      "items": {"type": "string"}
    }
  }
}
```

테오가 자기 자리로 돌아가기 전에 죠에게 묻는다.

테오 이제 끝인가요?

죠 아직 아닙니다. 검색 요청의 `fields` 필드를 더 정밀하게 다듬을 수 있어요. 검색 요청의 여러 필드가 정해진 필드 목록 내에 있어야 할 것 같아요. 따라서 모든 문자열이 허용되는 대신 허용되는 값의 목록을 지정할 수 있습니다.

테오 열거형 값처럼 말인가요?

죠 바로 그거예요. 사실, JSON 스키마는 `enum` 키워드를 사용한 열거형 값을 지원합니다. `{"type": "string"}`이라고 쓰는 대신 `{"enum": [...]}`이라고 쓰고 … 부분에 지원되는 필드를 적으면 됩니다.

다시 한번, 테오는 칠판으로 가서 열거형으로 바꾸고 죠가 요청한 필드 이름을 나열한다.

리스트 7.5 열거형 값을 사용한 검색 요청 스키마

```
{
  "type": "object",
  "properties": {
    "title": {"type": "string"},
    "fields": {
      "type": "array",
      "items": {
        "enum": [
          "publishers",
          "number_of_pages",
          "weight",
          "physical_format",
          "subjects",
          "publish_date",
          "physical_dimensions"
        ]
      }
    }
  }
}
```

테오 이제는 정말 끝난 거죠?

죠 거의요. 검색 요청의 필드가 필수인지 선택인지 정해야 해요. 검색에서 `title`과 `fields`는 필수가 되겠네요.

테오 필수인지 선택인지 어떻게 JSON 스키마에 표현하면 되나요?

죠 required라는 필드가 있어요. 이 필드의 값으로 맵에서 필수인 필드의 이름을 배열로 적습니다.

required 필드를 추가한 후에 테오는 죠를 바라본다. 죠는 오른손으로 책상으로 돌아가도 괜찮다는 신호를 보낸다.

리스트 7.6 검색 요청 스키마

```
var searchBooksRequestSchema = {
  "type": "object",
  "properties": {
    "title": {"type": "string"},
    "fields": {
      "type": "array",
      "items": {
        "enum": [
          "publishers",
          "number_of_pages",
          "weight",
          "physical_format",
          "subjects",
          "publish_date",
          "physical_dimensions"
        ]
      }
    }
  },
  "required": ["title", "fields"]
};
```

죠 이제 스키마에 따라 데이터의 유효성을 확인하는 방법을 보여드릴게요.

테오 유효성 확인이라는 게 뭘 말하는 건가요?

죠 스키마에 따라 데이터의 유효성을 확인한다는 말은 데이타가 스키마에 부합하는지 확인한다는 뜻입니다. 우리의 경우, 데이터가 유효한 도서 검색 요청인지 확인하는 거죠.

|팁| DOP에서 데이터 유효성 확인은 데이터가 스키마에 어긋나지 않는지 확인하는 것을 뜻한다.

테오 잘 알겠습니다.

죠 JSON 스키마 유효성 확인에 쓸 만한 라이브러리가 몇 가지 있습니다. 스키마와 데이터를 받고 유효하면 `true`를 반환하고 유효하지 않으면 `false`를 반환하는 `validate` 함수를 갖고 있어요. 마침 제 노트북에 스키마 유효성 확인 라이브러리 목록을 표로 정리한 파일이 있어요. 원하신다면 프린트해드리죠.

죠가 노트북에서 파일을 찾는 동안 테오는 프린터를 켠다. 죠는 테오와 파일을 확인하고 프린트 버튼을 누른다.

▼ **표 7.2** JSON 스키마 유효성 확인 라이브러리

언어	라이브러리	URL
자바스크립트	Ajv	https://github.com/ajv-validator/ajv
자바	Snow	https://github.com/ssilverman/snowy-json
C#	JSON.net Schema	https://www.newtonsoft.com/jsonschema
파이썬	jschon	https://github.com/marksparkza/jschon
루비	JSONSchemer	https://github.com/davishmcclurg/json_schemer

테오 이제, 제가 `validate`를 검색 요청과 스키마를 갖고 호출하면 `true`가 반환될까요?

테오는 리스트 7.7의 검색 요청 예와 리스트 7.6의 스키마를 가리킨다.

리스트 7.7 검색 요청 예

```
{
  "title": "habit",
  "fields": ["title", "weight", "number_of_pages"]
}
```

죠 한번 해보세요. 그러면 알게 되겠죠.

정말로, 테오가 검색 요청 유효성 확인 코드를 실행하자 true가 반환됐다.

리스트 7.8 검색 요청 유효성 확인

```
var searchBooksRequestSchema = {
  "type": "object",
  "properties": {
    "title": {"type": "string"},
    "fields": {
      "type": "array",
      "items": {"type": "string"}
    }
  },
  "required": ["title", "fields"]
};

var searchBooksRequest = {
  "title": "habit",
  "fields": ["title", "weight", "number_of_pages"]
};

validate(searchBooksRequestSchema, searchBooksRequest);
// → true
```

죠 이제, 잘못된 요청을 확인해볼까요?

테오 흠… 어떤 문제를 확인해야 할까요? 아! title 필드 이름에서 t와 l의 위치를 바꿔 일부러 tilte라는 오타를 낼게요.

예상대로 잘못 입력한 코드는 false를 반환한다. 테오는 당연하다는 듯한 표정이고, 죠는 활짝 웃는다.

리스트 7.9 잘못된 검색 요청의 유효성 확인

```
var invalidSearchBooksRequest = {
  "tilte": "habit",
  "fields": ["title", "weight", "number_of_pages"]
};
```

```
validate(searchBooksRequestSchema, invalidSearchBooksRequest);
// → false
```

테오 JSON 스키마의 문법은 클래스의 멤버를 선언하는 문법에 비해 훨씬 장황하네요. 왜 그럴까요?

죠 이유는 두 가지인데요. 먼저, JSON 스키마가 언어 중립적이기 때문이에요. 어떤 프로그래밍 언어에서도 사용될 수 있습니다. 이미 말씀드렸지만, 대부분의 프로그래밍 언어에는 JSON 스키마 유효성 확인 도구가 있어요.

테오 그렇군요.

죠 또 다른 이유는 JSON 스키마로 유효 조건을 표현할 수 있기 때문인데요. 데이터를 클래스로 표현한다면, 이것이 불가능하지는 않지만 훨씬 어렵습니다.

> **|팁|** JSON 스키마의 표현력은 매우 강력하다.

테오 호기심이 생기네요. 예를 좀 들어주실래요?

죠 잠시만 기다려주세요. 스키마 합성을 이야기할 차례입니다. 언젠가 더 정교한 유효성 확인의 예를 보여드리죠.

> **|노트|** 고급 유효성 확인은 12장에서 다룬다.

테오 정교한 유효성 확인이란 어떤 건가요?

죠 제가 정교한 유효성 확인이라고 한 건, 예를 들어 숫자가 특정 범위 내에 들어간다거나 문자열이 정규식과 일치하는지 확인하는 것을 뜻해요.

테오 왜 이 요청이 잘못됐다고 하는 것인지 상세하게 알 수 있는 방법도 있나요?

죠 물론이죠. 나중에 보여드릴게요. 지금 당장은, 서버가 클라이언트에게 보내는 응답이 유효하도록 만드는 방법이 무엇인지 보여드리겠습니다.

테오 도서 검색 요청보다 훨씬 복잡할 것 같아요!

죠 왜죠?

테오 검색 응답은 여러 책의 검색 결과로 구성돼 있을 것이고, 각 도서 검색 결과의 몇몇 필드는 생략될 수 있을 테니까요!

7.3 유연하고도 엄격한 스키마

죠 어떤 도서 검색 응답이 그런 식일지 예를 들어주실 수 있나요?

테오 이 예를 보시죠. 이 검색 결과는 『성공하는 사람들의 7가지 습관7 Habits of Highly Effective People』과 『습관의 힘The Power of Habit』[2], 두 권의 정보가 있어요.

리스트 7.10 검색 응답 예

```
[
  {
    "title": "7 Habits of Highly Effective People",
    "available": true,
    "isbn": "978-0812981605",
    "subtitle": "Powerful Lessons in Personal Change",
    "number_of_pages": 432
  },
  {
    "title": "The Power of Habit",
    "available": false,
    "isbn_13": "978-1982137274",
    "subtitle": "Why We Do What We Do in Life and Business",
    "subjects": [
      "Social aspects",
      "Habit",
      "Change (Psychology)"
    ]
  }
]
```

죠 『습관의 힘』을 언급하시니 재미있네요. 제가 손톱을 물어뜯는 버릇을 고쳐보려고

2 예제 코드에서는 책에서 설명하는 내용 때문에 어쩔 수 없이 책의 영문 제목을 그대로 사용했다. – 옮긴이

이 책을 읽고 있거든요. 아무튼, 도서 검색 응답에서 어떤 필드가 필수이고 어떤 필드가 선택일까요?

테오 도서 정보에서 title과 available 필드는 필수입니다. 다른 필드는 선택이고요.

조 도서 검색 요청 스키마를 만들 때 말씀드렸던 것처럼, 맵의 필드는 기본으로 선택 항목입니다. 어떤 필드를 필수 항목으로 만들려면, required 배열에 추가해야 해요. 이런 식으로 구현하면 될 것 같네요.

리스트 7.11 검색 응답의 스키마

```
var searchBooksResponseSchema = {
  "type": "array",
  "items": {
    "type": "object",
    "required": ["title", "available"],
    "properties": {
      "title": {"type": "string"},
      "available": {"type": "boolean"},
      "subtitle": {"type": "string"},
      "number_of_pages": {"type": "integer"},
      "subjects": {
        "type": "array",
        "items": {"type": "string"}
      },
      "isbn": {"type": "string"},
      "isbn_13": {"type": "string"}
    }
  }
};
```

|**팁**| JSON 스키마에서 맵 필드는 기본적으로 (필수가 아닌) 생략 가능한 선택 항목이다.

테오 클래스의 멤버를 널 가능하게 지정하는 것보다 필수 필드를 목록으로 지정하는 것이 훨씬 간단하다는 사실을 인정하지 않을 수 없네요.

조 동의해요.

테오 반면에 도서 정보 스키마를 검색 응답 스키마에 포함시키는 것은 조금 읽기 힘든 것 같습니다.

죠 검색 응답 스키마에서 도서 정보 스키마를 분리해도 전혀 문제가 없어요.

테오 어떻게요?

죠 스키마는 JSON일 뿐이에요. 다시 말해, 프로그램의 다른 맵과 마찬가지로 스키마를 자유롭게 다룰 수 있습니다. 예를 들어, 도서 정보 스키마를 `bookInfoSchema`라는 이름의 변수에 담아뒀다가 도서 검색 응답 스키마에 사용할 수 있어요. 제가 스키마를 수정해서 무슨 뜻인지 보여드리죠.

리스트 7.12 수정된 검색 응답 스카마

```
var bookInfoSchema = {
  "type": "object",
  "required": ["title", "available"],
  "properties": {
    "title": {"type": "string"},
    "available": {"type": "boolean"},
    "subtitle": {"type": "string"},
    "number_of_pages": {"type": "integer"},
    "subjects": {
      "type": "array",
      "items": {"type": "string"}
    },
    "isbn": {"type": "string"},
    "isbn_13": {"type": "string"}
  }
};

var searchBooksResponseSchema = {
  "type": "array",
  "items": bookInfoSchema
};
```

테오 조합하기 쉽다는 점에서 또 한 번 JSON 스키마가 클래스 정의보다 낫다고 인정하지 않을 수 없네요.

|팁| JSON 스키마는 맵일 뿐이다. 따라서 여타 맵처럼 자유롭게 조합하고 조작할 수 있다.

죠 이제 외부 출처에서 가져오는 데이터의 유효성을 확인해볼 차례네요.

테오 뭐가 다른가요?

죠 그다지 다르지는 않아요. 하지만 그 과정에서 JSON 스키마의 다른 기능 몇 가지를 보여드리고 싶습니다.

테오 데이터베이스에서 데이터를 읽을 때 데이터 유효성 확인이 어떻게 사용되는지 알고 싶네요.

죠 외부에서 데이터를 읽을 때마다 유효성을 확인하는 것은 좋은 관례입니다. 검색 쿼리에 데이터베이스가 어떤 식으로 응답할지 예를 보여주시겠어요?

|팁| 외부의 어느 출처에서 가져오는 데이터의 유효성을 확인하는 것은 좋은 관례다.

테오 데이터베이스에 도서 정보를 얻으려고 쿼리하면 `title`, `isbn`, `available` 세 필드의 도서 정보가 배열로 반환됐으면 좋겠어요. 처음 두 필드는 문자열이어야 하고, 세 번째는 불리언이어야 합니다.

죠 세 필드가 선택 항목인가요? 아니면 필수 항목인가요?

테오 무슨 뜻이죠?

죠 세 필드 중에 일부가 정의되지 않은 책도 있을 수 있나요?

테오 아니요.

죠 그렇다면 스키마가 무척 단순하군요. 데이터베이스 응답의 스키마를 작성해보시겠어요?

테오 어디 보자… 응답은 객체의 배열이고 각 객체에는 세 개의 속성이 있으니까, 이런 식일 것 같네요.

리스트 7.13 데이터베이스 응답 스키마

```
{
  "type": "array",
  "items": {
    "type": "object",
    "required": ["title", "isbn", "available"],
    "properties": {
      "title": {"type": "string"},
      "available": {"type": "boolean"},
      "isbn": {"type": "string"}
    }
  }
}
```

조 잘하셨어요. 이제 JSON 스키마의 `additionalProperties` 필드를 알려드릴게요.

테오 그건 뭔가요?

조 이 배열을 보시죠.

리스트 7.14 부가 속성을 가진 도서 배열

```
[
  {
    "title": "7 Habits of Highly Effective People",
    "available": true,
    "isbn": "978-0812981605",
    "dummy_property": 42
  },
  {
    "title": "The Power of Habit",
    "available": false,
    "isbn": "978-1982137274",
    "dummy_property": 45
  }
]
```

조 이것이 유효한 데이터베이스 응답일까요?

테오 아니요. 데이터베이스 응답에는 `dummy_property` 필드가 없어야 해요. 스키마에 지정된 세 가지 필수 필드만 있어야 합니다.

죠 놀랍게도 JSON 스키마는 기본으로 스키마에 지정되지 않은 필드가 객체에 있어도 문제 삼지 않아요. 지정되지 않은 필드를 허용하지 않으려면, 이렇게 additionalProperties를 false로 설정해야 합니다.

리스트 7.15 지정하지 않은 속성을 허용하지 않는 스키마

```
var booksFromDBSchema = {
  "type": "array",
  "items": {
    "type": "object",
    "required": ["title", "isbn", "available"],
    "additionalProperties": false,
    "properties": {
      "title": {"type": "string"},
      "available": {"type": "boolean"},
      "isbn": {"type": "string"}
    }
  }
};
```

|**팁**| JSON 스키마는 기본으로 맵의 스키마에 지정되지 않은 필드를 허용한다.

테오 왜 기본이 허용인 거죠?

죠 맵의 부가 필드가 보통은 문제가 되지 않기 때문입니다. 코드가 신경 쓰지 않는 필드는 그냥 무시되니까요. 하지만 가능한 한 엄격하게 처리하고 싶을 때도 있는데, 그럴 때는 additionalProperties를 false로 설정하면 됩니다.

테오 앞서 논의한 검색 요청과 응답 스키마는 어떤가요? 거기에도 additionalProperties를 false로 설정해야 할까요?

죠 좋은 질문입니다. 취향 문제라고 할 수 있겠어요. 저는 요청에는 부가 필드를 허용하지만 응답에는 허용하지 않는 편이에요.

테오 어떤 이점이 있을까요?

죠 음… 웹 서버는 클라이언트에게 전송되는 응답에 대해 책임을 집니다. 그래서 가능한 한 엄격해야 하는 것이 맞겠죠. 하지만 응답은 클라이언트에서 만들어지고, 저는 클라이언트가 실수를 하더라도 최선을 다해 서비스를 제공하고 싶습니다.

테오 그렇죠. 고객은 언제나 옳으니까요.

죠 사실, 저는 존 포스텔Jon Postel이 공식화한 '엄격하게 보내고 융통성 있게 받자.'[3] 라는 견고성 원칙robustness principle을 좋아합니다.

> **|팁|** 전송하는 데이터는 엄격하게, 수신하는 데이터는 유연하게 처리하는 것이 좋은 실천법이다.

7.4 스키마 합성

테오 외부 웹 서비스에서 오는 데이터의 유효성 확인은 어떤가요?

죠 예를 들어주시겠어요?

테오 머지않아, 책의 상세 정보를 제공하는 오픈 라이브러리 도서 APIOpen Library Books API라는 서비스와 통합해야 합니다.

> **|노트|** 오픈 라이브러리 도서 API에 대한 정보는 웹 사이트(https://openlibrary.org/dev/docs/api/books)를 참고한다.

죠 그 서비스가『왓치맨』같은 책에 대해 어떤 응답을 주는지 보여주실 수 있나요?

테오 물론입니다. 보시죠.

---

3 1980년에 작성된 TCP 통신 프로토콜 표준 문서(RFC 761) 2.10항에 설명된 TCP 구현 원칙으로, 표준을 대하는 자세가 어떠해야 하는지를 제시하고 있다. 인터넷상의 모든 구현이 엄격하게 표준에 따라 구현돼 있지 않으니 자신은 표준을 엄격하게 따르려고 노력하더라도 상대에 대해서는 관용하라고 권한다. TCP뿐 아니라 통신과 원격 API 구현에서도 두루 쓰이는 원칙이다. 작성자의 이름을 따서 '포스텔의 법칙'이라고도 한다. – 옮긴이

테오가 키보드에 몇 자를 입력하자 응답이 표시된다. 죠는 한참 동안 그 JSON 응답을 살펴본다.

리스트 7.16 오픈 라이브러리 도서 API의 응답 예

```
{
  "publishers": [
    "DC Comics"
  ],
  "number_of_pages": 334,
  "weight": "1.4 pounds",
  "physical_format": "Paperback",
  "subjects": [
    "Graphic Novels",
    "Comics & Graphic Novels",
    "Fiction",
    "Fantastic fiction"
  ],
  "isbn_13": [
    "9780930289232"
  ],
  "title": "Watchmen",
  "isbn_10": [
    "0930289234"
  ],
  "publish_date": "April 1, 1995",
  "physical_dimensions": "10.1 x 6.6 x 0.8 inches"
}
```

테오는 스스로 이 JSON에서 무엇이 특별한지 되물어본다. 죠가 이 JSON을 음미하는 동안, 테오는 도서 API 응답의 JSON 스키마를 작성한다. 이미 작성해본 스키마와 비교해서 특별히 복잡해 보이지는 않는다. 검토를 끝냈을 때, 테오는 작성한 스키마를 봐달라고 죠에게 부탁한다.

리스트 7.17 오픈 라이브러리 도서 API 응답의 스키마

```
{
  "type": "object",
```

```
  "required": ["title"],

  "properties": {
    "title": {"type": "string"},
    "publishers": {
      "type": "array",
      "items": {"type": "string"}
    },
    "number_of_pages": {"type": "integer"},
    "weight": {"type": "string"},
    "physical_format": {"type": "string"},
    "subjects": {
      "type": "array",
      "items": {"type": "string"}
    },
    "isbn_13": {
      "type": "array",
      "items": {"type": "string"}
    },
    "isbn_10": {
      "type": "array",
      "items": {"type": "string"}
    },
    "publish_date": {"type": "string"},
    "physical_dimensions": {"type": "string"}
  }
}
```

죠 잘하셨네요.

테오 그리 어렵지는 않았어요. 그런데 왜 이렇게 오랫동안 이 JSON 응답을 살펴보셨나요?

죠 isbn_10과 isbn_13 필드 때문이에요. 제 생각에 이 둘은 필수 항목이 아닙니다.

테오 맞습니다. 그래서 저는 스키마의 required 필드에 넣지 않았어요.

죠 하지만 둘 중 하나는 반드시 있어야 하지 않나요?

테오 둘 중 하나만 있을 때도 있고, 『왓치맨』의 경우처럼 둘 다 있기도 해요. 책의 출판연도에 따라 다릅니다. 2007년 이전에 출판된 책은 isbn_10이 있고, 2007년 이후에 출판된 책은 isbn_13이 있어요.

죠 아! 그렇군요. 『왓치맨』에 두 필드가 모두 있는 건 1986년에 처음 출판됐다가 2007년 이후에 다시 출판됐기 때문이군요.

테오 그렇습니다.

죠 그렇다면, 두 isbn 필드 중 하나가 필수라고 스키마에 표시해야 해요. JSON 스키마 합성에 대해 알려드릴 좋은 기회네요.

테오 그게 뭔가요?

죠 여러 스키마를 합치는 방법입니다. AND, OR, NOT 등의 연산자로 논리 조건을 조합하는 것과 비슷해요.

테오 어떤 것인지 보고 싶습니다.

죠 보여드려야죠. 도서 API 응답의 스키마를 세 스키마의 합성으로 표현한다면 어떨까요? basicBookInfoSchema는 이미 작성한 것처럼 title만 필수인 스키마입니다. mandatoryIsbn13은 isbn_13만 필수인 스키마고요. mandatoryIsbn10은 isbn_10만 필수인 스키마입니다.

테오 그럼 basicBookInfoSchema AND (mandatoryIsbn13 OR mandatoryIsbn10) 같은 식으로 합성하면 되겠군요.

죠 바로 그거예요. JSON 스키마에서는 AND 대신 allOf, OR 대신 anyOf를 쓴다는 점이 다릅니다.

죠는 테오에게 세 스키마를 조합하는 결과로 리스트 7.18을, 사용 예로 리스트 7.19를 보여준다.

리스트 7.18 외부 API 응답의 스키마

```
var basicBookInfoSchema = {
  "type": "object",
  "required": ["title"],
  "properties": {
    "title": {"type": "string"},
    "publishers": {
      "type": "array",
```

```
      "items": {"type": "string"}
    },
    "number_of_pages": {"type": "integer"},
    "weight": {"type": "string"},
    "physical_format": {"type": "string"},
    "subjects": {
      "type": "array",
      "items": {"type": "string"}
    },
    "isbn_13": {
      "type": "array",
      "items": {"type": "string"}
    },
    "isbn_10": {
      "type": "array",
      "items": {"type": "string"}
    },
    "publish_date": {"type": "string"},
    "physical_dimensions": {"type": "string"}
  }
};

var mandatoryIsbn13 = {
  "type": "object",
  "required": ["isbn_13"]
};

var mandatoryIsbn10 = {
  "type": "object",
  "required": ["isbn_10"]
};

var bookInfoSchema = {
  "allOf": [
    basicBookInfoSchema,
    {
      "anyOf": [mandatoryIsbn13, mandatoryIsbn10]
    }
  ]
};
```

리스트 7.19 외부 API 응답 유효성 확인

```
var bookInfo = {
  "publishers": [
    "DC Comics"
  ],
  "number_of_pages": 334,
  "weight": "1.4 pounds",
  "physical_format": "Paperback",
  "subjects": [
    "Graphic Novels",
    "Comics & Graphic Novels",
    "Fiction",
    "Fantastic fiction"
  ],
  "isbn_13": [
    "9780930289232"
  ],
  "title": "Watchmen",
  "isbn_10": [
    "0930289234"
  ],
  "publish_date": "April 1, 1995",
  "physical_dimensions": "10.1 x 6.6 x 0.8 inches"
};

validate(bookInfoSchema, bookInfo); // → true
```

테오 왜 allOf와 anyOf라고 부르는지 알겠네요. allOf는 데이터가 모든 스키마에 부합해야 한다는 뜻이고, anyOf는 데이터가 스키마들 중 어느 하나에라도 부합하면 된다는 뜻이군요.

죠 넵!

> **|노트|** JSON 스키마에는 데이터가 정확히 한 스키마에만 부합해야 한다는 뜻의 oneOf도 제공된다.

테오 좋습니다. 스키마 합성 덕에 JSON 스키마가 클래스로 데이터를 표현할 때보다 표현력이 더 좋다고 할 수 있겠어요.

죠 이건 시작일 뿐이에요. 언젠가 시간이 되면, 클래스로 데이터를 표현할 때 나타낼 수 없는 유효성 조건을 더 보여드리죠.

|**노트**| 고급 유효성 확인은 12장에서 다룬다.

테오 하지만 여전히 신경 쓰이는 점이 있어요. 데이터가 잘못됐을 때 무엇이 잘못인지 알 수가 없습니다.

7.5 데이터 유효성 오류 상세 정보

죠 지금까지는 JSON 스키마 유효성 확인을 이분법 관점으로 다뤘어요. 데이터가 유효한지 아닌지만 본 거죠.

테오 맞습니다만…

죠 하지만 사실, 데이터가 유효하지 않을 때는 왜 유효하지 않다고 판명됐는지 자세히 알 수 있습니다.

테오 필수인 필드가 누락됐다고 할 때 그 누락된 필드의 이름을 알 수 있는 건가요?

죠 맞아요. 데이터의 일부가 원하는 타입이 아니라면 그 정보도 얻을 수 있고요.

테오 무척 유용해 보이네요.

죠 그럼요. 어떻게 동작하는지 보여드리죠. 지금까지는 범용 함수인 `validate`를 사용했어요. 하지만 유효성 확인 실패를 다룰 때는 전용 함수를 써야 해요.

테오 왜죠?

죠 데이터 유효성 확인 라이브러리마다 데이터 유효성 오류의 원인을 노출하는 방식이 다르기 때문입니다. 예를 들어, 자바스크립트의 `Ajv`는 최종 데이터 유효성 확인 오류 정보가 유효성 확인 라이브러리 내부에 배열 형태로 저장됩니다.

테오 왜 배열로 저장되는 걸까요?

죠 실패하는 이유가 여러 가지일 수 있어서 그렇습니다. 실패하는 이유가 하나인 경우부터 이야기해보죠. title 필드 이름이 title이 아니라 myTitle인 도서 검색 요청이 들어왔다고 가정할게요. 이 예제를 한번 살펴보세요. 보시는 것처럼, 확인 객체의 인스턴스를 먼저 만듭니다.

리스트 7.20 Ajv의 유효성 오류 확인법

```
var searchBooksRequestSchema = {
  "type": "object",
  "properties": {
    "title": {"type": "string"},
    "fields": {
      "type": "array",
      "items": {"type": "string"}
    }
  },
  "required": ["title", "fields"]
};

var invalidSearchBooksRequest = {
  "myTitle": "habit",
  "fields": ["title", "weight", "number_of_pages"]
 };

var ajv = new Ajv();    ◀— 유효성 확인 객체를 생성한다.

ajv.validate(searchBooksRequestSchema, invalidSearchBooksRequest);

ajv.errors    ◀— 유효성 오류를 출력한다.
```

테오 오류 배열의 내부 정보는 어떤 모습일까요?

조 코드를 실행해보면 알게 될 거예요.

리스트 7.20을 실행한 테오는 어리둥절했다. 한눈에 결과를 파악하기 어려울 정도로 상세한 정보가 표시됐다.

리스트 7.21 배열 형태의 단일 데이터 유효성 오류 상세 정보

```
[
  {
    "instancePath": "",
    "schemaPath": "#/required",
    "keyword": "required",
    "params": {
      "missingProperty":"title"
    },
    "message": "must have required property 'title'"
  }
]
```

테오 오류 배열의 내용을 이해하기 조금 어렵네요.

조 저도 그래요. 다행히, Ajv는 errorsText라는 편의 함수를 제공해서 오류 배열을 사람이 읽기 편한 형태로 변환해줍니다. errorsText를 호출하면 무엇이 반환되는지 보시죠.

리스트 7.22 사람이 읽기 좋은 형태의 오류 출력

```
ajv.errorsText(ajv.errors);
// → "data must have required property 'title'"
```

테오 데이터에 유효성 오류가 하나 이상일 때 어떻게 되는지 보여주세요.

조 기본으로, Ajv는 오직 한 가지 유효성 오류만 검출합니다.

> **|팁|** 기본으로, Ajv는 첫 번째 유효성 오류만 검출한다.

테오 성능 때문에 그렇게 하는 것 같네요. 확인하다가 오류를 만나면 계속 데이터를 해석하지 않는 거죠.

조 아마도요. 아무튼, 유효성 오류를 하나 이상 검출하려면 allErrors 옵션을 Ajv 생성자에 넘겨야 해요. 이 코드를 보세요.

리스트 7.23 다수의 유효성 오류 검출

```
var searchBooksRequestSchema = {
  "type": "object",
  "properties": {
    "title": {"type": "string"},
    "fields": {
      "type": "array",
      "items": {"type": "string"}
    }
  },
  "required": ["title", "fields"]
};

var invalidSearchBooksRequest = {    ← 유효성 오류가 세 가지인 요청
   "myTitle": "habit",
   "fields": [1, 2]
};

var ajv = new Ajv({allErrors: true});    ← 하나 이상의 오류를 탐지하도록 allErrors: true로 Ajv를 생성한다.

ajv.validate(searchBooksRequestSchema,
  invalidSearchBooksRequest);

ajv.errorsText(ajv.errors);    ← 오류를 사람이 읽을 수 있는 형식으로 변환한다.
// → "data must have required property 'title',
// → data/fields/0 must be string,
// → data/fields/1 must be string"
```

죠 title 대신 myTitle이고 fields 배열에 문자열이 아닌 숫자가 쓰여진 검색 요청을 확인합니다. 보시는 것처럼 코드의 결과로 오류 세 가지가 반환됐어요.

테오 대단합니다. 낸시가 도서관 관리 시스템을 웹 서버에 올려달라고 요청할 때 시스템의 경계에서 데이터 유효성을 확인하는 데 필요한 모든 것이 준비된 것 같네요.

죠 제가 우리 우정의 징표로 작은 선물을 드려도 될까요?

테오 영광이죠.

죠가 가방에서 연두색 리본으로 포장된 작은 무언가를 꺼내서 테오에게 정중한 자세로

건넨다.

리본을 풀자 작은 문양으로 장식된 우아한 종이가 드러난다. 테오는 종이 한가운데에 'JSON 스키마 요약지'라고 써 있는 부분을 바라보고, 해당 내용을 읽으면서 미소를 짓는다. 자신에게 딱 필요한 것이기 때문이다.

리스트 7.24 JSON 스키마 요약지

```
{
  "type": "array",    ◀── 최상단의 데이터가 배열이다.
  "items": {
    "type": "object",    ◀── 배열의 요소는 맵이다.
    "properties": {    ◀── 맵 각 필드의 속성
      "myNumber": {"type": "number"},    ◀── myNumber는 숫자다.
      "myString": {"type": "string"},    ◀── myString은 문자열이다.
      "myEnum": {"enum": ["myVal", "yourVal"]},    ◀── myEnum은 열거형이며 값은 "myVal"이나 "yourVal" 중 하나다.
      "myBool": {"type": "boolean"}    ◀── myBool은 불리언이다.
    },
    "required": ["myNumber", "myString"],    ◀── 맵의 필수 필드는 myNumber와 myString이다. 다른 필드는 선택 항목이다.
    "additionalProperties": false    ◀── 스키마에 명시된 필드 외에는 허용되지 않는다.
  }
}
```

테오가 종이를 뒤집자 뒤에도 뭔가가 적혀 있다. 그는 종이 중앙에 '유효한 데이터의 예' 라고 적힌 글귀를 읽는다.

리스트 7.25 유효한 데이터의 예

```
[
  {    ◀── 모든 필드가 유효하므로 이 필드는 유효하다.
    "myNumber": 42,
    "myString": "Hello",
    "myEnum": "myVal",
    "myBool": true
  },
  {    ◀── 모든 필수 필드가 있으므로 이 필드는 유효하다.
    "myNumber": 54,
    "myString": "Happy"
  }
]
```

요약

- DOP 원리 #4는 데이터 스키마를 데이터 표현과 분리한다는 것이다.
- 시스템 경계는 시스템이 데이터를 교환하는 영역으로 정의된다.
- 시스템 경계에서 데이터 유효성을 확인하는 예에는 클라이언트 요청과 응답의 유효성 확인, 외부 출처에서 가져오는 데이터의 유효성 확인이 있다.
- DOP에서 데이터 유효성을 확인한다는 말은 데이터가 스키마에 부합하는지 확인한다는 뜻이다.
- 데이터가 유효하지 않다면, 유효성 오류에 대한 정보를 얻어서 클라이언트에 사람이 읽을 수 있는 형태로 되돌려 보낸다.
- 시스템 경계의 데이터가 유효하다면, 시스템 내부의 데이터 유효성은 심각한 문제가 아니다.
- JSON 스키마는 데이터 유효성 확인을 데이터 표현에서 분리하도록 해주는 언어다.
- JSON 스키마 문법은 다소 장황하다.
- JSON 스키마는 표현력이 높다.
- JSON 스키마는 맵일 뿐이다. 따라서 프로그램의 다른 맵과 마찬가지로 자유롭게 다룰 수 있다.
- 스키마 정의를 변수에 보관했다가 다른 스키마에 사용할 수 있다.
- JSON 스키마에서 맵 필드는 기본으로 생략 가능한 선택 항목이다.
- 외부에서 읽어들이는 데이터의 유효성을 확인하는 것은 좋은 관례다.
- 전송하는 데이터는 엄격하게, 수신하는 데이터는 융통성 있게 처리하도록 권장된다.
- Ajv는 자바스크립트 JSON 스키마 라이브러리다.
- 기본으로, Ajv는 첫 유효성 오류만 검출한다.
- 고급 유효성 확인은 12장에서 다룬다.

8

고급 동시성 제어

교착 상태 원천 해결

8장에서 다루는 내용

- 잠금의 대안으로서의 원자
- 원자 기반의 스레드 안전한 계수기(counter)[1]와 스레드 안전 메모리 캐시 관리
- 원자 기반의 스레드 안전한 방식으로 전체 시스템 상태 관리

다중 스레드 환경에서 동시성을 관리할 때는 전통적으로 뮤텍스mutex[2] 같은 잠금 장치가 사용된다. 잠금 장치를 사용하면 시스템이 교착 상태dead-lock에 빠지지 않게 만들기가 어려워서 시스템 자체가 더 복잡해지곤 한다. DOP에서는 데이터가 불변이라는 사실에 착안해 '원자atom'라고 부르는 잠금 없는 구조로 동시성을 관리한다. 원자는 잠금이 발생하지 않기 때문에 관리하기 단순하다. 결국, 잠금을 사용할 때 교착 상태를 피하려다 보니 흔히 발생하게 되는 복잡한 상황이 원자에는 해당하지 않는다.

1 흔히 '카운터'라고 음차하기도 하지만, 사전에 '손님을 접대하는 긴 테이블'이나 '계산하는 곳' 등으로 설명돼 있어 정확한 뜻을 나타내고자 '계수기'라고 번역했다. – 옮긴이

2 상호 배제를 뜻하는 mutual exclusion의 약어다. 여러 프로세스나 스레드가 한 자원에 동시에 접근하거나 수정하지 못하도록 동기화하는 방편이다. 잠금을 먼저 획득한 프로세스가 권한을 반납하기 전에 다른 프로세스는 실행을 멈추는 잠금 방식이 가장 단순하고 대표적이다. – 옮긴이

> **|노트|** 이 장은 자바, C#, 파이썬, 루비 같은 다중 스레드 환경과 주로 관련이 있으며, 자바스크립트 같은 단일 스레드 환경과는 관련이 적다. 이 장에서 사용된 자바스크립트 코드는 자바스크립트가 다중 스레드라고 가정하고 작성됐다.

8.1 복잡한 잠금

일요일 오후, 자전거를 타고 금문교를 건너는 테오의 머릿속에서 클라핌 프로젝트에 대한 우려가 사라지지 않는다. 아직 DOP가 좋은 선택이라는 확신이 들지 않는다. 테오는 문득 죠와 다음에 언제 만날지 약속하지 않았다는 사실을 깨닫는다. 자전거에서 내린 테오는 죠에게 전화를 건다. 안타깝게도 통화 중이다.

테오는 집에 도착해서 다시 죠에게 전화를 걸지만, 이번에도 통화 중이다. 저녁 식사를 마치고 또 한 번 죠에게 전화를 걸지만, 결과는 같다. 테오는 "죠가 오늘 바쁜 게 분명해"라고 혼잣말을 한다. 시속 30km로 자전거를 타면서 80km가량을 이동했기 때문에 테오는 소파에 쓰러져 잠이 든다. 얼마 후 정신이 든 테오는 죠에게서 온 "월요일 오전 11시에 만날까요?"라고 묻는 문자 메시지를 보고 반색한다. 테오는 '올린 엄지' 이모지를 써서 답하고 또 한 주의 업무를 준비한다.

죠가 사무실에 도착하자 테오는 왜 어제 오후 내내 계속 통화 중이었는지를 묻는다. 죠는 테오에게 자신도 같은 질문을 하려 했다고 답한다. 둘은 어리둥절한 표정으로 서로를 쳐다보더니 무슨 일이 일어났던 것인지를 깨닫고는 동시에 웃음을 터트린다. 놀라운 우연으로 서로에게 정확히 동일한 시간에 전화를 걸었던 것이다. 둘이 동시에 말한다.

"교착 상태!"

테오의 책상 앞에서 죠는 오늘은 다중 스레드 환경에서 동시성을 관리하는 것에 대해 이야기할 것이라고 알려준다.

죠 다중 스레드 환경에서 보통 어떻게 동시성을 관리하시나요?

테오 임계 영역critical section[3]에 접근하는 작업을 뮤텍스 같은 잠금 장치로 보호합니다.

죠 거기서 말하는 접근은 읽으려는 접근인가요? 아니면 쓰려는 접근인가요?

테오 둘 다요!

죠 왜 읽을 때도 잠금이 필요할까요?

테오 왜냐하면, 잠금으로 보호하지 않으면 읽는 중에 다른 스레드가 덮어 쓸 수 있으니까요. 그러면 논리적으로 일관되게 읽지 못할 겁니다.

죠 또 다른 방법도 있죠. 읽기 전에 데이터를 복제하면 어떨까요?

테오 저도 때로는 데이터를 복제합니다. 하지만 데이터가 크면 복제하는 비용이 너무 많이 들어 성능에 문제가 되곤 합니다.

|팁| 읽기 잠금을 피하고자 데이터를 복제하는 방식은 큰 규모에 적합하지 않다.

죠 DOP에서는 읽을 때 복제도 잠금 보호도 필요 없어요.

테오 데이터가 불변이라서요?

죠 맞아요. 데이터가 변하지 않으니 읽는 도중에 다른 스레드가 쓰는 일이 일어나더라도 읽는 데이터가 변경되지 않아서 일관되게 읽을 수 있어요.

테오 항상 특정 순간의 데이터 스냅샷을 읽는다고 할 수 있네요.

죠 바로 그렇습니다.

|팁| 데이터가 불변이면 읽는 작업은 언제나 안전하다.

테오 하지만 쓰기는 어떤가요? 잠금으로 보호해야 하지 않나요?

죠 아니요.

테오 왜 잠금이 필요 없죠?

---

3 동시성에서 공유된 자원을 동시에 접근하지 못하게 하고자 코드의 특정 영역은 오직 하나의 프로세스나 스레드만 진입할 수 있도록 통제하는데, 이렇게 통제된 영역을 임계 영역이라고 부른다. 임계 영역은 위험 영역 또는 위험 구간 정도의 의미로 이해하면 되는데, 보통 진입을 통제하는 데 잠금이 사용된다. – 옮긴이

죠 원자라고 부르는 더 단순한 구조를 사용하기 때문입니다.

테오 잠금보다 단순한 것이 있다고 하니 반갑네요. 다중 스레드 시스템에 잠금을 사용해야 할 때마다 정말 힘들었어요.

죠 저도 마찬가지입니다. 10년 전에 만들었던 버그가 생각나네요. 임계 영역에서 예외가 발생할 때 잠금을 해제하는 걸 잊었어요. 끔찍한 교착 상태가 발생했죠.

테오 교착 상태는 정말 피하기 힘들어요. 작년에는 잠금 두 개가 순서대로 해제되지 않아서 교착 상태에 빠지는 문제를 겪었습니다.

죠 좋은 소식이 있습니다. 원자를 사용하면, 교착 상태는 절대 일어나지 않아요.

> **|팁|** 원자를 쓰면 교착 상태가 일어나지 않는다.

테오 너무 멋진데요? 더 이야기해주세요!

> **|팁|** 원자는 동시성을 잠금 없이 관리하는 방법을 제공한다.

8.2 스레드 안전한 원자 계수기

죠 단순한 경우부터 보죠. 스레드 간에 공유되는 계수기 말입니다.

테오 계수기라니 무슨 뜻인가요?

죠 데이터베이스 접속 횟수를 세다가 1분마다 로그에 전체 접속 횟수를 기록한다고 해보죠.

테오 좋습니다.

죠 잠금을 이용하는 다중 스레드 계수기를 자바스크립트 코드로 작성해보시겠어요?

테오 하지만 자바스크립트는 단일 스레드인데요?

죠 저도 알고 있습니다. 하지만 설명을 하려는 것뿐이에요. 자바스크립트가 다중 스레드이고 뮤텍스 객체로 잠그거나 잠금을 해제할 수 있다고 가정해보죠.

테오 조금 어색하네요. 이런 식이 아닐까요?

테오는 칠판으로 다가가서 잠금으로 동작하는 다중 스레드 계수기의 자바스크립트 코드를 상상해 작성한다.

리스트 8.1 뮤텍스로 보호돼 스레드 안전한 계수기

```
var mutex = new Mutex();
var counter = 0;

function dbAccess() {
  mutex.lock();
  counter = counter + 1;
  mutex.unlock();
  // 데이터베이스 접근
}

function logCounter() {
  mutex.lock();
  console.log('Number of database accesses: ' + counter);
  mutex.unlock();
}
```

죠 아주 잘하셨어요. 이제, 같은 코드를 원자를 사용해 작성하는 방법을 보여드리죠. 원자는 세 가지 메서드를 제공합니다.

- 원자의 현재 값을 반환하는 get
- 원자의 현재 값을 덮어 쓰는 set
- 함수를 받아서 원자의 현재 값으로 함수를 호출한 다음 반환되는 결과로 원자의 값을 갱신하는 swap

죠는 노트북 케이스의 주머니를 열고 종이 한 장을 꺼낸다. 그리고 테오에게 건넨다. 테오는 종이에 간결하게 설명된 메서드들을 보고 깜짝 놀란다(표 8.1).

▼ **표 8.1** 원자의 세 가지 메서드

메서드	설명
get	현재 값 반환
set	현재 값 설정
swap	함수로 현재 값 갱신

테오 원자를 사용해 스레드 안전한 계수기를 구현한다는 게 어떤 식일까요?

죠 사실 무척 단순합니다.

죠는 노트북을 꺼내 전원을 켜고 타이핑을 시작한다. 입력을 마친 후 노트북을 돌려서 원자로 구현된 스레드 안전한 계수기 코드를 테오가 볼 수 있게 한다.

리스트 8.2 원자에 저장되는 스레드 안전한 계수기

```
var counter = new Atom();
counter.set(0);

function dbAccess() {
  counter.swap(function(x) {   ◀ 인자 x는 원자의 현재 값으로,
    return x + 1;                 counter.get()과 같다.
  });
  // 데이터베이스 접근
}

function logCounter() {
  console.log('Number of database accesses: ' + counter.get());
}
```

테오 뭐가 어떻게 돌아가는 건지 설명해주시겠어요?

죠 물론이죠. 먼저 빈 원자를 생성했어요. 그러고는 `counter.set(0)`으로 원자의 값을 초기화합니다. 로그를 남기는 스레드에서는 `counter.get()`으로 원자의 현재 값을 읽어요.

테오 데이터베이스에 접속하는 스레드에서 계수기를 어떻게 증가시키나요?

죠 x를 받아서 x+1을 반환하는 함수로 swap을 호출해요.

테오　어떻게 잠금을 사용하지 않고도 swap이 스레드 안전할 수 있는지 잘 이해되지 않네요.

죠는 바로 칠판으로 다가가서 그림 8.1의 그림을 그린다.

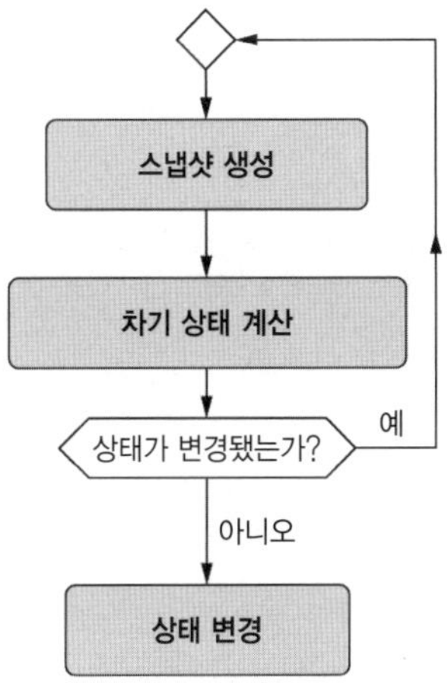

▲ **그림 8.1** swap의 대략적인 흐름

죠　보다시피 swap은 원자의 다음 값을 계산하고 원자의 현재 값을 수정하기 전에 원자의 값이 계산하는 동안 바뀌었는지를 확인합니다. 변경됐다면, swap은 계산하는 동안 아무런 변경도 일어나지 않을 때까지 작업을 반복해요.

테오　swap을 구현하기 쉬운가요?

죠　Atom 클래스의 구현을 보여드릴게요. 그럼 바로 이해될 겁니다.

리스트 8.3 Atom 클래스의 구현

```
class Atom {
  state;

  constructor() {}

  get() {
    return this.state;
  }
```

```
  set(state) {
    this.state = state;
  }

  swap(f) {
    while(true) {
      var stateSnapshot = this.state;
      var nextState = f(stateSnapshot);
      if (!atomicCompareAndSet(this.state,
        stateSnapshot,
        nextState)) {       ◀── this.state가 함수 f가 실행되는 동안 다른 스레드에 의해
        continue;               변경됐을 수 있어 특수 스레드 안전 비교 연산을 한다.
      }
      return nextState;
    }
  }
}
```

테오는 칠판 가까이 다가와서 죠가 그린 그림을 조금 수정함으로써 swap 연산 흐름을 더욱 상세하게 만든다. 결과 도식은 그림 8.2와 같다. 하지만 테오에게는 여전히 몇 가지 질문이 남아 있다.

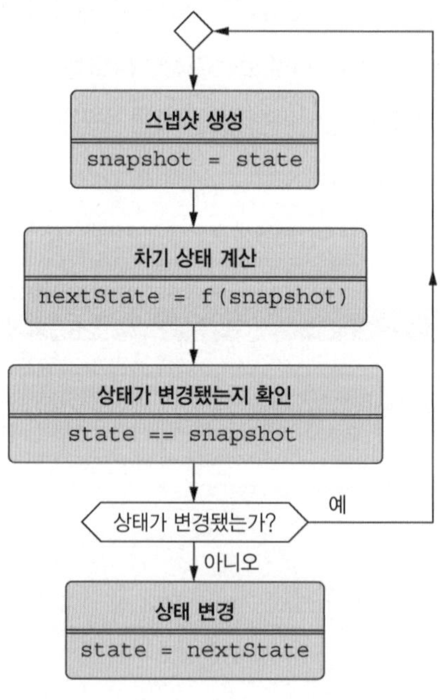

▲ **그림 8.2** swap의 상세 흐름

테오 atomicCompareAndSet이 뭔가요?

죠 원자의 핵심적인 연산이에요. atomicCompareAndSet은 상태가 제공된 이전 값과 동일할 때만 원자적으로 상태를 새로운 값으로 설정합니다. 변경이 성공하면 true를 반환하고, 실패하면 false를 반환해요.

테오 잠금 없이 어떻게 원자적으로 처리할 수 있는 건가요?

죠 아주 좋은 질문입니다. 사실, atomicCompareAndSet은 비교 후 교체, 즉 CAS[Compare And Swap] 알고리듬으로 동작해요. CPU의 자체 기능을 사용해서 언어가 기본 제공하는 기능이죠. 예를 들어, 자바 java.util.concurrent.atomic 패키지에서는 AtomicReference 클래스가 compareAndSet() 메서드를 제공합니다.

|노트| CAS 알고리듬에 관한 일반적인 정보는 웹 사이트(http://tutorials.jenkov.com/java-concurrency/compare-and-swap.html)를 참고하자. 다중 스레드 언어별 구현은 표 8.2와 같다.

▼ **표 8.2** 다양한 언어의 원자적 비교 후 설정 구현

언어	링크
자바	http://mng.bz/mx0W
자바스크립트	해당 없음(단일 스레드 언어)
루비	http://mng.bz/5KG8
파이썬	https://github.com/maxcountryman/atomos
C#	http://mng.bz/6Zzp

테오 자바에서 원자를 구현하면 어떤 식일까요?

죠 크게 다르지 않습니다. Atom 클래스가 제네릭을 사용해야 하고 내부 상태가 AtomicReference에 저장된다는 점만 빼면요.

죠는 Atom의 자바 구현을 자신의 노트북에 띄운다. 테오는 코드를 훑어본다.

리스트 8.4 자바 Atom 클래스 구현

```
class Atom<ValueType> {
  private AtomicReference<ValueType> state;

  public Atom() {}

  ValueType get() {
    return this.state.get();
  }

  void set(ValueType state) {
    this.state.set(state);      ◀ f가 실행되는 동안 this.state가 다른 스레드에 의해 바뀔 수 있다.
  }

  ValueType swap(UnaryOPerator<ValueType> f) {
    while(true) {
      ValueType stateSnapshot = this.state.get();
      ValueType nextState = f(stateSnapshot);
      if (!this.state.compareAndSet(stateSnapshot,
        nextState)) {
        continue;
      }
    }
    return nextState;
  }
}
```

테오 원자를 사용하는 자바 코드는요?

죠 여기 있으니 보세요. 무척 단순합니다.

리스트 8.5 자바 Atom 사용 코드

```
Atom<Integer> counter = new Atom<Integer>();

counter.set(0);

counter.swap(x -> x + 1);

counter.get();
```

테오는 얼마간 원자와 관련된 내용을 되새기고 지금까지 배운 내용을 소화하는 시간을 가진다. 이윽고 죠에게 묻는다.

테오 swap이 실패하면 어떻게 되나요? 다시 말해, swap 내부의 while 루프가 무한 루프에 빠질 수도 있지 않나요?

죠 아니요! 정의에 따르면, atomicCompareAndSet이 한 스레드에서 실패하면 같은 원자가 swap이 실행되는 동안 다른 스레드에서 변경됐다는 뜻입니다. 이 스레드 간의 경쟁에는 항상 승자가 있습니다.

테오 하지만 어떤 스레드가 경쟁에서 늘 다른 스레드에 지는 바람에 영원히 성공하지 못할 가능성이 있지 않나요?

죠 이론적으로는 그렇습니다. 하지만 그런 상황을 겪은 적은 없어요. 수천 개의 스레드가 있고 모두 원자의 swap 메서드만 실행하고 있다면 그런 일이 일어날 수도 있어요. 하지만 현실에서는 원자의 swap이 실행되고 나면 스레드는 원래 해야 할 일을 수행합니다. 예를 들어 데이터베이스를 다룬다거나 I/O를 수행한다거나 하는 거죠. 그래서 다른 스레드가 원자의 swap에 성공할 기회가 주어집니다.

|**노트**| 이론적으로, 시스템에 수천 개의 스레드가 아무 일도 하지 않고 원자의 swap만 실행하고 있다면 원자는 기아 상태(starvation)에 빠질 수 있다. 현실에서는 일단 원자의 swap이 실행되고 나면 스레드는 (데이터베이스 작업 같은) 본업을 수행한다. 그렇기 때문에 다른 스레드가 원자의 swap을 성공적으로 실행할 기회가 주어진다.

테오 흥미롭네요. 사실, 원자가 잠금보다 다루기 훨씬 쉬워 보입니다.

죠 이제 복합 데이터에서 원자를 사용하는 방법을 보여드리죠.

테오 왜 차이가 있는 걸까요?

죠 보통, 복합 데이터를 다루는 건 원시 자료형을 다루는 것보다 어렵습니다.

테오 저에게 DOP를 소개할 때는 숫자를 다루듯 단순하게 데이터를 다룰 수 있다고 말씀하셨어요.

| **팁** | DOP에서는 데이터를 숫자를 다루듯 단순하게 다룰 수 있다.

죠 제가 보여드리려는 게 정확히 그거예요.

8.3 스레드 안전한 원자 캐시

죠 메모리 캐시라는 개념을 잘 아시나요?

테오 메모이제이션memoization[4] 말인가요?

죠 비슷한 유형이에요. 애플리케이션에서 데이터베이스 쿼리가 그리 다양하지 않다고 해보죠. 이런 경우에는 이전 쿼리의 결과를 메모리에 저장해서 응답 시간을 개선하는 것이 합리적일 겁니다.

테오 네, 물론이죠.

죠 메모리 캐시에 저장할 때 어떤 자료구조를 써야 할까요?

테오 아마도 키는 쿼리이고 값은 데이터베이스 결과인 문자열 맵이겠죠?

| **팁** | 메모리 캐시를 문자열 맵으로 표현하는 것은 매우 흔한 일이다.

죠 훌륭합니다. 그럼 이제 잠금을 사용해서 스레드에 안전하게 데이터베이스 쿼리를 캐시하는 코드를 작성해보시겠어요?

테오 어디 보자… 저는 불변 문자열 맵을 사용하겠어요. 그러면 읽을 때 잠금으로 보호할 필요가 없죠. 캐시를 갱신할 때만 보호하면 됩니다.

죠 이제 감을 잡으신 것 같군요!

테오 코드는 이런 식일 거예요.

4 같은 계산을 여러 번 반복해야 할 때 계산 결과를 메모리에 저장해두고 (계산을 다시 하는 대신) 해당 값을 사용함으로써 계산 속도를 향상하는 최적화 기법이다. – 옮긴이

리스트 8.6 잠금을 이용해 스레드 안전하게 보호한 캐시

```
var mutex = new Mutex();
var cache = {};

function dbAccessCached(query) {
  var resultFromCache = _.get(cache, query);
  if (resultFromCache != nil) {
    return resultFromCache;
  }
  var result = dbAccess(query);
  mutex.lock();
  cache = _.set(cache, query, result);
  mutex.unlock();
  return result;
}
```

죠 잘하셨어요! 이제, 같은 코드를 잠금 대신 원자를 사용해 어떻게 작성하는지 보여드리죠. 코드를 보고 잘 이해되는지 알려주세요.

리스트 8.7 원자로 스레드 안전하게 만든 캐시

```
var cache = new Atom();
cache.set({});

function dbAccessCached(query) {
  var resultFromCache = _.get(cache.get(), query);
  if (resultFromCache != nil) {
    return resultFromCache;
  }
  var result = dbAccess(query);
  cache.swap(function(oldCache) {
    return _.set(oldCache, query, result);
  });
  return result;
}
```

테오 swap 메서드에 전달하는 함수가 잘 이해되지 않네요.

죠 swap에 전달되는 함수는 캐시의 현재 값을 받습니다. 캐시는 문자열 맵이고요. 그리고 함수는 데이터가 추가된 새로운 버전의 문자열 맵을 반환합니다.

테오 잘 알겠습니다. 하지만 문자열 맵의 경우에 swap 메서드의 성능이 어떨지 조금 불안하네요. 비교는 어떻게 동작하나요? 두 문자열 맵을 비교하면서 시간이 좀 걸릴 것 같아서요.

죠 참조로 둘을 비교한다면 오래 걸리지 않습니다. 전에도 논의했던 것처럼, 데이터가 불변이면 참조로 안전하게 비교할 수 있어요. 무척 빠르고요.

|**팁**| 데이터가 불변이면, 안전하고 빠르게 참조로 비교할 수 있다.

테오 멋지네요. 그래서 원자가 불변 데이터로 동작하는군요.

죠 바로 그렇습니다.

8.4 원자 기반 상태 관리

죠 몇 주 전에 변경의 잠재적인 충돌을 어떻게 해결하는지 보여드렸는데, 기억하시나요?

테오 코드 좀 다시 확인해볼게요.

테오는 언젠가 작성했던 SystemData 클래스 코드를 살펴본다(리스트 8.8). 유효성 확인이 분리되면 코드가 파악하기 쉬워진다.

리스트 8.8 1부의 SystemData 클래스

```
class SystemState {
  systemData;

  get() {
    return this.systemData;
  }

  set(_systemData) {
```

```
    this.systemData = _systemData;
  }

  commit(previous, next) {
    this.systemData = SystemConsistency.reconcile(this.systemData,
      previous,
      next); }
  }
}
```

테오는 commit 메서드가 어떻게 동작하는지 기억해내느라 시간이 조금 걸리지만, 불현듯 잊고 있던 문제가 생각난다.

테오 이 코드는 스레드 안전하지 않아요. commit 메서드 안의 SystemConsistency.reconcile 코드가 보호되지 않았기 때문입니다. 아무것도 두 스레드가 이 코드를 동시에 실행하지 못하게 막지 않아요.

죠 맞습니다. 그럼 어떻게 스레드 안전하게 만들 수 있을지 이야기해보시겠어요?

테오 잠금으로요?

죠 왜 이러세요.

테오 물론, 농담입니다. 잠금이 아니라 원자로 코드가 스레드 안전하게 만들어야죠.

죠 깜짝 놀랐네요!

테오 어디 보자… 시스템 데이터는 원자에 보관해야 합니다. SystemData의 get과 set 메서드는 원자의 get과 set 메서드를 호출하기만 하면 될 것이고요. 이렇게 하면 어떨까요?

리스트 8.9 원자를 사용한 SystemData 클래스(commit 메서드 제외)

```
class SystemState {
  systemData;

  constructor() {
    this.systemData = new Atom();
  }
```

```
  get() {
    return this.systemData.get();
  }

  commit(prev, next) {
    this.systemData.set(next);
  }
}
```

죠 아주 좋습니다. 이제 재미있는 부분이네요. commit 메서드를 원자의 swap 메서드를 호출해 구현하시죠.

테오 SystemConsistency.reconcile()을 직접 호출하는 대신, swap 호출로 감싸야 합니다. 이런 식이지 않을까요?

리스트 8.10 원자를 사용한 SystemData.commit 구현

```
SystemData.commit = function(previous, next) {
  this.systemData.swap(function(current) {
    return SystemConsistency.reconcile(current,
      previous,
      next);
  });
};
```

죠 완벽합니다.

테오 이 원자와 관련된 내용들을 보니 우리에게 어제 일어났던 일이 생각나네요. 정확히 같은 시간에 서로에게 전화하려고 했던 일 말입니다.

죠 무슨 의미죠?

테오 잘 모르겠지만, 뮤텍스는 전화를 거는 것과 같다면 원자는 문자를 보내는 것과 같다는 인상을 받았어요.

죠가 테오를 바라보면서 흐뭇하게 미소를 짓는다. 하지만 그 미소가 무슨 의미인지는 굳이 밝히지 않는다. 어제의 '전화 교착 상태' 사건 이후, 테오는 죠가 자신과 생각이 같다고 확신한다.

요약

- 원자로 동시성을 관리하는 것이 잠금으로 동시성을 관리하는 것보다 훨씬 단순하다. 교착 상태의 위험을 고려할 필요가 없기 때문이다.
- 읽기 잠금을 피하려고 데이터를 복제하는 방식은 큰 규모에는 적합하지 않다.
- 데이터가 불변이면 언제나 안전하게 읽을 수 있다.
- 원자는 잠금 없이 동시성을 관리할 수 있게 해준다.
- 원자에서는 교착 상태가 전혀 발생하지 않는다.
- 계수기의 상태가 원시 자료형(정수)이므로 스레드 안전한 계수기에 원자를 사용하는 것은 어렵지 않다.
- 원자로 복합 데이터를 스레드 안전하게 다룰 수 있다.
- 시스템 상태 전체를 원자에 보관함으로써 1부의 대규모 상태 관리 방식이 스레드 안전해진다.
- 메모리 캐시를 문자열 맵으로 표현하는 것은 매우 흔한 일이다.
- 데이터가 불변이면, 참조로 비교해도 안전하고 빠르다.
- 이론적으로, 시스템에서 수천 개의 스레드가 다른 일은 하지 않고 원자의 swap 메서드만 실행하고 있다면 원자는 기아 상태에 빠질 수 있다.
- 현실에서 원자의 swap 메서드가 실행되고 나면, 스레드는 (데이터베이스 작업 같은) 본업을 수행하기 때문에 다른 스레드가 원자의 swap에 성공할 기회가 생긴다.

9 영속 자료구조

거인의 어깨 위에 올라서기

9장에서 다루는 내용

- 영속 자료구조의 내부
- 영속 자료구조의 시간과 메모리 효율성
- 애플리케이션에 적용하는 영속 자료구조

1부에서는 데이터 변경 없이 시스템 상태를 관리하는 법을 설명했다. 구조적 공유에 기반한 불변 함수로만 상태를 다룬다는 제약을 둬서 불변성이 유지되도록 하는 것이다. 이 장에서는 더 안전하고 더 큰 규모에서도 사용할 수 있으면서 데이터 불변성을 지키는 방법, 즉 영속 자료구조로 데이터를 표현하는 방법을 소개한다. 대부분의 프로그래밍 언어에는 영속 자료구조를 구현한 효율적인 라이브러리가 있으니 쉽게 구해서 사용할 수 있다.

9.1 영속 자료구조의 필요성

이번에 테오와 죠가 만난 곳은 대학교다. 오늘 다룰 주제가 학문적인 것인지를 테오가 묻자 죠는 '영속 자료구조persistent data structure'가 2001년에 필 바그웰Phil Bagwell이라는 컴퓨터 연구자가 발표한 이후 프로그래밍 언어에서 사용 가능해졌다고 설명한다.[1] 클로저의 창시자인 리치 하키는 2007년에 이 연구 내용을 클로저의 기반 영속 자료구조에 사용했다. 죠는 대학교 강의실에서 이 자료구조의 비밀을 테오에게 밝힘으로써 2012년에 안타깝게 세상을 떠난 필 바그웰을 기리려고 한다. 대학교 강의실에 도착하자 죠는 질문으로 대화를 시작한다.

죠 DOP가 데이터를 직접 변경하는 대신 새로운 버전을 생성하라고 제약하는 것에 좀 익숙해지셨어요?

테오 그런 것 같긴 한데, 저에게 보여주신 구조적 공유라는 개념에 대해 두 가지 우려가 머릿속을 계속 맴도네요.

죠 어떤 우려인가요? 편하게 말씀하세요.

테오 안전성과 성능이에요.

죠 안전성이라니 무슨 뜻이죠?

테오 데이터 조작에 불변 함수를 사용하는 것이 실수로 데이터가 변조되는 것을 막지는 못하는 것 같아요.

죠 맞습니다. 제가 불변을 다루는 단순한 방식을 보여드릴까요? 아니면 실제 방식을 보여드릴까요?

테오 각각 어떤 장단점이 있는 거죠?

죠 단순한 방식은 쉽습니다. 하지만 효율이 안 좋아요. 반면에 실제 방식은 효율적이지만 쉽지 않습니다.

테오 단순한 방식을 먼저 보죠.

죠 각 프로그래밍 언어는 데이터가 변경되지 않게 막는 저마다의 방법을 제공합니다.

테오 자바를 예로 들어보면 어떨까요?

죠 자바에는 불변 컬렉션[2]이 있고 어떤 리스트나 맵을 불변 리스트나 불변 맵으로 변환할 수 있어요.

---

1 필 바그웰, 'Ideal Hash Trees', 2001. https://lampwww.epfl.ch/papers/idealhashtrees.pdf

2 자바에서는 '불변 컬렉션'이 아니라 '수정 불가(unmodifiable) 컬렉션'이라고 부른다. 불변 컬렉션은 불변성이 컬렉션의 기본 속성이라면, 수정 불가 컬렉션은 수정 가능한 컬렉션의 수정 관련 인터페이스를 막아놓은 것뿐이다. 이 둘은 엄격하게 구분된다. – 옮긴이

|노트| 불변 컬렉션은 데이터를 변경할 수 없을 뿐, 영속 자료구조와 같지 않다.

죠는 노트북을 꺼내 동작시키고는 코드 둘을 찾아 연다. 하나는 불변 리스트, 다른 하나는 불변 맵의 예제다.

리스트 9.1 변경 가능한 일반 리스트를 불변 리스트로 전환하는 자바 코드

```
var myList = new ArrayList<Integer>();
myList.add(1);
myList.add(2);
myList.add(3);

var myImmutableList = List.of(myList.toArray());
```

리스트 9.2 변경 가능한 일반 맵을 불변 맵으로 전환하는 자바 코드

```
var myMap = new HashMap<String, Object>();
myMap.put("name", "Isaac");
myMap.put("age", 42);

var myImmutableMap = Collections.unmodifiableMap(myMap);
```

테오 불변 컬렉션을 수정하려고 하면 어떤 일이 일어나죠?

죠 자바가 `UnsupportedOperationException` 예외를 발생시킵니다.

테오 자바스크립트에도 가능한가요?

죠 자바스크립트에는 데이터가 변경되지 못하게 막는 `Object.freeze()` 함수가 있어요. 자바스크립트 배열과 객체에 모두 동작합니다.

노트북을 한참 뒤지던 죠가 코드 하나를 찾아서 테오에게 보여준다.

리스트 9.3 자바스크립트에서 객체를 불변으로 만드는 코드

```
var a = [1, 2, 3];
Object.freeze(a);
```

```
var b = {foo: 1};
Object.freeze(b);
```

테오 freeze()로 변경하지 못하게 만든 객체를 변경하려고 하면 어떻게 되나요?

죠 모드에 따라 달라요. 자바스크립트 엄격 모드strict mode에서는 TypeError 예외가 발생하고, 기본인 느슨한 모드sloppy mode에서는 아무 오류 없이 조용하게 실패합니다.

> **|노트|** 자바스크립트의 엄격 모드는 제약이 강한 자바스크립트 변종을 선택해서 조용히 넘어가던 몇 가지 오류가 명시적으로 발생되도록 변경하는 방법이다.

테오 컬렉션이 다단으로 중첩된 경우에는 내부에 포함된 컬렉션도 불변이 되나요?

죠 아니요. 하지만 자바스크립트에서는 deepFreeze() 함수를 만들어 재귀적으로 객체를 불변으로 만들 수 있어요. 여기 또 다른 예가 있습니다.

리스트 9.4 재귀적으로 객체를 불변으로 만드는 자바스크립트 코드

```
function deepFreeze(object) {
  // 객체에 정의된 속성명을 얻음
  const propNames = Object.getOwnPropertyNames(object);

  // 자신을 불변으로 만들기 전에 속성을 불변으로 만듦

  for (const name of propNames) {
    const value = object[name];

    if (value && typeof value === "object") {
      deepFreeze(value);
    }
  }
  return Object.freeze(object);
}
```

테오 제가 우려했던 안전성과 관련해, 데이터가 절대로 변경되지 않는다는 것만큼은

확실하네요. 그럼 성능 관련 우려에 대해서도 알려주시겠어요?

|팁| 데이터를 변경하지 못하게 막는 건 가능하지만, 일일이 불변 상태로 전환해야 해서 번거롭다.

죠 물론이죠.

테오 제가 올바로 이해했다면, 구조적 공유라는 발상의 핵심은 대부분의 데이터가 보통은 두 버전 간에 공유된다는 것이에요.

죠 맞아요.

테오 이런 통찰 덕에 우리는 컬렉션의 새 버전을 만들면서 모든 상세 데이터까지 전체를 복제하지 않고 요소만 복제합니다. 이 때문에 효율적이라고 하셨고요.

죠 정확합니다.

테오 이제, 제가 뭘 걱정하는지 말씀드릴게요. 요소가 많은 컬렉션의 경우에는 최상단 데이터만 복사하더라도 비용이 많이 들어요.

죠 요소가 많은 컬렉션의 예를 들어주시겠어요?

테오 10만 권의 장서 데이터를 예로 들 수 있겠네요.

죠 제 컴퓨터에서 요소의 개수가 10만 건인 컬렉션의 요소만 복사하는 데 50밀리초 이상은 걸리지 않네요.

테오 수정할 때마다 50밀리초가 걸린다면 받아들일 수 없을 때도 있습니다.

죠 완전히 동의해요. 대규모로 데이터를 불변으로 관리해야 할 때 단순한 구조적 공유는 적합하지 않아요.

테오 더구나, 10만 건의 배열을 복제하면 갱신할 때마다 메모리가 100KB씩 증가할 거예요.

죠 정말로, 대규모에서는 메모리와 연산 모두에 문제가 있습니다.

|팁| 규모가 커지면, 단순한 구조적 공유는 메모리와 연산 모두에서 성능 문제를 일으킨다.

테오 해결책이 있나요?

죠 그럼요! 이 문제 때문에 불변성을 다루는 실제 방법을 배워야 해요. 이 방법을 영속 자료구조라고 부릅니다.

9.2 영속 자료구조의 효율성

테오 자료구조가 어떤 면에서 영속된다는 건가요?

죠 영속 자료구조는 항상 이전 버전이 유지되기 때문에 그렇게 이름이 붙었어요.

> **|팁|** 영속 자료구조는 수정될 때 언제나 자신의 이전 버전이 유지된다.

죠 영속 자료구조는 단순한 구조적 공유의 두 가지 주요 한계점을 해결합니다. 안전성과 성능 말입니다.

테오 안전성 먼저 이야기해보고 싶습니다. 영속 자료구조는 실수로 데이터가 변조되는 것을 어떤 식으로 방지하나요?

죠 자바 같은 언어에서는 컬렉션 인터페이스의 메서드 중에 데이터를 변경하는 메서드가 `UnsupportedOperationException` 예외를 던지도록 구현됩니다.

테오 그리고 자바스크립트 같은 언어에서는요?

죠 자바스크립트의 영속 자료구조는 데이터에 접근하는 자체 메서드를 제공하는데, 그중에 데이터를 변경하는 메서드는 없습니다.

테오 그 말은 점 표기법^dot notation^으로 필드에 직접 접근할 수 없다는 뜻인가요?

죠 맞습니다. 영속 자료구조의 필드는 특정 API로만 접근됩니다.

테오 효율성은 어떤가요? 영속 자료구조가 대규모 컬렉션의 신규 버전을 어떤 식으로 효율적으로 생성할 수 있는 건가요?

죠 영속 자료구조는 자료구조의 차원에서 구조적 공유가 사용될 수 있도록 데이터를 조직합니다.

테오 설명해주실 수 있나요?

죠 물론이죠. 가장 단순한 자료구조인 연결 리스트linked list부터 보죠. 요소가 10만 개인 연결 리스트가 있다고 해봐요.

테오 알겠습니다.

죠 리스트의 맨 앞에 요소를 추가하려면 어떻게 해야 할까요?

테오 추가된 요소가 있는 새 버전의 리스트를 생성한다는 뜻인가요?

죠 그렇습니다.

테오 흠… 리스트를 복제하고 리스트의 앞에 요소를 붙이겠죠. 하지만 무척 비싼 작업일 겁니다.

죠 원래의 연결 리스트가 불변으로 보장된다면 어떻게 하시겠어요?

테오 그렇다면, 새로운 첫 요소를 가진 새로운 리스트를 생성하고 새 리스트의 첫 요소가 원래 리스트의 첫 요소를 가리키도록 하겠어요.

테오는 강의실 칠판으로 가서 분필 조각을 집어든 후 그림 9.1의 도식을 그린다.

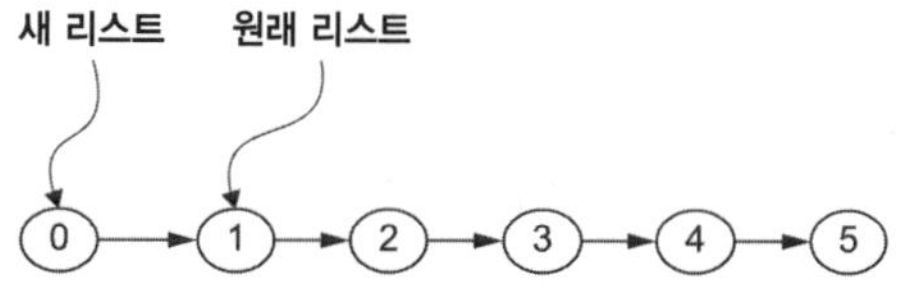

▲ **그림 9.1** 연결 리스트의 구조적 공유

죠 이 작업의 효율성이 리스트의 크기에 따라 달라질까요?

테오 아니요. 리스트의 크기와 상관없이 효율적입니다.

죠 이것이 제가 자료구조 차원에서 자체적으로 구조적 공유가 된다고 말한 것입니다. 영속 자료구조는 데이터가 불변이면 안전하게 공유할 수 있다는 단순하지만 놀라운 통찰에 기반하고 있습니다.

> **|팁|** 데이터가 불변이면 안전하게 공유할 수 있다.

테오 데이터 추가 작업에서 연결 리스트의 자료구조 차원에서 구조적 공유를 어떻게 사용하는지 이해했습니다. 하지만 리스트 뒤에 요소를 추가하거나 수정하는 작업은 어떤 방식으로 처리하나요?

죠 그런 일은, 머리를 좀 써서 리스트를 트리처럼 표현해야 해요.

테오 그게 어떤 도움이 되는 거죠?

죠 리스트를 트리로 표현하면, 트리의 노드 대부분이 리스트의 두 버전 간에 공유될 수 있어서 우리 문제를 푸는 데 유용합니다.

테오 전혀 이해 못하겠어요.

죠 요소가 10만 개인 리스트를 갖고 있고, 이 리스트를 요소 수가 5만 개인 리스트 두 개로 나눈다고 가정해보세요. 리스트 1에는 요소 0번부터 49,999번까지 있고, 리스트 2에는 요소 50,000번부터 99,999번까지 있는 거예요. 요소 하나, 예를 들어 75,100번 요소를 변경한 새 버전의 리스트를 생성한다면 얼마나 많은 연산이 필요할까요?

테오는 머릿속으로 이런 상황을 그리기 어려워서 칠판으로 돌아가 (그림 9.2와 같은) 도식을 그린다. 시각화하고 나니 죠가 한 질문에 답하기 쉬워졌다.

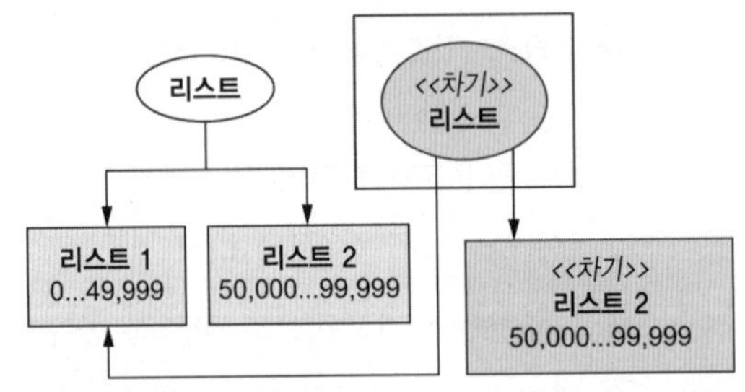

▲ **그림 9.2** 반으로 분리된, 요소가 10만 개인 리스트의 구조적 공유

테오 리스트 1은 연산 한 번으로 공유됩니다. 리스트 2는 75,100번째 요소를 수정한 새로운 버전을 생성해야 해서, 공유 연산 한 번과 5만 개의 요소를 복제하는 연산이 필요해요. 총 50,001회의 연산입니다.

죠 정확합니다. 원래 리스트를 두 리스트로 나눔으로써 새로운 버전의 리스트를 전체 리스트 크기를 둘로 나눈 수만큼의 연산 횟수만으로 생성할 수 있었어요.

테오 동의합니다. 하지만 5만 회도 너무 많아요.

죠 정말 그래요. 하지만 같은 기법을 다시 적용한다고 아무도 뭐라고 안 할 거예요. 리스트 1과 리스트 2를 각각 둘로 나누는 거죠.

테오 정확히 어떻게요?

죠 0부터 24,999번까지 요소로 리스트 1.1을, 25,000번부터 49,999번까지 요소로 리스트 1.2를, 50,000번부터 74,999번까지 요소로 리스트 2.1을, 75,000번부터 99,999번까지 요소로 리스트 2.2를 만들 수 있어요.

테오 칠판에 그려주실 수 있나요?

죠 물론이죠.

이번에는 죠가 칠판 앞에 선다. 그는 그림 9.3의 도식을 그린다.

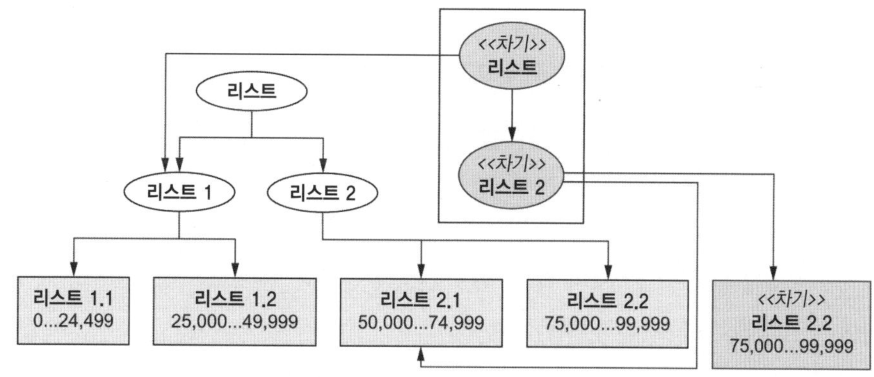

▲ **그림 9.3** 요소가 10만 개인 리스트를 두 번 나눴을 때의 구조적 공유

테오 요소 하나를 갱신하는 데 몇 번의 연산이 필요한지 세볼게요. 공유 연산에 2회, 25,000개의 요소를 복제할 때 요소마다 1회, 새로운 버전의 리스트를 생성하는 데 총 25,002회 연산합니다.

죠 맞아요!

테오 리스트를 다시 나눠봐요!

죠 당연하죠. 사실, 리스트를 리스트의 크기가 거의 2가 될 때까지 계속 반복해서 나눌 수 있어요. 그러면 새 버전을 생성하는 복잡도가 어떻게 될지 맞춰보시겠어요?

테오 대략 log2 *N*이 될 것 같아요.

죠 학창 시절에 배운 걸 잘 기억하시네요! *N*이 100,000일 때 log2 *N*이 얼마 정도일지 짐작하시겠어요?

테오 어디 보자… 2의 10승이 대략 1,000이고 2의 7승이 128이니… 17이 좀 안 될 것 같아요.

죠 정확히 16.6이에요. 다시 말해 100,000개의 요소가 있는 영속 리스트에서 요소 하나를 갱신하려면 17여 회의 연산이 필요하다는 뜻이죠. 접근할 때도 같고요.

테오 멋지네요. 하지만 17도 여전히 무시할 수 없는 수준이에요.

죠 그렇습니다. 트리의 분기되는 가짓수를 더 늘리면 요소에 접근하는 성능은 쉽게 개선할 수 있어요.

테오 무슨 뜻인가요?

죠 각 단계마다 둘로 나누는 대신 32개로 나눌 수 있어요.

테오 하지만 알고리듬의 시간 복잡도는 여전히 log *N*으로 증가해요.

죠 맞아요. 이론적으로는 같아요. 하지만 현실은 큰 차이가 납니다.

테오 왜 그런 거죠?

죠 log32 *N*이 log2 *N*보다 다섯 배나 낮기 때문이죠.

테오 그렇죠. 2의 5승은 32이니까요.

죠 요소 100,000개 리스트 문제로 돌아가서, 32개로 분기된다면 특정 요소에 접근하는 데 연산을 얼마나 많이 해야 할까요?

테오 두 개로 분기할 때는 16.6이었으나 16.6을 5로 나누면 3.3입니다.

죠 맞습니다.

> **|팁|** 분기수를 32로 늘리면, 훨씬 효율적으로 영속 리스트의 요소에 접근할 수 있게 된다.

테오 이 기법이 리스트의 요소를 수정하는 성능도 개선할까요?

죠 네, 개선됩니다.

테오 어떻게요? 단계마다 두 요소가 아닌 32개의 요소를 복제해야 합니다. 16배나 성능에 부담이 된다고요. 트리 깊이가 다섯 배로 줄어든다고 보상이 되지 않아요.

죠 수에 대한 감각이 뛰어나시네요. 우리 문제에서 성능 분석을 할 때 고려해야 하는 현실적인 요인이 또 하나 있어요. 바로 CPU 아키텍처입니다.

테오 재미있네요. 저에게 영속 자료구조에 관해 이야기하실수록 대학에서 시간을 갖기로 한 이유를 알게 됩니다. 다루는 모든 것이 학술적이군요.

죠 예. 따라서 계속하면, 현대의 CPU는 캐시 라인cache line이라고 하는 덩어리를 단위로 해서 메인 메모리에서 데이터를 읽거나 씁니다. 보통은 32바이트나 64바이트 길이에요.

테오 그게 어떤 차이를 만드나요?

죠 이런 데이터 접근 패턴 덕에 크기가 32인 배열의 복제가 트리의 다른 깊이에 속한 크기가 2인 배열 16개를 복제하는 것보다 훨씬 빠르다는 멋진 결론에 이르게 됩니다.

테오 왜 그렇게 되죠?

죠 크기가 32인 배열을 복제할 때 캐시를 한 번만 읽고 쓰면 되기 때문입니다. 반면에 다른 트리 깊이에 속한 배열의 경우, 배열에 요소가 두 개뿐이지만 배열마다 캐시를 읽고 써야 해요.

테오 다시 말해, 영속 리스트를 갱신하는 성능은 트리의 깊이에 좌우되는군요.

> **|팁|** 현대의 CPU 아키텍처에 따르면, 영속 리스트의 갱신 성능은 트리에 각 단계마다 있는 노드의 크기보다 트리의 깊이에 더 큰 영향을 받는다.

죠 어느 정도는 맞는 말씀입니다. 사실, 요즘 CPU에서 분기수로 64를 사용하면 갱신 작업의 성능이 떨어집니다.

테오 알겠습니다.

죠 이제, 이론적으로는 정확하지 않지만 실제로는 정확한 재미있는 주장을 하나 더 하려고 합니다.

테오 그게 뭐죠?

죠 분기수가 32인 영속 리스트에서 요소 하나를 얻을 때와 갱신할 때 연산량이 일정합니다.

테오 어떻게 그럴 수 있는 거죠? 방금 연산 횟수가 log32 *N*이라고 확인했잖아요.

죠 제 말을 들어보세요. 현실에서 리스트에 보관할 수 있는 요소는 최대 몇 개죠?

테오 잘 모르겠습니다. 생각해본 적이 없어요.

죠 리스트의 요소를 저장하는 데 4바이트가 소요된다고 가정해보죠.

테오 좋습니다.

죠 그럼 요소가 100억 개인 리스트를 보관하는 데 얼마만큼의 메모리가 소요될까요?

테오 0이 열 개인 거죠?

죠 네.

테오 각 요소가 4바이트를 차지하니 40GB 정도가 되겠네요.

죠 맞습니다. 메모리를 40GB나 차지하는 리스트를 보관하는 것이 합리적이지 않아 보이는데 어떠세요?

테오 동의합니다.

죠 자, 리스트의 최대 요소 수를 100억 개라고 해보죠. 100억의 log32 값은 얼마인가요?

다시 한번 테오는 칠판을 사용해서 생각을 정리한다. 덕분에 답을 빨리 찾는다.

테오 10억은 대략 2의 30승입니다. 따라서 100억은 대략 2의 33승이에요. 100억의 log2가 33이니 100억의 log32는 33/5여야 한다는 뜻이 됩니다. 7보다 조금 적은 거네요.

죠 수에 대한 감각이 역시 대단하시네요. 정확히 100억의 log32는 6.64입니다.

테오 (웃으며) 그렇게 정확히는 계산 못했네요.

죠 실제로 영속 리스트의 요소에 접근하거나 갱신하는 데 걸리는 시간이 본질적으로 일정하다고 한 이유를 납득하셨나요?

테오 네, 그리고 무척 놀랍습니다!

| **팁** | 영속 리스트는 거의 일정한 시간 내에 조작할 수 있다.

죠 저도요.

테오 영속 맵은 어떤가요?

죠 아주 비슷합니다. 하지만 영속 맵을 이야기할 시간이 없네요.

테오는 깜짝 놀라 시계를 본다. 오전 만남이 너무나 빨리 지나갔다. 이제 사무실로 돌아가 점심을 먹을 시간이다.

9.3 영속 자료구조 라이브러리

사무실로 돌아오는 도중에 테오와 죠는 그리 많은 대화를 나누지 않는다. 테오는 대학교 강의실에서 배운 것을 떠올리며 생각에 잠긴다. 영속 자료구조를 효율적으로 다루는 방법을 연구한 필 바그웰과 그 연구 결과를 핵심 기능으로 통합해서 사람들이 사용할 수 있도록 프로그래밍 언어를 만든 리치 하키를 떠올리자 존경심이 한껏 샘솟는다. 점심을 먹고 난 직후, 테오는 죠에게 실제 프로그래밍 언어에서 영속 자료구조를 어떤 식으로 다루는지를 물어본다.

테오 영속 자료구조는 모든 프로그래밍 언어에서 쓸 수 있는 건가요?

죠 클로저, 스칼라, C# 같은 일부 프로그래밍 언어는 언어의 일부로 영속 자료구조를 제공합니다. 하지만 대부분의 프로그래밍 언어에서는 별도로 라이브러리를 구해야 합니다.

테오 몇 가지 참고할 만한 라이브러리를 알려주실 수 있나요?

죠 그러죠.

테오의 노트북을 사용해 죠는 몇 가지 사이트를 북마크한다. 죠는 찾아야 할 사이트의 URL을 정확히 알고 있다. 테오가 북마크된 사이트를 살피는 동안 죠는 칠판으로 가서 표 9.1의 특정 라이브러리들을 대충 적는다.

- **자바스크립트용 Immutable.js**: https://immutable-js.com/
- **자바용 파구로**Paguro: https://github.com/GlenKPeterson/Paguro
- **C# 불변 컬렉션**: http://mng.bz/QW51
- **파이썬용 퍼시스턴트**Pyrsistent: https://github.com/tobgu/pyrsistent
- **루비용 햄스터**Hamster: https://github.com/hamstergem/hamster

▼ **표 9.1** 영속 자료구조 라이브러리

언어	라이브러리
자바스크립트	Immutable.js
자바	파구로
C#	언어 기본 제공
파이썬	퍼시스턴트
루비	햄스터

테오 외부 라이브러리의 영속 자료구조를 우리 코드에 통합하려면 뭐가 필요한가요?

9.3.1 자바 영속 자료구조

죠 자바 같은 객체지향 언어에서는 영속 자료구조를 프로그램에 통합하는 것이 아주 단순합니다. 영속 자료구조 라이브러리가 데이터를 변조할 수 있다는 점을 빼고는 자바 컬렉션 인터페이스를 구현하기 때문이에요.

테오 설명을 좀 더 해주시겠어요?

죠 예를 들어 자바용 파구로 영속 맵 구현의 경우, `get()`과 `containsKey()` 같은 읽기 전용 java.util.Map 메서드는 구현하지만 `put()`과 `remove()`는 아니에요. 반면, 파구로 벡터는 java.util.List의 메서드 중 `get()`과 `size()` 같은 읽기 전용 메서드는 구현하지만 set() 같은 메서드는 그렇지 않아요.

테오 파구로 맵의 put()이나 remove()를 호출하면 무슨 일이 일어나나요?

죠 UnSupportedOperationException 예외가 발생합니다.

테오 forEach()로 파구로 컬렉션의 요소를 하나씩 순회하는 건요?

죠 여느 자바 컬렉션과 동일하게 동작합니다. 예를 보여드릴게요.

리스트 9.5 파구로 벡터 순회

```
var myVec = PersistentVector.ofIter(
  List.of(10, 2, 3));   ◀─ 자바 리스트로
                           파구로 벡터를 생성한다.
for (Integer i : myVec) {
  System.out.println(i);
}
```

테오 자바의 스트림은 어때요?

죠 파구로 컬렉션은 자바 컬렉션입니다. 그러니 자바 스트림 인터페이스를 지원하죠. 이 코드를 보세요.

리스트 9.6 파구로 벡터 스트림

```
var myVec = PersistentVector.ofIter(List.of(10, 2, 3));

vec1.stream().sorted().map(x -> x + 1);
```

|팁| 파구로 컬렉션은 자바 컬렉션 인터페이스의 읽기 전용 부분을 구현한다. 따라서 자바 컬렉션을 변경 작업 없이 사용할 것으로 보이는 어느 메서드에나 전달될 수 있다.

테오 지금까지는 파구로 컬렉션을 자바 읽기 전용 컬렉션으로 사용하는 방법을 이야기하셨는데요. 파구로 영속 자료구조를 변경하려면 어떻게 해야 하나요?

죠 예전에 말씀드린 로대시 FP의 _.set()과 비슷합니다. 데이터를 직접 변경하는 대신, 새로운 버전을 생성하는 거죠.

테오 파구로가 자료구조의 새로운 버전을 생성하도록 제공하는 메서드가 뭔가요?

죠 벡터에서는 replace()를 사용해요. 맵에서는 assoc()이고요.

리스트 9.7 파구로 벡터의 변경된 버전 생성

```
var myVec = PersistentVector.ofIter(List.of(10, 2, 3));

var myNextVec = myVec.replace(0, 42);
```

리스트 9.8 파구로 맵의 변경된 버전 생성

```
var myMap = PersistentHashMap.of(Map.of("aa", 1, "bb", 2)
.entrySet());    ◀ 자바 맵에 등록된 내역을 추출해
                   파구로 맵을 생성한다.
var myNextMap = myMap.assoc("aa", 42);
```

테오 네! 자바에서 영속 자료구조를 어떻게 사용하는지 알겠네요. 그럼 자바스크립트는 어떨까요?

9.3.2 자바스크립트 영속 자료구조

죠 자바스크립트 같은 언어에서는 영속 자료구조를 통합하는 것이 좀 더 번거롭습니다.

테오 어떻게요?

죠 자바스크립트 객체와 배열은 아무런 인터페이스도 노출하지 않기 때문이에요.

테오 아쉽네요.

죠 생각보다 나쁜 건 아니에요. Immutable.js가 자체 자료구조를 다루는 독자적인 함수 집합을 제공하니까요.

테오 무슨 말인가요?

죠 잠시 후에 보여주겠습니다. 하지만 먼저, Immutable.js 영속 자료구조를 초기화하는 방법을 보여드리죠.

테오 좋습니다.

죠　Immutable.js는 기본 데이터 객체를 불변 데이터 객체로 재귀적으로 변환하는 간편한 함수를 제공합니다. `Immutable.fromJS()`라는 함수예요.

테오　재귀라니 무슨 뜻이죠?

죠　도서관 관리 시스템의 도서관 데이터를 맵에 보관한다고 해보죠. 그 맵의 값 중에는 또 다른 맵인 값이 있을 수 있어요. `Immutable.fromJS()`는 내부에 중첩된 맵까지 불변 맵으로 변환합니다.

테오　코드로 보여주시겠어요?

죠　물론입니다. 이 도서관 데이터 자바스크립트 코드를 보시죠.

리스트 9.9 불변 데이터로 변환

```
var libraryData = Immutable.fromJS({
  "catalog": {
    "booksByIsbn": {
      "978-1779501127": {
        "isbn": "978-1779501127",
        "title": "Watchmen",
        "publicationYear": 1987,
        "authorIds": ["alan-moore",
          "dave-gibbons"]
        }
      },
      "authorsById": {
        "alan-moore": {
          "name": "Alan Moore",
          "bookIsbns": ["978-1779501127"]
        },
        "dave-gibbons": {
          "name": "Dave Gibbons",
          "bookIsbns": ["978-1779501127"]
        }
      }
    }
  }
);
```

테오 libraryData 맵의 catalog 값이 불변 맵이라는 뜻인가요?

조 네, 그리고 booksByIsbn, authorIds 등등도 동일합니다.

테오 멋지군요. 그러면 불변 맵의 필드에 접근하려면 어떻게 해야 하나요?

조 말씀드린 것처럼, Immutable.js는 데이터 접근용 API를 제공합니다. 예를 들어, 불변 맵의 내부 필드에 접근하려면 다음과 같이 Immutable.get()이나 Immutable.getIn()을 사용합니다.

리스트 9.10 불변 맵의 필드나 중첩된 필드에 접근하는 방법

```
Immutable.get(libraryData, "catalog");
Immutable.getIn(libraryData,
  ["catalog", "booksByIsbn", "978-1779501127", "title"]);
// → "Watchmen"
```

테오 맵은 어떻게 변경할 수 있나요?

조 로대시 FP로 했던 방식과 비슷하게 Immutable.set()이나 Immutable.setIn()을 사용해서 필드 하나가 수정된 새로운 버전의 맵을 생성합니다.

리스트 9.11 필드 하나가 수정된 새로운 버전의 맵 생성

```
Immutable.setIn(libraryData,
  ["catalog", "booksByIsbn",
    "978-1779501127", "publicationYear"],
  1988);
```

테오 자바스크립트의 점 표기법이나 대괄호 표기법으로 맵의 필드에 접근하려고 하면 무슨 일이 일어나죠?

조 맵 필드에 접근하는 대신 맵의 내부에 접근하게 됩니다.

테오 그렇다면, 데이터를 조작할 때 Immutable.js에서 로대시로 데이터를 넘길 수 없다는 뜻인가요?

조 맞습니다. 하지만 어느 불변 컬렉션을 기본 자바스크립트 객체로 변환했다가 되돌리는 건 무척 쉬워요.

테오　어떻게 하는 거죠?

죠　Immutable.js는 깊게 중첩된 임의의 불변 컬렉션을 자바스크립트 객체로 변환하는 `toJS()` 메서드를 제공합니다.

테오　하지만 컬렉션이 엄청나게 크다면, 변환하는 데 시간이 걸리지 않을까요?

죠　그렇습니다. 그래서 더 나은 해법이 필요합니다. 다행히 Immutable.js가 데이터를 조작하는 `map()`, `filter()`, `reduce()`와 같은 여러 데이터 조작 함수를 직접 제공합니다.

테오　로대시의 `_.groupBy()` 같은 데이터 조작 함수가 더 필요하다면요?

죠　Immutable.js 컬렉션으로 동작하는 데이터 조작 함수를 직접 작성할 수 있겠죠. 아니면, 뮤대시[mudash]와 같이 로대시를 Immutable.js로 이식한 라이브러리를 사용하거나요.

|**노트**| 뮤대시 라이브러리는 깃허브(https://github.com/brianneisler/mudash)에서 찾을 수 있다.

테오　어떤 것을 권하실 건가요?

죠　커피 한 잔을 마시고 나서 어떻게 함수를 로대시에서 Immutable.js로 이식하고 도서관 관리 시스템에서 이 코드를 어떻게 적용하는지 보여드리죠. 어떤 방식이 지금 프로젝트에서 최선일지 판단하실 수 있을 거예요.

9.4 실무 영속 자료구조

죠　검색부터 시작해볼까요? 현재 코드를 보고 검색을 구현하는 데 사용된 로대시 함수를 말씀해주시겠어요?

테오　단위 테스트를 포함해서요?

죠　물론이죠.

|**노트**| 검색 요청의 단위 테스트는 6장을 참고한다.

9.4.1 영속 자료구조를 사용한 조회 코드

테오 우리가 사용한 로대시 함수는 get, map, filter, isEqual입니다.

죠 이것이 이 네 가지 로대시 함수를 Immutable.js로 이식한 결과예요.

리스트 9.12 로대시에서 Immutable.js로 이식된 몇 가지 함수

```
Immutable.map = function(coll, f) {
  return coll.map(f);
};

Immutable.filter = function(coll, f) {
  if(Immutable.isMap(coll)) {
    return coll.valueSeq().filter(f);
  }
  return coll.filter(f);
};

Immutable.isEqual = Immutable.is;
```

테오 코드가 무척 단순해 보이네요. 함수를 하나씩 설명해주실 수 있나요?

죠 물론입니다. get부터 보죠. Immutable.js는 맵의 필드에 접근하는 두 가지 함수를 제공해요. get은 맵의 자체 필드에 접근하고, getIn은 내부에 중첩된 필드에 접근해요. 이것이 로대시와 다른 점이죠. _.get은 자체 필드와 중첩된 필드 모두에 사용됩니다.

테오 map은 어떤가요?

죠 Immutable.js는 자체 map 함수를 제공해요. 다만, 독립 함수가 아니라 컬렉션의 메서드라는 점이 유일한 차이입니다. 하지만 쉽게 수용할 수 있는 것이죠.

테오 filter는 어떤가요? 로대시의 filter처럼 배열과 맵 모두에 동작하도록 만들 방법이 있나요?

죠 Immutable.js는 맵의 값을 반환하는 valueSeq란 메서드를 제공해요.

테오 멋지군요. 두 컬렉션을 비교하는 isEqual은 어때요?

죠 그건 쉽습니다. Immutable.js는 is라는 함수를 제공하는데, isEqual과 정확히 동일하게 동작합니다.

테오 지금까지는 아주 좋네요. 그럼 검색 코드가 Immutable.js에서 동작하도록 만들려면 뭘 해야 하나요?

죠 _가 보일 때마다 Immutable로 바꾸기만 하면 됩니다. _.map은 Immutable.map이, _.filter는 Immutable.filter가, _.isEqual은 Immutable.isEqual이 됩니다.

테오 너무 쉬워서 믿을 수가 없네요.

죠 직접 해보시면 알게 될 거예요. 종종 Immutable.fromJS를 사용해 자바스크립트 객체를 Immutable.js 객체로 변환해야 해서 번거로울 때도 있습니다.

테오는 검색 코드와 단위 테스트 부분만 따로 복사해서 붙인다. 그리고 IDE를 사용해 _를 Immutable로 교체한다. 테스트를 실행하고 무사히 통과하는 것을 본 테오는 놀라면서 만족해한다. 죠는 웃는다.

리스트 9.13 영속 자료구조를 사용한 도서 검색 구현

```
class Catalog {
  static authorNames(catalogData, authorIds) {
    return Immutable.map(authorIds, function(authorId) {
      return Immutable.getIn(
        catalogData,
        ["authorsById", authorId, "name"]);
    });
  }

  static bookInfo(catalogData, book) {
    var bookInfo =  Immutable.Map({
      "title": Immutable.get(book, "title"),
      "isbn": Immutable.get(book, "isbn"),
      "authorNames": Catalog.authorNames(
```

```
            catalogData,
            Immutable.get(book, "authorIds"))
        });
        return bookInfo;
    }

    static searchBooksByTitle(catalogData, query) {
        var allBooks = Immutable.get(catalogData, "booksByIsbn");
        var queryLowerCased = query.toLowerCase();
        var matchingBooks = Immutable.filter(allBooks, function(book) {
                return Immutable.get(book, "title").
            toLowerCase().
            includes(queryLowerCased);
        });
        var bookInfos = Immutable.map(matchingBooks, function(book) {
            return Catalog.bookInfo(catalogData, book);
        });
        return bookInfos;
    }
}
```

리스트 9.14 영속 자료구조를 사용한 도서 검색 테스트

```
var catalogData = Immutable.fromJS({
    "booksByIsbn": {
        "978-1779501127": {
            "isbn": "978-1779501127",
            "title": "Watchmen",
            "publicationYear": 1987,
            "authorIds": ["alan-moore",
                "dave-gibbons"]
        }
    },
    "authorsById": {
        "alan-moore": {
            "name": "Alan Moore",
            "bookIsbns": ["978-1779501127"]
        },
        "dave-gibbons": {
            "name": "Dave Gibbons",
```

```
      "bookIsbns": ["978-1779501127"]
    }
  }
});

var bookInfo = Immutable.fromJS({
  "isbn": "978-1779501127",
  "title": "Watchmen",
  "authorNames": ["Alan Moore",
    "Dave Gibbons"]
});

Immutable.isEqual(
  Catalog.searchBooksByTitle(catalogData, "Watchmen"),
  Immutable.fromJS([bookInfo]));
// → true

Immutable.isEqual(
  Catalog.searchBooksByTitle(catalogData, "Batman"),
  Immutable.fromJS([]));
// → true
```

9.4.2 영속 자료구조를 사용한 변경 코드

테오 이제 다음 단계인 회원을 추가하는 변경 부분을 이식해볼까요?

죠 그러죠. 회원 추가 변경을 로대시에서 Immutable.js로 이식하는 것도 밑줄(_) 문자를 Immutable로 교체하기만 하면 됩니다. 코드를 좀 볼까요?

리스트 9.15 영속 자료구조를 사용한 회원 추가 구현

```
UserManagement.addMember = function(userManagement, member) {
  var email = Immutable.get(member, "email");
  var infoPath = ["membersByEmail", email];
  if(Immutable.hasIn(userManagement, infoPath)) {
    throw "Member already exists.";
  }
  var nextUserManagement = Immutable.setIn(userManagement,
```

```
    infoPath,
    member);
  return nextUserManagement;
};
```

테오 테스트에서는 자바스크립트 객체를 `Immutable.fromJS()`를 써서 Immutable.js 객체로 변환하겠습니다. 이 코드가 어떻게 보이나요?

리스트 9.16 영속 자료구조를 사용한 회원 추가 테스트

```
var jessie = Immutable.fromJS({
  "email": "jessie@gmail.com",
  "password": "my-secret"
});

var franck = Immutable.fromJS({
  "email": "franck@gmail.com",
  "password": "my-top-secret"
});

var userManagementStateBefore = Immutable.fromJS({
  "membersByEmail": {
    "franck@gmail.com": {
      "email": "franck@gmail.com",
      "password": "my-top-secret"
    }
  }
});

var expectedUserManagementStateAfter = Immutable.fromJS({
  "membersByEmail": {
    "jessie@gmail.com": {
      "email": "jessie@gmail.com",
      "password": "my-secret"
    },
    "franck@gmail.com": {
      "email": "franck@gmail.com",
      "password": "my-top-secret"
    }
```

```
  }
});

var result = UserManagement.addMember(userManagementStateBefore, jessie); Immutable.
isEqual(result, expectedUserManagementStateAfter);
// → true
```

죠 훌륭합니다!

9.4.3 직렬화와 역직렬화

테오 Immutable.js도 JSON 직렬화와 역직렬화를 지원하나요?

죠 직렬화는 기본으로 제공합니다. 역직렬화하는 함수는 직접 작성해야 해요.

테오 Immutable.js가 `Immutable.stringify()` 함수를 제공하는 거예요?

죠 그럴 필요가 없습니다. 자바스크립트 기본 함수인 `JSON.stringify()`를 Immutable.js 객체와 함께 사용할 수 있기 때문이죠. 여기에 또 다른 예가 있습니다.

리스트 9.17 Immutable.js 컬렉션의 JSON 직렬화

```
var bookInfo = Immutable.fromJS({
  "isbn": "978-1779501127",
  "title": "Watchmen",
  "authorNames": ["Alan Moore",
    "Dave Gibbons"]
});

JSON.stringify(bookInfo);
// → {\"isbn\":\"978-1779501127\",\"title\":\"Watchmen\",
// → \"authorNames\":[\"Alan Moore\",\"Dave Gibbons\"]}
```

테오 `JSON.stringify()`가 Immutable.js 컬렉션을 다루는 방법을 어떻게 아는 거죠?

죠 OOP 개발자라면 이런 일에 놀라면 안 되죠.

테오 흠… 잠깐 생각해볼게요. 혹시 `JSON.stringify()`가 인자의 어떤 메서드를 호출하기 때문인 걸까요?

죠 바로 그거예요! `JSON.stringify()`에 `.toJSON()` 메서드를 가진 객체가 전달되면, `JSON.stringify()`가 그 메서드를 호출합니다.

테오 좋네요. JSON 역직렬화는 어떤가요?

죠 두 단계를 거치게 되죠. 먼저 JSON 문자열을 자바스크립트 객체로 변환합니다. 그러고 나서 불변 컬렉션으로 변환합니다.

테오 코드가 이런 식인가요?

리스트 9.18 JSON 문자열에서 불변 컬렉션으로 변환

```
Immutable.parseJSON = function(jsonString) {
  return Immutable.fromJS(JSON.parse(jsonString));
};
```

죠 정확합니다.

9.4.4 구조적 비교

테오 지금까지는 단순한 데이터 조작을 다루는 코드만 이식했어요. 두 맵의 구조적 비교structural diff와 같은 복잡한 데이터 조작은 어떻게 되는지도 궁금합니다.

> **|노트|** 구조적 비교는 5장에서 소개됐다.

죠 구조적 비교도 어려울 것 없어요. 하지만 또 다른 여덟 가지 함수를 이식해야 합니다.

리스트 9.19 구조적 비교 연산에 사용되는 로대시 함수 이식

```
Immutable.reduce = function(coll, reducer, initialReduction) {
  return coll.reduce(reducer, initialReduction);
};

Immutable.isEmpty = function(coll) {
  return coll.isEmpty();
```

```
};

Immutable.keys = function(coll) {
  return coll.keySeq();
};

Immutable.isObject = function(coll) {
  return Immutable.Map.isMap(coll);
};

Immutable.isArray = Immutable.isIndexed;

Immutable.union = function() {
  return Immutable.Set.union(arguments);
};
```

테오 대부분 특별해 보이지 않네요. 한 가지, `Immutable.union`의 `arguments` 사용 부분만 빼고 말입니다.

죠 자바스크립트에서 `arguments`는 암묵적인 배열입니다. 함수의 인자 값을 담고 있는 객체 같은 거죠.

테오 잘 알겠습니다. 자바스크립트 마술 같은 거군요.

죠 넵! 로대시와 Immutable.js의 `union` 함수 서명이 서로 조금 달라서 `arguments`가 필요합니다. `Immutable.Set.union`은 리스트의 배열을 인자로 받지만, 로대시 `_.union`은 여러 배열을 인자로 받거든요.

테오 그렇군요. 제가 한번 사용해볼게요.

테오는 노련한 금고 털이처럼 한쪽 손의 손가락을 입으로 불더니 다른 손도 마저 불고 타이핑을 시작한다. 다시 한번, 테오는 리스트 9.20처럼 _를 `Immutable`로 교체한 후에 리스트 9.21의 테스트가 통과하는 것에 놀란다.

리스트 9.20 영속 자료구조로 구현된 구조적 비교

```
function diffObjects(data1, data2) {
  var emptyObject = Immutable.isArray(data1) ?
```

```
    Immutable.fromJS([]) :
    Immutable.fromJS({});
  if(data1 == data2) {
    return emptyObject;
  }
  var keys = Immutable.union(Immutable.keys(data1), Immutable.keys(data2));
  return Immutable.reduce(keys,
    function (acc, k) {
      var res = diff(Immutable.get(data1, k),
        Immutable.get(data2, k));
      if((Immutable.isObject(res) && Immutable.isEmpty(res)) ||
        (res == "data-diff:no-diff")) {
        return acc;
      }
      return Immutable.set(acc, k, res);
    },
    emptyObject);
}

function diff(data1, data2) {
  if(Immutable.isObject(data1) && Immutable.isObject(data2)) {
    return diffObjects(data1, data2);
  }
  if(data1 !== data2) {
    return data2;
  }
  return "data-diff:no-diff";
}
```

리스트 9.21 영속 자료구조를 사용한 구조적 비교 테스트

```
var data1 = Immutable.fromJS({
  g: {
    c: 3
  },
  x: 2,
  y: {
    z: 1
  },
  w: [5]
```

```
});

var data2 = Immutable.fromJS({
  g: {
    c:3
  },
  x: 2,
  y: {
    z: 2
  },
  w: [4]
});

Immutable.isEqual(diff(data1, data2),
  Immutable.fromJS({
  "w": [
    4
  ],
  "y": {
    "z": 2
  }
}));
```

죠 해보니 어떠신가요?

테오 Immutable.js 같은 라이브러리를 사용해서 영속 컬렉션을 사용하는 건 영속 자료구조 내부를 이해하는 것보다 훨씬 쉽네요. 하지만 내부에서 어떻게 동작하는지 이해한 것 역시 기쁩니다.

사무실 입구까지 죠를 배웅한 테오는 데이브를 만난다. 데이브는 테오의 사무실 창 틈으로 칠판을 살펴보면서 오늘은 DOP에 대해 어떤 이야기를 나눴는지 알고 싶어 한다.

데이브 오늘은 죠가 어떤 걸 가르쳐줬나요?

테오 저를 대학교에 데려가더니 대규모의 불변성을 다루는 영속 자료구조에 대한 기반 지식을 가르쳐줬어요.

데이브 제가 수개월 전에 구현한 구조적 공유에 무슨 문제라도 있는 건가요?

테오 컬렉션의 요소 개수가 일정 규모 이상이 되면, 단순한 구조적 공유는 성능 문제가 발생합니다.

데이브 그렇군요. 좀 더 말씀해주실 수 있나요?

테오 기꺼이 그러고 싶지만, 흥미진진하면서도 지치는 하루를 보내고 나니 제 두뇌가 정상 동작하지 않네요. 조만간 알려드리죠. 약속해요.

데이브 좋습니다. 그럼 좋은 오후 보내시길 바랍니다.

테오 좋은 오후 보내세요.

요약

- 데이터를 변경하지 못하게 막는 건 가능하지만 일일이 불변 상태로 전환해야 해서 번거롭다.
- 규모가 커지면, 단순한 구조적 공유는 메모리와 연산 모두에서 성능 문제를 일으킨다.
- 단순한 구조적 공유는 실수로 데이터가 변조되는 것을 막지는 못한다.
- 불변 컬렉션은 영속 자료구조와 같지 않다.
- 불변 컬렉션은 컬렉션의 신규 버전을 효율적으로 생성하는 방법을 제공하지 않는다.
- 영속 자료구조는 변조되지 않게 데이터를 보호한다.
- 영속 자료구조는 컬렉션의 신규 버전을 효율적으로 생성하는 방법을 제공한다.
- 영속 자료구조가 변경되면 언제나 자신의 이전 버전을 유지한다.
- 영속 자료구조는 메모리와 연산 모두의 관점에서 구조적 공유의 규모를 확장하기 좋은 방식으로 데이터를 내부에 표현한다.
- 데이터가 불변이면, 공유해도 안전하다.
- 내부에서 영속 자료구조는 분기수로 32를 사용한다.
- 이론과 달리 현실에서, 영속 자료구조는 100억 개의 항목이 있는 큰 컬렉션이라고 해도 효율적으로 조작된다.
- 현대 아키텍처를 고려하면, 영속 리스트를 갱신하는 성능은 트리 각 단계의 노드 수보다 트리의 깊이에 훨씬 더 좌우된다.

- 영속 리스트는 거의 일정한 시간 안에 조작될 수 있다.
- 대부분의 언어에서 영속 자료구조를 구현한 라이브러리를 구할 수 있다.
- 파구로 컬렉션은 자바 컬렉션 인터페이스의 읽기 전용 부분을 구현한다.
- 파구로 컬렉션은, 자바 컬렉션을 받으면서 변경은 하지 않는 메서드라면 어느 것에도 전달될 수 있다.

10 데이터베이스 작업

구름은 구름일 뿐

10장에서 다루는 내용

- 데이터베이스에서 데이터 읽어오기
- 데이터베이스에 데이터 저장하기
- 데이터베이스에서 읽어온 데이터 조작하기

통상의 OOP에서는 디자인 패턴과 복잡한 객체의 계층을 사용해 데이터베이스 접근 구조를 잡는다. DOP에서는 데이터베이스에서 가져온 데이터를 주로 범용 데이터 컬렉션으로 표현한다. 정확히는 맵의 리스트를 사용하고 맵의 필드는 데이터베이스 컬럼 값과 대응한다. 이 장에서 살펴보겠지만, 맵 내부의 필드에 필드 이름으로 동적으로 접근할 수 있기 때문에 서로 다른 데이터 개체에 동일한 범용 코드를 사용할 수 있다.

|**팁**| 데이터를 조작하는 최선의 방법은 데이터를 데이터로 표현하는 것이다.

이 장에서는 관계형 데이터베이스의 데이터에 접근할 때 데이터 지향 원리를 어떻게 적

용하는지를 설명하며, 관계형 데이터베이스와 (SELECT, AS, WHERE, INNER JOIN 같은) SQL 쿼리 문법을 알고 있다고 가정한다. 이 방식은 NoSQL 데이터베이스에도 쉽게 적용된다.

서버에서 동작하는 애플리케이션은 주로 데이터를 데이터베이스에 저장한다. DOP에서는 데이터베이스에서 얻은 데이터도 애플리케이션의 다른 데이터를 표현할 때와 동일한 방식인 범용 데이터 컬렉션으로 표현한다. 따라서 다음과 같은 특징을 얻을 수 있다.

- 시스템 복잡도 감소
- 일반성 증가

10.1 데이터베이스에서 데이터를 가져오는 작업

테오와 죠는 사무실 인근의 공원에서 산책을 한다. 그들은 아름다운 호수 가까이에 있는 벤치에 앉아 하늘에 떠 있는 구름을 바라본다. 수 분간 조용한 침묵이 흐른 후에 죠가 테오에게 "뭐처럼 보이세요?"라고 묻는다. 테오는 이 구름은 말처럼 보이고 저 구름은 자동차처럼 보인다고 답한다. 사무실로 돌아오는 길에 테오는 구름에 대해 물은 어떠한 이유가 있는지를 죠에게 묻는다. 죠는 입가에 미묘한 미소를 지으면서 "구름은 구름이죠"라고 답한다.

테오 지금까지는 DOP가 애플리케이션의 메모리에 있는 데이터를 어떤 식으로 표현하는지 보여주셨어요. 외부에 있는 데이터는 어떻게 하나요?

죠 '외부'가 뭘 말하는 건가요?

테오 데이터베이스에서 가져오는 데이터요.

죠 제가 역으로 질문을 해보죠. 데이터베이스에서 가져오는 데이터를 DOP에서는 어떻게 표현해야 한다고 생각하세요?

테오 아마도 범용 데이터 컬렉션이겠죠?

죠 그렇습니다. DOP에서는 언제나 데이터를 범용 데이터 컬렉션으로 표현합니다.

테오 그 말은 데이터베이스에서 가져오는 데이터를 메모리의 데이터를 다룰 때와 같은 유연성을 갖고 다룰 수 있다는 뜻인가요?

죠 그렇고 말고요.

|팁| DOP에서는 데이터베이스에서 가져온 데이터를 범용 데이터 컬렉션으로 표현하며 범용 함수로 다룬다.

테오 장서 데이터가 SQL 데이터베이스에 저장돼 있을 때 도서 검색 결과를 어떻게 얻는지 보여주실 수 있나요?

죠 조금 있다 보여드릴 테니, 장서 데이터를 저장할 테이블을 어떻게 설계할지 먼저 말씀해보시겠어요?

테오 그 말은 정확한 테이블 스키마가 어떤지 말해보라는 건가요? 기본 키와 각 컬럼의 널null 가능성에 관한 정보를 포함해서요?

죠 아니요. 테이블과 컬럼, 테이블 간의 관계 같은 대략의 윤곽만 말씀하시면 됩니다.

테오는 칠판으로 가서 자신의 생각을 그림 10.1과 같은 도식으로 그려 죠에게 설명한다.

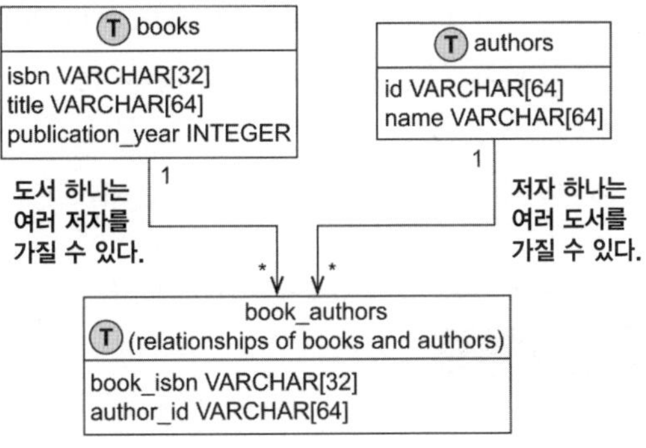

▲ **그림 10.1** books와 authors 데이터베이스 모델

테오 `books` 테이블이 있고 컬럼은 `title`, `isbn`, `publication_year` 셋입니다. `authors` 테이블도 있는데, 여기에는 `id`와 `name` 두 컬럼이 있어요. 칠판에 두 테이블의 예를 적어볼게요(표 10.1과 10.2 참고).

▼ **표 10.1** 책이 두 권 등록된 books 테이블

title	isbn	publication_year
The Power of Habit	978-0812981605	2012
7 Habits of Highly Effective People	978-1982137274	1989

▼ **표 10.2** 세 저자가 등록된 authors 테이블

id	name
sean-covey	Sean Covey
stephen-covey	Stephen Covey
charles-duhigg	Charles Duhigg

죠 books와 authors의 관계는 어떻게 되는 거죠?

테오 책 한 권을 여러 저자가 저술할 수 있고, 한 저자가 여러 책을 저술할 수 있다고 해보죠. 결국, book_isbn과 author_id 두 컬럼으로 authors와 books를 연결해 다대다 관계를 나타내는 book_authors 테이블이 필요합니다.

테오는 다시 한번 칠판으로 다가가 표 10.3의 book_authors를 적어 죠에게 보여준다.

▼ **표 10.3** 각 행마다 books와 관련 authors를 연결하는 book_authors 테이블

book_isbn	author_id
978-1982137274	sean-covey
978-1982137274	stephen-covey
978-0812981605	charles-duhigg

죠 아주 좋습니다. 그럼 단순한 경우에서 시작해볼까요? 제목으로 책을 검색해서 도서 기본 정보를 반환하는 코드를 작성해볼 거예요. 기본 정보는 제목, ISBN, 출판 연도를 뜻합니다.

테오 저자는요?

죠 저자는 나중에 다룰게요. 조금 복잡하거든요. 'habit'이란 단어가 제목에 포함돼

있는 도서를 얻는 SQL 쿼리를 작성해보시겠어요?

테오 알겠습니다.

테오에게는 아주 쉬운 문제다. 테오는 먼저 SQL 쿼리를 작성하고 나서 표 10.4의 결과를 제시한다.

리스트 10.1 제목에 'habit'이 포함된 도서를 찾는 SQL 쿼리

```
SELECT
title,
isbn,
publication_year
FROM
books
WHERE title LIKE '%habit%';
```

▼ **표 10.4** 제목에 'habit'이 포함된 도서를 찾는 SQL 쿼리가 실행된 결과

title	isbn	publication_year
The Power of Habit	978-0812981605	2012
7 Habits of Highly Effective People	978-1982137274	1989

죠 이 결과를 데이터 컬렉션으로 어떻게 나타내시겠어요?

테오 맵의 리스트가 될 것 같네요.

> **|팁|** DOP에서 NoSQL 데이터베이스의 데이터에 접근하는 방법은 관계형 데이터베이스의 데이터에 접근하는 방법과 비슷하다.

죠 맞습니다. 이제 검색 결과를 맵의 리스트로 적어보시겠어요?

테오 복잡해 보이지는 않네요. 이건 어떤가요?

리스트 10.2 맵의 리스트로 표현된 검색 결과

```
[
  {
    "title": "7 Habits of Highly Effective People",
    "isbn": "978-1982137274",
    "publication_year": 1989
  },
  {
    "title": "The Power of Habit",
    "isbn": "978-0812981605",
    "publication_year": 2012
  }
]
```

죠 검색 결과의 JSON 스키마는요?

테오 전에 선물로 주셨던 JSON 스키마 요약지를 참고할 수 있다면 그리 어렵지 않을 것 같아요.

죠 물론 보실 수 있죠. 선물이라는 건 받는 사람이 사용하길 바라면서 주는 것이니까요.

테오는 JSON 스키마 요약지를 살펴보고 JSON 스키마 문법에 대한 기억을 되살린다. 잠시 후에 테오는 검색 결과 스키마를 고안해낸다. 죠의 선물이 잘 쓰이고 있는 것이 분명하다.

리스트 10.3 JSON 스키마 요약지

```
{
  "type": "array",
  "items": {
    "type": "object",
    "properties": {
      "myNumber": {"type": "number"},
      "myString": {"type": "string"},
      "myEnum": {"enum": ["myVal", "yourVal"]},
      "myBool": {"type": "boolean"}
    },
    "required": ["myNumber", "myString"],
```

```
    "additionalProperties": false
  }
}
```

리스트 10.4 데이터베이스에서 얻은 검색 결과 JSON 스키마

```
var dbSearchResultSchema = {
  "type": "array",
  "items": {
    "type": "object",
    "required": ["title", "isbn", "publication_year"],
    "properties": {
      "title": {"type": "string"},
      "isbn": {"type": "string"},
      "publication_year": {"type": "integer"}
    }
  }
};
```

죠 아주 훌륭해요. 이제 데이터베이스에서 데이터를 얻어 결과를 JSON 문자열로 반환하는 `searchBooks` 함수를 어떻게 구현하면 되는지 보여드리죠. 데이터베이스 계층에서 JSON 직렬화까지 범용 데이터 컬렉션만 사용한다는 점이 멋집니다.

테오 저에게 DOP를 설명할 때 작성했던 `searchBooks`의 구현과 비슷할까요?

죠 물론이죠. 유일한 차이라면 그때는 시스템의 상태가 메모리에 저장되고 `_.filter` 같은 함수로 질의했다는 것입니다. 이제는 데이터베이스에서 상태를 얻는 데 SQL 쿼리를 사용합니다. 데이터를 표현하고 조작하는 측면에서는 정확히 동일합니다.

죠는 칠판에 그림 10.2의 데이터 흐름을 스케치한다. 테오는 그 내용을 자세히 살펴본다.

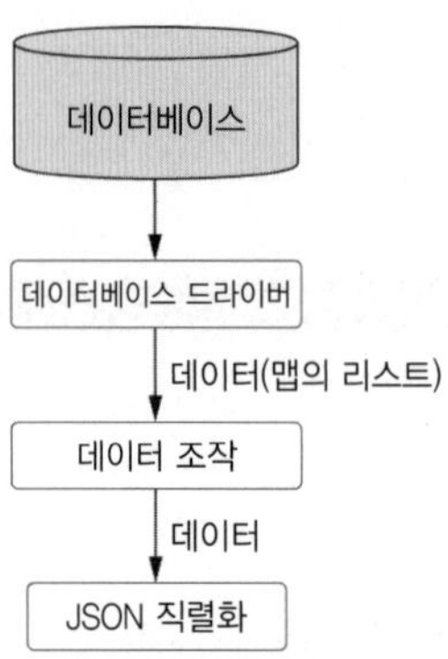

▲ **그림 10.2** 데이터베이스에서 데이터를 얻는 요청을 처리하는 데이터 흐름

죠 데이터 조작 단계는 데이터 컬렉션을 다루는 범용 함수를 통해 구현됩니다. 우리 예제가 발전될수록 데이터 컬렉션을 범용 함수로 조작할 수 있다는 것의 이점을 보게 될 거예요.

테오 기대되네요.

죠 데이터베이스와 접속할 때 맵의 리스트를 반환하는 드라이버를 사용합니다. 자바스크립트에서는 node-postgres 같은 SQL 드라이버를 사용할 수 있어요.

> **|노트|** PostgreSQL 데이터베이스와 인터페이스하는 노드.js 모듈에 대해 더 자세히 알고 싶다면 웹 사이트(https://node-postgres.com)를 살펴보자.

테오 자바에서는요?

죠 자바에서는 JDBC(Java Database Connectivity)에 JDBC 결과 집합을 맵의 리스트로 변환하는 작은 유틸리티 함수를 추가로 사용할 수 있습니다. 노트북 좀 쓸 수 있을까요? 무슨 말을 하는 건지 보여드리죠.

죠는 자신의 개인 깃허브 저장소 중 한 곳에서 코드 하나를 받는다. JDBC 변환을 하는 이 코드를 본 테오는 조금 놀란 듯하다.

리스트 10.5 JDBC 결과 집합을 해시맵의 리스트로 변환하는 코드

```
List<Map<String, Object>> convertJDBCResultSetToListOfMaps(ResultSet rs) {
  List<Map<String, Object>> listOfMaps =
    new ArrayList<Map<String, Object>>();
  ResultSetMetaData meta = rs.getMetaData();
  while (rs.next()) {
    Map map = new HashMap();
    for (int i = 1; i <= meta.getColumnCount(); i++) {
      String key = meta.getColumnLabel(i);
      Object value = rs.getObject(i);
      map.put(key, value);
    }
    listOfMaps.add(map);
  }
  return listOfMaps;
}
```

> **|팁|** JDBC 결과 집합을 해시맵의 리스트로 변환하는 일은 매우 직관적이다.

테오 JDBC 결과 집합을 해시맵의 리스트로 변환하는 작업이 훨씬 복잡할 줄 알았습니다.

죠 이 작업이 뻔한 이유는 어떤 면에서 JDBC가 데이터 지향적이기 때문이에요.

테오 필드 자료형은 어떻게 되죠?

죠 JDBC 결과 집합을 맵의 리스트로 변환할 때, 각 값은 `Object`로 취급됩니다.

테오 성가시겠어요. 값에 접근하려면 자료형을 캐스팅해야 한다는 뜻이니까요.

죠 그렇기도 하고 아니기도 해요. 도서 검색의 경우를 보죠. 값 전체를 전달하기만 할 뿐 자료형은 전혀 따지지 않아요. 값의 구체적인 자료형이 중요할 때는 결과를 JSON으로 직렬화해서 JSON 직렬화 라이브러리가 결과를 처리할 때뿐입니다. 이런 방식을 지연 바인딩late binding[1]이라고 부르죠.

---

1 지연 바인딩의 원래 의미는 변수명, 함수명 같은 심볼과 실제 심볼이 가리키는 메모리 위치를 컴파일 시점이 아니라 실행 중에, 그것도 가능하면 꼭 필요한 시점까지 미뤄 결정짓는 동적 처리 기법을 두고 하는 말이다. 이 책에서는 더 폭넓게 동적 타이핑의 의미까지 포함해 쓰고 있는 듯하다. – 옮긴이

> **|노트|** 지연 바인딩에서는 데이터 자료형을 최대한 뒤로 미뤄서 다룬다.

테오 그 말은, 애플리케이션에서 구체적인 자료형을 신경 쓰지 않은 채 데이터를 다룰 수 있어야 한다는 뜻인가요?

> **|팁|** DOP에서는 시스템의 많은 부분이 구체적인 자료형과 상관없이 데이터를 자유롭게 다룰 수 있으므로 유연성이 증가된다.

죠 바로 그렇습니다. 잠시 후에 지연 바인딩이 어떻게 쓰이는지 보게 될 거예요. DOP의 큰 장점 중 하나입니다.

테오 인상적이군요. 어서 보고 싶습니다.

죠 그 전에 마지막으로 데이터베이스에서 검색 결과를 가져오는 코드를 보여드릴게요. 이해하기 쉽도록 자바스크립트가 동기식 I/O를 처리할 수 있는 것처럼 자바스크립트 코드를 작성하겠습니다.

테오 무슨 뜻인가요?

죠 자바스크립트에서, 데이터베이스에 쿼리를 보내는 것 같은 I/O 작업은 비동기식으로 처리됩니다. 실제로는 콜백 함수를 사용하거나 `async`와 `await` 키워드를 사용해야 한다는 뜻이죠.

테오 아! 예. 자바스크립트는 단일 스레드이니까요.

> **|노트|** 단순하게 보이도록, 이 장의 자바스크립트 코드는 자바스크립트가 동기 방식으로 I/O를 처리한다고 가정하고 작성됐다. 실제 자바스크립트에서는 I/O 호출에 `async/await` 키워드를 사용해야 한다.

죠 그래서 저는 자바스크립트가 I/O를 동기식으로 처리하는 것처럼 데이터베이스와 통신하는 코드를 작성할 거예요. 여기에 예가 있습니다.

리스트 10.6 데이터베이스의 도서 검색. 결과는 JSON으로 반환한다.

```
var dbClient;   ◀── dbClient는 DB 연결을 가진다.
var ajv = new Ajv({allErrors: true});   ◀── Ajv(JSON 스키마 유효성 확인 라이브러리)를 초기화하면서 모든 데이터 유효성 오류를 탐지하는 allErrors: true 옵션을 전달한다.

var title = "habit";
var matchingBooksQuery = `SELECT title, isbn
                          FROM books
                          WHERE title LIKE '%$1%'`;   ◀── 보안 위험을 피하는 우수 실천법으로서 매개변수화 SQL 쿼리를 사용한다.
var books = dbClient.query(matchingBooksQuery,
  [title]);   ◀── SQL 쿼리에 값의 리스트로 매개변수를 전달한다(이 경우에는 값이 하나인 리스트).
if(!ajv.validate(dbSearchResultSchema, books)) {
  var errors = ajv.errorsText(ajv.errors);
  throw "Internal error: Unexpected result from the database: " + errors;
}

JSON.stringify(books);
```

테오 자바스크립트 같은 동적 타입 언어에서는 dbClient.query가 맵의 리스트를 반환할 때 그 안에 들어 있는 값의 자료형이 실행 중에 결정된다고 알고 있습니다. 그러면 자바 같은 정적 타입 언어에서는 어떻게 되는 건가요? books의 필드 데이터는 자료형이 뭐가 되는 건가요?

조 우리가 앞서 만든(리스트 10.5 참고) 함수 convertJDBCResultSetToListOfMaps는 Map<String, Object>의 리스트를 반환합니다. 하지만 Gson 같은 JSON 직렬화 라이브러리는 값의 구체적인 자료형을 실행 중에 탐지하는 방법을 알고 있어서 자료형에 맞게 값을 직렬화해요.

> **|노트|** Gson 자바 직렬화/역직렬화 라이브러리에 대한 정보는 깃허브(https://github.com/google/gson)를 참고하자.

테오 자료형에 맞게 값을 직렬화한다는 게 무슨 뜻인가요?

조 예를 들어 publication_year 필드의 값은 숫자입니다. 따라서 인용 부호로 감싸지 않아요. 하지만 title 필드의 값은 문자열이라서 인용 부호로 감싸여 있습니다.

테오 멋지네요. 이제 지연 바인딩이 뭘 말하는 건지 이해했어요.

죠 좋습니다. 그럼 데이터를 어떻게 데이터베이스에 저장하는지 보여드리죠.

10.2 데이터베이스에 데이터 저장하기

앞에서는 데이터베이스에서 맵의 리스트로 데이터를 얻는 방법을 살펴봤다. 지금부터는 맵으로 표현된 데이터를 데이터베이스에 저장하는 방법을 보게 될 것이다.

테오 데이터를 데이터베이스에 저장하는 일은 데이터를 데이터베이스에서 얻는 방법과 무척 비슷할 것 같네요.

죠 범용 데이터 컬렉션만 다루면 된다는 점에서는 비슷합니다. 사용자 정보를 한 행 추가하는 매개변수화된 SQL 쿼리를 작성해보시겠어요? 사용자 정보에 `email`과 `encrypted_password`만 사용하고요.

테오 알겠습니다.

테오는 어떻게 코딩할지 잠시 생각하더니 요청받은 SQL을 몇 줄 작성해서 죠에게 보여준다.

리스트 10.7 회원을 추가하는 SQL 쿼리

```
INSERT
INTO members
(email, encrypted_password)
VALUES ($1, $2)
```

죠 훌륭합니다. 이 SQL 쿼리는 이렇게 애플리케이션 코드에 통합할 수 있어요.

리스트 10.8 회원 추가 코드 부분

```
var addMemberQuery =
  "INSERT INTO members (email, password) VALUES ($1, $2)";
dbClient.query(addMemberQuery,
  [_.get(member, "email"),          ◀ SQL 쿼리에 매개변수 두 개를 배열로 전달한다.
   _.get(member, "encryptedPassword")]);
```

테오 코드가 명확하네요. 하지만 한 가지가 여전히 꺼림직합니다.

죠 뭔가요?

테오 _.get(user, "email")이라고 하셨는데요. user.email이라고 쓰는 것보다 번거로운 것 같아요. 데이터를 클래스로 표현했을 때처럼 말이죠.

죠 자바스크립트에서는 _.get(user, "email") 대신 user.email처럼 점 표기법을 사용할 수 있어요.

테오 그럼 왜 점 표기법을 사용하지 않으시는 거예요?

죠 해시맵에 점 표기법을 사용할 수 없는 자바 같은 언어를 쓰더라도 DOP 원리를 어떻게 적용할 수 있는지 보여드리려고 그랬어요.

> **|노트|** 이 책에서는 해시맵의 필드에 접근할 때 자바스크립트의 점 표기법을 사용하지 않는다. 해시맵에 점 표기법을 사용할 수 없는 언어에서 DOP를 적용하는 방법을 설명하기 위해서다.

테오 그게 제가 말하려는 거예요. 자바 같은 언어에서 데이터를 클래스로 표현한다면 user.email이라고 쓸 수 있는데, _.get(user, "email")이라고 쓰려고 하니 번거로운 것 같아요.

죠 어떤 면에서 번거로울 수 있지만, 또 한편으로는 데이터를 정적 클래스가 아닌 해시맵으로 표현하면 유연하게 필드에 접근할 수 있게 됩니다.

테오 네, 알고 있습니다. 저에게 여러 번 말씀하셨죠. 하지만 익숙해지지 않네요.

죠 데이터베이스에 회원을 추가하는 상황에서 데이터 필드에 유연하게 접근하는 장점의 또 다른 예를 보여드릴게요. 저에게 [_.get(member, "email"), _.get(member, "encryptedPassword")]라고 쓰는 것보다 [member.email, member.encryptedPassword]라고 쓰는 것이 더 편하다고 말씀하셨죠?

테오 확실히 그래요.

죠 로대시의 _.at라는 함수를 사용해서 같은 코드를 더 간결하게 작성할 수 있는지 보여드리죠.

테오 _.at는 뭘하는 함수인가요?

죠 맵인 m과 리스트인 keyList를 받아 keyList에 있는 키에 연관된 값들을 m에서 찾아 리스트로 반환해요.

테오 예를 들어보면 어떨까요?

죠 좋습니다. 회원의 email과 encryptedPassword 필드로 된 리스트를 만들어볼게요.

죠는 잠깐 타이핑을 하고는 테오에게 코드를 보여준다.

리스트 10.9 _.at으로 맵의 일부 값으로 구성된 리스트 생성

```
var member = {
  "email": "samantha@gmail.com",
  "encryptedPassword": "c2VjcmV0",
  "isBlocked": false
};

_.at(member,
  ["email", "encryptedPassword"]);
// ? ["samantha@gmail.com", "c2VjcmV0"]
```

테오 결과에 keyList의 키와 같은 순서로 값이 들어가나요?

죠 네!

테오 멋지네요.

> **|팁|** 해시맵은 클래스의 인스턴스인 객체의 멤버에 접근하는 것보다 더 유연하게 필드에 접근할 수 있다.

죠 그리고 _.at으로 회원을 추가하는 코드는 이렇습니다.

리스트 10.10 _.at을 사용해 맵에서 여러 값을 반환

```
class CatalogDB {
  static addMember(member) {
    var addMemberQuery = `INSERT
                         INTO members
                              (email, encrypted_password)
```

```
                        VALUES ($1, $2)`;
    dbClient.query(addMemberQuery,
      _.at(member, ["email",
        "encryptedPassword"]));
  }
}
```

테오 많은 수의 필드를 전달해야 할 때 _.at 함수가 정말 유용할 것 같네요.

죠 DOP에서 유연하게 데이터에 접근하는 예를 더 보여드리죠.

10.3 단순한 데이터 조작

실무 애플리케이션은 데이터베이스에서 얻은 데이터를 가공하는 일을 무척 자주 수행한다. 가장 단순한 경우로, 데이터베이스 컬럼의 이름을 애플리케이션에 적합한 이름으로 변경해야 할 때가 있다.

죠 데이터베이스 컬럼 이름이 스네이크 표기법snake case[2] 방식으로 지어진 거 아셨어요?

테오 아! 그렇죠. 워낙 일반적인 관례라서 따로 의식하지진 않았네요.

죠 예를 들어 책의 출판 연도 컬럼 이름은 publication_year입니다.

테오 네…

죠 JSON 내부에서 저는 파스칼 표기법을 선호합니다. publicationYear처럼요.

테오 저는 title보다는 bookTitle을 선호합니다.

죠 그러면 우리 모두 searchBooks가 데이터베이스에서 얻은 데이터 그대로, 스네이크 표기법 방식의 이름으로 된 JSON 문자열을 반환한다면 기분이 좋지 않을 거예요.

테오 맞아요!

---

2 컴퓨터에서 이름을 부여할 때 사용하는 대표적인 관례 중 하나다. 공백은 '_' 문자로 표현하고 영문은 소문자만 사용한다. – 옮긴이

죠 이 문제를 어떻게 해결하시겠어요?

테오 저라면 SQL 쿼리를 수정해서 결과의 컬럼명을 변경하겠어요. 쿼리가 이런 식이 되는 겁니다.

리스트 10.11 SQL 쿼리 내의 컬럼명 변경

```
SELECT
title AS bookTitle,
isbn,
publication_year AS publicationYear
FROM
books
WHERE title LIKE '%habit%';
```

죠 이렇게 해도 해결되기는 하지만, 애플리케이션의 작명 규칙에 맞추려고 SQL 쿼리를 손본다니 조금 이상한 것 같아요.

테오 예, 맞아요. 몽고DB 같은 데이터베이스에서는 쿼리에서 필드 이름을 바꾸는 게 쉽지 않을 수 있고요.

죠 옙! 때로는 애플리케이션 코드에서 필드 이름을 다루는 게 더 합리적입니다. 어떻게 하시겠어요?

테오 그러면, 이런 경우에는 데이터베이스 쿼리의 결과로 반환되는 모든 맵에 필드 이름을 변경하는 함수를 사용하겠어요.

죠 그 코드가 어떤 식일지 보여주시겠어요?

테오 좋습니다. 이건 어떨까요?

리스트 10.12 맵의 리스트에서 특정 키 명칭 변경

```
function renameBookInfoKeys(bookInfo) {
  return {
    "bookTitle": _.get(bookInfo, "title"),
    "isbn": _.get(bookInfo, "isbn"),
    "publicationYear": _.get(bookInfo, "publication_year")
  };
}
```

```
var bookResults = [
  {
    "title": "7 Habits of Highly Effective People",
    "isbn": "978-1982137274",
    "publication_year": 1989
  },
  {
    "title": "The Power of Habit",
    "isbn": "978-0812981605",
    "publication_year": 2012
  }
];

_.map(bookResults, renameBookInfoKeys);
```

조 데이터베이스에서 데이터를 가져오는 모든 쿼리에 비슷한 코드를 작성하실 건가요?

테오 무슨 말씀이죠?

조 사용자가 대출해간 책을 얻는 쿼리의 반환값에서 필드명을 바꾸고 싶다고 해보죠.

테오 이해했습니다. 저는 매번 비슷한 코드를 작성해야겠죠.

조 DOP라면, 필드명이 문자열이라는 단순한 사실을 이용해서 모든 맵의 리스트에 사용할 수 있는 renameResultKeys라는 범용 함수를 작성해볼 수 있습니다.

테오 와! renameResultKeys는 이름을 바꿔야 할 필드가 무엇인지 어떻게 아는 걸까요?

조 기존 이름과 새 이름을 연관시킨 맵을 전달하면 됩니다.

> **|팁|** DOP에서는 데이터베이스에서 읽은 데이터가 맵의 리스트로 표현된다. 필드 이름은 문자열일 뿐이므로 이 맵의 리스트를 다루는 범용 함수를 작성할 수 있다.

테오 예를 보여주실 수 있나요?

조 물론이죠. 맵을 renameResultKeys에 전달해서 도서 검색 결과의 필드 이름을 바꿀 수 있습니다. 예를 들어 renameResultKeys를 이렇게 작성할 수 있어요.

리스트 10.13 SQL 결과의 필드 이름 변경

```
renameResultKeys(bookResults, {
  "title": "bookTitle",
  "publication_year": "publicationYear"
});
```

테오 isbn을 저장하는 필드는 어떻게 되나요?

죠 표기되지 않은 필드는 renameResultKeys가 기존 것 그대로 남겨둡니다.

테오 멋지군요! renameResultKeys 구현을 보여주시겠어요?

죠 물론이죠. map과 reduce만으로 처리될 수 있어요. 이런 식인 거죠.

리스트 10.14 SQL 결과의 키 이름 변경

```
function renameKeys(map, keyMap) {
  return _.reduce(keyMap,
    function(res, newKey, oldKey) {
      var value = _.get(map, oldKey);
      var resWithNewKey = _.set(res, newKey, value);
      var resWithoutOldKey = _.omit(resWithNewKey, oldKey);
      return resWithoutOldKey;
    },
    map);
}

function renameResultKeys(results, keyMap) {
  return _.map(results, function(result) {
    return renameKeys(result, keyMap);
  });
}
```

테오 이 코드는 그다지 이해하기 쉽지 않네요.

죠 걱정하지 마세요. map, filter, reduce로 데이터를 조작하는 함수를 작성할수록 익숙해질 거예요.

테오 그랬으면 좋겠습니다.

죠 지금 정말 이해해야 하는 중요한 것은, DOP에서 무엇이 renameResultKeys 같은 함수를 작성하는 게 가능하도록 만드느냐죠.

테오 동적으로 필드에 문자열로 접근할 수 있기 때문이겠죠.

죠 맞아요. 필드가 일급 시민이라고 말할 수 있겠습니다.

> **|팁|** DOP에서 필드는 일급 시민이다.

테오 renameResultKeys 같은 데이터 조작 함수의 단위 테스트는 어떻게 작성하나요?

죠 이전에 작성했었던 단위 테스트와 비슷해요. 입력과 예상 결과를 준비하고, 실제 결과가 준비한 기대 결과와 같은지 확인합니다. 잠시만요. 시간이 좀 걸려요.

죠가 코딩하느라 바쁜 동안, 테오는 재빨리 주방에 가서 에스프레소 두 잔을 준비한다. 그리고 운 좋게도 카운터에서 스위스 초콜릿 박스를 발견한다. 초콜릿 서너 개를 집어 들고 사무실에 돌아오자, 마침 죠가 작성하던 단위 테스트가 마무리됐다.

리스트 10.15 renameResultKeys의 단위 테스트

```
var listOfMaps = [
  {
    "title": "7 Habits of Highly Effective People",
    "isbn": "978-1982137274",
    "publication_year": 1989
  },
  {
    "title": "The Power of Habit",
    "isbn": "978-0812981605",
    "publication_year": 2012
  }
];

var expectedResults = [
  {
    "bookTitle": "7 Habits of Highly Effective People",
    "isbn": "978-1982137274",
    "publicationYear": 1989
```

```
  },
  {
    "bookTitle": "The Power of Habit",
    "isbn": "978-0812981605",
    "publicationYear": 2012
  }
];

var results = renameResultKeys(listOfMaps,
  {"title": "bookTitle",
    "publication_year": "publicationYear"});

_.isEqual(expectedResults, results);
```

테오 멋지군요!

조 어떤 SQL 쿼리의 결과에도 renameResultKeys를 자유롭게 사용할 수 있는 이유를 아시겠어요?

테오 네, renameResultKeys 코드가 다루는 데이터의 내부 구조와 결합되지 않았기 때문입니다.

조 맞아요! 이제 테이블의 사용자 정보를 반환하는 SQL 쿼리가 있다고 해보죠. 어떻게 renameResultKeys를 사용해서 email을 userEmail로 바꾸시겠어요? 테이블 구조는 이렇습니다(표 10.5).

또 한 번, 칠판이 사용된다. 그리기를 마친 조는 표를 테오에게 보여준다.

▼ **표 10.5** 일부 사용자의 email과 encrypted_password가 반환되는 SQL 쿼리 결과

email	encrypted_password
jennie@gmail.com	secret-pass
franck@hotmail.com	my-secret

테오 이건 쉽죠!

테오는 노트북에 필드명 `email`을 바꾸는 코드를 작성한다. 이어서 만족한 듯, 노트북을 죠를 향해 돌린다.

리스트 10.16 email을 userEmail로 변경

```
var listOfMaps = [
  {
    "email": "jennie@gmail.com",
    "encryptedPassword": "secret-pass"
  },
  {
    "email": "franck@hotmail.com",
    "encryptedPassword": "my-secret"
  }
];


renameResultKeys(listOfMaps,
  {"email": "userEmail"});
```

죠 아주 좋습니다! 이제 데이터 조작의 다음 단계로 넘어갈 준비가 된 것 같네요.

10.4 복잡한 데이터 조작

경우에 따라서는 SQL 쿼리가 반환한 데이터의 구조를 변경해야 한다. 서로 다른 행의 필드 값을 집계aggregation해서 단일 맵으로 만든다거나 하는 경우다. 이런 작업은 포스트그레스큐엘PostgreSQL의 JSON 집계 같은 고급 기능을 사용하면 SQL 쿼리 수준에서도 처리할 수 있다. 하지만 때로는 애플리케이션 안에서 데이터를 가공하는 것이 더 적절하다. SQL 쿼리를 단순하게 만들 수 있기 때문이다. 10.3절, '단순한 데이터 조작'에서 본 것처럼, 일단 어떤 데이터 조작을 구현한 코드를 작성하고 나면 동일한 코드를 비슷한 경우에 자유롭게 사용할 수 있다. 자료형이 다른 데이터 개체를 처리할 때라고 해도 말이다.

테오 어떤 유형의 복잡한 데이터 조작을 염두에 두고 계신 건가요?

죠 곧 보게 되실 거예요. 하지만 SQL 작업을 먼저 해야 합니다. 저자 이름을 포함해 도서 정보를 반환하는 SQL 쿼리를 작성해주세요. 제목에는 'habit'이란 단어가 들어 있어야 해요.

테오 한번 해볼게요.

한두 번의 시행착오를 겪은 끝에 테오는 마침내 원하는 쿼리를 작성했다. 이 쿼리는 books, book_authors, authors 세 테이블을 조인했다.

리스트 10.17 단어 'habit'이 포함된 책을 얻는 SQL 쿼리

```
SELECT
title,
isbn,
authors.name AS author_name
FROM
books
INNER JOIN
book_authors
ON books.isbn = book_authors.book_isbn
INNER JOIN
authors
ON book_authors.author_id = authors.id
WHERE books.title LIKE '%habit%';
```

죠 결과에 행이 몇 건이나 들어 있나요?

테오는 칠판으로 가서 결과를 표로 빠르게 그리고는 죠의 질문에 답한다. 『성공하는 사람들의 7가지 습관7 Habits of Highly Effective People』(김영사, 2023)은 저자가 두 명이므로 표 10.6에 두 번 나열된다.

▼ **표 10.6** 제목에 'habit'이란 단어가 포함된 도서를 저자 이름과 함께 조회하는 SQL의 결과

title	isbn	author_name
7 Habits of Highly Effective People	978-1982137274	Sean Covey
7 Habits of Highly Effective People	978-1982137274	Stephen Covey
The Power of Habit	978-0812981605	Charles Duhigg

테오 세 건입니다.

조 책은 몇 가지인가요?

테오 두 가지입니다.

조 SQL 쿼리 결과를 맵의 리스트로 표현해주시겠어요?

테오 그러죠.

리스트 10.18 리스트 10.17의 결과를 담은 맵의 리스트

```
[
  {
    "title": "7 Habits of Highly Effective People",
    "isbn": "978-1982137274",
    "publication_year": "Sean Covey"
  },
  {
    "title": "7 Habits of Highly Effective People",
    "isbn": "978-1982137274",
    "author_name": "Stephen Covey"
  },
  {
    "title": "The Power of Habit",
    "isbn": "978-0812981605",
    "author_name": "Charles Duhigg"
  }
]
```

조 우리가 반환해야 하는 맵의 리스트는 어떤 식일까요?

테오 맵 두 개로 구성된 리스트이고요, 저자 이름은 한 리스트로 모여 있습니다. 코드로 적어볼게요.

리스트 10.19 저자 이름을 한 리스트로 취합

```
[
  {
    "isbn": "978-1982137274",
    "title": "7 Habits of Highly Effective People",
    "authorNames": [
      "Sean Covey",
      "Stephen Covey"
    ]
  },
  {
    "isbn": "978-0812981605",
    "title": "The Power of Habit",
    "authorNames": ["Charles Duhigg"]
  }
]
```

죠 완벽합니다! 이제 복잡한 데이터 조작 작업의 예를 보시죠. 데이터베이스에서 얻은 맵의 리스트를 저자 이름을 한 리스트에 모은 맵의 리스트로 변환할 겁니다.

테오 음… 쉽지 않아 보이네요.

죠 작업을 두 단계로 나눠보죠. 먼저, (ISBN으로) 동일 서적에 속한 행을 그룹으로 묶습니다. 그런 다음, 각 그룹에서 저자 이름을 한 리스트에 취합합니다. 잠깐만요. 제가 데이터 처리 파이프라인 형식으로 그려볼게요.

죠는 칠판에 그림 10.3의 도식을 그린다.

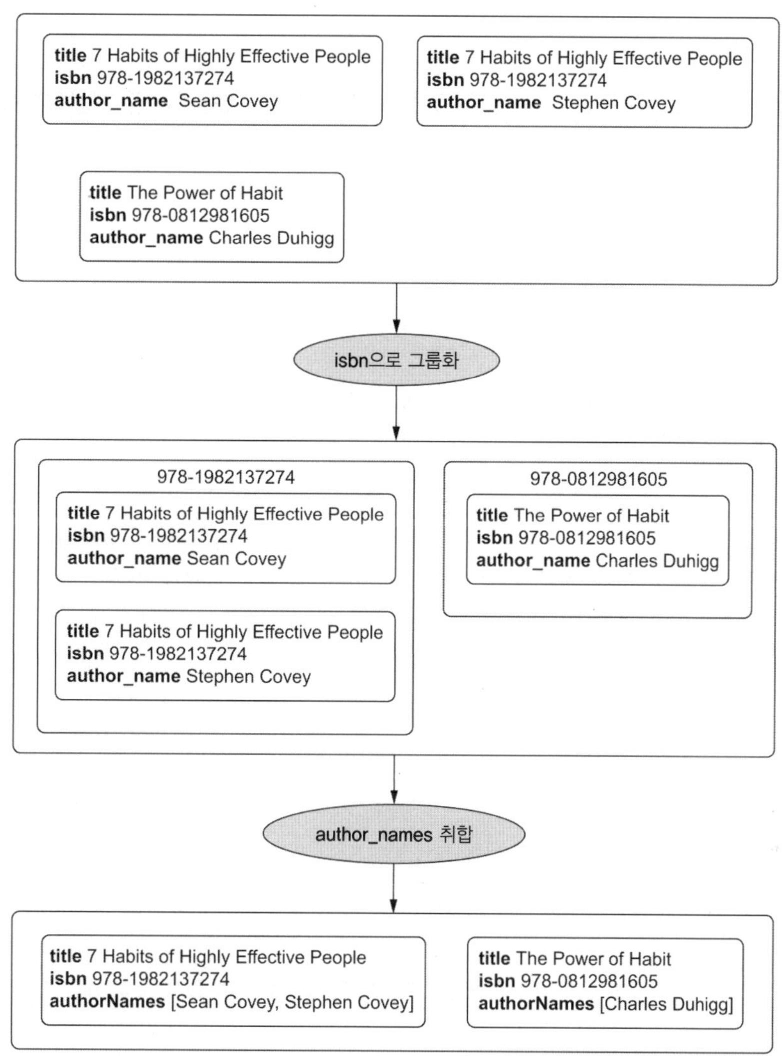

▲ **그림 10.3** 저자 이름을 취합하는 데이터 파이프라인

죠 이해하실 수 있나요?

테오 네, 데이터 파이프라인은 이해됩니다. 하지만 이걸 구현한 코드를 어떻게 작성할지 모르겠어요.

죠 차근차근 안내해드릴게요. _.groupBy를 사용해서 동일한 ISBN으로 책을 그룹으로 묶는 것부터 시작하시죠.

리스트 10.20 ISBN으로 행 그룹화

```
var sqlRows = [
  {
    "title": "7 Habits of Highly Effective People",
    "isbn": "978-1982137274",
    "author_name": "Sean Covey"
  },
  {
    "title": "7 Habits of Highly Effective People",
    "isbn": "978-1982137274",
    "author_name": "Stephen Covey"
  },
  {
    "title": "The Power of Habit",
    "isbn": "978-0812981605",
    "author_name": "Charles Duhigg"
  }
];

_.groupBy(sqlRows, "isbn");
```

테오 rowsByIsbn이 어떤 모습일까요?

죠 키가 isbn인 맵입니다. 값은 행의 리스트이고요. 이런 식으로 보입니다.

리스트 10.21 ISBN을 기준으로 그룹으로 묶인 행

```
{
  "978-0812981605": [
    {
      "author_name": "Charles Duhigg",
      "isbn": "978-0812981605",
      "title": "The Power of Habit"
    }
  ],
  "978-1982137274": [
    {
```

```
      "author_name": "Sean Covey",
      "isbn": "978-1982137274",
      "title": "7 Habits of Highly Effective People"
    },
    {
      "author_name": "Stephen Covey",
      "isbn": "978-1982137274",
      "title": "7 Habits of Highly Effective People"
    }
  ]
}
```

테오 다음은 뭐죠?

조 이제 rowsByIsbn의 각 행의 리스트를 취해 저자 이름을 취합해야 합니다.

테오 그건 어떻게 하면 되나요?

조 『성공하는 사람들의 7가지 습관』의 두 행이 들어 있는 리스트를 갖고 해볼까요? 코드는 이렇게 됩니다.

리스트 10.22 저자 이름 취합

```
var rows7Habits = [
  {
    "author_name": "Sean Covey",
    "isbn": "978-1982137274",
    "title": "7 Habits of Highly Effective People"
  },
  {
    "author_name": "Stephen Covey",
    "isbn": "978-1982137274",
    "title": "7 Habits of Highly Effective People"
  }
];

var authorNames = _.map(rows7Habits, "author_name");   ◀ 모든 행에서 저자 이름을 얻는다.
var firstRow = _.nth(rows7Habits, 0);
var bookInfoWithAuthorNames = _.set(firstRow, "authorNames", authorNames);
_.omit(bookInfoWithAuthorNames, "author_name");   ◀ author_name 필드를 제거한다.
```

죠 먼저 모든 행에서 저자 이름을 얻습니다. 그리고 첫 행을 도서 정보의 기초로 삼아 authorNames란 필드를 추가하고 author_name 필드를 제거합니다.

테오 이 작업을 함수로 만들 수 있을까요?

죠 마침 저도 그걸 하자고 말하려고 했어요!

테오 함수 이름은 aggregateField라고 하고, 인자로는 행 데이터, 취합해야 할 필드의 이름, 취합한 결과를 담을 필드 이름, 이렇게 세 가지를 받으면 될 것 같아요.

테오는 노트북을 향해 돌아앉는다. 수 분이 지난 후, 그의 노트북 화면에는 aggregateField의 구현이 표시되고 있다.

리스트 10.23 임의의 필드 취합

```
function aggregateField(rows, fieldName, aggregateFieldName) {
  var aggregatedValues = _.map(rows, fieldName);
  var firstRow = _.nth(rows, 0);
  var firstRowWithAggregatedValues = _.set(firstRow,
    aggregateFieldName,
    aggregatedValues);
  return _.omit(firstRowWithAggregatedValues, fieldName);
}
```

죠 이 함수가 잘 동작하는지 확인하는 테스트를 작성해주실 수 있을까요?

테오 물론입니다. 한번 보시죠.

리스트 10.24 aggregateField의 테스트

```
var expectedResults = {
  "isbn": "978-1982137274",
  "title": "7 Habits of Highly Effective People",
  "authorNames": [
    "Sean Covey",
    "Stephen Covey"
  ]
};

_.isEqual(expectedResults,
```

```
  aggregateField(rows7Habits,
    "author_name",
    "authorNames"));
```

죠 아주 잘하셨어요! 이제 행의 리스트에서 필드를 취합하는 함수를 갖고 있고, map 함수로 이 함수를 rowsByIsbn의 모든 값에 적용하기만 하면 됩니다. 제가 코드를 작성해드리죠.

리스트 10.25 rowsByIsbn의 저자명 취합

```
var rowsByIsbn = _.groupBy(sqlRows, "isbn");
var groupedRows = _.values(rowsByIsbn);

_.map(rowsByIsbn, function(groupedRows) {
  return aggregateField(groupedRows, "author_name", "authorNames");
})
```

테오 왜 rowsByIsbn에서 값을 취한 건가요?

죠 rowsByIsbn의 키는 전혀 필요 없으니까요. rowsByIsbn의 값으로 데이터베이스에서 얻은 행을 그룹으로 묶기만 하면 됩니다.

테오 지금까지 한 것을 모두 조합해서 행의 리스트를 받아 도서 정보의 리스트를 반환하는 함수를 작성해보겠습니다. 도서 정보에는 저자 이름이 리스트로 취합돼 있고요.

죠 좋아요! 한번 해보시죠.

테오에게는 생각보다 그리 복잡하지 않았다. 두어 번의 시행착오 후, 그는 코드와 테스트를 완성한다.

리스트 10.26 행의 리스트에서 특정 필드 취합

```
function aggregateFields(rows, idFieldName,
  fieldName, aggregateFieldName) {
  var groupedRows = _.values(_.groupBy(rows, idFieldName));
  return _.map(groupedRows, function(groupedRows) {
    return aggregateField(groupedRows, fieldName, aggregateFieldName);
```

```
  });
}

var sqlRows = [
  {
    "title": "7 Habits of Highly Effective People",
    "isbn": "978-1982137274",
    "author_name": "Sean Covey"
  },
  {
    "title": "7 Habits of Highly Effective People",
    "isbn": "978-1982137274",
    "author_name": "Stephen Covey"
  },
  {
    "title": "The Power of Habit",
    "isbn": "978-0812981605",
    "author_name": "Charles Duhigg"
  }
];

var expectedResults =
[
  {
    "authorNames": [
      "Sean Covey",
      "Stephen Covey"
    ],
    "isbn": "978-1982137274",
    "title": "7 Habits of Highly Effective People"
  },
  {
    "authorNames": ["Charles Duhigg"],
    "isbn": "978-0812981605",
    "title": "The Power of Habit",
  }
];


_.isEqual(aggregateFields(sqlRows,
```

```
"isbn",
"author_name",
"authorNames"),
expectedResults);
```

테오 된 것 같아요.

죠 축하합니다! 훌륭해요.

이제 테오는 공원에서 사무실로 돌아오는 길에 죠가 구름은 구름일 뿐이라고 한 말의 의미를 이해한다. 대상의 한계에 데이터를 가두는 대신, DOP는 우리가 데이터를 데이터로 표현하도록 이끈다.

요약

- 애플리케이션 내부에서는 관계형이든 비관계형이든 상관없이 데이터베이스에서 얻은 데이터는 범용 자료구조로 다룬다.
- 관계형 데이터베이스의 경우, 데이터는 맵의 리스트로 표현된다.
- 데이터베이스에서 얻은 데이터를 데이터로 표현하면, 패턴이나 복잡한 클래스 위계를 설계할 필요가 없어 시스템의 복잡도가 낮아진다.
- 데이터베이스에서 가져온 데이터는 범용 함수로 자유롭게 조작한다. 일부 데이터 필드의 값으로 구성된 리스트를 반환하고, 특정 데이터 필드를 제거한 버전의 맵을 생성하고, 리스트의 맵을 데이터 필드의 값에 따라 그룹으로 묶는 등의 처리가 가능하다.
- 해시맵 내부에서 필드의 값을 문자열로 표현된 이름으로 접근할 수 있다는 점을 이용해 범용 함수로 매우 유연하게 데이터를 조작한다.
- 데이터 조작 로직을 필드 이름을 인자로 받는 함수로 만들어 패키징하면, 이 함수를 다른 데이터 개체에도 사용할 수 있다.
- 데이터를 조작하는 최선의 방법은 데이터를 데이터로 표현하는 것이다.
- 데이터베이스에서 얻은 데이터를 범용 데이터 컬렉션으로 표현하고 이 데이터를 범용 함수로 조작한다.

- NoSQL 데이터베이스의 데이터를 다룰 때도 이 장에서 설명한 관계형 데이터베이스의 데이터를 다루는 방식과 비슷하게 처리한다.
- 지연 바인딩에서는 데이터의 자료형을 최대한 뒤로 미뤄 다룬다.
- 시스템의 많은 부분이 구체적인 자료형과 상관없이 데이터를 자유롭게 다룰 수 있으면 유연성은 향상된다.
- 해시맵의 필드를 다루는 것은 클래스의 인스턴스인 객체의 멤버를 다루는 것보다 유연하다.
- DOP에서 필드 이름은 문자열일 뿐이다. 그 덕분에 데이터베이스에서 얻은 데이터를 맵의 리스트로 표현하고 이를 범용 함수를 작성해 조작할 수 있다.
- DOP에서 필드는 일급 시민이다.
- 맵의 리스트 속 키의 이름을 변경하거나 데이터베이스 쿼리가 반환한 행을 집계하는 일은 범용 함수로 구현할 수 있다.
- JDBC는 자바 데이터베이스 연결Java database connectivity을 의미하는 약어다.
- JDBC 결과 집합을 맵의 리스트로 변환하는 작업은 아주 직관적이다.

▼ 이 장에서 소개된 로대시 함수

함수	설명
at(map, [paths])	맵의 경로에 해당하는 값으로 된 배열을 생성한다.
omit(map, [paths])	맵에서 경로에 없는 필드로 구성된 맵을 생성한다.
nth(arr, n)	arr의 n번째 요소를 반환한다.
groupBy(coll, f)	coll의 각 요소로 f를 실행해 반환된 결과가 키가 되는 맵을 생성한다. 각 키에 대응하는 값은 해당 키를 생성하는 데 쓰인 요소의 배열이다.

11

웹 서비스
성실한 전령

11장에서 다루는 내용

- 클라이언트 요청을 맵으로 표현하는 방법
- 서버 응답을 맵으로 표현하는 방법
- 데이터 전달
- 여러 출처의 데이터 조합

최신 정보 시스템의 아키텍처는 서비스라고 부르는 소프트웨어 부품으로 구성된다. 각 서비스는 다양한 프로그래밍 언어로 작성되고 JSON과 같이 언어 비종속적인language-independent 데이터 교환 형식으로 표현된 데이터를 주고받는다. DOP는 동일한 원리를 프로그램의 내부에서 각 요소 간의 소통에 적용한다.

|**노트**| 웹 브라우저가 요청을 웹 서비스에 전송할 때는 요청을 받은 웹 서비스가 웹 브라우저의 요청을 처리하기 위해 흔히 또 다른 웹 서비스에 요청을 보낸다. 이럴 때 널리 사용되는 데이터 교환 형식 중 하나가 JSON이다.

프로그램 내에서 각 구성 요소는 불변 데이터 컬렉션이라고 부르는 구성 요소에 비종속적인 형식으로 데이터를 표현해서 주고받는다. 클라이언트의 요청을 처리해야 하는 웹 서비스의 맥락에서, 데이터를 데이터베이스나 다른 서비스에서 가져와 클라이언트에 제공하는 데 불변 데이터 컬렉션을 사용하면 다음과 같은 이점을 누릴 수 있다.

- 출처가 하나 이상인 데이터를 범용 데이터 조작 함수로 조작할 수 있다.
- 복잡도를 더하지 않고도 자유롭게 데이터를 전달할 수 있다.

11.1 또 다른 기능 요청

데이터베이스 마일스톤을 일정에 맞춰 완수하고 나서 테오는 낸시에게 전화해 이 기쁜 소식을 전한다. 하지만 낸시는 테오의 성공을 축하하기는커녕 다음 마일스톤이 언제 끝나는지를 묻는다. 다음 마일스톤은 오픈 라이브러리 도서 API[Open Library Books API]로 도서 정보를 보강하는 작업이다. 테오는 낸시에게 오늘 중으로 완료 예정일을 알려주겠다고 말한다. 죠가 사무실에 도착하자 테오는 낸시와 나눈 대화를 전한다.

테오 방금 낸시에게 전화가 왔는데, 다음 마일스톤에 조바심을 내더군요.

죠 다음 마일스톤에 뭐가 있는데요?

테오 오픈 라이브러리 도서 API를 기억하세요? 몇 주 전에 말씀드렸는데요.

> **|노트|** 오픈 라이브러리 도서 API는 웹 사이트(https://openlibrary.org/dev/docs/api/books)에서 확인할 수 있다.

죠 아뇨.

테오 도서 상세 정보를 제공하는 웹 서비스예요.

죠 멋지군요!

테오 낸시는 도서 검색 정보를 보강하고 싶어 해요. 데이터베이스에서 도서 정보를 가져오는 대신, 상세 도서 정보를 오픈 라이브러리 도서 API에서 얻어야 합니다.

죠 어떤 도서 정보인가요?

테오 전부 다예요! 페이지 수, 무게, 판형, 주제 등등…

죠 데이터베이스에서 얻는 정보는 어떻게 되나요?

테오 대출 가능한 도서 수를 제외하고는 이제 필요 없어요.

죠 오픈 라이브러리 도서 API를 살펴보셨어요?

테오 끔찍합니다. 어떤 책에 대해서는 필드가 십여 개이지만, 또 다른 책에 대해서는 두어 가지 필드만 갖고 있어요.

죠 그게 무슨 문제인데요?

테오 저는 이렇게 띄엄띄엄하고 예측하기 어려운 데이터를 어떻게 표현해야 할지 모르겠어요.

죠 데이터를 데이터로 표현하면, 전혀 문제가 안 됩니다. 커피 한 잔 하고 보여드릴게요.

11.2 외부와 동일한 내부 구축

테오가 마끼아또를 마시는 동안 죠는 칠판에 그림을 그린다. 그림 11.1이 죠의 그림이다.

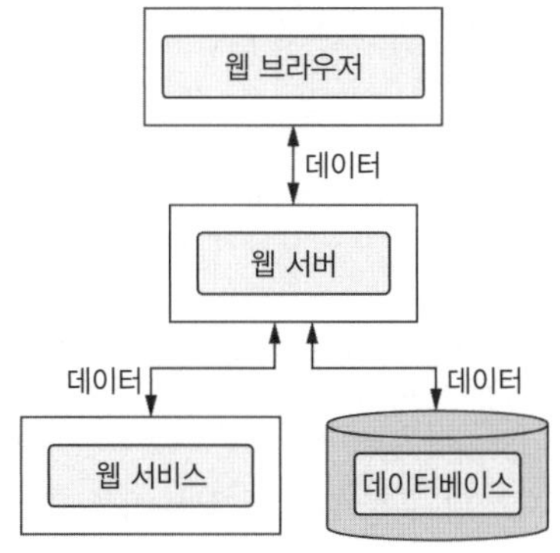

▲ **그림 11.1** 최신 정보 시스템의 상위 아키텍처

죠 도서 검색 결과 보강 작업을 본격적으로 시작하기 전에 대략적인 계획을 말씀드리죠.

테오 좋습니다.

죠는 에스프레소를 한 모금 홀짝이고 나서 칠판의 도식(그림 11.1)을 가리킨다.

죠 이 그림 익숙하시죠?

테오 그럼요!

죠 웹 서비스의 데이터가 어떤 단계를 거쳐 흐르는지 대략 보여주시겠어요?

테오 물론이죠.

테오는 칠판으로 다가가서 아키텍처 도식 옆에 단계를 나열한다.

웹 서비스 내부 데이터 흐름 단계

1. 클라이언트에서 요청을 수신
2. 요청에 비즈니스 로직을 적용
3. (데이터베이스나 다른 웹 서비스 같은) 외부에서 데이터를 얻어옴
4. 외부 서비스의 응답에 비즈니스 로직을 적용
5. 클라이언트에 응답을 전송

죠 좋습니다! 이제 DOP에서 발견한 중요한 격언을 알려드릴게요.

테오 들을 준비가 됐습니다.

죠 시스템의 내부를 외부와 같이 구축해야 합니다.

테오 무슨 뜻인가요?

죠 시스템의 구성 요소가 네트워크로 어떻게 통신을 하죠?

테오 데이터를 전송하죠.

죠 그 데이터 형식이 시스템 구성 요소를 구축하는 데 사용된 프로그래밍 언어에 따라 달라지나요?

테오 아니요. 대부분의 프로그래밍 언어가 해석할 수 있는 JSON을 주로 사용합니다.

죠 제가 말한 격언이 의미하는 게 그거예요. 프로그램 내부에서, 프로그램의 내부

구성 요소가 특정 구성 요소에 의존적이지 않은 방식으로 데이터를 주고받아야 합니다.

테오 잘 이해되지 않네요.

죠 전형적인 OOP가 이 격언을 왜 위반하는지 설명해드리죠. 그러면 좀 더 명확해질 거예요. 데이터가 클래스로 표현되면, 프로그램의 내부 구성 요소는 데이터를 주고받을 때 클래스 정의의 내부를 알아야 합니다.

테오 무슨 의미인가요?

죠 클래스의 요소에 접근하려면 클래스 정의가 필요해요.

테오 그게 무슨 상관이죠?

죠 DOP에서는 지금까지 봤던 것처럼, 프로그램의 내부 구성 요소가 서로 범용 데이터 컬렉션을 주고받습니다. 시스템의 구성 요소가 네트워크로 서로 통신하는 방식과 비슷하죠.

> **|팁|** 시스템의 내부를 외부를 구축할 때와 같이 구축해야 한다.

테오 그게 그렇게 중요한가요?

죠 설계 관점에서 보면, 프로그램의 내부 구성 요소가 서로 느슨하게 결합되기 때문에 중요합니다.

테오 느슨하게 결합된다니 무슨 말이죠?

죠 구성 요소가 서로 다른 구성 요소의 내부를 몰라도 된다는 뜻이에요. 알아야 하는 건 필드의 이름뿐입니다.

> **|팁|** DOP에서 프로그램의 내부 구성 요소는 서로 느슨하게 결합된다.

테오 구현 관점에서 보면 어떤가요?

죠 잠시 후 보게 되겠지만, 방금 칠판에 적은 데이터 흐름의 각 단계는 쉽게 구현할 수 있어요. 비즈니스 로직을 범용 데이터 조작 함수로 표현하기만 하면 됩니다. 그림으로 보여드리죠.

죠는 칠판에 한 걸음 다가가 그림 11.2의 도식을 가볍게 스케치한다. 죠가 그리기를 마칠 때쯤에 휴대전화가 울린다. 그는 양해를 구하고 밖으로 나가서 전화를 받는다.

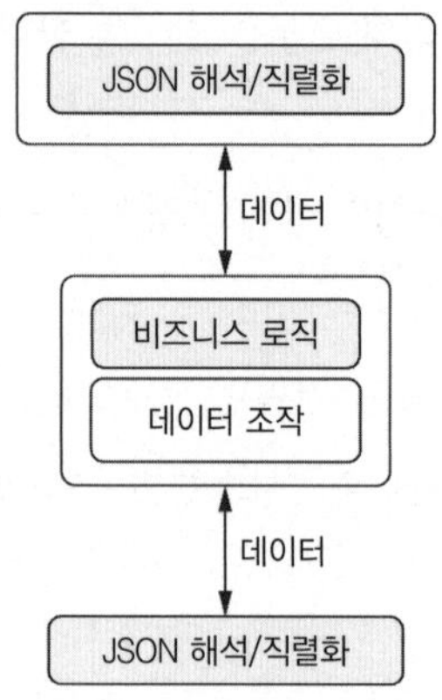

▲ **그림 11.2** 데이터 지향 웹 서비스의 내부

테오는 얼마간 칠판 앞에 혼자 서서 시스템 내부도 외부를 구축할 때와 비슷하게 구축한다는 말의 의미를 되새긴다. 자신도 모르는 사이, 그는 마커를 들고 죠가 방금 공유해준 내용을 정리하는 새로운 도식(그림 11.3 참고)을 그리기 시작한다.

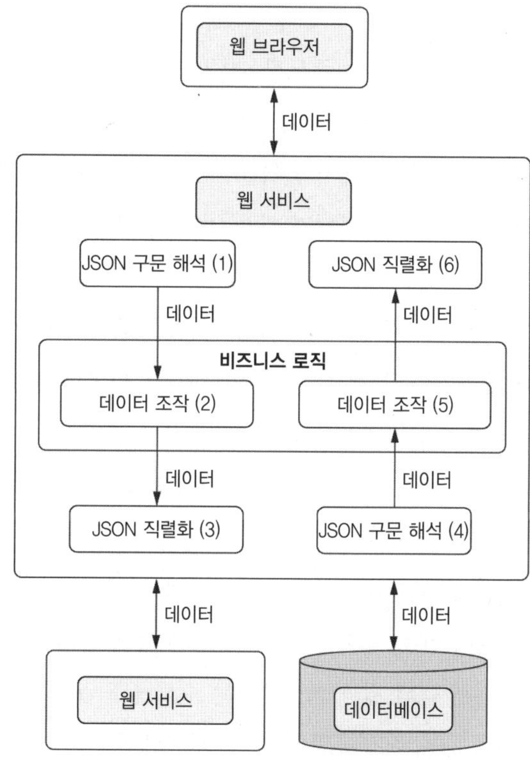

▲ **그림 11.3** 시스템 외부와 같이 내부도 구축하라. 웹 서비스의 내부 구성 요소는 데이터로 소통한다. 예를 들어, 클라이언트 요청을 처리하는 웹 서비스의 흐름은 보통 이렇다. (1) 클라이언트 JSON 요청을 구문 해석해서 데이터로 변환한다. (2) 비즈니스 로직에 따라 데이터를 조작한다. (3) 데이터베이스와 다른 웹 서비스에 보낼 JSON 요청으로 데이터를 직렬화한다. (4) JSON 응답을 구문 해석해서 데이터로 변환한다. (5) 비즈니스 로직에 따라 데이터를 조작한다. (6) 클라이언트에 보낼 JSON 응답으로 데이터를 직렬화한다.

11.3 맵으로 표현되는 클라이언트 요청

얼마 후에 되돌아온 죠는 테오가 새로 그린 그림 11.3의 도식을 보고 흡족해하는 듯하다.

죠 잠시 실례했습니다. 가장 처음 부분인 클라이언트 요청을 구문 해석하는 것부터 시작하죠. 클라이언트 요청의 매개변수를 보통 어떻게 받으시나요?

테오 상황에 따라 다릅니다. GET 요청의 URL 질의 매개변수나 POST 요청의 본문에 JSON 데이터로 전송될 겁니다.

죠 웹 요청 내부에 포함된 JSON 데이터를 받는다고 해보죠. 상세 검색 요청의 JSON 데이터 예를 하나 들어주시겠어요?

테오 책 제목과 비교할 문자가 포함될 겁니다.

죠 오픈 라이브러리 도서 API에서 얻어올 필드에 대한 정보는 필요 없나요?

테오 전달될 JSON 데이터에 포함되지 않을 거예요. 모든 검색 요청에 동일할 것이거든요.

죠 클라이언트에서 얻길 원하는 필드를 결정할 수 있게 만드는 상황을 상상해볼 수 있겠어요. 예를 들면, 모바일 클라이언트는 꼭 필요한 필드만 얻어서 네트워크 대역폭을 절약하고 싶을 겁니다.

테오 네, 그런 경우라면 저는 두 가지 다른 검색 종단점을 준비할 거예요. 하나는 모바일용이고, 다른 하나는 데스크톱용으로요.

죠 이런 상황은 어때요? 클라이언트가 애플리케이션의 화면에 따라 서로 다른 정보를 표시하고 싶어 하는 거죠. 예를 들어 상세 검색 결과 화면에서는 모든 필드를 표시합니다. 기본 검색 결과 화면에서는 주요 필드만 표시하고요. 이제 네 가지 서로 다른 사용 사례가 생겼네요. 데스크톱 상세, 데스크톱 기본, 모바일 상세, 모바일 기본 말이에요. 네 가지 종단점을 만드실 건가요?

테오 좋아요. 납득했습니다. 단일 검색 종단점을 두고 클라이언트가 얻고 싶은 필드를 결정하도록 하죠.

죠 검색 요청의 JSON 데이터 예를 보여주실 수 있나요?

테오 물론입니다.

코드양이 많지 않아서 테오는 칠판에 검색 요청을 작성한다. 아주 짧은 시간에 클라이언트가 검색 결과마다 어떤 필드를 얻을지 지정하는 방법을 보여줄 수 있었다.

리스트 11.1 검색 요청 데이터의 예

```
{
  "title": "habit",
  "fields": ["title", "weight", "number_of_pages"]
}
```

죠 아주 좋습니다! 이제, 첫 번째 단계로 JSON 문자열을 해석해서 자료구조로 변환해야 합니다.

테오 아마도 범용 자료구조가 되겠군요.

죠 물론이죠! 이 경우, 맵을 사용할 겁니다. 보통, 웹 서버 프레임워크가 JSON 구문 해석을 처리하지만 직접 처리하는 방법을 보여드릴게요.

테오 잠깐만요! 웹 서버 프레임워크라니 무슨 말이죠?

죠 노드.js의 익스프레스Express, 자바의 스프링Spring, 파이썬의 장고Django, 루비 온 레일즈Ruby on Rails, C#의 ASP.NET 같은 거죠.

테오 아! 이해했습니다. 그러면, JSON 문자열을 어떻게 직접 해석해서 문자열로 변환하실 건가요?

죠 자바스크립트에서는 `JSON.parse`를 사용합니다. 자바에서는 구글에서 유지보수하는 Gson(https://github.com/google/gson) 같은 외부 라이브러리를 사용하고요.

죠는 자신의 노트북을 열어서 두 조각의 코드를 작성한다. 하나는 자바스크립트 코드이고, 다른 하나는 Gson을 사용한 자바 코드다. 작성을 마치자 테오에게 코드를 보여준다.

리스트 11.2 자바스크립트의 JSON 문자열 구문 해석

```
var jsonString =
  '{"title":"habit","fields":["title","weight","number_of_pages"]}';
JSON.parse(jsonString);
```

리스트 11.3 자바에서 Gson을 사용한 JSON 문자열 구문 해석

```
var jsonString =
  '{"title":"habit","fields":["title","weight","number_of_pages"]}';
gson.fromJson(jsonString, Map.class);
```

죠 검색 요청의 JSON 데이터에 맞는 JSON 스키마를 작성하실 수 있나요?

테오 물론이죠. 이런 식일 것 같네요.

리스트 11.4 검색 요청 JSON 스키마

```
var searchBooksRequestSchema = {
  "type": "object",
  "properties": {
    "title": {"type": "string"},
    "fields": {
      "type": "array",
      "items": {
        "enum": [
          "title",
          "full_title",
          "subtitle",
          "publisher",
          "publish_date",
          "weight",
          "physical_dimensions",
          "number_of_pages",
          "subjects",
          "publishers",
          "genre"
        ]
      }
    }
  },
  "required": ["title", "fields"]
};
```

조 잘하셨어요! 필드 배열의 요소를 문자열이 아닌 열거형으로 표시했습니다. 이 값들이 필요한지 어떻게 아셨나요?

테오 낸시가 사용자에게 노출하고 싶은 필드의 목록을 줬어요. 낸시가 준 목록을 보여드리죠.

리스트 11.5 오픈 라이브러리 도서 API의 중요 필드

```
- title
- full_title
- subtitle
- publisher
```

```
- publish_date
- weight
- physical_dimensions
- number_of_pages
- subjects
- publishers
- genre
```

11.4 맵으로 표현되는 서버 응답

조 오픈 라이브러리 도서 API는 어떤 형태인가요?

테오 무척 직관적입니다. 도서 ISBN으로 GET 요청을 생성하면, 도서 API가 그 책의 상세 정보를 JSON 문자열로 돌려줍니다. 이것을 보시죠.

테오가 코드를 실행하자, 『성공하는 사람들의 7가지 습관』에 관한 상세 정보가 JSON 문자열로 표시된다.

리스트 11.6 오픈 라이브러리 도서 API에서 얻은 데이터

```
fetchAndLog(
  "https://openlibrary.org/isbn/978-1982137274.json"
);                      ◀ JSON을 얻어와서
//{                       콘솔에 표시하는 함수
//  "authors": [
//    {
//      "key": "/authors/OL383159A",
//    },
//    {
//      "key": "/authors/OL30179A",
//    },
//    {
//      "key": "/authors/OL1802361A",
//    },
//  ],
//  "created": {
//    "type": "/type/datetime",
```

```
//     "value": "2020-08-17T14:26:27.274890",
//   },
//   "full_title": "7 Habits of Highly Effective
//   People : Revised and Updated Powerful
//   Lessons in Personal Change",
//   "isbn_13": [
//     "9781982137274",
//   ],
//   "key": "/books/OL28896586M",
//   "languages": [
//     {
//       "key": "/languages/eng",
//     },
//   ],
//   "last_modified": {
//     "type": "/type/datetime",
//     "value": "2021-09-08T19:07:57.049009",
//   },
//   "latest_revision": 3,
//   "lc_classifications": [
//     "",
//   ],
//   "number_of_pages": 432,
//   "publish_date": "2020",
//   "publishers": [
//     "Simon & Schuster, Incorporated",
//   ],
//   "revision": 3,
//   "source_records": [
//     "bwb:9781982137274",
//   ],
//   "subtitle": "Powerful Lessons in Personal Change",
//   "title": "7 Habits of Highly Effective
//   People : Revised and Updated",
//   "type": {
//     "key": "/type/edition",
//   },
//   "works": [
//     {
//       "key": "/works/OL2629977W",
```

```
//    },
//  ],
//}
```

죠 낸시는 API가 반환한 필드에 특별한 처리를 하고 싶어 하지 않던가요?

테오 제가 보여드린 필드를 유지하는 것 외에 특별한 건 없습니다.

죠 그게 전부인가요?

테오 네. 예를 들어, 오픈 라이브러리 도서 API가 『성공하는 사람들의 7가지 습관』에 대해 반환한 JSON 문자열에서 필요한 필드만 남기면 이렇게 됩니다.

리스트 11.7 『성공하는 사람들의 7가지 습관』에 대한 오픈 라이브러리의 응답

```
{
  "title":"7 Habits of Highly Effective People : Revised and Updated",
  "subtitle":"Powerful Lessons in Personal Change",
  "number_of_pages":432,
  "full_title":"7 Habits of Highly Effective People : Revised and Updated Powerful Lessons
in Personal Change",
  "publish_date":"2020",
  "publishers":["Simon & Schuster, Incorporated"]
};
```

테오 아울러, 낸시는 클라이언트 요청에 표시되는 필드만 유지되길 원합니다.

죠 이중 필드 필터링을 어떻게 구현하는지 아시나요?

테오 네, 클라이언트 요청을 해석했듯이 API에서 얻은 JSON 문자열을 해석해 해시맵으로 변환할 겁니다. 그러고 나서는 `_.pick` 함수를 두 번 사용해서 요청받은 필드만 남길 거예요.

죠 아주 멋진 계획 같아 보이네요. 오픈 라이브러리 API가 반환한 데이터의 유효성을 확인하는 것을 포함해서 코딩해보시겠어요?

테오 네, 그러죠. 오픈 라이브러리 API 응답의 JSON 스키마를 먼저 작성하겠습니다.

테오는 자료를 찾아 `isbn_10`이나 `isbn_13`이 필수라는 사실을 표현하는 데 사용할 스키마 합성을 다시 복습한다. 잠시 후, 테오는 죠에게 JSON 스키마를 보여준다.

리스트 11.8 오픈 라이브러리 도서 API 응답의 JSON 스키마

```
var basicBookInfoSchema = {
  "type": "object",
  "required": ["title"],
  "properties": {
    "title": {"type": "string"},
    "publishers": {
      "type": "array",
      "items": {"type": "string"}
    },
    "number_of_pages": {"type": "integer"},
    "weight": {"type": "string"},
    "physical_format": {"type": "string"},
    "subjects": {
      "type": "array",
      "items": {"type": "string"}
    },
    "isbn_13": {
      "type": "array",
      "items": {"type": "string"}
    },
    "isbn_10": {
      "type": "array",
      "items": {"type": "string"}
    },
    "publish_date": {"type": "string"},
    "physical_dimensions": {"type": "string"}
  }
};

var mandatoryIsbn13 = {
  "type": "object",
  "required": ["isbn_13"]
};

var mandatoryIsbn10 = {
  "type": "object",
  "required": ["isbn_10"]
};
```

```
var bookInfoSchema = {
  "allOf": [
    basicBookInfoSchema,
    {
      "anyOf": [mandatoryIsbn13, mandatoryIsbn10]
    }
  ]
};
```

테오 이제 요청을 보내고 응답의 본문을 문자열로 얻을 수 있는 fetchResponseBody 함수가 있다고 가정하고, 도서 상세 정보를 어떻게 얻을지 코드로 작성해볼게요. 잠시만 기다려주세요.

테오는 몇 분간 IDE에 키를 입력하다가 죠에게 결과를 보여준다.

리스트 11.9 오픈 라이브러리 도서 API에서 도서 정보 조회

```
var ajv = new Ajv({allErrors: true});
class OpenLibraryDataSource {
  static rawBookInfo(isbn) {
    var url = `https://openlibrary.org/isbn/${isbn}.json`;
    var jsonString = fetchResponseBody(url);     ◀ 응답의 본문에서 JSON을 얻는다.
    return JSON.parse(jsonString);
  }

  static bookInfo(isbn, requestedFields) {
    var relevantFields = ["title", "full_title",
      "subtitle", "publisher",
      "publish_date", "weight",
      "physical_dimensions", "genre",
      "subjects", "number_of_pages"];
    var rawInfo = rawBookInfo(isbn);
    if(!ajv.validate(bookInfoSchema, rawInfo)) {
      var errors = ajv.errorsText(ajv.errors);
      throw "Internal error: Unexpected result from Open Books API: " +
        errors;
    }
    var relevantInfo =
      _.pick(_.pick(rawInfo, relevantFields), requestedFields);
```

```
    return _.set(relevantInfo, "isbn", isbn);
  }
}
```

> **|노트|** 이 장의 자바스크립트 코드는 자바스크립트가 동기 방식으로 I/O를 한다고 가정하고 작성됐다. 실제로는 I/O 호출을 async와 await로 감싸야 한다.

죠 좋아 보이네요! 그런데 왜 bookInfo가 반환한 맵에 isbn 필드를 추가하신 거예요?

테오 동일한 책에 대해 두 가지 출처에서 얻은 정보를 합치려고 그랬습니다.

죠 마음에 듭니다!

11.5 정보 전달

죠 제가 올바로 이해하고 있다면, 프로그램은 데이터베이스의 기본 도서 정보와 오픈 라이브러리 API의 상세 도서 정보라는 두 가지 데이터를 결합해야 합니다. 클라이언트에 보낼 응답에서 이 두 데이터를 어떻게 하나로 결합하실 생각인가요?

테오 기존 OOP에서는 각 도서 정보의 유형마다 특정 클래스를 만들 겁니다.

죠 무슨 뜻인가요?

테오 DBBook, OpenLibraryBook, CombinedBook 같은 클래스를 만들게 되는 거죠.

죠 음…

테오 하지만 우리는 클라이언트가 응답에 포함될 필드를 선택하는 동적인 방식을 사용하기로 했으니 이 방법은 적절하지 않아요.

죠 맞아요. 더구나 우리는 데이터를 전달해야 하니 클래스는 별다른 가치 있는 역할을 하지 못합니다. 혹시 자신의 약혼녀에게 대신 꽃을 가져다달라고 친구에게 부탁한 남자의 이야기를 아시나요?

테오 아니요.

죠는 동료들을 모아놓고 연설이라도 하려는 듯 엄숙한 자세를 취한다. 심호흡을 하더니 그는 다음과 같은 이야기를 시작한다. 테오는 매료된 듯 집중해서 듣는다.

약혼녀에게 대신 꽃을 가져다달라고 친구에게 부탁한 남자의 이야기

결혼식을 몇 주 앞둔 휴고는 이웃 도시에서 가족과 함께 휴가를 즐기고 있는 약혼녀 아이리스에게 꽃을 보내고 싶었다. 보안 앱의 심각한 오류를 수정해야 해서 여행을 떠날 수 없었던 휴고는 자신의 친구 윌리에게 대신 가서 꽃다발을 아이리스에게 전해달라고 부탁한다. 약혼녀에게 쓴 러브레터가 들어 있는 봉투와 함께 말이다. 마침 여행을 떠나야 했던 윌리는 기꺼이 부탁을 들어준다.

꽃다발을 전달하기 직전에 윌리는 휴고에게 전화해서 부탁받은 일을 곧 완수할 것임을 알렸다. 휴고는 자신의 글솜씨에 대해 얼마나 감탄했는지를 윌리가 털어놓기 전까지는 말할 수 없이 기뻤다.

잠시 후 당황한 휴고는 "뭐라고! 내 약혼녀에게 쓴 편지를 읽은 거야?"라고 말했다.

"물론이지!" 윌리가 답했다. "내가 맡은 일을 충실히 수행하려면 그래야 했어."

테오 말이 안 되네요! 맡은 일을 수행하려면 편지를 읽어야 한다니, 대체 이유가 뭐죠?

죠 그게 이 이야기의 핵심이에요! 어떤 면에서 기존 OOP는 휴고의 친구인 윌리와 같습니다. 정보를 전달하기 위해 OOP 개발자는 '편지를 열어서' 특정 클래스로 정보를 표현해야 한다고 생각합니다.

테오 아! 알겠습니다. DOP 개발자는 휴고가 대신 전달해줄 사람에게 기대한 자세를 흉내 내는 거군요. 단지 정보를 범용 자료구조로 전달할 뿐인 거죠.

죠 바로 그렇습니다.

테오 이상하지만 재미있는 비유네요.

죠 데이터베이스의 데이터와 도서 API의 데이터를 결합하는 문제로 돌아가보죠. 중첩nesting하는 것과 병합merging하는 것, 이렇게 두 가지 방법이 있습니다.

죠는 칠판으로 가서 테오에게 표 11.1을 그려 보여줄 빈 공간을 찾는다.

▼ **표 11.1** 해시맵을 결합하는 두 가지 방법

	장점	단점
중첩	충돌 문제 없음	다단 자료구조
병합	평탄한 자료구조	충돌 문제 해결 필요

테오 중첩은 어떻게 하는 건가요?

죠 중첩 방식에서는 `extendedInfo`라는 필드를 추가하고 오픈 라이브러리 API에서 얻은 정보를 가리키게 합니다.

테오 알겠습니다. 병합은요?

죠 병합 방식에서는 두 맵의 필드를 단일 맵으로 합칩니다.

테오 양쪽 맵에 같은 이름의 필드가 있으면 어떻게 되죠?

죠 그럼 병합 충돌이 발생한 거예요. 그럴 때는 이 충돌을 어떻게 처리할지 결정해야 합니다. 병합 방식의 단점인 거죠.

> **|노트|** 맵을 병합할 때는 필드의 충돌이 발생하는 상황을 고려해야 한다.

테오 상세 검색 결과를 처리하는 상황에는 맵 간에 공유되는 필드가 없으면 좋겠네요.

죠 그러면 병합 방식으로 진행해볼까요?

테오 두 맵을 병합하는 코드를 직접 작성해야 할까요?

죠 아니요! 언젠가 로대시가 `_.merge` 함수를 제공한다고 이야기했던 걸 아마도 기억하실 거예요.

> **|노트|** `_.merge` 함수는 5장에서 소개됐다.

테오 기억이 되살아나도록 도와주시겠어요?

죠 물론이죠. 데이터베이스의 데이터 맵 예와 오픈 라이브러리 도서 API의 데이터 맵 예를 보여주시겠어요? 그러면 제가 병합하는 방법을 보여드리죠.

테오 데이터베이스에서는 `isbn`과 `available`, 두 필드만 가져옵니다. 오픈 라이브러리 API에서는 여섯 필드를 얻습니다. 이런 식일 거예요.

리스트 11.10 데이터베이스에서 얻는 도서 정보 맵

```
var dataFromDb = {
  "available": true,
  "isbn": "978-1982137274"
};
```

리스트 11.11 오픈 라이브러리 도서 API에서 얻는 도서 정보 맵

```
var dataFromOpenLib = {
  "title":"7 Habits of Highly Effective People : Revised and Updated",
  "subtitle":"Powerful Lessons in Personal Change",
  "number_of_pages":432,
  "full_title":"7 Habits of Highly Effective People : \
  Revised and Updated Powerful Lessons in Personal Change",
  "publish_date":"2020",
  "publishers":["Simon & Schuster, Incorporated"]
};
```

죠 _.merge를 호출한 후에는 양쪽 맵의 필드를 가진 맵 하나가 얻어집니다.

리스트 11.12 두 맵의 병합

```
_.merge(dataFromDb, dataFromOpenLib);
//{
//  "available": true,
//  "full_title": "7 Habits of Highly Effective People :\
//  Revised and Updated Powerful Lessons in Personal Change",
//  "isbn": "978-1982137274",
//  "number_of_pages": 432,
//  "publish_date": "2020",
//  "publishers": [ "Simon & Schuster, Incorporated"],
//  "subtitle": "Powerful Lessons in Personal Change",
//  "title": "7 Habits of Highly Effective People : Revised and Updated"
//}
```

테오 도서 검색 응답의 JSON 스키마를 작성해볼게요. 이런 식으로 보일 것 같습니다.

리스트 11.13 도서 검색 응답의 JSON 스키마

```
var searchBooksResponseSchema = {
  "type": "object",
  "required": ["title", "isbn", "available"],
  "properties": {
    "title": {"type": "string"},
    "available": {"type": "boolean"},
    "publishers": {
      "type": "array",
      "items": {"type": "string"}
    },
    "number_of_pages": {"type": "integer"},
    "weight": {"type": "string"},
    "physical_format": {"type": "string"},
    "subjects": {
      "type": "array",
      "items": {"type": "string"}
    },
    "isbn": {"type": "string"},
    "publish_date": {"type": "string"},
    "physical_dimensions": {"type": "string"}
  }
};
```

테오 네! 이제 검색 결과를 보강할 준비를 모두 마친 것 같네요.

11.6 실제 검색 결과 보강

죠 보강 작업 데이터 흐름의 단계를 적어보시겠어요?

테오 알겠습니다.

테오는 칠판으로 가서 잠시 생각을 정리한 다음, 지우개로 단계를 나열할 여백을 마련한다.

검색 결과 보강 데이터 흐름 단계

1. 클라이언트에서 요청을 수신
2. 클라이언트 요청에서 검색어와 오픈 라이브러리에서 얻을 필드 추출
3. 검색어와 일치하는 도서를 데이터베이스에서 조회
4. 검색어에 일치하는 책의 ISBN마다 오픈 라이브러리에서 정보를 조회
5. 오픈 라이브러리 응답에서 필요한 필드를 추출
6. 데이터베이스 정보와 오픈 라이브러리의 정보 결합
7. 클라이언트에 응답 전송

죠 완벽해요! 한번 구현해보시겠어요?

테오 데이터베이스에서 책을 조회하는 것부터 구현해야겠습니다. 지난달에 했던 것과 아주 비슷하네요.

|**노트**| 지난달에 진행된 내용은 10장을 참고한다.

죠 사실, 테이블을 조인할 필요가 없어서 더 단순해요.

테오 그렇습니다. `isbn`과 `available` 컬럼의 값만 필요해요.

테오는 IDE에서 잠시 작업한다. 그는 데이터베이스에서 책을 조회하는 단계를 먼저 진행한다.

리스트 11.14 제목이 검색어에 일치하는 도서 조회

```
var dbSearchResultSchema = {
  "type": "array",
  "items": {
    "type": "object",
    "required": ["isbn", "available"],
    "properties": {
      "isbn": {"type": "string"},
      "available": {"type": "boolean"}
```

```
    }
  }
};

class CatalogDB {
  static matchingBooks(title)  {
    var matchingBooksQuery = `
SELECT isbn, available
 FROM books
 WHERE title = like '%$1%';
`;
    var books = dbClient.query(catalogDB, matchingBooksQuery, [title]);
    if(!ajv.validate(dbSearchResultSchema, books)) {
      var errors = ajv.errorsText(ajv.errors);
      throw "Internal error: Unexpected result from the database: " +
        errors;
    }
    return books;
  }
}
```

죠 아직은 할 만하죠.

테오 이제, 오픈 라이브러리에서 여러 책의 도서 정보를 얻는 단계를 구현할 겁니다. 아쉽게도 오픈 라이브러리 도서 API는 여러 책을 한 번에 조회하는 기능을 제공하지 않아요. 그래서 책마다 요청을 하나씩 보내야 해요.

죠 그게 좀 귀찮습니다. 조금 편하게 `_.map`이 비동기 함수와 동작한다고 가정하죠. 실제로는 요청을 병렬로 전송하고 응답을 합치는 데 `Promise.all` 같은 것이 필요해요.

테오 좋아요. 그러면 무척 단순해지겠네요. 저는 도서 정보를 얻는 코드에 각 `isbn`을 `bookInfo` 함수의 반환값으로 변환하는 `multipleBookInfo`를 추가하겠습니다.

테오는 리스트 11.9의 도서 정보 조회 코드를 살펴보더니 IDE에 입력하는 데 몰입한다. 코딩을 마친 후 리스트 11.15의 결과를 죠에게 보여준다.

리스트 11.15 오픈 라이브러리에서 여러 책의 도서 정보 조회

```
class OpenLibraryDataSource {
  static rawBookInfo(isbn) {
    var url = `https://openlibrary.org/isbn/${isbn}.json`;
    var jsonString = fetchResponseBody(url);
    return JSON.parse(jsonString);
  }

  static bookInfo(isbn, requestedFields) {
    var relevantFields = ["title", "full_title",
      "subtitle", "publisher",
      "publish_date", "weight",
      "physical_dimensions", "genre",
      "subjects", "number_of_pages"];
    var rawInfo = rawBookInfo(isbn);
    if(!ajv.validate(bookInfoSchema, rawInfo)) {
      var errors = ajv.errorsText(ajv.errors);
      throw "Internal error: Unexpected result from Open Books API: " +
        errors;
    }
    var relevantInfo =
      _.pick(_.pick(rawInfo, relevantFields), requestedFields);
    return  _.set(relevantInfo, "isbn", isbn);
  }

  static multipleBookInfo(isbns, fields) {
    return _.map(function(isbn) {
      return bookInfo(isbn, fields);
    }, isbns);
  }
}
```

죠 잘하셨어요! 이제 재미있는 부분입니다. 여러 출처의 데이터를 결합하는 거죠.

테오 저에게는 배열 두 가지가 있습니다. 하나는 데이터베이스의 도서 정보이고, 다른 하나는 오픈 라이브러리의 도서 정보예요. 저는 어떻게든 두 배열을 합쳐야 합니다. 하지만 두 배열에서 도서 정보의 위치가 동일하다고 확신할 수가 없네요.

죠 배열이 아닌 어떤 것이면 좋으시겠어요?

테오 해시맵이었으면 좋았겠어요.

죠 그럼 해시맵의 키는 무엇이 될까요?

테오 책 ISBN입니다.

죠 그럼 좋은 소식이 있어요. 소원이 성취됐습니다.

테오 어떻게요?

죠 로대시는 _.keyBy라는 함수를 제공합니다. 배열을 맵으로 변환시켜주죠.

테오 믿을 수가 없네요. 예제를 보여주실 수 있나요?

죠 물론이죠. 두 가지 도서 정보를 가진 배열로 _.keyBy를 호출해보죠.

리스트 11.16 _.keyBy로 배열을 맵으로 변환

```
var books = [
  {
    "title": "7 Habits of Highly Effective People",
    "isbn": "978-1982137274",
    "available": true
  },
  {
    "title": "The Power of Habit",
    "isbn": "978-0812981605",
    "available": false
  }
];

_.keyBy(books, "isbn");
```

죠 이것이 결과입니다.

리스트 11.17 keyBy의 결과

```
{
  "978-0812981605": {
    "available": false,
    "isbn": "978-0812981605",
    "title": "The Power of Habit"
  },
```

```
  "978-1982137274": {
    "available": true,
    "isbn": "978-1982137274",
    "title": "7 Habits of Highly Effective People"
  }
}
```

테오 keyBy는 멋지군요!

죠 너무 놀랄 필요는 없어요. _.keyBy는 _.groupBy와 아주 비슷합니다. 한 가지 차이가 있다면 _.keyBy는 각 그룹의 요소가 오직 하나뿐이라고 가정한다는 거예요.

테오 _.keyBy를 사용하면 범용 함수인 joinArrays를 작성할 수 있을 것 같아요.

죠 범용 데이터 조작 함수로 비즈니스 로직을 구현하겠다고 생각하시니 반갑네요.

> **|팁|** 비즈니스 로직의 상당 부분은 범용 데이터 조작 함수로 구현될 수 있다.

테오 joinArrays 함수는 두 가지 배열과 어떤 두 요소를 결합해야 하는지 결정하는 데 필요한 필드 이름을 전달받아야 합니다. 예를 들면 isbn이죠.

죠 명심하세요. 일반적으로 양쪽 배열의 필드 이름이 동일하지 않을 수 있습니다.

테오 맞아요. 그럼 joinArrays는 네 가지 인자가 필요합니다. 두 가지 배열과 두 가지 필드 이름이죠.

죠 그럼 해볼까요! joinArrays의 단위 테스트도 작성해주세요.

테오 물론 그래야겠죠…

테오는 잠시 동안 작업하며 리스트 11.18의 코드를 만들어낸다. 이윽고 그는 리스트 11.19의 단위 테스트를 입력한다.

리스트 11.18 배열 두 가지를 결합하는 범용 함수

```
function joinArrays(a, b, keyA, keyB) {
  var mapA = _.keyBy(a, keyA);
  var mapB = _.keyBy(b, keyB);
```

```
  var mapsMerged = _.merge(mapA, mapB);
  return _.values(mapsMerged);
}
```

리스트 11.19 joinArrays의 단위 테스트

```
var dbBookInfos = [
  {
    "isbn": "978-1982137274",
    "title": "7 Habits of Highly Effective People",
    "available": true
  },
  {
    "isbn": "978-0812981605",
    "title": "The Power of Habit",
    "available": false
  }
];

var openLibBookInfos = [
  {
    "isbn": "978-0812981605",
    "title": "7 Habits of Highly Effective People",
    "subtitle": "Powerful Lessons in Personal Change",
    "number_of_pages": 432,
  },
  {
    "isbn": "978-1982137274",
    "title": "The Power of Habit",
    "subtitle": "Why We Do What We Do in Life and Business",
    "subjects": [
      "Social aspects",
      "Habit",
      "Change (Psychology)"
    ],
  }
];

var joinedArrays =  [
  {
```

```
    "available": true,
    "isbn": "978-1982137274",
    "subjects": [
      "Social aspects",
      "Habit",
      "Change (Psychology)",
    ],
    "subtitle": "Why We Do What We Do in Life and Business",
    "title": "The Power of Habit",
  },
  {
    "available": false,
    "isbn": "978-0812981605",
    "number_of_pages": 432,
    "subtitle": "Powerful Lessons in Personal Change",
    "title": "7 Habits of Highly Effective People",
  },
]

_.isEqual(joinedArrays,
  joinArrays(dbBookInfos, openLibBookInfos, "isbn", "isbn"));
```

죠 훌륭합니다! 이제 상세 검색 결과 종단점의 마지막 부분을 서로 정렬할 준비가 됐어요.

테오 그건 무척 쉬워요. 데이터베이스와 오픈 라이브러리의 데이터를 가져와서 합칩니다.

재빨리 작업한 테오는 죠에게 코드를 보여준다.

리스트 11.20 도서 검색과 보강된 도서 정보

```
class Catalog {
  static enrichedSearchBooksByTitle(searchPayload) {
    if(!ajv.validate(searchBooksRequestSchema, searchPayload)) {
      var errors = ajv.errorsText(ajv.errors);
      throw "Invalid request:" + errors;
    }
    var title = _.get(searchPayload, "title");
```

```
    var fields = _.get(searchPayload, "fields");

    var dbBookInfos = CatalogDataSource.matchingBooks(title);
    var isbns = _.map(dbBookInfos, "isbn");

    var openLibBookInfos =
      OpenLibraryDataSource.multipleBookInfo(isbns, fields);

    var res = joinArrays(dbBookInfos, openLibBookInfos);
    if(!ajv.validate(searchBooksResponseSchema, res)) {
      var errors = ajv.errorsText(ajv.errors);
      throw "Invalid response:" + errors;
    }

    return res;
  }
}
```

이제부터가 까다로운 부분이다. 테오는 상세 검색 종단점 구현 코드를 단순화할 방법을 고민하면서 잠시 시간을 보낸다. 그는 비슷한 도메인 개체에 동작하는 무상태 함수를 모아놓은 용도로만 클래스를 사용하는 것이 훨씬 덜 복잡하게 만드는 방법이라고 생각하면서 코드를 작성하기 시작한다.

리스트 11.21 상세 검색 종단점의 스키마(오픈 도서 API 부분)

```
var basicBookInfoSchema = {
  "type": "object",
  "required": ["title"],
  "properties": {
    "title": {"type": "string"},
    "publishers": {
      "type": "array",
      "items": {"type": "string"}
    },
    "number_of_pages": {"type": "integer"},
    "weight": {"type": "string"},
    "physical_format": {"type": "string"},
    "subjects": {
```

```
      "type": "array",
      "items": {"type": "string"}
    },
    "isbn_13": {
      "type": "array",
      "items": {"type": "string"}
    },
    "isbn_10": {
      "type": "array",
      "items": {"type": "string"}
    },
    "publish_date": {"type": "string"},
    "physical_dimensions": {"type": "string"}
  }
};

var mandatoryIsbn13 = {
  "type": "object",
  "required": ["isbn_13"]
};

var mandatoryIsbn10 = {
  "type": "object",
  "required": ["isbn_10"]
};

var bookInfoSchema = {
  "allOf": [
    basicBookInfoSchema,
    {
      "anyOf": [mandatoryIsbn13, mandatoryIsbn10]
    }
  ]
};
```

리스트 11.22 상세 검색 종단점(오픈 도서 API 부분)

```
var ajv = new Ajv({allErrors: true});

class OpenLibraryDataSource {
```

```
  static rawBookInfo(isbn) {
    var url = `https://openlibrary.org/isbn/${isbn}.json`;
    var jsonString = fetchResponseBody(url);
    return JSON.parse(jsonString);
  }

  static bookInfo(isbn, requestedFields) {
    var relevantFields = ["title", "full_title",
      "subtitle", "publisher",
      "publish_date", "weight",
      "physical_dimensions", "genre",
      "subjects", "number_of_pages"];
    var rawInfo = rawBookInfo(isbn);
    if(!ajv.validate(bookInfoSchema, rawInfo)) {
      var errors = ajv.errorsText(ajv.errors);
      throw "Internal error: Unexpected result from Open Books API: " +
        errors;
    }
    var relevantInfo = _.pick(
      _.pick(rawInfo, relevantFields),
      requestedFields);
    return  _.set(relevantInfo, "isbn", isbn);
  }

  static multipleBookInfo(isbns, fields) {
    return _.map(function(isbn) {
      return bookInfo(isbn, fields);
    }, isbns);
  }
}
```

리스트 11.23 상세 검색 종단점(데이터베이스 부분)

```
var dbClient;
var dbSearchResultSchema = {
  "type": "array",
  "items": {
    "type": "object",
    "required": ["isbn", "available"],
    "properties": {
```

```
      "isbn": {"type": "string"},
      "available": {"type": "boolean"}
    }
  }
};

class CatalogDB {
  static matchingBooks(title)  {
    var matchingBooksQuery = `
SELECT isbn, available
 FROM books
 WHERE title = like '%$1%';
`;
    var books = dbClient.query(catalogDB, matchingBooksQuery, [title]);
    if(!ajv.validate(dbSearchResultSchema, books)) {
      var errors = ajv.errorsText(ajv.errors);
      throw "Internal error: Unexpected result from the database: "
        + errors;
    }

    return books;
  }
}
```

리스트 11.24 상세 검색 종단점 구현용 스키마

```
var searchBooksRequestSchema = {
  "type": "object",
  "properties": {
    "title": {"type": "string"},
    "fields": {
      "type": "array",
      "items": {
        "type": [
          "title",
          "full_title",
          "subtitle",
          "publisher",
          "publish_date",
          "weight",
```

```
          "physical_dimensions",
          "number_of_pages",
          "subjects",
          "publishers",
          "genre"
        ]
      }
    }
  },
  "required": ["title", "fields"]
};

var searchBooksResponseSchema = {
  "type": "object",
  "required": ["title", "isbn", "available"],
  "properties": {
    "title": {"type": "string"},
    "available": {"type": "boolean"},
    "publishers": {
      "type": "array",
      "items": {"type": "string"}
    },
    "number_of_pages": {"type": "integer"},
    "weight": {"type": "string"},
    "physical_format": {"type": "string"},
    "subjects": {
      "type": "array",
      "items": {"type": "string"}
    },
    "isbn": {"type": "string"},
    "publish_date": {"type": "string"},
    "physical_dimensions": {"type": "string"}
  }
};
```

리스트 11.25 상세 검색 종단점의 스키마 적용(오픈 도서 API 부분)

```
class Catalog {
  static enrichedSearchBooksByTitle(request) {
    if(!ajv.validate(searchBooksRequestSchema, request)) {
```

```
      var errors = ajv.errorsText(ajv.errors);
      throw "Invalid request:" + errors;
    }

    var title = _.get(request, "title");
    var fields = _.get(request, "fields");

    var dbBookInfos = CatalogDataSource.matchingBooks(title);
    var isbns = _.map(dbBookInfos, "isbn");

    var openLibBookInfos =
      OpenLibraryDataSource.multipleBookInfo(isbns, fields);

    var response = joinArrays(dbBookInfos, openLibBookInfos);
    if(!ajv.validate(searchBooksResponseSchema, response)) {
      var errors = ajv.errorsText(ajv.errors);
      throw "Invalid response:" + errors;
    }
    return response;
  }
}

class Library {
  static searchBooksByTitle(payloadBody) {
    var payloadData = JSON.parse(payloadBody);
    var results = Catalog.searchBooksByTitle(payloadData);
    return JSON.stringify(results);
  }
}
```

|**팁**| 비슷한 도메인 개체에 동작하는 무상태 함수를 모으는 수단으로만 사용한다면 클래스가 훨씬 단순해진다.

생각에 빠진 테오는 죠의 말에 정신이 든다. 죠가 코드를 살펴본 후에 테오에게 축하 인사를 건넨 것이다.

죠 아주 잘하셨어요! 아무튼, 『습관의 힘』을 읽고 나서 저는 손톱 씹는 습관을 버렸습니다.

테오 와우! 대단하네요! 커피를 지나치게 많이 마시는 습관을 바로 잡으려면 저야말로 그 책을 읽어야겠군요.

죠 고맙습니다. 커피 습관도 잘 고치시길 바랍니다.

테오 오늘 오후에 낸시에게 오픈 라이브러리 도서 마일스톤 예정일을 알려주기로 했습니다. 기능이 다 준비됐다고 말하면 어떤 반응을 보일지 궁금하네요.

죠 일주일 후에 준비될 거라고 말한다면, 다음 마일스톤을 작업할 시간적 여유를 벌 수 있을 거예요.

일정 준수

죠의 말이 맞았다! 테오는 죠가 들려줬던 '젊은 나무꾼과 노인' 이야기를 떠올린다. 테오는 DOP를 배워서 일정에 맞춰 납품할 수 있었다. 그는 시간을 들여 톱날을 세우고 더 깊이 연습에 몰두한 것이 만족스럽다.

|**노트**| '젊은 나무꾼과 노인' 이야기가 생각나지 않거나 다시 읽고 싶다면 2부의 도입부를 확인하자.

결국 클라핌 프로젝트는 성공한다. 낸시는 기뻐하고 테오의 상사도 만족한다. 그 덕분에 테오는 승진하고, 모두가 더 없이 만족했다.

테오는 죠와의 약속을 기억한다. 죠의 두 자녀인 니라이아와 오렐리아에게 줄 선물을 찾고자 웨스트필드 샌프란시스코 센터의 매장을 둘러보는 테오는 목표 의식과 큰 기쁨으로 충만해 있다. 그는 니라이아에게는 DJI 매빅 에어 2^DJI Mavic Air 2^ 드론을, 오렐리아에게는 최신 애플 에어팟 프로를 선물하기로 결정한다. 그리고 이왕 쇼핑하는 김에 아내 제인을 위해 목걸이와 귀걸이도 산다. 클라핌 프로젝트를 시작한 이후 늘 바쁘기만 했던 자신을 이해하고 인내해준 아내에게 고마운 마음을 전하고 싶었다.

|**노트**| 이야기는 3부의 도입부로 이어진다.

요약

- 시스템의 내부를 외부를 구축할 때와 같이 구축한다.
- 프로그램 내부의 구성 요소는 불변 데이터 컬렉션으로 표현되는 데이터로 서로 소통한다. 이는 시스템의 구성 요소가 네트워크에서 데이터로 서로 소통하는 것과 같은 방식이다.
- DOP에서 프로그램 내부의 구성 요소는 서로 느슨하게 결합된다.
- 비즈니스 로직의 많은 부분이 범용 데이터 조작 함수를 통해 구현될 수 있다. 범용 함수는 다음과 같은 곳에 사용된다.
  - 웹 서비스 내부 데이터 흐름의 각 단계 구현
  - 클라이언트 요청의 해석
  - 클라이언트 요청에 비즈니스 로직 적용
  - (데이터베이스나 다른 웹 서비스와 같은) 외부에서 데이터를 가져오는 작업
  - 외부에서 가져온 데이터에 비즈니스 로직 적용
  - 클라이언트에 보낼 응답 직렬화
- 비슷한 도메인 개체에 동작하는 무상태 함수를 모으는 수단으로만 클래스를 사용한다면 훨씬 덜 복잡해진다.

▼ 이 장에서 소개된 로대시 함수

함수	설명
`keyBy(coll, f)`	`coll`의 각 요소를 `f`에 적용해 얻은 결과를 키로 하는 맵을 생성한다. 각 키에 대응되는 값은 해당 키를 생성하는 데 마지막으로 사용된 요소다.

Part 3

유지보수성

한 달 후, 클라핌 프로젝트는 알바트로스가 '유지보수'라고 부르는 단계에 진입했다. 그러고는 큰 변화 없이 매주 작은 신규 기능이 추가되거나 버그가 수정되곤 한다.

테오의 상사인 모니카는 클라핌 프로젝트의 유지보수를 데이브에게 맡기기로 결정한다. 이 결정은 어쩌면 당연하다. 지난 여러 달 동안, 데이브는 호기심을 나타내면서 적극적인 모습을 많이 보여줬고 견고한 프로그래밍 실력을 갖고 있다. 테오는 죠와 데이브가 만나는 자리를 주선한다. 그는 자신이 클라핌에서 이룬 성취를 데이브가 멋지게 이어갈 수 있도록 죠가 데이브에게 DOP를 가르쳐주길 원한다. 테오와 데이브는 원격 회의로 죠와 대화를 나눈다.

테오 안녕하세요. 몇 주간 데이브에게 DOP의 원리를 가르쳐주실 수 있나요?

죠 그럴 시간은 있지만, 그렇게 하고 싶지 않네요.

데이브 어떤 이유에서 그러시죠? 혹시 제가 소프트웨어 개발 경험이 충분하지 않아서 그런가요? 저는 빨리 배우는 편입니다. 걱정하지 마세요.

죠 그런 이유가 아니에요. 경험과는 상관없습니다.

테오 그럼 무엇 때문인가요?

죠 저는 테오가 데이브의 훌륭한 멘토가 될 수 있을 거라고 생각해요.

테오 하지만 저는 DOP에 대해 아직 모르는 게 많은 걸요.

데이브 왜 이러세요! 우리 사이에 너무 겸손할 필요는 없잖아요.

죠 지식은 결코 완벽해질 수 없습니다. 소크라테스가 말했듯이, 알면 알수록 자신이 모른다는 걸 깨닫게 됩니다. 저는 테오가 스스로 모르는 부분을 배울 수 있을 거라고 믿어요. 어쩌면 뭔가를 발명할 수도 있고요.

테오 제가 어떻게 모르는 걸 발명할 수 있겠어요.

죠 DOP는 매우 단순한 패러다임이지만 발명하기에 아주 좋은 비옥한 토양입니다. 제가 말씀드린 내용 중 일부는 다른 사람에게서 배웠지만, 일부는 제가 직접 발명한 것이에요. DOP를 계속 연마한다면, 테오 당신도 자신만의 무언가를 발명하실 수 있을 거라고 확신합니다.

테오 데이브, 어떻게 생각하세요? 저에게 DOP를 배울 생각이 있나요?

데이브 물론입니다!

테오 죠, 제가 도움이 필요할 때마다 계속 만나주실 수 있으세요?

죠 당연하죠!

12

고급 데이터 유효성 확인

직접 만든 선물

12장에서 다루는 내용

- 함수 인자 유효성 확인
- 함수 반환값 유효성 확인
- 정적 타입을 넘어서는 데이터 유효성 확인
- 데이터 모델 도식 자동 생성
- 스키마 기반 단위 테스트 자동 생성

DOP 원리를 따르는 프로젝트의 코드베이스 크기가 커질수록 범용 자료형의 데이터만 주고받는 함수를 다루기 어려워진다. 어떤 함수 인자를 전달해야 하는지 알기 어렵고, 잘못된 데이터를 전달해도 의미 있는 오류를 얻지 못한다.

지금까지는 시스템 경계에서 데이터 유효성을 확인하는 방법을 설명했다. 이 장에서는 함수 인자와 반환값의 데이터 스키마를 정의해 시스템 내부를 흐르는 데이터의 유효성을 확인하는 방법을 설명한다. 이를 통해 어떤 함수 인자를 전달해야 하는지 분명히 알 수 있어서 개발이 편해진다. 이런 노력 덕에 추가로 얻을 수 있는 이점도 있는데, 데이터 모델 도식과 스키마 기반 단위 테스트를 자동으로 생성할 수 있다.

12.1 함수 인자 유효성 확인

데이브의 첫 작업은 장서 데이터를 CSV 파일로 내려받고, 저자로 책을 검색하고, 책에 평점을 남길 수 있는 신규 HTTP 종단점 몇 가지를 구현하는 것이다. 작업이 일단 끝나자, 데이브는 코드 리뷰를 받고자 테오를 불렀다.

> **|노트|** 데이브가 클라핌 프로젝트에 참여하게 된 경위는 3부의 도입부에 나타나 있다. 읽지 않았다면 잠시 시간을 내서 도입부를 읽어보자.

테오 DOP 코드가 이해할 만하던가요?

데이브 그리 어렵지 않았어요. 무엇보다, 죠와 만났을 때 남기신 노트를 읽고 코드를 보니 이해하기 정말 쉽더군요.

테오 멋지군요!

데이브 하지만 쉽게 익숙해지지 않는 부분이 있어요.

테오 그게 뭐죠?

데이브 모든 함수가 범용 자료형으로 데이터를 주고받기 때문에 어렵네요. OOP에서는 모든 함수 각각의 인자가 어떤 형태인지 아는데 말입니다.

테오 제가 했던 것처럼, 시스템 경계에서 데이터 유효성을 확인하셨나요?

데이브 물론이죠. 추가된 사용자 요청, 데이터베이스 쿼리, 외부 데이터 응답마다 데이터 스키마를 정의했습니다.

테오 잘하셨어요!

데이브 진짜로, 시스템은 운영 환경에서 동작하니 효과가 좋더군요. 데이터가 유효하면 시스템 안으로 흘러들어가고, 유효하지 않으면 사용자에게 어떤 오류인지 메시지로 표시해줄 수 있어서 말이죠.

테오 그럼, 뭐가 문제인가요?

데이브 개발 작업이 문제입니다. 함수에 어떤 인자를 넘겨야 하는지 알기가 어려워요. 제가 실수로 유효하지 않은 데이터를 전달해도 명확한 오류 메시지가 없고요.

테오 알겠습니다. 죠가 시스템 경계에서 데이터를 확인하는 방법을 보여줄 때 지금과 같은 개발 단계를 우려했던 것이 기억나네요. 그때 죠는 시스템 경계에서 데이터의 유효성을 확인하는 것과 동일하게 시스템 내부에서 데이터가 흐르는 중에도 데이터를 확인한다고 말했어요. 데이터 스키마와 데이터 표현을 분리해서 말입니다.

데이브 JSON 스키마도 사용하는 건가요?

테오 네.

데이브 마음에 듭니다. 전 JSON 스키마가 좋아요.

테오 시스템 경계에서 데이터의 유효성을 확인하는 주된 목적은 시스템으로 유효하지 않은 데이터가 들어가지 못하게 막는 겁니다. 반면에 시스템 내부의 데이터 유효성 확인은 시스템을 개발하기 편하게 하려는 것이 주목적이에요. 이를 보기 좋게 칠판에 표로 그려보겠습니다(표 12.1).

▼ **표 12.1** 두 가지 데이터 유효성 확인

데이터 유효성 확인 유형	목적	환경
경계	예방	운영 환경
내부	개발 편의	개발 환경

데이브 시스템 개발을 편하게 만든다는 것이 개발자가 OOP처럼 함수 인자가 어떤 규격인지 이해할 수 있도록 만든다는 뜻인가요?

테오 바로 그렇습니다.

데이브 제가 마음이 조급해서 그런데요. 도서 검색을 구현한 함수의 인자를 어떻게 확인하는지 알아낼 수 있도록 도와주시겠어요?

테오 그 구현 코드를 보여주시겠어요? 같이 한번 해보죠.

데이브 도서 검색 구현은 두 가지입니다. 하나는 프로토타입 단계에서 도서관 데이터를 메모리에 두고, 다른 하나는 도서관 데이터를 데이터베이스에 둡니다.

테오 제 생각에 도서관 데이터가 메모리에 있는 함수의 스키마가 데이터베이스에 있는 함수의 스키마보다 더 흥미로울 것 같네요. 도서 검색 함수가 검색 조건 외에도 장서 데이터를 받아야 하니까요.

데이브 데이터 스키마가 더 흥미롭다는 말은 작성하기 더 어렵다는 뜻인가요?

테오 작성하기 더 어렵지만, 배울 점도 더 많다는 뜻입니다.

데이브 그럼 도서관 데이터를 메모리에 두는 함수로 작업해보시죠. 프로토타이핑 단계에서 사용한 Catalog.searchBooksByTitle의 코드는 이렇습니다.

데이브는 자신의 노트북에서 어떤 코드를 꺼내 테오에게 보여준다.

리스트 12.1 데이터 확인 없는 검색 구현

```
class Catalog {
  static authorNames(catalogData, book) {
    var authorIds = _.get(book, "authorIds");
    var names = _.map(authorIds, function(authorId) {
      return _.get(catalogData, ["authorsById", authorId, "name"]);
    });
    return names;
  }

  static bookInfo(catalogData, book) {
    var bookInfo =  {
      "title": _.get(book, "title"),
      "isbn": _.get(book, "isbn"),
      "authorNames": Catalog.authorNames(catalogData, book)
    };
    return bookInfo;
  }

  static searchBooksByTitle(catalogData, query) {
    var allBooks = _.get(catalogData, "booksByIsbn");
    var matchingBooks = _.filter(allBooks, function(book) {
      return _.get(book, "title").includes(query);
    });
    var bookInfos = _.map(matchingBooks, function(book) {
      return Catalog.bookInfo(catalogData, book);
    });
    return bookInfos;
```

```
  }
}
```

테오 catalogData와 query가 어떤 유형이어야 하는지 알려주시겠어요?

데이브 물론이죠. query는 문자열이어야 하고, catalogData는 장서 데이터 모델에 부합하는 맵이어야 합니다.

테오 장서 데이터 모델이 뭔가요?

데이브 잠시만요. 어딘가 도식이 있었어요.

잠시 데이브는 클라핌 도서관 관리 시스템 폴더를 이리저리 뒤진다. 원하는 것을 찾은 그는 칠판에 그림 12.1의 도식을 그린다.

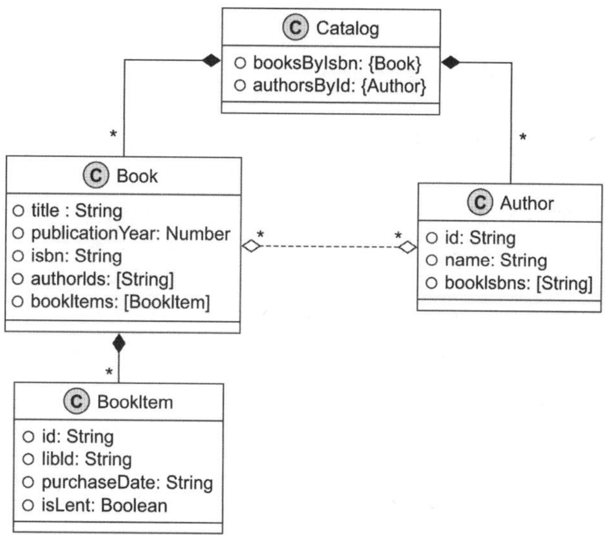

▲ **그림 12.1** 장서 데이터 모델

> |**노트**| 이 책의 스키마는 JSON 스키마 버전 2020-12를 사용한다.

테오 이 장서 데이터 모델의 JSON 스키마를 작성해보시겠어요?

데이브 도서와 저자 스키마의 내부 변수를 사용해도 되는 건가요? 아니면 장서 데이터 스키마 안에 모든 스키마를 포함시켜야 하나요?

테오 JSON 스키마는 코드의 일부입니다. 내부 변수를 사용하는 것이 코드를 더 읽기 좋게 만든다고 생각되면 그렇게 하세요.

데이브 좋습니다. 이제 죠에게 선물로 받으신 JSON 스키마가 필요하겠네요.

테오는 조금 찢기고 구겨진 종이 조각을 집어든 후 데이브에게 건넨다. 바로 JSON 스키마 요약지다.

리스트 12.2 JSON 스키마 요약지

```
{
  "type": "array",                                   ◀── 최상단의 데이터가 배열이다.
  "items": {
    "type": "object",                                ◀── 배열의 요소는 맵이다.
    "properties": {                                  ◀── 맵 각 필드의 속성
      "myNumber": {"type": "number"},                ◀── myNumber는 숫자다.
      "myString": {"type": "string"},                ◀── myString은 문자열이다.
      "myEnum": {"enum": ["myVal", "yourVal"]},      ◀── myEnum은 열거형이며 값은 "myVal"이나 "yourVal" 중 하나다.
      "myBool": {"type": "boolean"}                  ◀── myBool은 불리언이다.
    },
    "required": ["myNumber", "myString"],            ◀── 맵의 필수 필드는 myNumber와 myString이다. 다른 필드는 선택 항목이다.
    "additionalProperties": false                    ◀── 스키마에 명시된 필드 외에는 허용되지 않는다.
  }
}
```

데이브 저자 스키마부터 시작하는 게 좋겠습니다. 도서 정보 스키마보다 단순할 것 같아요.

빠르게 코드를 구성한 데이브는 테오에게 저자 스키마를 보여준다. 여전히 DOP가 서툰 데이브는 테오의 반응을 살핀다.

리스트 12.3 저자 스키마

```
var authorSchema = {
  "type": "object",
  "required": ["id", "name", "bookIsbns"],
```

```
  "properties": {
    "id": {"type": "string"},
    "name": {"type": "string"},
    "bookIsbns": {
      "type": "array",
      "items": {"type": "string"}
    }
  }
};
```

테오 잘하셨어요! 이제 도서 정보 스키마로 넘어가죠.

데이브 인쇄본 정보 스키마는 변수에 보관하는 게 좋겠습니다.

리스트 12.4 도서 정보 스키마

```
var bookItemSchema = {
  "type": "object",
  "properties":{
    "id": {"type": "string"},
    "libId": {"type": "string"},
    "purchaseDate": {"type": "string"},
    "isLent": {"type": "boolean"}
  },
  "required": ["id", "libId", "purchaseDate", "isLent"]
};

var bookSchema = {
  "type": "object",
  "required": ["title", "isbn", "authorIds", "bookItems"],
  "properties": {
    "title": {"type": "string"},
    "publicationYear": {"type": "integer"},
    "isbn": {"type": "string"},
    "authorIds": {
      "type": "array",
      "items": {"type": "string"}
    },
    "bookItems": {
      "type": "array",
```

```
      "items": bookItemSchema
    }
  }
};
```

> |팁| 복잡한 데이터 스키마를 정의할 때는 중첩된 스키마를 변수에 담아 스키마를 읽기 쉽게 만드는 것이 권장된다.

테오 도서 정보 스키마에 필수 필드로 publicationYear를 포함시키지 않은 이유가 있나요?

데이브 어떤 책에는 출간일 정보가 누락돼 있습니다. OOP와 달라서, 이렇게 하면 널 값일 수도 있는 필드를 쉽게 다룰 수 있어요.

테오 아주 좋습니다! 그럼 이제 마지막 작업을 할까요? 장서 스키마 말입니다.

데이브 이게 문제입니다. 장서는 필드가 둘인 맵이어야 합니다. booksByIsbn과 authorsById이죠. 두 값 모두 색인이어야 해요. 모델 도식에서 중괄호로 표시됐죠. 전 스키마에서 색인을 어떻게 정의하는지 모르겠어요.

테오 DOP에서 색인을 어떻게 표현하는지 기억하시나요?

데이브 네, 색인은 맵으로 표현됩니다.

테오 맞아요. 그러면 색인을 표현하는 맵과 레코드를 표현하는 맵의 차이가 뭘까요?

데이브 레코드를 표현하는 맵은 필드의 이름을 알고 있고 값의 유형은 다양합니다. 색인을 표현하는 맵은 필드의 이름을 모르고 값의 유형은 공통적이에요.

테오 그렇습니다. 레코드를 표현하는 맵을 이종 맵heterogeneous map이라고 부르고, 색인을 표현하는 맵을 동종 맵homogeneous map이라고 부릅니다.

> |팁| DOP에서 레코드는 이종 맵으로 표현되고 색인은 동종 맵으로 표현된다.

데이브 그러면 JSON 스키마로 동종 맵의 스키마를 어떻게 정의하나요?

테오 저도 모릅니다. JSON 스키마 온라인 문서를 확인해볼까요?

> **|노트|** JSON 스키마 버전 2020-12의 온라인 문서는 웹 사이트(https://json-schema.org/)에 있다.[1]

얼마간 JSON 스키마 온라인 문서를 파헤친 끝에 테오는 `additionalProperties`에 관한 부분을 찾는다. 그는 결정을 내리기 전에 잠시 그 정보를 학습한다.

테오 `additionalProperties`를 사용할 수 있을 것 같아요. 값이 숫자인 동종 맵의 JSON 스키마가 여기 있네요.

리스트 12.5 값이 숫자인 동종 맵의 JSON 스키마

```
{
  "type": "object",
  "additionalProperties": {"type": "number"}
}
```

데이브 저는 `additionalProperties`가 불리언이고 스키마에 명시되지 않은 속성을 허용하거나 금지하도록 하는 데 사용된다고 생각했어요.

테오 그게 맞아요. 보통 `additionalProperties`는 불리언입니다. 하지만 문서에 의하면 스키마를 정의하는 맵이 될 수도 있다고 하네요. 이 경우, 그 스키마에 명시되지 않은 속성은 `additionalProperties`와 연관된 스키마의 값을 가져야 한다는 의미입니다.

데이브 알겠습니다. 하지만 그것이 동종 맵과 무슨 관련인 건가요?

테오 음, 동종 맵은 사전에 정의되지 않은 속성을 가진 맵으로 볼 수 있습니다. 모든 부가 속성이 특정 유형이고요.

데이브 기막히네요!

> **|팁|** JSON 스키마에서 동종 문자열 맵은 `properties`가 없는 `type: object`와 스키마에 연관된 `additionalProperties`를 가진다.

---

1 이 책이 출간되는 현시점에도 버전은 그대로 2020-12로 유지되고 있다. – 옮긴이

테오　그렇죠? 이제 장서 데이터 스키마가 어떤 모습일지 보여드릴게요.

테오는 노트북에 간단히 타이핑을 하더니 장서 스키마를 데이브에게 보여준다.

리스트 12.6 장서 데이터 스키마

```
var catalogSchema = {
  "type": "object",
  "properties": {
    "booksByIsbn": {
      "type": "object",
      "additionalProperties": bookSchema
    },
    "authorsById": {
      "type": "object",
      "additionalProperties": authorSchema
    }
  },
  "required": ["booksByIsbn", "authorsById"]
};
```

데이브　장서와 검색 조건 스키마를 `Catalog.searchBooksByTitle` 구현에 결합할 준비가 된 건가요?

테오　네, 하지만 장서와 검색 조건 스키마가 합쳐진 단일 스키마를 정의하는 게 더 좋을 것 같아요.

데이브　두 스키마를 한 스키마로 합치는 방법이 뭔가요?

테오　튜플tuple이 뭔지 아세요?

데이브　알기는 하는데, 정확한 정의를 모르겠어요.

테오　튜플은 크기가 고정된 배열이고 각 요소의 유형이 같지 않을 수 있습니다.[2]

데이브　잘 알겠습니다. 그럼 JSON 스키마로 튜플을 어떻게 정의하나요?

다시 한번, 테오는 JSON 스키마 온라인 문서를 뒤진다. 운 좋게도 해당 페이지를 북마크

2　튜플은 배열과 레코드(또는 구조체)의 중간 형태인 자료구조다. 배열과 같이 여러 값이 필드명 없이 순서로만 구분되고 레코드처럼 서로 자료형이 다를 수 있다. 타입 확인이 느슨한 언어에서는 종종 배열과 명확히 구분되지 않는다. – 옮긴이

해줘서 시간을 전혀 들이지 않고도 필요한 정보를 찾는다.

테오 찾았어요! `prefixItems`를 사용해 튜플을 정의할 수 있어요. 문자열과 숫자로 구성된 튜플 같은 것 말이죠.

테오가 노트북에 코드를 더 입력한다. 입력이 끝나자 데이브에게 튜플의 스키마를 보여준다.

리스트 12.7 문자열과 숫자로 구성된 튜플의 스키마

```
{
  "type": "array",
  "prefixItems": [
    { "type": "string" },
    { "type": "number" }
  ]
}
```

데이브 알겠네요. 그럼 `Catalog.searchBooksByTitle`의 인자용 스키마는 어떻게 정의하실 건가요?

테오 음, 그 인자는 크기가 2인 튜플이에요. 첫 번째 요소는 장서이고, 두 번째 요소는 문자열이죠.

데이브 이 스키마 같을까요?

리스트 12.8 Catalog.searchBooksByTitle의 인자용 스키마

```
var searchBooksArgsSchema = {
  "type": "array",
  "prefixItems": [
    catalogSchema,
    { "type": "string" },
  ]
};
```

테오 바로 그거예요!

데이브 이제 인자의 스키마가 준비됐으니, 도서 검색 구현에 어떻게 결합시키면 될까요?

테오 시스템 경계에서 데이터 유효성을 확인하는 방법과 비슷합니다. 큰 차이가 있다면, 시스템 내부를 흐르는 데이터의 유효성 검증은 개발 시점에만 동작해야 하고 운영에서 코드가 돌아갈 때는 비활성화돼야 한다는 거예요.

데이브 왜 그렇죠?

테오 시스템 경계에서 사전에 이미 유효성 확인이 됐기 때문이죠. 함수 호출에서 다시 유효성을 확인하는 것은 불필요하고 성능에 악영향을 미칠 수 있어요.

데이브 개발 시점이라는 것이 테스트와 스테이지 환경도 포함하는 건가요?

테오 네, 운영 환경을 제외한 모든 환경입니다.

데이브 알겠습니다. 자바의 단정문assertion과 같군요. 단정문도 운영 코드에서는 비활성화되니까요.

> **|팁|** 시스템 내부의 데이터 유효성 확인은 운영 환경에서 비활성화돼야 한다.

테오 정확히 그렇습니다. 이제, 개발 환경에서 코드가 동작할 때는 true를 반환하고 운영 환경에서 동작할 때는 false를 반환하는 dev 함수가 있다고 가정하겠습니다.

리스트 12.9 함수 인자의 유효성을 확인하는 검색 구현

```
Catalog.searchBooksByTitle = function(catalogData, query) {
  if(dev()) {
    var args = [catalogData, query];
    if(!ajv.validate(searchBooksArgsSchema, args)) {
      var errors = ajv.errorsText(ajv.errors);
      throw ("searchBooksByTitle called with invalid arguments: " +
        errors);
    }
  }

  var allBooks = _.get(catalogData, "booksByIsbn");
  var matchingBooks = _.filter(allBooks, function(book) {
    return _.get(book, "title").includes(query);
```

dev()의 구현은 실행 환경에 따라 다르며, 코드가 개발 환경에서 동작할 때는 true를, 운영 환경에서 동작할 때는 false를 반환한다.

```
  });
  var bookInfos = _.map(matchingBooks, function(book) {
    return Catalog.bookInfo(catalogData, book);
  });

  return bookInfos;
};
```

데이브 모든 함수의 인자가 유효한지 확인해야 한다고 생각하시나요?

테오 아니에요. 단위 테스트와 같이 데이터 유효성 확인을 취급해야 한다고 생각합니다. 단위 테스트를 작성하려는 함수만 함수 인자의 유효성을 확인해야 합니다.

|팁| 데이터 유효성 확인을 단위 테스트처럼 다루자.

12.2 반환값 유효성 확인

데이브 함수의 반환값도 유효성 확인을 하는 것이 맞다고 생각하시나요?

테오 물론입니다.

데이브 멋지네요. `Catalog.searchBooksByTitle`의 반환값에 쓸 JSON 스키마를 작성해볼게요.

잠시 후 데이브는 스키마를 완성한다. 그는 큰 숨을 한껏 들이쉬었다가 내쉬면서 코드를 테오에게 보여준다.

리스트 12.10 Catalog.searchBooksByTitle의 반환값 스키마

```
var searchBooksResponseSchema = {
  "type": "array",
  "items": {
    "type": "object",
    "required": ["title", "isbn", "authorNames"],
    "properties": {
```

```
      "title": {"type": "string"},
      "isbn": {"type": "string"},
      "authorNames": {
        "type": "array",
        "items": {"type": "string"}
      }
    }
  }
};
```

테오 잘하셨어요! 이제, `Catalog.searchBooksByTitle` 코드에 반환값의 유효성을 확인하도록 추가해보시겠어요?

데이브 좋습니다.

데이브는 얼마간 IDE로 작업한다. 이번에는 좀 더 자신감을 갖고 결과를 테오에게 보여준다.

리스트 12.11 입출력 데이터를 모두 유효성 확인하는 검색

```
Catalog.searchBooksByTitle = function(catalogData, query) {
  if(dev()) {
    if(!ajv.validate(searchBooksArgsSchema, [catalogData, query])) {
      var errors = ajv.errorsText(ajv.errors);
      throw ("searchBooksByTitle called with invalid arguments: " +
        errors);
    }
  }

  var allBooks = _.get(catalogData, "booksByIsbn");
  var matchingBooks = _.filter(allBooks, function(book) {
    return _.get(book, "title").includes(query);
  });
  var bookInfos = _.map(matchingBooks, function(book) {
    return Catalog.bookInfo(catalogData, book);
  });

  if(dev()) {
    if(!ajv.validate(searchBooksResponseSchema, bookInfos)) {
```

```
      var errors = ajv.errorsText(ajv.errors);
      throw ("searchBooksByTitle returned an invalid value: " +
        errors);
    }
  }
  return bookInfos;
};
```

테오 훌륭해요! 그럼 이제 고급 데이터 유효성 확인을 어떻게 하는지 파악해야 합니다.

12.3 고급 데이터 유효성 확인

데이브 고급 데이터 유효성 확인이라니 무슨 뜻인가요?

테오 정적 타입의 범위를 넘어서겠다는 뜻입니다.

데이브 예를 보여주시겠어요?

테오 물론이죠. 책의 출간 연도를 예로 들어보죠. 이 필드는 정수입니다. 그 외에, 이 숫자에는 또 어떤 특징이 있을까요?

데이브 양수여야 합니다. 양의 정수라고 할 수 있겠어요.

테오 왜 이러세요. 타입 말고도 말할 게 있을 겁니다. 좀 더 생각해보세요.

데이브 잘 모르겠어요. 숫자가 1900 이상이어야 한다고 말할 수는 있겠네요. 1900년 이전에 출간된 책을 갖고 있지는 않을 것 같아요.

테오 바로 그거예요. 그럼 상한은 어떨까요?

데이브 출간 연도가 현재 연도보다 작아야 한다고 말할 수 있겠어요.

테오 아주 좋습니다. JSON 스키마가 숫자 범위를 지원하네요. 연도를 표현하면서 1900과 2021 사이여야 하는 정수인 스키마는 이렇게 작성할 수 있겠어요.

리스트 12.12 1900과 2021 사이의 정수를 뜻하는 스키마[3]

```
var publicationYearSchema = {
```

3 코드의 2021년은 이 책의 원고가 쓰여진 시점으로 보이는데, 예시 목적으로 하드코딩했을 뿐이며 좋은 방법으로 제시되지는 않았다. 따라서 실무라면 현재 시간을 얻어서 동적으로 적용해야 한다. – 옮긴이

```
  "type": "integer",
  "minimum": 1900,
  "maximum": 2021
};
```

데이브 이런 데이터 유효성 확인은 OOP에서 왜 불가능한 거죠?

테오 왜 그런지 한번 생각해보시죠.

데이브 알 것 같아요! OOP의 정적 타입 확인은 컴파일 중에 이뤄지는 반면, DOP에서는 데이터 유효성을 실행 중에 확인합니다. 즉, 컴파일 시점에는 정적 타입에 대한 정보밖에 갖고 있지 않지만, 실행 중에는 데이터 자체를 갖고 있습니다. 이 때문에 DOP 데이터 유효성 확인이 타입 이상을 다룰 수 있게 되는 거죠.

> **|노트|** 물론, OOP에서도 실행 시점에 데이터 유효성을 확인하는 코드를 작성할 수 있다. 하지만 지금은 데이터 스키마와 정적 타입을 비교하는 중이다.[4]

테오 정확해요! 이제, 정규식과 일치해야 하는 문자열의 스키마를 어떻게 작성하는지 보여드리죠.

> **|노트|** 정규식에 대한 자바스크립트 지침서는 웹 사이트(http://mng.bz/OGNP)에 있다.

테오 도서 ID의 예를 들어보죠. UUID여야 한다고 생각하고 있어요.

데이브 맞습니다.

테오 유효한 UUID의 정규식을 작성해보시겠어요?

데이브는 구글에서 'UUID regex'로 검색해 동작할 것 같아 보이는 정규식을 찾은 다음,

---

4 정적 타입 언어의 타입 확인과 DOP에서 말하는 데이터 유효성 확인을 일대일로 비교하는 것은 그다지 공정하지 않다. 다만, JSON 스키마를 활용한 유효성 확인의 유연성을 부각시키려는 취지임을 감안하면 어느 정도 받아들일 수 있다. 저자 말대로 정적 타입 언어에서도 실행 시점에 동적으로 클래스 불변 조건(invariant)이나 메서드 호출의 선행 조건(precondition)/후행 조건(postcondition)을 확인하는 것이 관례이고, 선언적인 방법으로 쉽게 수행하도록 돕는 기술도 있다. – 옮긴이

테오에게 보여준다.

리스트 12.13 유효한 UUID의 정규식

```
[0-9a-fA-F]{8}-[0-9a-fA-F]{4}-[0-9a-fA-F]{4}-[0-9a-fA-F]{4}-[0-9a-fA-F]{12}
```

데이브 그럼 정규식을 JSON 스키마에 어떻게 적용하죠?

테오 UUID 정규식을 검색하시는 동안, `pattern` 필드에 대해 읽어봤어요. 이렇게 하면 UUID 정규식을 JSON 스키마에 적용할 수 있어요.

리스트 12.14 UUID용 스키마

```
var uuidSchema = {
  "type": "string",
  "pattern": "[0-9a-fA-F]{8}-[0-9a-fA-F]{4}-[0-9a-fA-F]{4}" +
    "-[0-9a-fA-F]{4}-[0-9a-fA-F]{12}"
};
```

데이브 멋집니다! 장서 데이터 스키마와 `purchaseDate`, `isbn`, `libId`, `authorId`의 스키마를 정규식으로 개선해볼게요.

테오 그에 앞서, 제가 정규식에 대해 읽었던 것을 알려드리죠. 사전에 정의된 것이 있더라고요. 예를 들어 날짜의 정규식이 정의돼 있어요.

데이브 어떻게 쓰면 되는 거죠?

테오 `format` 필드로 지정하면 됩니다.

> **|노트|** JSON 스키마 규약에 의하면, `format`은 주석용이며 유효성 확인에는 영향을 주지 않는다. 하지만 실제로는 JSON 스키마 유효성 확인 라이브러리가 `format` 필드도 유효성 확인에 사용한다.

테오는 노트북으로 가서 날짜용 스키마를 입력하고 데이브에게 보여준다.

리스트 12.15 날짜의 스키마

```
{
  "type": "string",
```

```
  "format": "date"
}
```

|**팁**| DOP에서 데이터 유효성 확인은 정적 타입을 넘어선다(예: 숫자 범위, 정규식 등).

데이브 아주 멋지군요! 제가 장서 데이터 스키마를 개선하는 데 필요한 모든 정보가 논의된 건가요?

테오 네, 이제 해보시죠!

데이브가 `isbn`, `authorId`, `libId`의 정규식을 작성하는 데 다소 시간이 걸린다. 하지만 (다시) 구글의 도움을 받고 조금 단순화해서 데이브는 리스트 12.16과 12.17의 스키마를 만들어낸다.

리스트 12.16 개량된 장서 데이터의 스키마 (1)

```
var isbnSchema = {
  "type": "string",
  "pattern": "^[0-9-]{10,20}$"
};

var libIdSchema = {
  "type": "string",
  "pattern": "^[a-z0-9-]{3,20}$"
};

var authorIdSchema ={
  "type": "string",
  "pattern": "[a-z-]{2,50}"
};

var bookItemSchema = {
  "type": "object",
  "additionalProperties": {
    "id": uuidSchema,
    "libId": libIdSchema,
```

```
    "purchaseDate": {
      "type": "string",
      "format": "date"
    },
    "isLent": {"type": "boolean"}
  }
};
```

리스트 12.17 개량된 장서 데이터의 스키마 (2)

```
var bookSchema = {
  "type": "object",
  "required": ["title", "isbn", "authorIds", "bookItems"],
  "properties": {
    "title": {"type": "string"},
    "publicationYear": publicationYearSchema,
    "isbn": isbnSchema,
    "publisher": {"type": "string"},
    "authorIds": {
      "type": "array",
      "items": authorIdSchema
    },
    "bookItems": {
      "type": "array",
      "items": bookItemSchema
    }
  }
};

var authorSchema = {
  "type": "object",
  "required": ["id", "name", "bookIsbns"],
  "properties": {
    "id": {"type": "string"},
    "name": {"type": "string"},
    "bookIsbns": {
      "items": isbnSchema
    }
  }
};
```

```
var catalogSchema = {
  "type": "object",
  "properties": {
    "booksByIsbn": {
      "type": "object",
      "additionalProperties": bookSchema
    },
    "authorsById": {
      "type": "object",
      "additionalProperties": authorSchema
    }
  },
  "required": ["booksByIsbn", "authorsById"]
};
```

12.4 데이터 모델 도식 자동 생성

퇴근 전에 테오는 죠에게 전화해서 자신과 데이브가 시스템 내부에서 어떻게 데이터 유효성 확인을 수행했는지 이야기한다. 죠는 그것이야말로 자신이 테오에게 추천했던 방법이라면서 내일 사무실에 방문해 테오와 데이브를 만나보고 싶다는 뜻을 전한다. 죠는 데이터 유효성 확인과 관련된 멋진 무언가를 보여주고 싶어 한다. 다음 날, 죠는 손에 커피를 들고 이야기를 시작한다.

죠 여러분, DOP식 데이터 유효성 확인의 힘을 확인하셨나요?

데이브 네. 함수 인자의 클래스를 작성하는 것보다 JSON 스키마로 유효성 확인을 하는 것이 좀 더 번거롭지만, JSON 스키마가 정적 타입 이상의 조건을 지원하기 때문에 이런 단점은 상쇄됩니다.

테오 모든 함수가 각각 데이터 유효성을 확인할 필요가 없다는 것도 알게 됐어요.

죠 맞습니다. 이제, JSON 스키마로 할 수 있는 또 다른 멋진 일을 보여드리죠.

데이브 그게 뭔가요?

죠 데이터 모델 도식을 생성합니다.

데이브 와! 어떻게 그럴 수 있는 거죠?

죠 JSON 스키마를 입력으로 받아서 데이터 모델 포맷의 도식 문서를 생성하는 도구가 있어요.

데이브 데이터 모델 포맷이 뭔가요?

죠 평문으로 데이터 모델을 정의할 수 있도록 해주는 포맷입니다. 그 후에 평문 데이터에서 이미지를 생성할 수 있어요. 제가 가장 좋아하는 데이터 포맷은 플랜트UML^PlantUML^입니다.

> **|노트|** 플랜트UML에 대해 더 자세히 알고 싶다면 웹 사이트(https://plantuml.com/)를 참고한다.

데이브 데이터 모델 도식을 생성하는 다른 도구도 아시는 게 있나요?

죠 저는 JSON 스키마 뷰어와 말리^Malli^를 사용했습니다.

> **|노트|** JSON 스키마 뷰어와 말리는 깃허브(각각 https://navneethg.github.io/jsonschemaviewer/와 https://github.com/metosin/malli)에서 관련 정보를 찾을 수 있다.

죠는 데이브와 테오에게 리스트 12.16과 12.17의 장서 스키마로 말리에서 생성한 플랜트UML 도식 문서(리스트 12.18)를 보여준다.

리스트 12.18 장서 데이터 스키마로 생성한 플랜트UML 도식 문서

```
@startuml

Entity1     *--  Entity2
Entity1     *--  Entity4

Entity2        *-- Entity3


class Entity1 {
  + booksByIsbn: {Entity2}
```

```
  + authorsById: {Entity4}
}

class Entity2 {
  + title : String
    + publicationYear: Number
    + isbn: String
    + authorIds: [String]
    + bookItems: [Entity3]
}

class Entity3 {
  + id: String
    + libId: String
    + purchaseDate: String
    + isLent: Boolean
}

class Entity4 {
  + id: String
    + name: String
    + bookIsbns: [String]
}

@enduml
```

데이브 이 도식 문서를 시각화하는 것이 가능한가요?

조 물론이죠. 온라인 도구인 플랜트텍스트PlantText에 이 도식 문서를 복사해서 붙여 볼게요.

> **|노트|** 플랜트텍스트 온라인 도구에 대한 자세한 내용은 웹 사이트(https://www.planttext.com/)를 참고하자.

데이브는 자신의 웹 브라우저를 열고 플랜트텍스트의 URL을 입력한다. 문서를 복사해 붙인 다음, 테오와 데이브가 그림 12.2의 이미지와 비슷한 도식을 볼 수 있도록 옆으로 살짝 물러난다.

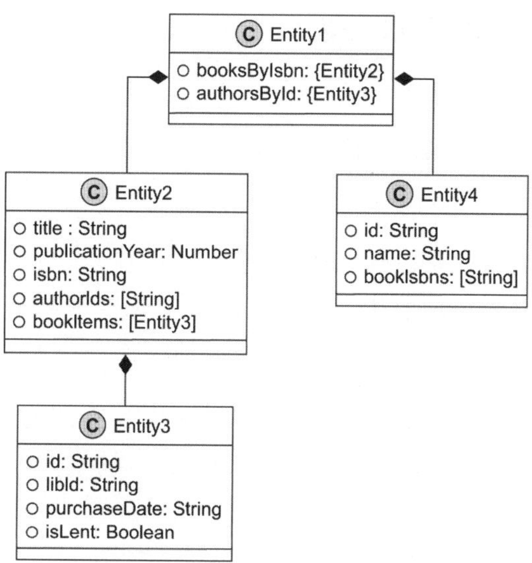

▲ **그림 12.2** 장서 데이터 스키마로 생성한 플랜트UML 도식 문서의 시각화 결과

데이브 이거 멋지군요! 하지만 개체 이름이 왜 `Entity1`, `Entity2` 같은 식인 거죠?

조 JSON 스키마에는 스키마에 이름을 지정할 방법이 없기 때문입니다. 말리가 임의의 이름을 자동으로 생성해야 하는 거죠.

테오 게다가, `publicationYear`의 숫자 범위와 `isbn`의 문자열 정규식과 같이 스키마에 있는 부가 정보가 도식에는 빠졌네요.

조 맞습니다. 그 부가 정보는 데이터 모델의 일부가 아닙니다. 그래서 생성된 데이터 모델 도식에 포함되지 않은 거죠.

데이브 아무튼, 아주 멋집니다.

조 여러분이 데이터 모델 생성 기능을 좋아한다면, 다음 기능도 좋아할 것 같습니다.

데이브 어떤 내용인가요?

조 단위 테스트 자동 생성입니다.

테오 와! 좋아 보입니다.

12.5 스키마 기반 단위 테스트 자동 생성

죠 함수 인자와 반환값의 데이터 스키마를 일단 정의하고 나면, 무척 단순하게 그 함수의 단위 테스트를 생성할 수 있습니다.

데이브 어떻게요?

죠 자, 생각해보시죠. 함수의 단위 테스트는 무엇이 핵심일까요?

데이브 단위 테스트는 어떤 인자로 함수를 호출하고 함수가 기대했던 값을 반환하는지 확인하죠.

죠 그렇습니다! 이제 그것을 데이터 스키마와 DOP의 맥락에 적용해보죠. 인자와 반환값의 스키마가 준비된 함수를 갖고 있다고 해보죠.

데이브 좋습니다.

죠 스키마 기반 단위 테스트의 흐름은 이렇습니다. 함수 인자의 스키마에 부합하는 무작위 인자로 함수를 호출합니다. 그러고 나서, 그 함수가 반환값 스키마에 부합하는 값을 반환하는지 확인합니다. 한번 그림으로 그려볼게요.

죠는 칠판에 다가가서 그림 12.3의 도식을 그린다.

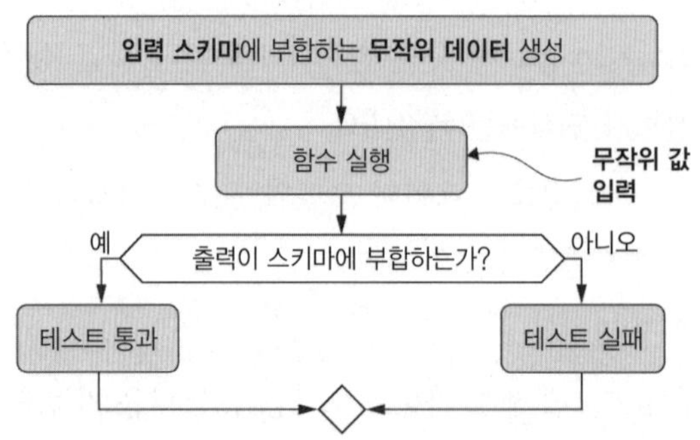

▲ **그림 12.3** 스키마 기반 단위 테스트의 흐름

데이브 스키마에 부합하는 무작위 데이터는 어떻게 생성하면 되나요?

죠 JSON 스키마 페이커JSON Schema Faker 같은 도구를 사용합니다. 단순한 스키마로 예를 들어보죠. UUID의 스키마 같은 것 말입니다. UUID 스키마에 부합하는 무작위 데이터를 어떻게 생성하는지 보여드릴게요.

|노트| JSON 스키마 페이커에 대한 자세한 정보는 깃허브(https://github.com/json-schema-faker/json-schema-faker)에서 찾을 수 있다.

죠는 키보드를 잠시 두드린다. 그러고는 무작위 데이터를 생성하는 코드를 데이브와 테오에게 보여준다.

리스트 12.19 UUID 스키마에 부합하는 무작위 데이터 생성

```
var uuidSchema = {
  "type": "string",
  "pattern": "[0-9a-fA-F]{8}-[0-9a-fA-F]{4}-[0-9a-fA-F]{4}" +
    "-[0-9a-fA-F]{4}-[0-9a-fA-F]{12}"
};

JSONSchemaFaker.generate(uuidSchema);
// → "7aA8CdF3-14DF-9EF5-1A19-47dacdB16Fa9"
```

데이브가 코드를 서너 번 실행해보니, 정말로 매번 다른 UUID가 생성된다.

데이브 아주 멋집니다! 장서 스키마와 같이 더 복잡한 스키마에서는 어떻게 동작하는지 보죠.

데이브가 장서 스키마로 `JSONSchemaFaker.generate`를 호출하자 무척 긴 데이터가 생성된다. 데이브는 결과를 보고 조금 놀란다.

리스트 12.20 장서 스키마에 부합하는 무작위 데이터 생성

```
{
  "booksByIsbn": {
    "Excepteur7": {
      "title": "elit veniam anim",
      "isbn": "5419903-3563-7",
      "authorIds": [
```

```
      "vfbzqahmuemgdegkzntfhzcjhjrbgfoljfzogfuqweggchum",
      "inxmqh-",
    ],
    "bookItems": {
      "ullamco5": {
        "id": "f7dac8c3-E59D-bc2E-7B33-C27F3794E2d6",
        "libId": "4jtbj7q7nrylfu114m",
        "purchaseDate": "2001-08-01",
        "isLent": false
      },
      "culpa_3e": {
        "id": "423DCdDF-CDAe-2CAa-f956-C6cd9dA8054b",
        "libId": "6wcxbh",
        "purchaseDate": "1970-06-24",
        "isLent": true
      }
    },
    "publicationYear": 1930,
    "publisher": "sunt do nisi"
  },
  "aliquip_d7": {
    "title": "aute",
    "isbn": "348782167518177",
    "authorIds": ["owfgtdxjbiidsobfgvjpjlxuabqpjhdcqmmmrjb-ezrsz-u"],
    "bookItems": {
      "ipsum__0b": {
        "id": "6DfE93ca-DB23-5856-56Fd-82Ab8CffEFF5",
        "libId": "bvjh0p2p2666vs7dd",
        "purchaseDate": "2018-03-30",
        "isLent": false
      }
    },
    "publisher": "ea anim ut ex id",
    "publicationYear": 1928
  }
},
"authorsById": {
  "labore_b88": {
    "id": "adipisicing nulla proident",
    "name": "culpa in minim",
```

```
      "bookIsbns": [
        "6243029--7",
        "5557199424742986"
      ]
    },
    "ut_dee": {
      "id": "Lorem officia culpa qui in",
      "name": "aliquip eiusmod",
      "bookIsbns": [
        "0661-8-5772"
      ]
    }
  }
}
```

죠 정규식에 버그가 좀 있는 것 같군요.

테오 어떻게 아신 거예요?

죠 생성된 ISBN 중에 유효하지 않은 ISBN이 있는 것 같아요.

데이브 맞습니다. 저는 정규식이 너무 싫어요!

죠 정규식에 대해 그런 감정을 가진 사람이 데이브 혼자만은 아닐 거예요. `Catalog.searchBooksByTitle`의 스키마 기반 단위 테스트의 흐름을 어떻게 구현하는지 보여드리죠.

리스트 12.21 스키마 기반 단위 테스트의 흐름 구현

```
function searchBooksTest () {
  var catalogRandom = JSONSchemaFaker.generate(catalogSchema);
  var queryRandom = JSONSchemaFaker.generate({ "type": "string" });
  Catalog.searchBooksByTitle(catalogRandom, queryRandom);
}
```

데이브 잠시만요. `Catalog.searchBooksByTitle`이 반환값 스키마에 부합하는 값을 반환하는지 확인하는 코드가 보이지 않습니다.

테오 코드를 자세히 들여다보면 보일 거예요.

Catalog.searchBooksByTitle 코드를 자세히 살피던 데이브에게 마침내 해당 코드가 보인다.

리스트 12.22 Catalog.searchBooksByTitle의 구현

```
Catalog.searchBooksByTitle = function(catalogData, query) {
  if(dev()) {
    if(!ajv.validate(searchBooksArgsSchema, [catalogData, query])) {
      var errors = ajv.errorsText(ajv.errors);
      throw ("searchBooksByTitle called with invalid arguments: " +
        errors);
    }
  }

  var allBooks = _.get(catalogData, "booksByIsbn");
  var matchingBooks = _.filter(allBooks, function(book) {
    return _.get(book, "title").includes(query);
  });
  var bookInfos = _.map(matchingBooks, function(book) {
    return Catalog.bookInfo(catalogData, book);
  });

  if(dev()) {
    if(!ajv.validate(searchBooksResponseSchema, bookInfos)) {
      var errors = ajv.errorsText(ajv.errors);
      throw ("searchBooksByTitle returned an invalid value: " +
        errors);
    }
  }
  return bookInfos;
};
```

데이브 맞습니다. Catalog.searchBooksByTitle 코드 안에 있네요. 스키마에 부합하지 않는 값을 반환하면, 예외가 발생하고 테스트는 실패합니다.

조 그렇습니다. 이제, Catalog.searchBooksByTitle 내부에서 예외가 발생하면 false를 반환하도록 단위 테스트 코드를 개선해보죠.

죠는 테스트 코드를 편집한 후에 변경된 결과를 테오와 데이브에게 보여준다.

리스트 12.23 완성된 도서 검색의 데이터 스키마 기반 단위 테스트

```
function searchBooksTest () {
  var catalogRandom = JSONSchemaFaker.generate(catalogSchema);
  var queryRandom = JSONSchemaFaker.generate({ "type": "string" });
  try {
    Catalog.searchBooksByTitle(catalogRandom, queryRandom);
    return true;
  } catch (error) {
    return false;
  }
}
```

데이브 테스트를 실행하면 어떻게 되는지 볼까요?

죠 실행시키기 전에 단위 테스트를 좀 고쳐야 합니다.

데이브 무슨 말씀이시죠?

죠 장서 데이터와 검색 조건이 무작위 값이에요. 검색 조건에 일치하는 책이 없는 상황을 테스트하기에는 좋죠. 최소한 한 권에는 일치하는 검색 조건을 만들어야 합니다.

데이브 적어도 한 권에 무조건 일치되는 검색 조건은 어떻게 찾을 수 있을까요?

죠 생성된 장서 데이터에서 첫 번째 책의 첫 글자를 검색 조건으로 쓰면 됩니다.

잠시 타이핑을 하던 죠는 테오와 데이브에게 보완한 테스트를 보여준다. 테오와 데이브는 죠가 시간을 내서 단위 테스트를 바로 잡아준 것에 고마움을 느낀다.

리스트 12.24 보완된 도서 검색의 데이터 스키마 기반 단위 테스트

```
function searchBooksTest () {
  var catalogRandom = JSONSchemaFaker.generate(catalogSchema);
  try {
    var firstBook = _.values(_.get(catalogRandom, "booksByIsbn"))[0];
    var query = _.get(firstBook, "title").substring(0,1);
    Catalog.searchBooksByTitle(catalogRandom, query);
```

```
    return true;
  } catch (error) {
    return false;
  }
}
```

데이브 알겠습니다. 생각보다는 복잡하지 않네요. 무작위 데이터를 조작해야 할 일이 자주 있나요?

죠 아니에요. 대부분은 무작위 데이터로 충분합니다.

데이브 좋습니다. 이제 단위 테스트를 실행하면 무슨 일이 일어나는지 궁금하네요.

데이브가 단위 테스트를 실행하자 테스트가 실패한다. 그 순간 데이브의 표정은 당혹스러움 그 자체다. 테오는 살짝 놀랄 뿐이다.

리스트 12.25 스키마 기반 단위 테스트 실행

```
searchBooksTest();
//→ false
```

데이브 단위 테스트 코드가 뭔가 잘못된 것 같습니다.

테오 단위 테스트가 `Catalog.searchBooksByTitle` 구현의 버그를 잡아낸 것으로 보이네요.

데이브 한번 확인해보죠. 단위 테스트가 함수의 반환값을 표시하게 만들 방법이 있나요?

죠 네, 이렇게 하면 됩니다.

죠는 다시 한번 노트북을 향해 돌아앉아 코드를 변경한다. 그는 다른 두 사람에게 `Catalog.searchBooksByTitle`의 반환값이 포함된 새 단위 테스트를 보여준다.

리스트 12.26 단위 테스트 결과에 포함된 반환값

```
function searchBooksTest () {
  var catalogRandom = JSONSchemaFaker.generate(catalogSchema);
  var queryRandom = JSONSchemaFaker.generate({ "type": "string" });
  try {
    var firstBook = _.values(_.get(catalogRandom, "booksByIsbn"))[0];
```

```
    var query = _.get(firstBook, "title").substring(0,1);
    Catalog.searchBooksByTitle(catalogRandom, query);
    return true;
  } catch (error) {
    console.log(error);
    return false;
  }
}
```

데이브 이제, 단위 테스트를 다시 실행하면 뭐가 표시되는지 보시죠.

리스트 12.27 스키마 기반 단위 테스트 재실행

```
searchBooksTest();
// → searchBooksByTitle returned a value that doesn\'t conform to schema:
//   data[0].authorNames[0] should be string,
//   data[0].authorNames[1] should be string,
//   data[1].authorNames[0] should be string
```

데이브 무슨 일인지 알 것 같아요. 무작위 장서 데이터에서 저자의 책이 authorByIds 색인에 없어요. 그래서 Catalog.searchBooksByTitle이 반환하는 값이 온통 undefined인 거예요. 스키마에서는 문자열이라고 돼 있는데 말입니다.

테오 어떻게 고치죠?

데이브 간단합니다. Catalog.authorNames가 장서에 없는 저자일 경우 'Not available'이란 문자열을 반환하도록 합니다.

리스트 12.28 버그가 수정된 도서 검색 구현

```
Catalog.authorNames = function(catalogData, book) {
  var authorIds = _.get(book, "authorIds");
  var names = _.map(authorIds, function(authorId) {
    return _.get(catalogData,
      ["authorsById", authorId, "name"],
      "Not available");      ◀── ["authorsById", authorId, "name"] 키에
  });                              연관된 값이 없다면 'Not available'을 반환한다.
  return names;
};
```

데이브가 단위 테스트를 다시 실행시킨다. 다행히 이번에는 통과한다.

리스트 12.29 다시 실행된 스키마 기반 단위 테스트

```
searchBooksTest();
// → true
```

조 데이브, 잘하셨어요!

데이브 말씀이 맞았네요. 자동 생성된 단위 테스트가 `Catalog.searchBooksByTitle` 구현의 버그를 잡을 수 있었어요.

조 너무 걱정하지 마세요. 저도 같은 일을 매번 겪습니다.

데이브 DOP 방식의 데이터 유효성 검증은 진짜 멋져요!

조 이건 단지 시작일 뿐이에요. 사용할수록 더욱 좋아하게 될 겁니다.

데이브 솔직히 OOP를 사용할 때 쓰던 한 가지 멋진 IDE 기능이 여전히 그립습니다.

조 그게 뭔가요?

데이브 클래스 필드명 자동 완성이에요.

조 현재, 데이터의 필드명 자동 완성은 clj-콘도[clj-kondo]와 말리의 통합으로 클로저에서만 가능합니다.

> **|노트|** clj-콘도와 말리의 통합을 통한 자동 완성 기능에 대해 더 자세히 알고 싶다면 깃허브(https://github.com/clj-kondo/clj-kondo와 https://github.com/metosin/malli)를 참고하자.

데이브 다른 프로그래밍 언어에서도 언젠가 이 기능을 쓸 수 있을 거라고 생각하시나요?

조 당연하죠. 인텔리제이[IntelliJ]와 VS 코드[Visual Studio Code, 비주얼 스튜디오 코드] 같은 IDE는 이미 JSON 파일의 JSON 스키마 유효성 확인을 지원합니다. 함수 인자의 JSON 스키마 유효성 확인을 지원하고 맵 필드명의 자동 완성을 제공하는 건 시간 문제일 뿐이에요.

데이브 너무 오래 걸리지 않았으면 좋겠네요.

12.6 새로운 선물

죠가 사무실을 떠날 때, 데이브는 재미있는 아이디어가 떠올라서 테오에게 말한다.

데이브 오늘 알게 된 JSON 스키마 고급 기능까지 포함하는 JSON 스키마 요약지를 만들어보면 어떨까요?

테오 좋은 생각입니다! 하지만 혼자 하셔야 할 것 같아요. 저는 회의가 있어서 지금 바로 가야 하니까요.

회의를 마치고 나서 테오는 데이브의 자리로 돌아온다. 데이브는 테오를 보고 책상 위의 작은 꾸러미를 집어든다. 이 꾸러미는 죠가 테오에게 몇 주 전에 줬던 것과 비슷하지만 밝은 파란색 리본으로 감겨 있다. 데이브는 진지하게 테오에게 이 선물을 건넨다.

테오가 리본을 풀자, 다양한 색상의 작은 컴퓨터로 장식된 멋진 종이가 드러난다. 종이 중앙에는 '고급 JSON 스키마 요약지'라는 문구가 적혀 있다. 테오는 이 JSON 스키마(리스트 12.30 참고)를 훑어보면서 미소를 짓는다. 이윽고, 종이를 뒤집어서 뒷면도 키보드와 마우스 그림으로 가득한 것을 확인한다. 종이 중앙에는 '유효한 데이터의 예'(리스트 12.31 참고)라고 쓰여 있다.

리스트 12.30 고급 JSON 스키마 요약지

```
{
  "type": "array",                              ◀── 최상단의 데이터가 배열이다.
  "items": {
    "type": "object",                           ◀── 배열의 요소는 맵이다.
    "properties": {                             ◀── 맵 각 필드의 속성
      "myNumber": {"type": "number"},           ◀── myNumber는 숫자다.
      "myString": {"type": "string"},           ◀── myString은 문자열이다.
      "myEnum": {"enum": ["myVal", "yourVal"]}, ◀── myEnum은 열거형이며 값은
                                                    "myVal"이나 "yourVal" 중 하나다.
      "myBool": {"type": "boolean"}             ◀── myBool은 불리언이다.
      "myAge": {                                ◀── myAge는 0에서
        "type": "integer",                          120 사이의 정수다.
        "minimum": 0,
        "maximum": 120
      },
```

```
      "myBirthday": {                ◄── myBirthday는 날짜
        "type": "string",                형식에 맞는 문자열이다.
        "format": "date"
      },
      "myLetters": {                 ◄── myLetters는 (소문자와 대문자)
        "type": "string",                알파벳으로 된 문자열이다.
        "pattern": "[a-zA-Z]*"
      }
      "myNumberMap": {               ◄── myNumberMap은 동종 문자열 맵으로,
        "type": "object",                모든 값은 숫자다.
        "additionalProperties": {"type": "number"}
      },
      "myTuple": {                   ◄── myTuple은 첫 번째 요소는 문자열이고
        "type": "array",                 두 번째 요소는 숫자인 튜플이다.
        "prefixItems": [
          { "type": "string" },
          { "type": "number" }
        ]
      }
    },                                          맵의 필수 필드는 myNumber와 myString이다.
    "required": ["myNumber", "myString"],  ◄── 다른 필드는 선택 항목이다.
    "additionalProperties": false   ◄── 스키마에 명시된 필드 외에는
  }                                     허용되지 않는다.
}
```

리스트 12.31 유효한 데이터의 예

```
[
  {
    "myNumber": 42,
    "myString": "I-love-you",
    "myEnum": "myVal",
    "myBool": true,
    "myTuple": ["Hello", 42]
  },
  {
    "myNumber": 54,
    "myString": "Happy",
    "myAge": 42,
    "myBirthday": "1978-11-23",
```

```
    "myLetters": "Hello",
    "myNumberMap": {
      "banana": 23,
      "apple": 34
    }
  }
]
```

요약

- JSON 스키마 같은 언어를 사용해서 함수 인자와 반환값의 데이터 스키마를 정의한다.
- 함수 인자 스키마는 개발자가 자신이 호출하려는 함수가 어떤 규격의 인자를 기대하는지 알 수 있도록 한다.
- 유효하지 않은 데이터가 전달되면, 데이터 유효성 확인 라이브러리는 데이터의 유효하지 않은 부분에 대한 자세한 정보와 의미 있는 오류를 제공한다.
- 시스템 경계에서의 데이터 유효성 확인과 달리, 시스템 내부의 데이터 유효성 확인은 개발 시점에만 실행되고 운영에서는 비활성화돼야 한다.
- JSON 스키마에서 데이터 모델 도식을 생성함으로써 데이터 스키마를 시각화한다.
- 인자와 반환값의 데이터 스키마를 가진 함수는 자동으로 스키마 기반 단위 테스트를 생성할 수 있다.
- 데이터 유효성 확인은 컴파일 중이 아니라 실행 중에 동작한다.
- 숫자가 범위 내인지 확인하거나 문자열이 정규식에 부합하는지 확인하는 것 같은, 정적 타입을 넘어서는 고급 데이터 유효성 조건을 정의할 수 있다.
- 시스템 내부의 데이터 유효성 확인은 운영 환경에서 비활성화돼야 한다.
- 레코드는 이종 맵으로 표현되고, 색인은 동종 맵으로 표현된다.
- 복잡한 데이터 스키마를 정의할 때, 내포되는 스키마를 분리해 변수에 담으면 스키마를 읽기 쉬워진다.
- 데이터 유효성 확인은 단위 테스트처럼 취급한다.

13

다형성

다양한 동물과 더불어 사는 전원 생활

13장에서 다루는 내용

- 객체의 다중 메서드 모방(단일 디스패치)
- 여러 인자 타입의 다중 메서드 구현(다중 디스패치)
- 여러 인자의 동적 다중 메서드 구현(동적 디스패치)

OOP는 다형성polymorphism이라는 작동 구조를 통해 동일한 인터페이스로 여러 다른 클래스를 호출할 수 있다고 잘 알려져 있다. 흔히 객체가 프로그램에서 이 다형성을 얻을 수 있는 유일한 방법이라고 생각할 수 있는데, 이 장에서는 다중 메서드multimethod를 활용해 객체 없이도 다형성을 가질 수 있는 방법을 살펴본다. 다중 메서드는 OOP보다 더 진보된 다형성을 제공하기도 하는데, 여러 인자 타입에 따라 구현을 선택하는 경우(다중 디스패치)도 지원하고 인자의 동적 값에 따라 선택(동적 디스패치)되기도 하기 때문이다.

13.1 다형성의 핵심

오늘은 데이브가 테오를 교외의 부모님 댁으로 초대해 만나기로 했다. 금문교를 건너서 고속도로를 벗어난 후 한적한 시골길로 접어들면서 테오는 아름다운 풍경, 신선한 흙 내음, 자연 속 동물 소리 등에 빠져든다. 산림욕 덕에 그는 한껏 기분이 고조된다. 한 주의 시작으로는 최고의 순간이다.

데이브는 평소 사무실에서 입던 우아한 정장과는 아주 다른, 편안한 청바지와 티셔츠 차림으로 테오를 맞이한다. 데이브는 밀짚모자를 쓰고 있어 오늘만큼은 완전한 시골 사람처럼 보인다. 테오는 현재는 은퇴하신 데이브의 부모님과 인사를 나눈다. 데이브는 농장에 가서 오렌지 몇 개를 따 주스를 만들어 마시자고 제안한다. 샌프란시스코에서는 맛볼 수 없는 아주 향기로운 오렌지 주스를 마신 후 테오와 데이브는 오늘의 일을 시작한다.

데이브 아침에 오시기를 기다리면서 OOP에 비해 아쉬운 또 다른 것을 생각해봤습니다.

테오 그게 뭔가요?

데이브 바로 다형성입니다.

테오 어떤 다형성을 의미하시는 거예요?

데이브 아시다시피, 인터페이스를 정의하고 나면 동일한 인터페이스를 여러 클래스가 다양한 방식으로 구현하죠.

테오 무슨 말인지 알겠습니다. 왜 다형성을 중요하게 생각하는지도 알겠고요.

데이브 다형성 덕에 인터페이스와 구현을 분리할 수 있어요.

테오 구체적인 예를 들어주실 수 있나요?

데이브 물론이죠. 여기는 시골이니, 동물로 전형적인 OOP 다형성의 예를 들어볼게요.

테오 좋은 생각입니다!

데이브 동물들이 저마다 고유한 소리로 이름을 소개하며 인사한다고 해보겠습니다.

테오 멋지네요. 의인화된 동물이 나오는 만화책 같아요.

데이브 의인화요?

테오 동물이 두 발로 걷고 말하는 만화책 같은 것 말이에요. 미키 마우스처럼 말이죠.

데이브 그런 뜻이었군요.

테오 의인화를 뜻하는 영어 앤트러모피즘anthropomorphism은 '인간'을 뜻하는 그리스어인 앤트러포스ánthrōpos와 '형태'를 뜻하는 모프morphē의 합성어예요.

데이브 그렇군요. 한마디로 의인화는 동물이 인간의 특성을 가진 거네요. 다형성과 관련된 것처럼 보입니다.

테오 정말 그래요. 다형성을 뜻하는 영어의 폴리모피즘polymorphism도 '많다'는 뜻의 그리스어인 폴루스polús와 '형태'를 뜻하는 모프morphē에서 온 단어이니까요.

데이브 말이 되네요. 다형성은 여러 다른 객체가 동일한 메서드를 다른 방식으로 구현할 수 있는 특징이니까요. 동물 예로 다시 돌아가서, OOP 방식으로 greet 메서드를 가진 IAnimal 인터페이스를 정의하고 각 동물 클래스가 greet를 각자의 방식으로 구현합니다. 이런 식인 거죠.

리스트 13.1 동물로 묘사된 OOP 다형성

```
interface IAnimal {
  public void greet();
}

class Dog implements IAnimal {
  private String name;
  public void greet() {
    System.out.println("Woof woof! My name is " + animal.name);
  }
}

class Cat implements IAnimal {
  private String name;
  public void greet() {
    System.out.println("Meow! I am " + animal.name);
  }
}

class Cow implements IAnimal {
  private String name;
  public void greet() {
    System.out.println("Moo! Call me " + animal.name);
  }
}
```

테오 제가 질문을 한번 해보겠습니다. OOP 다형성과 switch 문의 근본적인 차이는 뭔가요?

데이브 무슨 뜻이죠?

테오 예를 들어, 동물을 name과 type 두 필드를 가진 맵으로 표현하고 type의 값에 따라 각기 다른 코드를 실행하면 어떻겠냐는 거예요.

테오는 가방에서 노트북을 꺼내 전원을 켠다. 노트북이 부팅되는 동안, 그는 환상적인 오렌지 주스 맛을 다시 한번 즐긴다. 노트북이 켜지자, 테오는 switch 문을 사용한 예를 타이핑한다. 그러는 동안에 데이브는 오렌지 주스 잔을 비운다.

리스트 13.2 type에 따라 다르게 행동하는 switch 문

```
function greet(animal) {
  switch (animal.type) {
    case "dog":
      console.log("Woof Woof! My name is: " + animal.name);
      break;
    case "cat":
      console.log("Meow! I am: " + animal.name);
      break;
    case "cow":
      console.log("Moo! Call me " + animal.name);
      break;
  };
}
```

데이브 animal 인자는 정확히 어떤 구조인가요?

테오 말씀드렸듯, 필드가 둘인 맵입니다. name과 type이죠. 그럼 입력해볼게요.

리스트 13.3 맵으로 표현된 동물

```
var myDog = {
  "type": "dog",
  "name": "Fido"
};
```

```
var myCat = {
  "type": "cat",
  "name": "Milo"
};

var myCow = {
  "type": "cow",
  "name": "Clarabelle"
};
```

데이브 동물 유형을 담는 필드를 다른 이름으로 바꿔도 되나요?

테오 물론이죠. 어떤 이름이든 상관없습니다.

데이브 알겠습니다. switch 문을 사용해 작성하신 코드와 제가 작성한 인터페이스와 클래스 셋으로 된 코드가 근본적으로 무슨 차이가 있는지 저에게 물으셨잖아요?

테오 그렇죠.

데이브 우선, greet 함수에 유효하지 않은 맵을 전달하면 오동작할 거예요.

테오 맞습니다. 입력값의 유효성을 확인하도록 수정해볼게요.

리스트 13.4 데이터 유효성 확인

```
var animalSchema = {
  "type": "object",
  "properties": {
    "name": {"type": "string"},
    "type": {"type": "string"}
  },
  "required": ["name", "type"],
};

function greet(animal) {
  if(dev())                  ◀ 데이터 유효성 확인에 대한 자세한 내용은 12장을 참고한다.
    if(!ajv.validate(animalSchema, animal)) {
      var errors = ajv.errorsText(ajv.errors);
      throw ("greet called with invalid arguments: " + errors);
    }
  }
  switch (animal.type) {
```

```
    case "dog":
      console.log("Woof Woof! My name is: " + animal.name);
      break;
    case "cat":
      console.log("Meow! I am: " + animal.name);
      break;
    case "cow":
      console.log("Moo! Call me " + animal.name);
      break;
  };
}
```

> **|노트|** 실무에서는 switch 문을 이런 식으로 사용하면 안 된다. 여기서는 학습을 위한 예시로서 다형성의 핵심을 파악하는 정도로만 사용한다.

데이브 switch 문 방식의 또 다른 단점은, 특정 동물 때문에 greet의 구현을 수정하고 싶을 때마다 모든 동물을 다루는 코드를 변경해야 한다는 것입니다. OOP에서는 특정 동물 클래스만 변경하면 되는데 말이죠.

테오 그렇습니다. 하지만 동물마다 별도 함수를 만들어서 이런 문제를 해결할 수 있어요. 이런 식으로 말이죠.

리스트 13.5 함수로 분리된 개별 구현

```
function greetDog(animal) {
  console.log("Woof Woof! My name is: " + animal.name);
}

function greetCat(animal) {
  console.log("Meow! I am: " + animal.name);
}

function greetCow(animal) {
  console.log("Moo! Call me " + animal.name);
}

function greet(animal) {
```

```
  if(dev()) {
    if(!ajv.validate(animalSchema, animal)) {
      var errors = ajv.errorsText(ajv.errors);
      throw ("greet called with invalid arguments: " + errors);
    }
  }
  switch (animal.type) {
    case "dog":
      greetDog(animal);
      break;
    case "cat":
      greetCat(animal);
      break;
    case "cow":
      greetCow(animal);
      break;
  };
}
```

데이브 그런데 greet의 기능을 확장하고 싶어서 새로운 동물을 추가하게 되면 어떻게 되죠?

테오 드디어 저를 이기셨군요. switch 문으로는 원래 코드를 변경하지 않고 새로운 동물을 추가하지 못한다는 것을 인정할 수밖에 없네요. OOP에서는 원래 코드를 변경하지 않고도 새로운 클래스를 추가할 수 있는데 말이죠.

데이브 기쁘네요. 하지만 덕분에 코드를 쉽게 확장하도록 해주는 것이 다형성의 주된 이점이라는 사실을 깨닫게 됐어요.

> **|팁|** 다형성의 주요 이점은 확장성이다.

테오 객체 없이도 다형성의 이점을 얻을 방법이 있는지 죠에게 물어볼게요.

테오는 죠에게 문자를 보내 DOP에서 다형성은 어떻게 적용하는지를 묻는다. 죠는 기술 콘퍼런스에서 DOP에 관해 발표해야 하므로 자세히 설명할 시간이 없다고 답한다. 따라서 지금 당장 테오에게 말해줄 수 있는 건 다중 메서드를 살펴봐야 한다는 조언 정도다.

테오와 데이브는 다중 메서드에 대한 자료를 온라인에서 찾아 읽는다. 다행히 그리 복잡해 보이지는 않는다. 그들은 점심 식사 후에 다중 메서드를 시도해보기로 한다.

13.2 단일 디스패치 다중 메서드

점심 식사 중에 테오는 데이브에게 전원에서 자라온 것이 어땠는지를 묻는다. 데이브는 자연에 둘러싸여 도시에 비해 단순하게 살아가는 삶에 대해 열정적으로 설명하기 시작한다. 그는 이런 환경에 고마워하지만 종종 편리한 도시에 비해 살기 어려울 수 있다고 털어놓는다. 하지만 아무도 '단순하다'는 것이 곧 '쉽다'는 뜻이라고는 생각하지 않는다.

점심 식사를 마치고 그들은 커피를 마시기로 한다. 데이브는 테오에게 커피 원두를 직접 갈아볼 생각이 있는지를 묻고, 테오는 기꺼이 해보기로 한다. 그러자 데이브는 프렌치 프레스로 쓴 맛과 풍성한 맛 사이에서 이상적인 균형을 잡아 커피를 추출하는 방법을 설명한다. 정원에서 프렌치 프레스 커피를 음미하면서 테오와 데이브는 DOP 방식의 다형성을 계속해서 탐구한다.

테오 점심 전에 읽었는데, 다중 메서드는 객체 없이도 다형성을 제공하는 소프트웨어 구성 개념인 것 같아요.

데이브 그게 어떻게 가능한지 모르겠네요.

테오 다중 메서드는 두 부분으로 나뉘어요. 디스패치 함수 하나와 전달된 값 각각에 대한 구현 메서드로 말이죠.

데이브 제가 잘 이해했는지 모르겠습니다. 디스패치 함수가 인터페이스 같은 건가요?

테오 함수가 호출되는 방식을 정의한다는 점에서는 인터페이스와 비슷하지만, 그뿐 아니라 서로 다른 구현을 구분하는 값도 전달합니다.

데이브 저에게는 좀 추상적이네요.

테오 동물이 인사하는 기능을 어떻게 구현하는지 알 것 같네요. `greet`라는 다중 메서드를 사용한다면, 디스패치 함수 하나와 메서드 세 개가 필요해요. 디스패치 함수를 greetDispatch라고 부르기로 하죠. 이 함수는 동물 유형을 나타내는 값으로 "dog", "cat", "cow" 중 하나를 전달해요. 그러면, 전달된 값은 특정 메서드에서 처리됩니다. "dog"은 greetDog에서, "cat"은 greetCat에서, "cow"는 greetCow에서 말이죠.

테오는 공책을 꺼내 빈 페이지를 찾아 펼치고 그림 13.1과 같은 도식을 그린다.

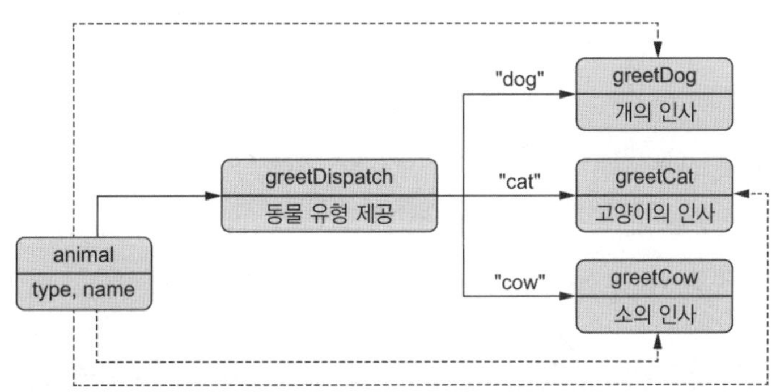

▲ **그림 13.1** greet 다중 메서드의 논리 흐름

데이브 animal과 각 메서드 사이에 왜 화살표 선이 이어져 있나요? animal과 디스패치 함수 사이가 이미 이어져 있는데 말이죠.

테오 다중 메서드의 여러 인자가 디스패치 함수와 각 메서드에 전달되기 때문이에요.

|**팁**| 다중 메서드의 인자들은 디스패치 함수와 각 메서드에 전달된다.

데이브 여러 인자요? 저는 인자가 하나밖에 보이지 않는데요.

테오 맞습니다. 지금 당장은 다중 메서드가 인자를 하나만 받습니다. 하지만 곧 인자를 여러 개 받게 될 거예요.

데이브 이해했습니다. 그럼 greet 다중 메서드의 코드는 어떻게 작성하는지 보여주시겠어요?

테오 그렇게 하려면 라이브러리가 필요해요. 예를 들어, 자바스크립트에서는 애로우즈/멀티메서드arrows/multimethod 라이브러리가 다중 메서드 구현을 제공합니다. 기본적으로, multi를 호출해 다중 메서드를 생성하고 method를 호출해 각 메서드를 추가합니다.

|노트| 애로우즈/멀티메서드 라이브러리의 예제와 문서는 웹 사이트(http://mng.bz/nY9v)를 참조하자.

데이브 어디부터 시작하면 될까요?

테오 먼저 다중 메서드를 초기화할 겁니다. 그러려면 디스패치 함수 greetDispatch를 생성해야 합니다. 디스패치 함수는 다중 메서드의 서명을 정의하고, 인자의 유효성을 확인하고, 동물의 유형을 제공합니다. 그러고 나서, greetDispatch를 multi에 전달해 greet 다중 메서드를 생성할 거예요. 디스패치 함수는 이렇게 되겠네요.

리스트 13.6 greet 다중 메서드의 디스패치 함수

```
function greetDispatch(animal) {   ◀── 서명 정의
  if(dev()) {
    if(!ajv.validate(animalSchema, animal)) {   ◀── 인자 유효성 확인
      var errors = ajv.errorsText(ajv.errors);
      throw ("greet called with invalid arguments: " + errors);
    }
  }

  return animal.type;   ◀── 디스패치 값 반환
}

var greet = multi(greetDispatch);   ◀── 다중 메서드 초기화
```

|팁| 다중 메서드 디스패치 함수는 세 가지를 책임진다. 다중 메서드의 서명을 정의하고, 인자의 유효성을 확인하고, 디스패치 값을 내보낸다.

데이브 그다음은 뭔가요?

테오 이제는 각 디스패치 값에 해당하는 메서드를 구현해야 해요. 개를 다루는 메서드부터 시작해보죠. animal을 전달받는 greetDog 함수를 만들고 나서 애로우즈/멀티메서드 라이브러리의 method 함수를 사용해 greet 다중 메서드에 greetDog 메서드를 추가합니다. method 함수는 받는 인자가 둘이에요. 하나는 디스패치될 값이고, 다른 하나는 디스패치 값에 대응하는 함수입니다.

리스트 13.7 개의 greet 메서드 구현

```
function greetDog(animal) {    ◀— 메서드 구현
  console.log("Woof woof! My name is " + animal.name);
}
greet = method("dog", greetDog)(greet);    ◀— 메서드 선언
```

데이브 메서드 구현이 다중 메서드 초기화와 같은 모듈에 있어야 하나요?

테오 전혀 아니에요. 클래스 정의가 인터페이스 정의와 분리되는 것과 정확히 동일하게 다중 메서드 초기화와 메서드 선언은 분리됩니다. 덕분에 다중 메서드가 확장 가능하죠.

> **|팁|** 다중 메서드는 다중 메서드 초기화와 메서드 구현을 분리해 확장성을 제공한다.

데이브 고양이와 소는 어떻게 하죠?

테오 고양이와 소의 메서드 구현도 개를 처리한 방법과 같이 추가합니다.

테오는 구현할 방법을 잠시 생각하고는 고양이와 소에 해당하는 greet 메서드 두 개를 작성한다.

리스트 13.8 고양이의 greet 메서드 구현

```
function greetCat(animal) {
  console.log("Meow! I am " + animal.name);
}

greet = method("cat", greetCat)(greet);
```

리스트 13.9 소의 greet 메서드 구현

```
function greetCow(animal) {
  console.log("Moo! Call me " + animal.name);
}

greet = method("cow", greetCow)(greet);
```

> **|팁|** 다중 메서드의 맥락에서 각 메서드는 디스패치 값에 대응하는 구현을 제공하는 함수다.

데이브 디스패치 함수와 메서드의 이름이 중요한가요?

테오 제가 읽고 이해한 바에 따르면, 그렇게 중요하지 않아요. 하지만 저는 단순한 작명 규칙을 따르는 걸 좋아합니다. (greet 같은) 다중 메서드의 이름을 (greetDispatch 처럼) 디스패치 함수와 각 메서드의 접두어로 사용합니다. Dispatch 접미어는 디스패치 함수에 사용하고, 각 메서드의 접미어는 고유한 이름을 사용합니다. greetDog, greetCat, greetCow처럼 말이죠.

데이브 다중 메서드는 내부에서 어떻게 동작하나요?

테오 내부적으로 다중 메서드는 해시맵을 운영해요. 이 해시맵의 키는 디스패치 값이고 값은 각 메서드입니다. 메서드를 추가할 때는 해시맵에 새 항목이 추가되고, 다중 메서드가 호출되면 해시맵을 조회해서 디스패치 함수에 대응되는 구현을 찾습니다.

데이브 다중 메서드를 어떻게 호출하는지는 설명하지 않으신 것 같네요.

테오 보통 함수처럼 호출해요. 잠시만 기다려주세요. 다중 메서드를 호출하는 예를 보여드리죠.

리스트 13.10 보통 함수와 같은 방식으로 호출되는 다중 메서드

```
greet(myDog);
// → "Woof woof! My name is Fido"

greet(myCat);
```

```
// → "Meow! I am Milo"

greet(myCow);
// → "Moo! Call me Clarabelle"
```

| **팁** | 다중 메서드는 보통 함수와 같은 방식으로 호출된다.

데이브 앞서 디스패치 함수에서는 인자의 유효성을 확인해야 한다고 하셨잖아요? 그게 필수 사항인가요? 아니면 그냥 권장 사항인가요?

테오 권장 사항이에요.

데이브 디스패치 함수가 인자의 유효성을 확인하지 않고 잘못된 인자를 그냥 전달하면 어떤 문제가 생기나요?

테오 대응하는 메서드가 없는 동물이 주어진 것 같은 경우 말인가요?

데이브 바로 그렇습니다.

테오 그런 경우, 오류가 발생할 겁니다. 예를 들어 애로우즈/멀티메서드 라이브러리는 `NoMethodError` 예외를 던집니다.

데이브 번거롭네요. 기본 구현을 제공할 방법은 없나요?

테오 당연히 있죠! 기본 구현을 정의하려면, `method`에 기본 구현을 제공하는 함수를 단일 인자로 전달하면 됩니다.

테오는 기본 구현의 예를 코드로 작성해서 데이브에게 보여준다. 테오의 코드를 테스트한 데이브는 결과에 만족하는 듯하다.

리스트 13.11 기본 구현 정의

```
function greetDefault(animal) {
  console.log("My name is " + animal.name);
}
greet = method(greetDefault)(greet);
```

리스트 13.12 디스패치 값에 맞는 메서드가 없는 경우의 다중 메서드 호출

```
var myHorse = {
  "type": "horse",
  "name": "Horace"
};
greet(myHorse);
// → "My name is Horace"
```

|팁| 다중 메서드는 디스패치 값에 대응하는 메서드가 없을 때 호출되는 기본 구현을 지원한다.

데이브 멋지네요!

13.3 다중 디스패치 다중 메서드

테오 지금까지는 다중 메서드 인자의 유형 정보(예에서는 type 필드 값)를 디스패치 값으로 사용해서 OOP를 모방했어요. 하지만 다중 메서드의 흐름을 다시 생각해보면, 재미있는 뭔가를 발견하게 됩니다. 다중 메서드의 일반적인 흐름을 그림으로 그려서 설명해보실 수 있나요?

데이브 새 냅킨 하나를 주시겠어요? 제 유리잔 밑에 깔린 냅킨은 조금 젖었네요.

테오 그럼 제 공책을 사용하세요.

데이브가 그림 13.2와 같은 도식을 그리는 데 얼마간 시간이 걸린다. 그는 다 그리고 나서 공책을 다시 테오에게 내민다.

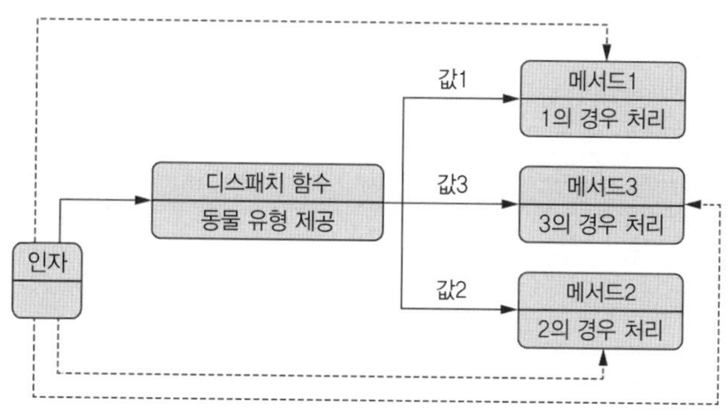

▲ **그림 13.2** 다중 메서드 논리 흐름

테오 훌륭합니다! 디스패치 함수가 어떤 값도 내보낼 수 있다는 것을 알아채셨나요?

데이브 예를 들면요?

테오 두 인자의 유형을 내보낸다거나 하는 것 말이죠.

데이브 무슨 말씀이신지 잘 모르겠네요.

테오 우리 동물이 다언어화자라면 어떨지 생각해볼까요?

데이브 다언어… 뭐라고요?

테오 다언어화자요. 여러 언어를 구사할 수 있는 사람을 말하는 거예요.

데이브 동물들이 무슨 언어를 말할 수 있을까요?

테오 글쎄요. 영어와 프랑스어를 할 수 있다고 해볼까요?

데이브 좋습니다. 그럼 프로그램에서 언어는 어떻게 표현하면 되죠?

테오 당연히 맵이죠.

데이브 언어 맵에는 어떤 필드가 있을까요?

테오 단순하게 `type`과 `name` 두 필드만 두죠.

데이브 동물 맵과 같은 건가요?

테오 꼭 그렇지는 않아요. 언어 맵에서는 `type` 필드가 프랑스어를 뜻하는 `fr`이나 영어를 뜻하는 `en`이어야만 해요. 동물 맵에서 `type` 필드는 `dog`, `cat`, `cow` 중 하나이고요.

데이브 제가 언어 맵 스키마와 두 언어 맵을 작성해볼게요.

테오는 선뜻 동의한다. 자신의 프렌치 프레스 커피가 식어가고 있어 마실 틈이 필요했기 때문이다. 데이브는 구현된 코드를 작성하고 테오에게 보여준다.

리스트 13.13 언어 맵의 스키마

```
var languageSchema = {
  "type": "object",
  "properties": {
    "name": {"type": "string"},
    "type": {"type": "string"}
  },
  "required": ["name", "type"],
};
```

리스트 13.14 두 언어 맵

```
var french = {
  "type": "fr",
  "name": "Français"
};

var english = {
  "type": "en",
  "name": "English"
};
```

테오 훌륭해요! 이제 디스패치 함수와 다언어화자 동물의 코드를 작성하시죠. 작성할 다중 메서드는 `greetLang`이라고 해볼까요? 디스패치 함수 하나와 메서드 여섯 개가 필요합니다.

데이브 좋아요. 세 동물(개, 고양이, 소)과 두 언어(영어, 프랑스어)의 조합이네요. 구현하기 전에 흐름을 도식으로 그려볼게요. 그래야 생각이 명확해질 것 같습니다.

테오 제 공책을 쓰셔도 돼요.

데이브의 응답을 듣지도 않고, 테오는 공책을 테이블 건너의 데이브에게 밀어 보낸다. 데이브는 그림 13.3과 같은 도식을 그린 후 공책을 테오에게 되밀어 보낸다.

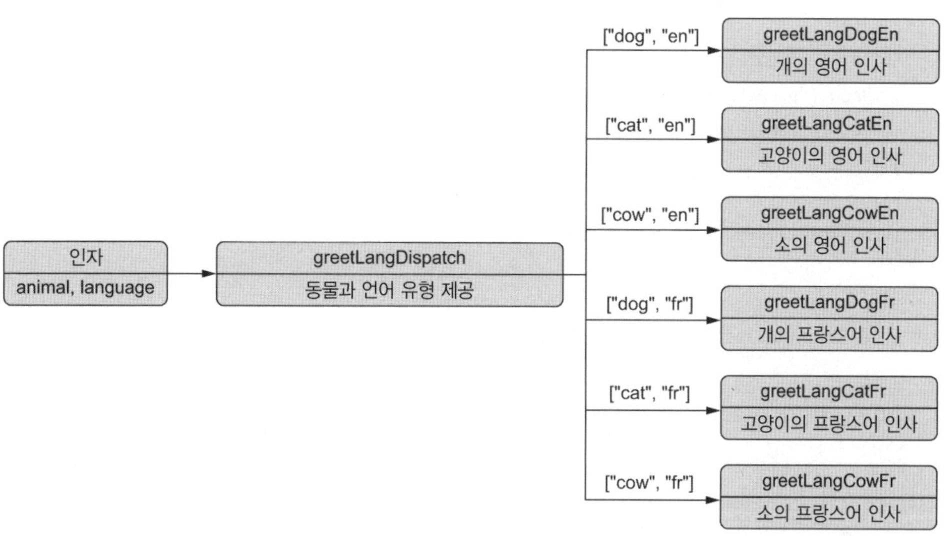

▲ **그림 13.3** greetLang 다중 메서드의 논리 흐름

테오 인자와 메서드 사이의 화살표는 왜 생략하셨나요?

데이브 읽기 좋게 만들려고요. 화살표가 너무 많아서 복잡할 거예요.

테오 좋아요. 이해했습니다. 그럼 코딩할 준비가 됐나요?

데이브 네!

테오 디스패치 함수는 인자의 유효성을 확인하고 요소가 둘인 배열을 반환해야 합니다. 각각 동물의 유형과 언어의 유형이죠.

데이브는 잠시 동안 노트북에 타이핑을 한다. 그는 인자의 유형을 반환하는 디스패치 함수로 다중 메서드를 초기화하고 코드를 테오에게 보여준다.

리스트 13.15 디스패치 함수로 다중 메서드 초기화

```
var greetLangArgsSchema = {
  "type": "array",
  "prefixItems": [animalSchema, languageSchema]
};

function greetLangDispatch(animal, language) {
```

```
  if(dev()) {
    if(!ajv.validate(greetLangArgsSchema, [animal, language])) {
      throw ("greetLang called with invalid arguments: " +
        ajv.errorsText(ajv.errors));
    }
  }
  return [animal.type, language.type];
};

var greetLang = multi(greetLangDispatch);
```

데이브 배열 요소의 순서가 중요할까요?

테오 중요하지는 않지만, 연결된 메서드의 순서와 일치해야 합니다. 따라서 greetLang의 구현은 이런 식일 겁니다.

리스트 13.16 greetLang의 각 메서드 구현

```
function greetLangDogEn(animal, language) {
  console.log("Woof woof! My name is " +
    animal.name +
    " and I speak " +
    language.name);
}

greetLang = method(["dog", "en"], greetLangDogEn)(greetLang);

function greetLangDogFr(animal, language) {
  console.log("Ouaf Ouaf! Je m'appelle " +
    animal.name +
    " et je parle " +
    language.name);
}

greetLang = method(["dog", "fr"], greetLangDogFr)(greetLang);

function greetLangCatEn(animal, language) {
  console.log("Meow! I am " +
    animal.name +
    " and I speak " +
```

```
    language.name);
}
greetLang = method(["cat", "en"], greetLangCatEn)(greetLang);

function greetLangCatFr(animal, language) {
  console.log("Miaou! Je m'appelle " +
    animal.name +
    " et je parle " +
    language.name);
}
greetLang = method(["cat", "fr"], greetLangCatFr)(greetLang);

function greetLangCowEn(animal, language) {
  console.log("Moo! Call me " +
    animal.name +
    " and I speak " +
    language.name);
}
greetLang = method(["cow", "en"], greetLangCowEn)(greetLang);

function greetLangCowFr(animal, language) {
  console.log("Meuh! Appelle moi " +
    animal.name +
    " et je parle " +
    language.name);
}
greetLang = method(["cow", "fr"], greetLangCowFr)(greetLang);
```

데이브는 프랑스어를 처리하는 각 메서드의 코드를 본다. 개는 'Woof Woof' 대신 'Ouaf Ouaf', 고양이는 'Meow' 대신 'Miaou', 소는 'Moo' 대신 'Meuh'라고 우는 것을 보고 조금 놀란다.

데이브 프랑스어의 동물 의성어가 영어와 이렇게 다른지는 미처 몰랐네요.

테오 네, 프랑스에서 개는 '와프[Ouaf]', 고양이는 '미아우[Miaou]', 소는 '무[Meuh]'라고 웁니다.

데이브 배열에서 동물의 유형이 언제나 언어 유형보다 먼저 오네요.

테오 맞아요. 이미 이야기한 것처럼, 다중 디스패치가 되는 다중 메서드에서 요소의 순서는 그다지 중요하지 않지만 일관되게 유지돼야 합니다.

> **|팁|** 다중 디스패치(multiple dispatch)란 디스패치 함수가 둘 이상의 인자에 따라 값을 내보낼 때를 말한다. 다중 디스패치되는 다중 메서드에서 디스패치 함수가 내보내는 배열의 요소 순서는 연결된 메서드의 요소 순서와 일치해야 한다.

데이브 이제 다중 디스패치되는 다중 메서드를 어떻게 사용하는지 확인해볼까요?

데이브는 다중 메서드가 일반 함수처럼 사용된다고 앞서 말했던 것을 기억한다. 이를 염두에 두고, 다중 디스패치가 되는 다중 메서드의 코드를 생각해낸다.

리스트 13.17 다중 디스패치되는 다중 메서드 호출

```
greetLang(myDog, french);
// → "Ouaf Ouaf! Je m'appelle Fido et je parle Français"

greetLang(myDog, english);
// → "Woof woof! My name is Fido and I speak English"

greetLang(myCat, french);
// → "Miaou! Je m'appelle Milo et je parle Français"

greetLang(myCat, english);
// → "Meow! I am Milo and I speak English"

greetLang(myCow, french);
// → "Meuh! Appelle moi Clarabelle et je parle Français"

greetLang(myCow, english);
// → "Moo! Call me Clarabelle and I speak English"
```

테오 이제 다중 디스패치를 사용한 다중 메서드가 OOP 다형성보다 더 강력한 다형성을 제공한다는 점에 동의하시죠?

데이브 정말로 동의합니다.

테오 동적 디스패치라는 더 강력한 다형성을 보여드리죠. 하지만 그 전에 이 환상적인 프렌치 프레스 커피를 좀 더 마실까요?

데이브 좋은 생각이에요! 우리가 주방에 있는 동안, 어머니께서 과수원에서 따온 오렌지로 오렌지 번트Bundt 케이크를 만드신 것 같아요.

13.4 동적 디스패치 다중 메서드

데이브는 커피 잔을 다시 채우고, 테오는 케이크 두 조각을 집어 접시에 담는다. 그들은 커피와 케이크를 들고 밖으로 나와 신선한 시골 공기를 만끽하며 대화를 잇는다.

데이브 동적 디스패치가 뭔가요?

테오 다중 메서드의 디스패치 함수가 고정된 인자의 유형을 반환하는 역할 이상을 수행할 때를 말합니다.

데이브 예를 들어 어떤 것과 같을까요?

테오 예를 들면, 숫자나 불리언 같은 거죠.

데이브 그런 게 왜 유용한가요?

테오 다언어화자의 상황 대신, 우리 동물이 '장문난독증' 때문에 고생하고 있다고 해보죠.

데이브 장문난독증이요?

테오 긴 단어를 읽지 못한다는 말입니다.

데이브 처음 듣네요.

테오 제가 방금 만들어낸 용어이니까요.

데이브 재미있군요. 우리 동물에게 긴 문장이 뭐가 있을까요?

테오 이름이 다섯 글자 이상 되면 말하지 못한다고 해보죠.

데이브 조금 이상하지만, 아무튼 좋습니다.

테오 다중 메서드는 `dysGreet`라고 하겠습니다. 이 다중 메서드의 디스패치 함수는 요소가 둘인 배열을 반환합니다. 동물의 유형과 이름이 긴지 아닌지를 나타내는 불리언 값이에요. 이 다중 함수의 초기화를 보세요.

리스트 13.18 동적 디스패치용 디스패치 함수를 사용한 다중 메서드

```
function dysGreetDispatch(animal) {
  if(dev()) {
    if(!ajv.validate(animalSchema, animal)) {
      var errors = ajv.errorsText(ajv.errors);
      throw ("dysGreet called with invalid arguments: " + errors);
    }
  }
  var hasLongName = animal.name.length > 5;

  return [animal.type, hasLongName];
};

var dysGreet = multi(dysGreetDispatch);
```

데이브 dysGreet의 메서드들을 작성하는 건 조금 복잡하겠네요.

테오가 데이브에게 공책을 건네주려다가 실수로 커피 잔을 친다. 그로 인해 테오의 공책은 완전히 커피에 젖어서 모든 도식이 번지고 만다. 다행히도 앞서 데이브가 주방에서 여분의 냅킨을 가져다뒀고, 그 냅킨은 아직 깨끗하다. 데이브는 그림 13.4와 같은 흐름을 그리고는 노트북으로 dysGreet의 각 메서드 구현을 작성한다.

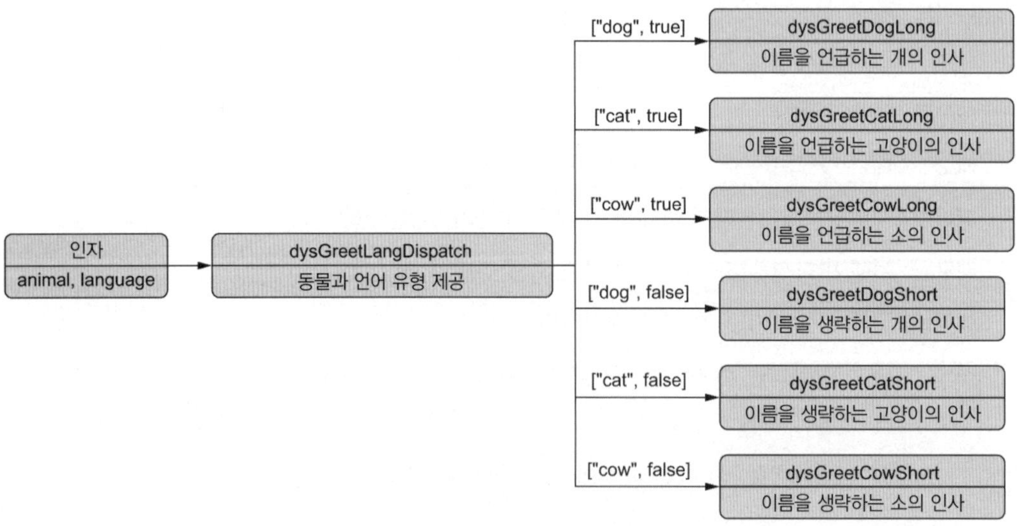

▲ **그림 13.4** dysGreet 다중 메서드의 논리 흐름

리스트 13.19 dysGreet의 각 메서드

```
function dysGreetDogLong(animal) {
  console.log("Woof woof! My name is " + animal.name);
}
dysGreet = method(["dog", true], dysGreetDogLong)(dysGreet);

function dysGreetDogShort(animal) {
  console.log("Woof woof!");
}
dysGreet = method(["dog", false], dysGreetDogShort)(dysGreet);

function dysGreetCatLong(animal) {
  console.log("Meow! I am " + animal.name);
}
dysGreet = method(["cat", true], dysGreetCatLong)(dysGreet);

function dysGreetCatShort(animal) {
  console.log("Meow!");
}
dysGreet = method(["cat", false], dysGreetCatShort)(dysGreet);

function dysGreetCowLong(animal) {
  console.log("Moo! Call me " + animal.name);
}
dysGreet = method(["cow", true], dysGreetCowLong)(dysGreet);

function dysGreetCowShort(animal) {
  console.log("Moo!");
}
dysGreet = method(["cow", false], dysGreetCowShort)(dysGreet);
```

테오는 코드가 예상대로 동작하는지 확인하고, 메서드 구현뿐 아니라 여분의 냅킨을 챙기는 선견지명에 대해서도 데이브를 칭찬한다.

리스트 13.20 dysGreet 테스트

```
dysGreet(myDog);
dysGreet(myCow);
dysGreet(myCat);
```

```
//"Woof woof!"
//"Moo! Call me Clarabelle"
//"Meow!"
```

테오 잘하셨어요. 마침내 다중 메서드를 향한 우리의 탐험이 끝났네요. 퇴근길 교통 정체를 피해 어두워지기 전에 집에 도착하려면 이제 떠나야 할 것 같아요.

데이브 출발하시기 전에 다중 메서드가 자바스크립트 외의 프로그래밍 언어에서도 가능한지 확인해보죠.

테오 그건 죠에게 물어보면 될 것 같아요.

데이브 제가 지금 죠에게 전화해도 될까요?

테오 제 생각에는 이메일을 보내는 게 더 나을 것 같아요. 죠가 기술 콘퍼런스에 가 있는데, 종일 열리는 행사인지도 모르겠어요. 전원에서 이렇게 아름다운 하루를 보내면서 환상적인 다과를 즐기도록 해주셔서 감사해요.

데이브 저도 즐거웠습니다. 집에 가져가서 드시도록 오렌지를 몇 개 준비해드릴게요.

테오 정말요? 아내가 좋아할 겁니다. 하지만 집에 도착할 때까지 제가 참을 수 있을지 모르겠네요.

테오가 떠난 후, 데이브는 죠에게 이메일을 보낸다. 잠시 후, 데이브는 죠에게서 '다른 언어의 다중 메서드 지원'이란 제목의 이메일을 받는다.

다른 언어의 다중 메서드 지원(죠가 보내온 이메일 내용)

파이썬에는 멀티메서드즈(multimethods)라는 라이브러리가 있고, 루비에는 루비 멀티메서드즈(Ruby multimethods)가 있습니다. 둘 다 자바스크립트 애로우즈/멀티메서드(`arrows/multimethod`) 라이브러리와 아주 비슷하게 동작할 것입니다.

자바에는 자바 멀티메서드 프레임워크(Java Multimethod Framework)가 있고, C#은 기본으로 `dynamic` 키워드를 통해 다중 메서드를 지원합니다. 하지만 자바와 C# 모두, 다중 메서드가 정적 자료형과만 동작하고 범용 자료형은 사용할 수 없습니다.

언어	URL	범용 자료형 지원
자바스크립트	https://github.com/caderek/arrows/tree/master/packages/multimethod	지원
자바	http://igm.univ-mlv.fr/~forax/works/jmmf/	미지원
C#	기본 지원	미지원
파이썬	https://github.com/weissjeffm/multimethods	지원
루비	https://github.com/psantacl/ruby-multimethods	지원

13.5 실운영 시스템에 다중 메서드 통합

집으로 운전하며 돌아가던 테오는 시골의 신선한 공기를 그리면서 생각에 잠긴다. 이 즐거운 순간을 방해하는 것은 클라핌의 낸시에게서 온 전화다.

낸시 잘 지내시나요?

테오 네, 차를 몰고 지방에 갔다가 돌아가는 중이에요.

낸시 좋네요. 업무 이야기 좀 나눌 수 있을까요?

테오 물론이죠.

낸시 장서 목록에 아주 작은 기능을 하나 추가했으면 해서요.

예전에는 낸시가 어떤 기능을 '작다'고 표현하면, 그 작은 것이 엄청난 것으로 변하고는 해서 테오가 겁에 질리곤 했었다. 낸시에게 쉬워 보이는 일이 테오에게는 늘 엄청난 개발 기간을 요구했기 때문이다. 하지만 DOP 원리에 따라 시스템을 리팩터링한 후에는 낸시에게 작아 보이는 일이 이제 무척 쉽게 구현된다.

테오 어떤 기능이죠?

낸시 사서가 성으로 정렬된 저자 목록을 HTML과 마크다운Markdown, 두 형식으로 볼 수 있으면 해서요.

테오 그리 복잡해 보이지는 않네요.

낸시 그리고 문자에 서식도 약간 적용했으면 해요.

테오 어떤 문자 서식인가요?

낸시 저자의 저서 수에 따라 이름을 굵고 기울어진 글꼴로 표시했으면 해요.

테오 자세한 내용은 이메일로 주시겠어요? 내일 아침에 살펴보겠습니다.

낸시 좋아요. 조심히 운전하세요.

테오는 오늘 알게 된 내용을 정리한 후 잠자리에 든다. 잠자는 동안 테오는 풀밭에서 개, 고양이, 소가 노트북으로 프로그래밍하는 꿈을 꾼다.

다음 날 사무실에 도착한 테오는 문자 서식 기능에 대해 자세히 적혀 있는 낸시의 메일을 읽는다. 세부 요구 사항을 요약하면 표 13.1과 같다.

▼ **표 13.1** 저서 수에 따른 저자 이름 문자 서식

저서 수	기울어진 글꼴	굵은 글꼴
10개 이하	O	X
11개 이상에서 50개 이하	X	O
51개 이상	O	O

테오는 낸시의 이메일을 데이브에게 전달하고 이 작업을 맡아줄 것을 요청한다. 어쨌든 위임은 훌륭한 관리자의 자질이다.

데이브는 이 기능의 가장 어려운 부분은 `Author.myName(author, format)` 함수에 있다고 생각한다. 이 함수는 저자 데이터와 문서 포맷을 인자로 받는다. 데이브는 이 함수를 다중 메서드로 구현할 수 있는지 스스로에게 묻고는 어제 시골의 부모님 집에서 테오와 공부한 것을 사용한다. 이 기능은 장문난독증을 다루는 경우와 무척 비슷해 보인다. 문자열의 길이를 확인하는 대신, 배열의 길이만 확인하면 되는 것이다.

우선, 데이브는 문서 포맷의 데이터 스키마가 필요하다. 포맷은 어제 테오가 언어를 표현할 때와 같이 `type` 필드가 있는 맵으로 표현할 수 있지만, 지금은 `markdown`이나 `html` 중 한 문자열로 포맷을 표현하는 것이 더 단순해 보인다. 데이브는 리스트 13.21의 문서 포맷 스키마

를 생각해낸다. 저자 스키마는 지난주에 테오와 이미 리스트 13.22와 같이 작성했다.

리스트 13.21 문서 포맷 스키마

```
var textFormatSchema = {
  "name": {"type": "string"},
  "type": {"enum": ["markdown", "html"]}
};
```

리스트 13.22 저자 스키마

```
var authorSchema = {
  "type": "object",
  "required": ["name", "bookIsbns"],
  "properties": {
    "name": {"type": "string"},
    "bookIsbns": {
      "type": "array",
      "items": {"type": "string"}
    }
  }
};
```

이제 데이브는 디스패치 함수를 작성하고 다중 메서드를 초기화해야 한다. 테오가 아무런 거리낌 없이 '장문난독증'이란 신조어를 만든 것을 기억하며, 자신도 '다작성prolificity'이란 신조어를 만들어 사용하기로 결정한다. 그는 저자의 다작성을 `low`, `medium`, `high`의 세 단계로 반환하는 `Author.prolificityLevel`이라는 도움 함수가 유용하다는 것을 알게 된다. 이제 `authorNameDispatch` 함수를 코딩할 준비가 됐다.

리스트 13.23 Author.myName 다중 메서드 초기화

```
Author.prolificityLevel = function(author) {
  var books = _.size(_.get(author, "bookIsbns"));
  if (books <= 10) {
    return "low";
  };
  if (books >= 51) {
    return "high";
```

```
  }
  return "medium";
};

var authorNameArgsSchema = {
  "type": "array",
  "prefixItems": [
    authorSchema,
    {"enum": ["markdown", "html"]}
  ]
};

function authorNameDispatch(author, format) {
  if(dev()) {
    if(!ajv.validate(authorNameArgsSchema, [author, format])) {
      throw ("Author.myName called with invalid arguments: " +
        ajv.errorsText(ajv.errors));
    }
  }

  return [Author.prolificityLevel(author), format];
};

Author.myName = multi(authorNameDispatch);
```

이어서 데이브는 HTML 포맷의 메서드를 먼저 작업한다. HTML에서 굵은 문자는 `<b>` 태그, 기울어진 문자는 `<i>` 태그 안에 적는다. 예를 들어, 다작성의 수준이 서로 다른 세 저자는 HTML로 이렇게 적는다.

리스트 13.24 굵은 문자와 기울어진 문자의 HTML 예

```
<i>Yehonathan Sharvit<i>     ◀── 다작성이 낮은 저자의 기울어진 서식
<b>Stephen Covey</b>    ◀── 다작성이 보통인 저자의 굵은 서식
<b><i>Isaac Asimov</i></b>     ◀── 다작성이 높은 저자의 굵고 기울어진 서식
```

이 정보를 확보한 데이브는 HTML 포맷을 처리하는 메서드 세 가지를 손쉽게 작성한다.

리스트 13.25 HTML 포맷을 처리하는 메서드

```
function authorNameLowHtml(author, format) {
  return "<i>" + _.get(author, "name") + "</i>";
}

Author.myName = method(["low", "html"], authorNameLowHtml)(Author.myName);

function authorNameMediumHtml(author, format) {
  return "<b>" + _.get(author, "name") + "</b>";
}

Author.myName =
  method(["medium", "html"], authorNameMediumHtml)(Author.myName);

function authorNameHighHtml(author, format) {
  return "<b><i>" + _.get(author, "name") + "</i></b>";
}

Author.myName =
  method(["high", "html"], authorNameHighHtml)(Author.myName);
```

이제 데이브는 마크다운 포맷을 다루는 세 가지 메서드를 작업한다. 마크다운에서 굵은 문자는 별표asterisk 두 개로 감싸고, 기울어진 문자는 별표 하나로 감싼다. 예를 들어, 마크다운으로 다작성의 수준이 서로 다른 세 저자는 리스트 13.26의 코드와 같이 작성된다. 마크다운 메서드의 코드는 리스트 13.27과 같다.

리스트 13.26 굵고 기울어진 마크다운 서식 예

```
*Yehonathan Sharvit*    ◀— 다작성이 낮은 저자의 기울어진 서식
**Stephen Covey**    ◀— 다작성이 보통인 저자의 굵은 서식
***Isaac Asimov***    ◀— 다작성이 높은 저자의 굵고 기울어진 서식
```

리스트 13.27 마크다운 포맷을 처리하는 메서드

```
function authorNameLowMarkdown(author, format) {
  return "*" + _.get(author, "name") + "*";
}
```

```
Author.myName =
  method(["low", "markdown"], authorNameLowMarkdown)(Author.myName);

function authorNameMediumMarkdown(author, format) {
  return "**" + _.get(author, "name") + "**";
}

Author.myName =
  method(["medium", "markdown"], authorNameMediumMarkdown)(Author.myName);

function authorNameHighMarkdown(author, format) {
  return "***" + _.get(author, "name") + "***";
}

Author.myName =
  method(["high", "markdown"], authorNameHighMarkdown)(Author.myName);
```

데이브는 '신비한' 저자 한 명을 이용해 자신이 작성한 코드를 테스트하기로 한다. 리스트 13.28과 리스트 13.29는 해당 테스트 내용이다.

리스트 13.28 HTML 포맷 테스트

```
var yehonathan = {
  "name": "Yehonathan Sharvit",
  "bookIsbns": ["9781617298578"]
};

Author.myName(yehonathan, "html");
// → "<i>Yehonathan Sharvit</i>"
```

리스트 13.29 마크다운 포맷 테스트

```
Author.myName(yehonathan, "markdown");
// → "*Yehonathan Sharvit*"
```

데이브의 책상에 다가온 테오는 데이브가 구현한 저자 목록 기능을 검토해주겠다고 나선다. Author.myName의 테스트에서 본 저자 이름이 궁금해진 테오는 데이브에게 묻는다.

테오 예호나탄 샤르빗Yehonathan Sharvit이 누구죠?

데이브 사실 잘 모릅니다. 제가 어제 구글에서 '데이터 지향 프로그래밍'으로 검색해보니 그 이름이 나오더라고요. 이 사람이 DOP에 대한 책을 썼나 봐요. 그래서 이 ISBN을 제 테스트에 쓰는 게 좋겠다고 생각했어요.

요약

- 다형성의 주요 이점은 확장성이다.
- 다중 메서드는 데이터를 범용 맵으로 표현할 때도 다형성의 이점을 누릴 수 있게 해준다.
- 다중 메서드는 디스패치 함수와 다수의 메서드로 구성된다.
- 다중 메서드의 디스패치 함수는 디스패치 값을 내보낸다.
- 다중 메서드에서 사용되는 각 메서드는 특정 디스패치 값의 구현을 제공한다.
- 다중 메서드는 단일 디스패치로 OOP 클래스 상속을 모방할 수 있다.
- 단일 디스패치에서, 다중 메서드는 `type` 필드가 있는 맵 하나를 받고 다중 메서드의 디스패치 함수는 `type` 필드의 값을 내보낸다.
- 단일 디스패치에 더해, 다중 메서드는 다중 디스패치와 동적 디스패치라는 두 가지 향상된 다형성을 제공한다.
- 다중 디스패치는 다중 메서드가 여러 인자에 따라 동작할 때 사용된다.
- 동적 디스패치는 다중 메서드가 실행 중에 바뀌는 인자에 따라 동작할 때 사용된다.
- 다중 메서드의 인자는 디스패치 함수와 각 메서드에 전달된다.
- 다중 메서드 디스패치 함수는 다음과 같은 책임이 따른다.
  - 함수 서명을 정의한다.
  - 인자의 유효성을 확인한다.
  - 디스패치 값을 내보낸다.
- 다중 메서드는 다중 메서드 초기화와 메서드 구현을 분리시켜 확장성을 제공한다.
- 다중 메서드는 일반 함수와 같이 호출된다.

- 다중 메서드는 디스패치 값에 대응되는 메서드가 전혀 없을 때 호출되는 기본 구현을 제공한다.
- 다중 디스패치되는 다중 메서드에서 디스패치 함수가 내보내는 배열의 요소 순서는 연결된 각 메서드의 요소 순서와 일치해야 한다.

▼ 이 장에서 소개된 로대시 함수

함수	설명
`size(coll)`	`coll`의 크기를 반환한다.

14

고급 데이터 조작

잘 이해하는 것은 명료하게 표현된다[1]

14장에서 다루는 내용

- 중첩된 데이터 조작
- 명확하고 함축적인 코드로 작성되는 비즈니스 로직
- 비즈니스 로직과 범용 데이터 조작의 분리
- 자작 데이터 조작 도구 구축
- 최고의 업무용 도구 사용

비즈니스 로직에 복잡한 데이터 처리가 필요해지면, 언어나 별도 라이브러리가 제공하는 범용 데이터 조작 함수로는 충분하지 않게 된다. 따라서 비즈니스 로직에서 일일이 데이터를 조작하는 대신, 자체 범용 데이터 함수를 작성하고 사용함으로써 비즈니스 로직을 구현할 수 있다. 비즈니스 로직과 데이터 조작을 분리하면 비즈니스 로직 코드가 간결해지고 다른 개발자가 읽기 쉬워진다.

1 프랑스 시인이자 비평가인 니콜라 부알로(Nicolas Boileau, 1636–1711)의 '시법' 제1가의 일부를 인용한 것이다. – 옮긴이

14.1 풍부한 표현의 맵 값 갱신

데이브는 시간이 지나면서 클라핌 프로젝트에서 더욱더 자율적으로 일하게 됐다. 그는 대부분의 기능을 스스로 구현할 수 있고 코드 리뷰가 필요할 때만 테오를 찾는다. 데이브의 코드 품질은 무척 높은 수준인데, 그는 코드가 견고하게 잘 동작하더라도 가독성에는 쉽게 만족하지 못하는 편이다. 오늘, 데이브는 테오가 오래전에 만들었던 버그를 바로잡는 코드의 가독성을 개선하도록 도와달라고 테오에게 부탁한다.

데이브 오픈 라이브러리 API에서 도서 정보를 반환하는 코드에서 버그를 찾은 것 같습니다.

테오 어떤 버그죠?

데이브 종종 API가 저자 이름을 중복해서 반환해요. 그래서 클라이언트에도 중복된 그대로 전달됩니다.

테오 바로잡기 어려운 버그처럼 보이지는 않네요.

데이브 맞아요. 이미 고쳤습니다. 하지만 제가 작성한 코드의 가독성이 그다지 마음에 들지 않네요.

테오 자신의 코드에 비판적인 자세는 개발자가 성장하는 데 있어 중요한 자질이죠. 정확히 어떤 부분이 불만인가요?

데이브 이 코드를 보시죠.

리스트 14.1 직관적이지만 장황한 중복 제거 코드

```
function removeAuthorDuplicates(book) {
  var authors = _.get(book, "authors");
  var uniqAuthors = _.uniq(authors);
  return _.set(book,"authors", uniqAuthors);
}
```

데이브 저는 _.get을 사용해 저자명의 배열을 얻고 나서 _.uniq로 배열의 중복을 제거한 다음, 마지막으로 _.set으로 저자명에 중복이 없는 새 버전의 도서 정보를 만듭니다.

테오 코드가 장황하네요. authorNames가 가질 새로운 값이 현재 값에 기반해야 하기 때문이에요.

데이브 하지만 이런 경우는 흔한 걸요. 이런 코드를 더 간단하게 작성할 방법이 있지 않을까요?

테오 말 그대로 진정한 개발자의 모습이군요! 저도 더 간단한 방법이 있을 거라고 생각해요. 죠에게 전화해서 같이 이야기할 수 있는지 물어보겠습니다.

죠 테오, 잘 지내시나요?

테오 네, 잘 지내고 있습니다. 기술 콘퍼런스를 마치고 돌아오신 거예요?

죠 막 공항에 도착했어요. 지금 택시를 타고 집으로 가고 있어요.

테오 DOP에 관한 발표는 어떠셨어요?

죠 아주 좋았어요. 처음에는 사람들이 조금 의심스러워 했는데, 제가 알바트로스와 클라핌 이야기를 하자 꽤 납득하더군요.

테오 그렇군요. 어른도 이럴 때는 아이와 같아요. 모두 이야기를 좋아하죠.

죠 어떻게 지내셨나요? 다중 메서드로 다형성을 실현하는 건 잘됐나요?

테오 네! 데이브가 다중 메서드로 클라핌의 기능을 구현하기까지 했는 걸요.

죠 멋지네요!

테오 데이브가 프로그래밍을 하다가 질문거리가 생겼다는데 도와주실 수 있으세요?

죠 물론이죠.

데이브 죠, 안녕하세요. 잘 지내시죠?

죠 안녕하세요. 그럭저럭 잘 지냅니다. 어떤 질문인가요?

데이브 맵에 배열로 된 값이 있는데, 그 안의 중복을 제거하는 간단한 방법이 있는지 궁금해요. 차례로 `_.get`, `_.uniq`, `_.set`을 사용하는 건 너무 번거로워 보이거든요.

죠 직접 데이터 조작 도구를 만들어야 해요.

데이브 무슨 뜻이죠?

죠 맵의 값을 바꾸는 범용 `update` 함수를 작성해야 합니다. 맵의 현재 값에 기반해서 값을 계산한 다음에 이를 맵에 적용하는 거죠.[2]

---

2 로대시가 update 함수의 구현을 제공하지만, 이 책의 목적상 직접 구현해보기로 한다.

데이브 그 update의 인자는 무엇이 될 거라고 생각하시나요?

죠 말 앞에 마차를 두세요.[3]

데이브 네?

죠 맵을 변경하는 함수를 이미 구현했다고 생각하고 비즈니스 로직을 다시 작성하세요. 그러면, update 함수의 인자가 무엇인지 찾게 될 거예요.

데이브 알겠습니다. 말은 update 함수의 구현이고 마차는 update를 사용하는 코드군요.

죠 정확히 그렇습니다. 하지만 update가 범용 함수가 되도록 신경 쓰는 게 좋을 것이란 점은 잊지 마세요.

데이브 어떻게 하면 되는 거죠?

죠 특정 사례에만 제한되지 않도록 하는 거죠.

데이브 이해했습니다. update가 직접 중복 요소를 제거하기보다는 새 값을 계산하는 함수를 인자로 전달받아야 하겠네요. 지금 같은 경우에는 _.uniq인 거죠.

죠 바로 그렇습니다! 오! 죄송해요. 이제 끊어야겠어요. 막 집에 도착했네요. 잘됐으면 좋겠어요.

데이브 잘 지내세요. 고맙습니다.

데이브는 통화를 끊고 테오를 바라보면서 죠와의 대화를 반복한다.

데이브 죠는 저에게 직접 값을 갱신하는 update 함수를 작성하라고 조언해줬어요. 먼저, update가 이미 있다고 생각하고 removeAuthorDuplicates 함수를 다시 작성하라고 하네요. 그러면, update의 올바른 함수 서명을 알 수 있게 될 거라고 합니다.

테오 좋은 계획이네요.

데이브 이런 방식을 말 앞에 마차를 둔다고 표현하더군요.

테오 죠가 할 법한 재미있는 비유네요.

---

3 '말 앞의 마차'라는 뜻의 영어 표현인 'cart before the horse'는 일이나 중요도의 순서가 뒤바뀐 잘못된 경우를 지적하는 관용어로, 우리 사자성의의 '주객전도(主客顚倒)'나 '본말전도(本末顚倒)'와 비슷하게 부정적인 뜻으로 사용된다. 여기서 죠는 오히려 이 말을 긍정적인 방법으로서 제안한다. 보통 이런 설계 방식을 '하향식(top-down)'이라고도 말한다. – 옮긴이

|**팁**| 자작 데이터 조작 함수의 서명을 찾는 가장 좋은 방법은 사용하는 입장에서 가장 편한 형태를 생각해보는 것이다.

데이브 아무튼, removeAuthorDuplicates 내부에서 update 함수를 사용하는 방식은 이럴 것 같아요.

리스트 14.2 중복을 제거하는 세련된 코드

```
function removeAuthorDuplicates(book) {
  return update(book, "authors", _.uniq);
}
```

테오 좋아 보입니다.

데이브 와! update를 사용하니 _.get과 _.set을 사용한 코드보다 훨씬 말끔하네요.

테오 update를 구현하기 전에 함수가 정확히 어떤 일을 하는지 글로 적어보시죠.

데이브 아주 쉬워요. update는 map이라는 맵, path라는 경로, fun이라는 함수를 인자로 받습니다. 반환되는 값은 path가 fun(currentValue)와 연관된 새로운 버전의 map입니다. 여기서 currentValue는 map에서 path와 연관된 값입니다.

생각한 내용을 말하면서 데이브는 그림 14.1과 같은 도식을 그린다. 테오는 그림을 이해하면서 자신의 제자에게 점점 더 깊은 감명을 받는다.

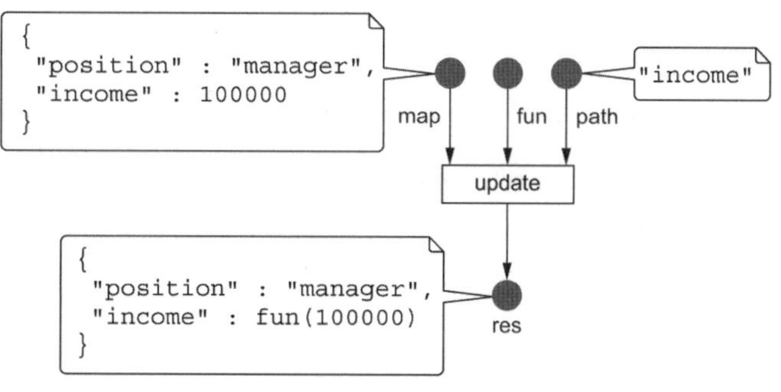

▲ **그림 14.1** update 함수의 행동

|팁| 자체 데이터 조작 함수를 구현하기 전에 함수가 하는 일을 글로 정확히 기술한다.

테오 정의가 이렇게 명확하니 update 구현은 누워서 떡 먹기겠어요.

잠시 후, 데이브는 코드를 완성한다. 미리 명확히 정의한 덕분에 코드를 구성하는 데 그리 오래 걸리지 않았다.

리스트 14.3 update 범용 함수

```
function update(map, path, fun) {
  var currentValue = _.get(map, path);
  var nextValue = fun(currentValue);
  return _.set(map, path, nextValue);
}
```

테오 맵의 숫자를 증가시키는 것 같은 간단한 경우로 잘 동작하는지 확인해보면 어떨까요?

데이브 좋은 생각입니다. update 함수로 맵의 값에 2를 곱해볼게요. 이 코드 어떠세요?

리스트 14.4 맵의 값에 2를 곱하는 테스트

```
var m = {
  "position": "manager",
  "income": 100000
};
update(m, "income", function(x) {
  return x * 2;
});
// → {"position": "manager", "income": 200000}
```

테오 훌륭합니다! 잘된 것 같아요.

14.2 중첩된 데이터 조작

그다음 월요일, 테오와 데이브가 주간 공유 회의에서 만나 클라핌의 향후 기능을 논의한다. 테오는 데이브 부모님의 시골 집에서 만났던 지난번의 월요일을 추억한다. 잠시 후, 다시 현실로 돌아와서 테오가 이야기를 시작한다.

테오 최근 들어 낸시가 점점 더 많은 관리 기능을 요구하고 있어요.

데이브 어떤 거죠?

테오 몇 가지 예를 말씀드리죠. 어제 낸시에게 받은 메일을 좀 찾아볼게요.

데이브 네.

테오 찾았습니다. 지금 당장은 요구하는 기능이 세 가지예요. 모든 도서 저자 ID 조회, 도서 대출률 계산, 지역 도서관별 도서 분류입니다.

데이브 가장 먼저 처리해야 하는 기능이 뭔가요?

테오 뭐든 상관없어요. 하지만 이번 주 안에 세 가지를 전달해야 합니다. 일이 많네요. 제 도움이 필요하면 언제든 연락 주세요.

화요일에 데이브는 테오에게 도움을 요청한다. 데이브는 자신의 코드가 만족스럽지 않다.

데이브 세 관리 기능을 작업하기 시작했는데요. 제가 작성한 코드에 문제가 있어요. 데이터베이스에서 가져온 도서 목록에서 저자 ID 목록을 얻는 코드를 보여드릴게요.

테오 기억이 잘 나지 않는데, 데이터베이스에서 얻은 도서 목록에서 요소가 어떤 형태였죠?

데이브 각 도서는 맵이고 `authorIds` 배열 필드가 있어요.

테오 좋습니다.

데이브 제가 코드를 작성했지만, 예상한 대로 풀리지 않아요. 이것이 도서 저자 ID를 모두 얻는 제 코드예요.

리스트 14.5 여러 도서의 저자 ID가 배열의 배열로 반환되는 코드

```
function authorIdsInBooks(books) {
  return _.map(books, "authorIds");
}
```

테오 뭐가 문제인가요?

데이브 저자 ID의 배열을 반환해야 하는데 저자 ID의 배열의 배열을 반환하는 문제가 있어요. 예를 들어, 장서에서 두 가지 책을 지정해 `authorIdsInBooks`를 실행시키면 이런 결과를 얻습니다.

리스트 14.6 저자 ID 배열의 배열

```
[
  ["sean-covey", "stephen-covey"],
  ["alan-moore", "dave-gibbons"]
]
```

테오 그리 큰 문제는 아니네요. `_.flatten`으로 배열의 배열을 단일 배열로 만들 수 있어요. 그러면 예상한 결과를 얻을 수 있을 거예요.

데이브 멋지네요! 정확히 제가 원했던 겁니다! `authorIdsInBooks` 코드를 수정할 테니 잠시 기다려주세요.

리스트 14.7 문자열의 배열로 도서 목록 내 저자 ID 반환

```
function authorIdsInBooks(books) {
  return _.flatten(_.map(books, "authorIds"));
}
```

테오 `_.map`으로 특정 값을 추출하고 `_.flatten`으로 한 배열로 만드는 작업이 독립된 함수로 분리될 만하지 않나요?

데이브 그럴 수도 있겠네요. `flatMap` 함수를 구현하는 건 아주 간단합니다.[4] 이거 어떤가요?

---

4 로대시는 flatMap 함수의 구현을 제공하지만, 이 책의 목적상 직접 구현해보기로 한다.

리스트 14.8 flatMap 구현

```
function flatMap(coll, f) {
  return _.flatten(_.map(coll,f));
}
```

테오 멋지네요!

데이브 잘 모르겠어요. 이렇게 간단한 함수를 만들어야 하다니, 좀 이상해요.

테오 지금 코드 크기는 중요하지 않다고 생각해요.

데이브 어떤 의미인가요?

테오 flatMap을 사용해서 authorIdsInBooks를 다시 작성하면 어떻게 되는지 보세요.

데이브 좋습니다. flatMap을 사용해서 저자 ID 목록을 얻는 건 이런 식이겠죠.

리스트 14.9 flatMap을 사용해 문자열의 배열로 저자 ID 반환

```
function authorIdsInBooks(books) {
  return flatMap(books, "authorIds");
}
```

테오 어떤 구현이 마음에 드세요? _.flatten과 _.map을 사용한 쪽(리스트 14.7)과 flatMap을 사용한 쪽(리스트 14.9) 중에서요.

데이브 잘 모르겠어요. 저에게는 별 차이 없어 보여요.

테오 좋습니다. 그러면, 어느 쪽 구현이 더 읽기 좋은가요?

데이브 flatMap이 무엇을 하는지 안다고 가정하면, flatMap을 사용한 구현이라고 말할 수 있겠어요. 더 간결해서 좀 더 읽기 좋습니다.

테오 다시 말하지만, 코드의 크기가 중요한 게 아니에요. 의도를 분명히 드러내고 적절한 이름을 부여하는 것이 중요합니다.

데이브 그게 잘 이해되지 않아요.

테오 일상 언어에서 예를 들어볼게요.

데이브 좋습니다.

테오 책상에서 글을 쓰실 때 사용하는 것 좀 넘겨주시겠어요?

데이브는 테오가 책상 위의 펜을 달라고 요구했다는 사실을 깨닫기까지 잠시 머뭇거린다. 이어서 테오에게 펜을 넘기고 이렇게 묻는다.

데이브 왜 간단히 펜을 달라고 하시지 않았나요?

테오 의도를 전하면서 이름이 아닌 서술을 사용할 때 어떤 느낌을 받는지 직접 경험해 보시라고 그랬어요.

데이브 오! 알겠습니다. `_.map`으로 변환하고 `_.flatten`으로 평탄화하는 연산에 이름을 부여하고 나면 코드가 더 분명해진다는 뜻이군요.

테오 정확합니다.

데이브 그럼 두 번째 기능으로 넘어가시죠. 도서 대출률 계산입니다.

테오 그 전에 잠시 쉬면서 간식을 즐기는 것도 좋겠군요. 볶은 씨앗을 갈아서 여과지에 내린 음료를 마시면서 말이죠.

데이브 커피 타임!

14.3 최적의 도구 사용

다과를 즐긴 후에 데이브는 자신이 구현한 도서 대출률 계산 기능을 테오에게 보여준다. 데이브는 자신이 작성한 코드가 마음에 드는 듯하다.

데이브 작성한 도서 대출률 계산 코드가 무척 마음에 듭니다.

테오 어서 보여주세요!

데이브 제가 작성한 함수는 이런 식으로 데이터베이스에서 도서 목록을 읽어옵니다.

리스트 14.10 도서 정보가 두 건인 도서 목록

```
[
  {
    "isbn": "978-1779501127",
    "title": "Watchmen",
    "bookItems": [
      {
```

```
        "id": "book-item-1",
        "libId": "nyc-central-lib",
        "isLent": true
      }
    ]
  },
  {
    "isbn":  "978-1982137274",
    "title": "7 Habits of Highly Effective People",
    "bookItems": [
      {
        "id": "book-item-123",
        "libId": "hudson-park-lib",
        "isLent": true
      },
      {
        "id": "book-item-17",
        "libId": "nyc-central-lib",
        "isLent": false
      }
    ]
  }
]
```

테오 중첩된 데이터가 많네요.

데이브 네, 하지만 이제 `flatMap`을 사용할 줄 아니 대출률 계산은 아주 쉽습니다. `forEach`로 실물 도서를 일일이 확인해서 `lent`나 `notLent` 변수를 1씩 증가시키려고 해요. 마지막에는 `lent`와 `(lent + notLent)`의 비율을 반환하고요. 이런 식으로 하는 거죠.

리스트 14.11 forEach를 사용한 도서 대출률 계산

```
function lendingRatio(books) {
  var bookItems = flatMap(books, "bookItems");
  var lent = 0;
  var notLent = 0;
  _.forEach(bookItems, function(item) {
    if(_.get(item, "isLent")) {
      lent = lent + 1;
```

```
    } else {
      notLent = notLent + 1;
    }
  });
  return lent/(lent + notLent);
}
```

테오 코드를 보고 든 생각을 솔직하게 이야기해도 될까요?

데이브 그렇게 말씀하시는 것을 보니, 마음에 안 드시는 것 같네요. 그렇죠?

테오 나쁜 뜻으로 하는 말은 아니지만, 저는 forEach를 사용하는 코드를 좋아하지 않아요.

데이브 forEach에 무슨 문제라도 있나요?

테오 지나치게 범용이에요.

데이브 프로그래밍에서 범용인 건 좋은 거 아닌가요?

테오 유틸리티 함수를 만들 때는 좋은 게 맞습니다. 하지만 유틸리티 함수를 사용할 때는 우리 문제를 푸는 데 가장 적합한 함수를 사용해야 해요.

데이브 왜 그런가요?

테오 우리 삶이 그렇듯, 하려는 일에 맞는 도구를 선택해야 하기 때문이죠.

데이브 무슨 뜻인가요?

테오 예를 하나 말씀드리죠. 어제 저는 드론 내부를 청소해야 했어요. 그럼 드론을 분해할 때는 드라이버를 쓰는 게 좋을까요? 아니면 맥가이버 칼(스위스 군용 칼)을 쓰는 게 좋을까요?

데이브 당연히 드라이버죠. 훨씬 다루기 편하니까요.

테오 맞습니다. 이처럼, 누군가 드라이버를 사용하는 저를 본다면 분명히 제가 나사를 돌리고 있다고 생각할 거예요. 제 의도가 분명히 전달되는 거죠.

데이브 그 말은 forEach가 데이터 조작을 할 때 '맥가이버 칼' 같다는 거죠?

테오 적절한 설명입니다.

|팁| 문제를 푸는 데 적합한 함수 중에 범용성이 가장 낮은 최적의 유틸리티 함수를 선정한다.

데이브 그럼 어떤 함수를 사용해서 책을 차례로 확인해야 할까요?

테오 _.reduce를 사용할 수 있어요.

데이브 _.reduce는 컬렉션을 주면 데이터를 반환한다고 생각했어요. 지금은 데이터를 반환받을 필요가 없습니다. 저는 lent와 notLent 두 변수 값을 바꿔야 해요.

테오 두 값을 키가 둘인 맵으로 표현할 수 있어요.

데이브 제가 작성한 lendingRatio 함수를 어떻게 reduce를 사용해 다시 작성할 수 있는지 보여주실 수 있나요?

테오 물론이죠. _.reduce로 전달하는 초기 값은 맵으로 {"lent": 0, "notLent": 0}입니다. 그리고 반복할 때마다 두 키 중 하나를 갱신할 거예요. 이런 식으로 말이죠.

리스트 14.12 _.reduce를 사용한 도서 대출률 계산

```
function lendingRatio(books) {
  var bookItems = flatMap(books, "bookItems");
  var stats = _.reduce(bookItems, function(res, item) {
    if(_.get(item, "isLent")) {
      res.lent = res.lent + 1;
    } else {
      res.notLent = res.notLent + 1;
    }
    return res;
  }, {notLent: 0, lent:0});
  return stats.lent/(stats.lent + stats.notLent);
}
```

데이브 lent 변수와 notLent 변수 값을 바꾸는 대신, 맵의 "lent" 필드와 "notLent" 필드의 값을 바꾸네요. 뭐가 다른 거죠?

테오 변수 대신 맵 필드를 쓰면 비즈니스 로직 코드에서 reduce를 제거할 수 있게 돼요.

데이브 forEach와 reduce가 없다면 컬렉션의 각 항목을 어떻게 순회할 수 있는 거죠?

테오 컬렉션을 차례로 순회하는 걸 피할 수는 없습니다. 하지만 _.reduce를 유틸리티 함수 뒤로 숨길 수는 있어요. lendingRatio 코드 내부에서 reduce가 어떻게 사용되는지 살펴보세요. reduce 함수 호출이 어떤 의미죠?

데이브는 리스트 14.12의 코드를 자세히 살펴본다. 그는 테오의 질문에 답하기 전에 오랜 시간 생각에 잠긴다.

데이브 제가 보기에 isLent가 true와 false인 횟수를 세는 것 같아요.

테오 맞아요. 이제 죠의 조언에 따라 직접 데이터 조작 도구를 만들어보죠.

데이브 정확히 어떻게 만들죠?

테오 countByBoolField 유틸리티 함수를 작성해서 어떤 필드가 true와 false인 횟수를 세도록 해보시겠어요?

데이브 좋습니다. 하지만 이 함수를 구현하기에 앞서, 이 함수가 이미 있다고 가정하고 lendingRatio 코드를 먼저 다시 작성해볼게요.

테오 확실히 빨리 배우시네요!

데이브 고맙습니다. countByBoolField를 사용하면, 유틸리티 함수를 사용하는 대출률 계산 코드는 이런 모양이 될 것 같아요.

리스트 14.13 도서 대출률 계산

```
function lendingRatio(books) {
  var bookItems = flatMap(books, "bookItems");
  var stats = countByBoolField(bookItems, "isLent", "lent", "notLent");
  return stats.lent/(stats.lent + stats.notLent);
}
```

> **|팁|** _.reduce나 다른 하위 수준 데이터 조작 함수를 비즈니스 로직을 다루는 코드 내부에서 사용하지 말자. 그 대신, 적절한 이름을 갖고 _.reduce를 숨기는 유틸리티 함수를 작성하자.

테오 완벽하군요. 이 코드가 _.reduce를 사용한 코드보다 명확해 보이지 않나요?

데이브 그렇게 보여요! 이 코드가 더 간결하기도 하고 의도도 더 분명합니다. 이제 count

ByBoolField를 구현해볼게요. 잘할 수 있을지 모르겠네요.

테오 단위 테스트를 먼저 작성해보면 좋을 것 같아요.

데이브 좋은 생각입니다.

데이브가 잠시 타이핑을 하더니 만족한 듯 테오에게 결과를 보여준다.

리스트 14.14 countByBoolField의 단위 테스트

```
var input = [
  {"a": true},
  {"a": false},
  {"a": true},
  {"a": true}
];

var expectedRes = {
  "aTrue": 3,
  "aFalse": 1
};

_.isEqual(countByBoolField(input, "a", "aTrue", "aFalse"), expectedRes);
```

테오 좋아 보이네요. 이제 countByBoolField를 구현할 차례입니다. 우리가 구현했던 update 함수가 필요할 것 같군요.

데이브 저도 그렇게 생각합니다. 반복할 때마다, update 함수와 값을 1씩 증가시키는 함수를 사용해서 aTrue나 aFalse의 값을 증가시켜야 해요.

한동안 시행착오를 겪더니 데이브는 reduce, update, inc를 사용한 코드를 만들어낸다. 데이브는 테오에게 countByBoolField 코드를 보여준다.

리스트 14.15 countByBoolField의 구현

```
function inc (n) {
  return n + 1;
}
```

```
function countByBoolField(coll, field, keyTrue, keyFalse) {
  return _.reduce(coll, function(res, item) {
    if (_.get(item, field)) {
      return update(res, keyTrue, inc);
    }
    return update(res, keyFalse, inc);
  }, {[keyTrue]: 0,     ◀ 0과 연관된 keyTrue와
      [keyFalse]: 0});    keyFalse로 맵을 생성한다.
}
```

테오 잘하셨어요! 이제 세 번째 관리 기능으로 넘어가볼까요?

데이브 세 번째 기능은 좀 더 어렵습니다. 세 번째 기능을 구현할 때는 지금까지 두 기능을 구현할 때 사용한 기법을 사용할 수 있을 것 같아요.

테오 좋아요. 코드 리뷰할 준비가 되면 연락 주세요.

14.4 배열 필드 해체

데이브는 마지막 관리 기능인 지역 도서관별 도서 분류를 구현하느라 큰 어려움을 겪었다. 데이브는 좌절의 두어 시간을 보내고 나서 테오에게 도와달라고 연락한다.

데이브 도서관별로 분류하는 기능을 구현하느라 정말 힘든 시간을 보냈어요.

테오 제가 다음 회의까지 몇 분 안 남았네요. 하지만 도움이 되도록 노력해보죠. 도서관별로 분류한다는 것의 정확한 정의는 무엇인가요?

데이브 제가 작성한 단위 테스트를 보여드릴게요.

리스트 14.16 도서관별로 책을 분류하는 단위 테스트

```
var books = [
  {
    "isbn": "978-1779501127",
    "title": "Watchmen",
    "bookItems": [
      {
        "id": "book-item-1",
```

```
        "libId": "nyc-central-lib",
        "isLent": true
      }
    ]
  },
  {
    "isbn":  "978-1982137274",
    "title": "7 Habits of Highly Effective People",
    "bookItems": [
      {
        "id": "book-item-123",
        "libId": "hudson-park-lib",
        "isLent": true
      },
      {
        "id": "book-item-17",
        "libId": "nyc-central-lib",
        "isLent": false
      }
    ]
  }
];

var expectedRes =
{
  "hudson-park-lib": [
    {
      "bookItems": {
        "id": "book-item-123",
        "isLent": true,
        "libId": "hudson-park-lib",
      },
      "isbn": "978-1982137274",
      "title": "7 Habits of Highly Effective People",
    },
  ],
  "nyc-central-lib": [
    {
      "bookItems":  {
        "id": "book-item-1",
```

```
        "isLent": true,
        "libId": "nyc-central-lib",
      },
      "isbn": "978-1779501127",
      "title": "Watchmen",
    },
    {
      "bookItems": {
        "id": "book-item-17",
        "isLent": false,
        "libId": "nyc-central-lib",
      },
      "isbn": "978-1982137274",
      "title": "7 Habits of Highly Effective People",
    },
  ],
};
_.isEqual(booksByRack(books) , expectedRes);
```

테오 좋습니다. 복잡한 함수를 구현하기 전에 단위 테스트를 작성하는 것이 제가 클라핌을 OOP에서 DOP로 다시 작성할 때도 도움이 됐어요.

데이브 데이터를 받아서 반환하는 함수의 단위 테스트를 작성하는 건 상태가 있는 객체 메서드의 단위 테스트를 작성하는 것보다 훨씬 재미있습니다.

> **|팁|** 복잡한 함수를 구현하기 전에 단위 테스트를 작성하자.

테오 booksByLib를 구현하면서 어떤 것이 어려웠나요?

데이브 merge와 reduce를 사용해 복잡하게 구현하다가, 범용 함수 뒤로 reduce를 숨기라고 저에게 조언하셨던 것이 생각났어요. 그런데 어떤 범용 함수가 필요한지 알 수가 없습니다.

테오 정말로, 구현하기 쉽지 않네요.

데이브 그렇게 말씀해주시니 마음이 편하네요. 저는 제가 뭔가 잘못하는 줄 알았어요.

테오 각 도서관이 갖고 있는 책 정보인 bookItems로 처리해야 하는데, bookItems 맵에는 책 제목이나 ISBN 정보가 없군요.

데이브 바로 그게 문제입니다!

테오 작년에 몽고DB로 작성해야 했던 쿼리가 생각나네요. 데이터가 비슷한 방식으로 구성돼 있었어요.

데이브 그래서 쿼리를 어떻게 작성하셨나요?

테오 몽고DB의 `$unwind` 연산자를 사용했어요. 맵 `m`과 필드 경로 `arr`이 주어지고 이 맵의 필드 `arr`이 배열일 때, 이 연산자는 배열을 반환합니다. 반환되는 배열의 각 요소는 인자로 받은 `m`에서 `arr` 필드 값이 원래의 배열이 아닌 배열의 요소 하나로 대체된 맵입니다.

데이브 저에게는 조금 추상적인데요. 예를 보여주시겠어요?

테오는 칠판으로 다가가서 그림 14.2와 비슷한 도식을 그린다.

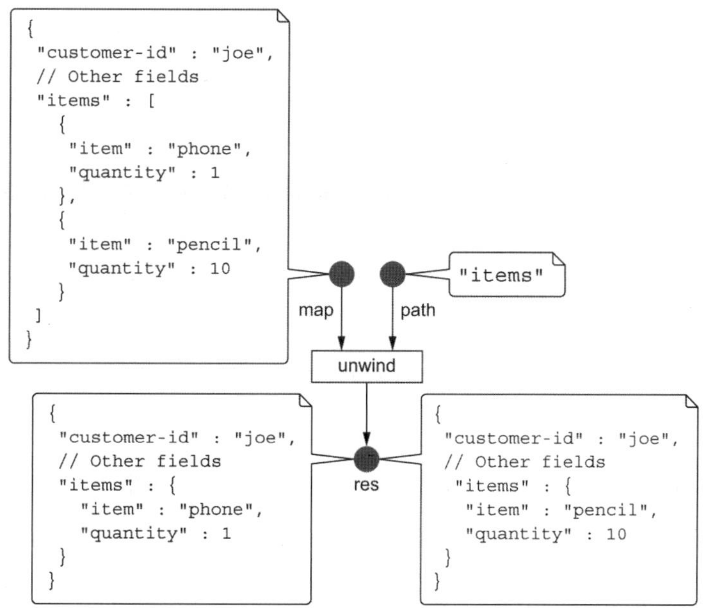

▲ **그림 14.2** unwind 함수의 동작

테오 당시 저는 온라인 상거래를 구현하고 있었어요. 고객의 장바구니는 customer-id 필드와 items 배열 필드로 구성된 맵으로 표현됐고요. items 배열의 각 요소는 장바구니에 담긴 상품을 나타냅니다. 저는 unwind로 쿼리를 작성해서 customer-id 필드를 가진 장바구니 상품 내역을 얻었어요.

데이브 와! 제가 하려는 일과 정확히 동일하네요. unwind 함수를 같이 작성해보죠.

테오 같이 프로그래밍하고 싶은 마음이 굴뚝같지만, 제가 다른 회의에 이미 늦었네요.

데이브 제가 관리자가 아닌 게 정말 다행이라고 생각합니다.

테오가 회의에 참석하려고 자리를 뜨자, 데이브는 주방에 가서 자신이 오늘 이룬 모든 것에 대한 보상으로 진한 에스프레소를 내린다. 그는 에스프레소를 마음껏 즐기며 unwind를 구현한다.

죠가 권유한 것처럼, 데이브는 unwind 함수가 이미 구현됐다고 생각하고 booksByLib 코드를 작성한다. 데이브는 각 도서 정보를 순차적으로 처리하면서 flatMap과 unwind를 사용해 실보유 서적 단위로 정보를 재구성해야 한다. 그런 다음, _.groupBy를 사용해 실보유 서적을 libid로 다시 분류해야 한다. 작성된 코드에 만족하며 그는 에스프레소 잔을 비운다.

리스트 14.17 unwind를 사용한 도서관별 도서 분류

```
function booksByRack(books) {
  var bookItems =  flatMap(books, function(book) {
    return unwind(book, "bookItems");
  });
  return _.groupBy(bookItems, "bookItems.libId")
}
```

데이브는 그 복잡했던 함수가 이토록 명확하고 간결하게 구현될 수 있다는 사실이 쉽게 믿어지지 않는다. 그는 unwind가 정말 복잡할 것이라고 생각하지만, 곧 자신이 틀렸다는 것을 알게 된다. 그의 생각처럼 구현하기 어렵지는 않았다는 뜻이다. 데이브는 unwind의 단위 테스트를 먼저 작성한다. 테오의 몽고DB 고객 장바구니 시나리오와 비슷하다.

리스트 14.18 unwind의 단위 테스트

```
var customer = {
  "customer-id": "joe",
  "items": [
    {
      "item": "phone",
      "quantity": 1
    },
    {
      "item": "pencil",
      "quantity": 10
    }
  ]
};

var expectedRes = [
  {
    "customer-id": "joe",
    "items": {
      "item": "phone",
      "quantity": 1
    }
  },
  {
    "customer-id": "joe",
    "items": {
      "item": "pencil",
      "quantity": 10
    }
  }
]

_.isEqual(unwind(customer, "items"), expectedRes)
```

unwind의 구현은 확실히 데이브의 생각만큼 어렵지 않다. unwind는 map의 field와 연관된 배열 arr을 얻고 다른 배열을 생성한다. 생성되는 배열의 각 요소는 field 필드가 arr의 각 요소로 대체된 버전의 map이다. 데이브는 데이터가 불변이라는 것을 기억하고 기뻐한다. map

인자를 복제할 필요가 없기 때문이다.[5]

리스트 14.19 unwind 구현

```
function unwind(map, field) {
  var arr = _.get(map, field);
  return _.map(arr, function(elem) {
    return _.set(map, field, elem);
  });
}
```

자신의 아름다운 코드를 잠시 곰곰이 살핀 후, 데이브는 unwind로 구현한 도서관별 도서 분류 기능의 풀 리퀘스트 링크를 테오에게 메시지로 보낸다. 사무실을 떠나 자전거를 타고 귀가한 데이브는 피곤하지만 보람을 느낀다.

요약

- 비즈니스 로직을 다루는 코드와 데이터 조작 구현 코드를 명확하게 분리하자.
- 비즈니스 로직을 데이터 조작과 분리하면 코드가 간결해질 뿐 아니라 명확하게 의도를 전달해서 읽기 쉬워진다.
- 직접 데이터 조작 함수를 설계하고 구현할 때는 네 단계를 거친다.
  - **a.** 구현하기 전에 사용해봄으로써 적절한 함수 서명을 찾는다.
  - **b.** 함수의 단위 테스트를 작성한다.
  - **c.** 함수가 해야 할 일을 글로 정리한다.
  - **d.** 함수를 구현한다.
- 직접 작성하는 데이터 조작 함수의 서명을 찾는 최선의 방법은 가장 편리한 함수 사용 방식을 생각해보는 것이다.
- 자작 데이터 조작 함수를 구현하기 전에 함수가 정확히 무엇을 할지 글로 정리하자.

---

5 다시 상기시키자면, 이 책에서는 로대시가 아닌 로대시 FP를 사용하고 있다. 5장을 참조하자. 리스트 14.19에 사용된 _.set은 불변 함수이지만, 기본 로대시의 _.set은 불변이 아니다. - 옮긴이

- 문제를 푸는 데 도움이 되는 함수 중에서 가장 용도가 분명한 유틸리티 함수를 선택한다.
- _.reduce나 여타 하위 수준 데이터 조작 함수를 비즈니스 로직을 다루는 코드 내부에서 사용하는 대신, 적절한 이름을 가진 유틸리티 함수를 별도로 작성해서 _.reduce를 은닉하자.
- 복잡한 함수를 구현하기 전에 그에 맞는 단위 테스트를 작성한다.

▼ 이 장에서 소개된 로대시 함수

함수	설명
flatten(arr)	배열의 배열인 arr을 단일 배열로 평탄화한다.
uniq(arr)	arr에서 중복을 제거하고 유일한 값만으로 구성된 배열을 반환한다.
every(coll, pred)	pred가 coll의 모든 요소에 true를 반환하는지 확인한다.
forEach(coll, f)	coll의 모든 요소를 차례로 f에 대입한다.

15 디버그

박물관에서 이룬 혁신

15장에서 다루는 내용

- 기본 데이터 타입과 관련된 버그 재현
- 데이터 복합체와 관련된 버그 재현
- REPL을 사용한 시나리오 재실행
- 버그 재현과 단위 테스트

프로그램이 원하는 대로 동작하지 않으면 소스 코드를 살펴봐야 한다. 전통적인 코드 조사 도구는 디버거다. 디버거를 사용하면, 코드를 한 단계씩 실행시키며 버그를 유발하는 코드 위치를 찾을 수 있다. 하지만 디버거로 문제를 일으키는 시나리오를 재현하지는 못한다.

DOP를 사용하면, 버그를 일으키는 시나리오의 맥락을 포착하고 이를 REPL이나 단위 테스트 같은 별도 프로세스에서 재현할 수 있다. 이를 통해 코드를 고치고 바로 결과를 확인하는 과정을 빠르게 반복하는 짧은 피드백 루프의 이점을 누릴 수 있게 된다.

15.1 프로그래밍 결정론

여러 달이 흐른 후, 테오는 알바트로스에서 퇴사한다는 소식을 전하고자 데이브에게 전화를 한다. 그 연락에 다소 충격을 받아 얼떨떨한 데이브에게 테오는 이어서 또 다른 소식을 전한다. 이번에는 좋은 소식인데, 테오는 경영진과 상의해서 데이브에게 알바트로스의 DOP 책임자를 맡기기로 결정했다는 이야기를 들려준다. 다음 주에 사무실에서 작별 인사를 나누기에 앞서, 테오는 샌프란시스코 익스플로러토리엄 과학 박물관Exploratorium Museum of Science에서 일대일 업무 회의를 갖자고 데이브에게 제안한다.

박물관에서 데이브는 특히 생물계 전시관의 '세포 그리고 나Cells to Self' 전시를 마음에 들어 한다. 반면에 테오는 빛의 반사 전시관에서 '그림자의 색Colored Shadows' 전시를 즐겁게 관람한다. 관람을 마친 후에 테오와 데이브는 박물관 강당 뒷줄에 자리를 잡고 노트북을 연다.

데이브 왜 마지막 회의를 이런 과학 박물관에서 갖길 원하신 거죠?

테오 죠가 우리에게 언젠가 DOP에서 혁신을 이룰 수 있을 거라고 말했던 걸 기억하세요?

데이브 네.

테오 그날이 온 것 같아요. 제가 DOP와 과학의 흥미로운 연결을 발견한 것 같습니다. 이는 우리가 프로그램을 디버깅하는 방식과 관련이 있어요.

데이브 궁금하네요.

테오 결정론을 믿으세요?

데이브 우주에서 일어나는 모든 것이 미리 정해져 있고 자유 의지는 착각일 뿐이라는 이론 말인가요?

테오 아니요. 철학을 논하고 싶지는 않아요. 제가 말하는 결정론은 과학적인 질문입니다. 원인이 동일하면 언제나 동일한 결과가 만들어진다고 생각하시나요?

데이브 그렇게 생각해요. 그렇지 않다면, 제가 엘리베이터를 이용할 때마다 물리 법칙이 바뀌어 엘리베이터가 올라가지 않고 떨어지거나 아예 박살 나서 죽을 수도 있다고 걱정하게 될 겁니다.

테오 프로그래밍의 결정론은 어떨까요?

데이브 프로그래밍에서 원인과 결과는 어떻게 정의될까요?

테오 단순하게, 프로그래밍에 한정해서 원인은 함수 인자이고 결과는 반환값이라고 해보죠.

데이브 부수효과[1]는 어떻게 하죠?

테오 일단은 논외로 하죠.

데이브 프로그램의 상태는요? 프로그램 상태가 바뀌면 동일한 인자가 주어져도 함수는 다른 값을 반환할 거예요.

테오 그래서 최대한 상태를 피해야 하는 거죠.

데이브 하지만 실제 애플리케이션에서는 상태를 피할 수 없는 걸요.

테오 맞습니다. 하지만 상태를 다루는 모듈의 수를 최대한 줄일 수 있어요. 사실, DOP가 정확히 우리에게 그렇게 할 것을 권고했기에 `SystemState` 모듈만 상태를 처리하고 다른 모든 모듈은 불변 데이터를 다룹니다.

데이브 그렇다면, 불변 데이터를 다루는 모듈에 한해서 정의하신 결정론이 성립된다고 생각합니다. 동일한 인자에 대해 함수는 언제나 동일한 값을 반환할 거예요.

| **팁** | 불변 데이터를 다루는 모듈에 한해서 함수 동작은 결정적이므로, 동일한 인자는 언제나 동일한 반환값으로 이어진다.

테오 완벽하네요. 함수를 호출할 때 전달되는 인자 값을 한마디로 나타내는 이름을 붙여볼까요. '함수 실행 콘텍스트'나 더 줄여서 '함수 콘텍스트'[2]처럼요.

데이브 무슨 뜻인지 알 것 같아요. 보통, 함수 콘텍스트에는 함수 인자와 프로그램 상태가 관여돼야 합니다. 하지만 DOP에서는 불변 데이터를 다루니 함수 콘텍스트가 함수 인자 값으로만 구성되네요.

---

1 부수효과(side effect)란 함수가 인자를 입력으로 받아 결과를 반환하는 일 외에 시스템의 다른 부분과 주고받는 모든 영향을 총칭하는 말이다. 상태(state), 외부 서비스, I/O, 예외 등이 대표적인 부수효과다. OOP에서는 부수효과를 관리 가능한 수준으로 축소하려고 한다면, FP에서는 부수효과를 최대한 제거하려고 한다. – 옮긴이

2 자바스크립트의 용어다. 기존 개념을 다른 방식으로 설명하면서 주의를 환기시키려는 의도로 보인다. – 옮긴이

| **팁** | DOP에서 함수 콘텍스트는 함수 인자의 값으로 구성된다.

테오 정확히 그렇습니다! 그럼 재현 가능성reproducibility에 대해 이야기해보죠. 함수 콘텍스트를 포착해 다른 환경에서 재현하고 싶다고 합시다.

데이브 다른 환경에서 함수 콘텍스트를 재현한다는 말을 좀 더 구체적으로 이야기해주시겠어요?

테오 웹 서비스 호출 종단점 하나를 예로 들어보죠. 그 종단점을 몇몇 매개변수로 호출하면 프로그램 내부에서 스택 하부의 foo라는 함수가 호출됩니다. 이제 우리는 foo가 호출되는 함수 콘텍스트를 보관했다가 나중에 foo가 동일한 행위를 하도록 재현하고 싶습니다.

데이브 데이터가 불변이니 동일한 인자로 다시 foo를 호출하면, 동작도 동일하겠네요.

테오 문제는 함수 인자의 값을 어떻게 알 수 있느냐는 것이죠. 우리가 직접 foo를 호출할 수는 없으니까요. 우리는 웹 서비스의 종단점을 호출할 뿐입니다.

데이브 별문제는 없습니다. 디버거를 사용해서 foo 코드의 내부에 중단점을 설정한 다음에 프로그램이 그 중단점에서 멈추면 인자를 확인할 수 있어요.

테오 foo가 인자 세 개를 받는다고 해보죠. 숫자 하나, 문자열 하나, 내부가 복잡한 맵 하나를 말이죠. 인자를 어떻게 포착한 다음에 동일한 인자로 foo를 재실행하실 건가요?

데이브 foo를 재실행한다는 말이 정확히 어떤 뜻인지 잘 모르겠어요.

테오 foo를 REPL에서 실행한다는 뜻입니다.

| **노트** | 언어 셸(shell)이라고도 하는 REPL(Read Eval Print Loop)은 프로그래밍 환경으로서 코드를 입력하고 실행하고 결과를 확인할 수 있다. 각 프로그래밍 언어별 REPL은 표 15.1을 참고하자.[3]

3 설명을 추가하자면, REPL은 Read-Eval-Print Loop의 두문자어다. 개발자가 작성한 짧은 코드를 읽고(Read), 평가하고(Evaluate), 결과를 화면에 출력(Print)하는 동작을 반복(Loop)해 수행하는 대화식 개발 환경을 뜻하며 '레플'이라고 읽는다. – 옮긴이

▼ **표 15.1** 프로그래밍 언어별 REPL

언어	REPL
자바스크립트(브라우저)	브라우저 콘솔
노드.js	노드 CLI
자바	제이셸(JShell)
C#	C# REPL
파이썬	파이썬 인터프리터
루비	대화형 루비 셸(irb)

데이브 REPL이 제가 디버깅하는 프로세스에서 실행돼야 할까요?

테오 그럴 필요 없습니다. REPL을 과학 실험실이라고 생각하면 됩니다. 개발자가 실험을 하는 장소 말이에요. REPL을 별도 프로세스에서 실행하기로 하죠.

데이브 좋습니다. 숫자와 문자열은, 단순히 값을 복사해서 REPL에 붙여 넣은 후에 REPL에서 동일한 인자로 foo를 실행시킬 수 있어요.

테오 숫자와 문자열은 쉽죠. 구조가 복잡한 맵은 어떻게 하죠?

데이브 잘 모르겠어요. 복잡한 맵은 디버거에서 복사해 붙일 수 있을 것 같지 않네요.

테오 사실, 자바스크립트 디버거는 할 수 있어요. 예를 들어, 크롬 브라우저 콘솔상에 표시된 데이터에서 마우스 오른쪽 버튼을 클릭하면 Copy 옵션이 보입니다.

데이브 처음 알았네요.

테오 그런 기능이 없어도, 맵을 JSON 문자열로 직렬화해서 그 문자열을 복사한 후에 REPL에 붙일 수 있습니다. 마지막에 그 문자열을 해시맵으로 역직렬화해서 foo를 호출할 수 있겠죠.

데이브 멋진 기법입니다!

테오 저는 기법 같은 것이 아니라고 생각해요. 그보다는 데이터를 범용 자료구조로 표현하라는 DOP의 근본 요소죠.

데이브 그렇군요. 범용 자료구조는 직렬화하기 쉽죠.

|팁| 범용 자료구조를 복사해서 붙이려면 직렬화한 후에 역직렬화한다.

테오 지금까지 프로그래밍의 재현 가능성의 두 가지 조건만 찾아내셨네요.

데이브 하나는 데이터가 불변이어야 한다는 겁니다.

테오 맞습니다. 두 번째는?

데이브 어떤 데이터도 직렬화와 역직렬화가 쉬워야 한다는 것이고요.

|팁| 프로그래밍의 재현 가능성의 두 조건은 불변성과 직렬화(그리고 역직렬화) 용이성이다.

15.2 숫자와 문자열을 사용한 재현

테오 사실, 함수 콘텍스트를 포착하려고 디버거까지 사용할 필요는 없어요.

데이브 하지만 함수 콘텍스트는 기본적으로 함수의 인자로 구성되잖아요. 디버거 없이 어떻게 함수의 인자를 알 수 있는 걸까요?

테오 조사할 함수의 코드를 수정해서 콘솔에 직렬화한 인자를 출력합니다.

데이브 잘 이해되지 않네요.

테오 숫자를 처리하는 함수로 제가 무슨 말을 하는지 보여드리죠.

데이브 좋습니다.

테오 어떤 수의 n번째 숫자를 반환하는 함수를 예로 들겠습니다.

데이브 어이쿠, 저는 자릿수 연산이 싫어요!

테오 걱정하지 마세요. 웹에서 쓸 만한 코드를 찾아볼게요.

테오는 구글에서 'n번째 숫자 자바스크립트'로 검색한 후 스택 오버플로에서 동작할 만한 코드를 찾았다.

리스트 15.1 n번째 숫자 계산

```
function nthDigit(a, n) {
  return Math.floor((a / (Math.pow(10, n - 1)))) % 10;
}
```

데이브 어떻게 동작하는지 이해하시겠어요?

테오 한번 보죠. 10^{n-1}으로 나누는 건 $n-1$만큼 오른쪽으로 자리를 옮기는 것과 같아요. 그런 다음에 가장 오른쪽 숫자를 얻어야 합니다.

데이브 그 마지막 숫자는 10으로 나눈 나머지를 구해 얻어지고요.

테오 맞아요! 이제, 어떤 종단점이 호출되면 스택 하단에서 이 함수가 호출된다고 상상해보죠.[4] 함수를 수정해서 콘텍스트를 포착하는 코드를 추가해보겠습니다.

데이브 그게 뭐죠?

테오 콘텍스트 포착 코드는 함수 시작 부분에 삽입해서 인자의 값을 출력하는 코드예요. nthDigit 코드를 수정해서 예를 보여드리죠.

리스트 15.2 숫자로 된 콘텍스트 포착

```
function nthDigit(a, n) {
  console.log(a);
  console.log(n);
  return Math.floor((a / (Math.pow(10, n - 1)))) % 10;
}
```

데이브 단순하군요.

테오 지금은 단순하지만, 조금만 있으면 살짝 복잡해질 겁니다. 이제, 제가 종단점을 호출하면 무슨 일이 일어날지 말해보시겠어요?

데이브 종단점이 호출되면, 프로그램이 a와 n, 두 수를 콘솔에 표시합니다.

테오 정확합니다. 그럼, 이 함수가 종단점이 호출됐을 때와 동일한 콘텍스트에서 재실

---

4 HTTP 요청이 특정 호출 종단점에 들어오면 그 호출 종단점은 다른 함수를 호출하고, 그 함수는 또 다른 함수를 호출하는 식으로 계속 호출이 이어지다가 언젠가 이 함수까지 호출하게 될 것이라는 뜻이다. 프로그램 내부에서는 이렇게 연속되는 호출을 보통 스택 자료구조로 관리하고, 이런 용도로 쓰이는 스택을 호출 스택(call stack)이라고 부른다. – 옮긴이

행되도록 하려면 어떻게 해야 할까요?

데이브 a와 n의 값을 콘솔에서 복사해 REPL에 붙여 넣은 다음에 두 값으로 nthDigit를 호출해야 할 것 같아요.

테오 REPL에서 nthDigit를 실행할 때 종단점이 호출될 때와 정확히 같은 결과가 얻어질 것이라고 확신하는 이유가 뭘까요? REPL은 별도 프로세스에서 실행되는데 말입니다.

데이브 nthDigit의 결과에 영향을 미치는 요인이 두 인자뿐이라는 것을 알기 때문이죠.

테오 좋습니다. 지금 전달된 인자가 이미 전달됐던 인자와 동일한지는 어떻게 확신할 수 있을까요?

데이브 숫자는 숫자일 뿐이니까요!

테오 그렇죠. 이제 문자열에서는 어떤 일이 생기는지 볼까요?

데이브 별로 다를 것 같아 보이지 않는데요.

테오 거의 동일할 거예요. 문장 하나와 접두사를 받아서 그 문장이 접두사로 시작하는 단어를 갖고 있다면 true를 반환하는 함수를 작성해보죠.

데이브 그런 이상한 함수를 누가 필요로 할까요?

테오 도서관 관리 시스템에 유용할 것 같은데요. 사용자가 어떤 접두사가 포함된 책을 찾을 때 말입니다.

데이브 재미있군요. 낸시와 이야기해봐야겠어요. 아무튼, 그런 함수를 코딩하는 건 상당히 쉬워 보입니다. 문장 문자열을 단어의 배열로 분리하고 나서 배열의 각 단어가 접두사로 시작하는지 확인하면 될 것 같아요.

테오 배열의 어떤 요소가 조건에 맞는지 어떻게 확인할 생각인가요?

데이브 로대시의 filter를 사용하고 반환된 배열의 길이를 확인할 것 같아요.

테오 그렇게 하면 잘되기는 하겠지만, 성능 문제가 있을 거예요.

데이브 왜 그런가요?

테오 잠시 생각해보시죠.

데이브 이제 알겠습니다. filter는 일치하는 요소를 찾은 후에도 멈추지 않고 배열의 모든 요소를 처리하는군요. 로대시에 일치하는 첫 요소를 찾고 나면 멈추는 함수가 있을까요?

테오 네, find라고 합니다.

데이브 멋지네요. 그걸 사용하겠습니다. 잠시만요.

데이브는 자신의 노트북을 꺼내 문장에 주어진 접두사로 시작하는 단어가 포함돼 있는지 확인하는 코드를 작성한다. 잠시 후, 데이브는 테오에게 _.find를 사용해 구현한 hasWordStartingWith를 보여준다.

리스트 15.3 문장을 구성하는 단어가 어떤 접두사로 시작하는지 확인

```
function hasWordStartingWith(sentence, prefix) {
  var words = sentence.split(" ");
  return _.find(words, function(word) {
    return word.startsWith(prefix);
  }) != null;
}
```

테오 좋아요. 이제 이 함수의 앞부분에 콘텍스트 포착 코드를 추가하시겠어요?

데이브 네, 수정할게요. 잠시만요. 짜잔!

리스트 15.4 문자열로 구성된 콘텍스트 포착

```
function hasWordStartingWith(sentence, prefix) {
  console.log(sentence);
  console.log(prefix);
  var words = sentence.split(" ");
  return _.find(words, function(word) {
    return word.startsWith(prefix);
  }) != null;
}
```

테오 잠시만 코드를 조사해볼게요. 'I like the word reproducibility'라는 문장에 'li'로 시작하는 단어가 포함됐는지 확인하려고 하면 무슨 일이 일어나는지 보려고요.

테오는 데이브의 노트북을 사용해 데이브가 작성한 코드를 살펴본다. 예상대로 true가 반환되지만, 데이브가 기대한 것과 다른 문자가 콘솔에 표시된다. 데이브는 놀라면서 테오에게 말한다.

리스트 15.5 hasWordStartingWith 테스트

```
hasWordStartingWith("I like the word \"reproducibility\"", "li");
// true 반환
// 다음 두 줄이 표시됨:
// I like the word "reproducibility"
// li
```

데이브 문자열이 인용 부호로 감싸여 있지 않네요. reproducibility 앞뒤의 인용 부호 앞에 역슬래시는 왜 보이지 않는 거죠?

테오 사라졌습니다.

데이브 왜 그런가요?

테오 콘솔에 문자열을 출력하면, 문자열의 내용이 인용 부호 없이 표시됩니다. 사람이 읽기 좋게 말이죠.

데이브 아쉽네요! 재현하기에 좋지 않은데요. 그러면, 문자열을 복사해서 붙인 다음에 수작업으로 인용 부호와 역슬래시를 적어줘야 하겠군요.

테오 다행히, 간단한 방법이 있어요. 문자열을 JSON으로 직렬화하면, 인용 부호와 역슬래시가 추가됩니다. 예를 들어 이 코드는 우리가 원하는 문자열을 표시해줍니다.

리스트 15.6 콘솔에 표시된 직렬화된 문자열

```
console.log(JSON.stringify(
  "I like the word \"reproducibility\""));
// → "I like the word \"reproducibility\""
```

데이브 문자열도 유효한 JSON 데이터로 취급되는 줄은 몰랐어요. 객체와 배열만 JSON으로 직렬화되는 거 아니었나요?

테오 복합 자료형뿐 아니라 원시 자료형도 유효한 JSON 데이터예요.

데이브 멋져요! hasWordStartingWith의 문자열 인자 포착 코드를 수정할게요.

리스트 15.7 JSON 직렬화를 사용해서 문자열로 구성된 콘텍스트 포착

```
function hasWordStartingWith(sentence, prefix) {
  console.log(JSON.stringify(sentence));
  console.log(JSON.stringify(prefix));
  var words = sentence.split(" ");
  return _.find(words, function(word) {
    return word.startsWith(prefix);
  }) != null;
}
```

테오 훌륭해요! 문자열을 포착하는 건 숫자보다 좀 더 수고가 듭니다. 하지만 JSON을 사용하면 그리 어렵지 않죠.

데이브 그렇네요. 혹시 수에도 JSON 직렬화를 사용해서 콘텍스트를 포착할 수 있는지 궁금합니다.

테오 가능합니다. 사실, 어떤 데이터에서도 잘 동작해요. 원시 자료형이든 컬렉션이든 상관없습니다.

데이브 좋군요.

테오 이제, 이런 방식을 도서관 관리 시스템에서 일어나는 실제 시나리오를 재현하는데 어떻게 사용하는지 보여드리죠.

데이브 숫자 자릿수 계산은 끝난 거죠?

테오 네! 끝났습니다.

15.3 모든 데이터 유형에서 재현

DOP의 핵심은 데이터를 일급 시민으로 다룬다는 것이다. 따라서 숫자나 문자열을 다루는 상황을 재현할 때와 같이 데이터를 다루는 어떤 상황도 간단히 재현할 수 있다.

데이브 방금 낸시에게 전화해서 도서 검색을 개선하자는 이야기를 했습니다. 도서명의 어떤 단어가 특정 접두사로 시작하는지 찾는 검색 말이에요.

테오 뭐라고 하던가요?

데이브 좋은 생각이라면서 좋아했습니다.

테오 잘됐네요. 이 기능을 데이터 유형에 상관없이 모든 상황을 재현할 수 있는 방법을 연습하는 데 사용해보죠.

데이브 어디에서 시작해야 할까요?

테오 먼저, 책이 조건에 일치하는지 판단하는 함수 안에 콘텍스트 포착 코드를 추가해야 합니다.

데이브 그 함수는 `Catalog.searchBooksByTitle`이네요.

테오 `Catalog.searchBooksByTitle`의 인자는 뭐죠?

데이브 `catalogData`와 `query` 둘입니다. `catalogData`는 복잡하게 중첩된 해시맵이고 `query`는 문자열이에요.

테오 코드를 수정해서 콘텍스트 포착 코드를 추가하실 수 있나요?

데이브 물론입니다. 이 코드 어떠세요?

리스트 15.8 Catalog.searchBooksByTitle 함수 인자 포착

```
Catalog.searchBooksByTitle = function(catalogData, query) {
  console.log(JSON.stringify(catalogData));
  console.log(JSON.stringify(query));
  var allBooks = _.get(catalogData, "booksByIsbn");
  var queryLowerCased = query.toLowerCase();
  var matchingBooks = _.filter(allBooks, function(book) {
    return _.get(book, "title")
      .toLowerCase()
      .startsWith(queryLowerCased);
  });
  var bookInfos = _.map(matchingBooks, function(book) {
    return Catalog.bookInfo(catalogData, book);
  });
  return bookInfos;
};
```

테오 완벽합니다. 이제 검색 종단점을 호출해보죠.

테오는 『왓치맨』에 대한 세부 정보를 얻을 것을 기대하며 'Watch'라는 검색어로 검색 종단점을 호출한다. 종단점이 결과를 반환하자 테오가 연 콘솔을 통해 데이브는 두 줄의 결과를 볼 수 있다.

리스트 15.9 검색 종단점이 호출된 콘솔 출력 결과

```
{"booksByIsbn":{"978-1982137274":{"isbn":"978-1982137274"\
,"title":"7 Habits of Highly Effective People","authorIds":\
["sean-covey","stephen-covey"]},"978-1779501127":{"isbn":\
"978-1779501127","title":"Watchmen","publicationYear":\
1987,"authorIds":["alan-moore", "dave-gibbons"]}},\
"authorsById":{"stephen-covey":{"name":"Stephen Covey",\
"bookIsbns":["978-1982137274"]},"sean-covey":{"name":"Sean Covey",\
"bookIsbns":["978-1982137274"]},"dave-gibbons":{"name":"Dave Gibbons",\
"bookIsbns":["978-1779501127"]},"alan-moore":{"name":"Alan Moore",\
"bookIsbns":["978-1779501127"]}}}
  "Watch"
```

데이브 첫 줄이 장서 데이터인 것은 알겠는데 너무 읽기 힘드네요.

테오 그게 큰 문제가 되지는 않아요. `Catalog.searchBooksByTitle` 호출을 재현할 때는 복사해서 붙이기만 하면 되니까요.

데이브 한번 재현해보겠습니다.

리스트 15.10 함수 호출 재현

```
var catalogData = {"booksByIsbn":{"978-1982137274":
  {"isbn":"978-1982137274","title":"7 Habits of Highly Effective People",
    "authorIds":["sean-covey","stephen-covey"]},"978-1779501127":
  {"isbn":"978-1779501127","title":"Watchmen","publicationYear":1987,
    "authorIds":["alan-moore","dave-gibbons"]}},"authorsById":
  {"stephen-covey":{"name":"Stephen Covey","bookIsbns":
    ["978-1982137274"]},"sean-covey":{"name":"Sean Covey","bookIsbns":
     ["978-1982137274"]},"dave-gibbons":{"name":"Dave Gibbons","bookIsbns":
     ["978-1779501127"]},"alan-moore":{"name":"Alan Moore","bookIsbns":
     ["978-1779501127"]}}};
```

```
var query = "Watch";

Catalog.searchBooksByTitle(catalogData, query);
```

테오 이제 진짜 장서 데이터를 확보했으니 좀 더 재미있는 일을 REPL에서 해볼 수 있습니다.

데이브 어떤 걸까요?

테오 REPL을 벗어나지 않고도 검색 기능을 개선해본다거나 할 수 있죠.

> **|팁|** 재현 가능성은 오염되지 않은 환경에서 특정 상황을 재현해볼 수 있게 해준다.

데이브 검색 종단점을 호출하지 않고도 말이죠?

테오 바로 그렇습니다. 코드가 원하는 대로 동작할 때까지 콘솔이 제공하는 짧은 피드백 주기로 개선하는 거예요.

데이브 멋져요! 장서 데이터에는 『성공하는 사람들의 7가지 습관[7 Habits of Highly Effective People]』이 있습니다. 'Habit'에 일치하는 책을 검색하면 어떤 결과가 나오는지 보죠.

테오는 리스트 15.10의 query 인자를 'Habit'으로 바꾼다. 그럼 리스트 15.11과 같이 빈 배열이 반환된다. 이는 예상한 결과다. 현재 구현은 전체 도서명이 query 인자 값으로 시작되는 책만 검색하는 반면, 책 제목은 '7 Habits'로 시작하기 때문이다.

리스트 15.11 searchBooksByTitle 테스트

```
Catalog.searchBooksByTitle(catalogData, 'Habit');
// → []
```

테오 검색 기능을 개선해보시겠어요?

데이브 hasWordStartingWith를 이미 구현했기 때문에 그리 어렵지 않습니다. 여기 있습니다.

리스트 15.12 개선된 도서 검색 기능

```
Catalog.searchBooksByTitle = function(catalogData, query) {
  console.log(JSON.stringify(catalogData));
  console.log(JSON.stringify(query));
  var allBooks = _.get(catalogData, "booksByIsbn");
  var matchingBooks = _.filter(allBooks, function(book) {
    return hasWordStartingWith(_.get(book, "title"), query);
  });
  var bookInfos = _.map(matchingBooks, function(book) {
    return Catalog.bookInfo(catalogData, book);
  });
  return bookInfos;
};
```

테오 마음에 듭니다. 잘 동작하는지 볼까요?

데이브가 검색 종단점을 실행하려고 하자 테오가 급히 막는다. 테오는 다소 엄격한 어조로 말한다.

테오 이렇게 하지 마세요.

데이브 뭘 하지 말라는 말씀이죠?

테오 종단점을 호출해서 코드를 테스트하지 말라는 말입니다.

데이브 왜죠?

테오 REPL 환경이 종단점을 호출하는 것보다 훨씬 빠른 피드백을 제공하기 때문입니다. 재현 가능성의 가장 큰 이점은 더 효율적인 환경에서 실제 조건을 재현할 수 있다는 점이에요.

데이브는 개선된 검색 코드를 'Habit'이란 단어로 실행한다. 이번에는 『성공하는 사람들의 7가지 습관』의 상세 정보가 반환된다.

리스트 15.13 두 번째 searchBooksByTitle 테스트

```
Catalog.searchBooksByTitle(catalogData, 'Habit');
// → [ { "title": "7 Habits of Highly Effective People", …}]
```

데이브 잘되네요!

테오 다른 검색 조건으로도 테스트해보죠. abit와 bit는 어떤 책도 반환하지 않지만 habit과 7 Habits는 오직 책 하나를 반환해야 합니다.

REPL을 사용해서 데이브는 테오가 제안한 네 가지 검색 조건을 시도한다. abit와 bit로 검색하면 예상대로 동작한다. 하지만 habit과 7 Habits는 그렇지 않다.

데이브 코드를 수정해보겠습니다.

테오 대신 다양한 입력을 확인하는 단위 테스트를 몇 가지 작성하는 게 좋을 것 같습니다.

데이브 좋은 생각이네요. 단위 테스트의 상황에서 재현 가능성을 사용할 방법이 있을까요?

테오 당연히 있죠!

15.4 단위 테스트

데이브 재현 가능성이 단위 테스트에서 어떻게 사용되나요?

테오 죠가 여러 번 이야기했듯이, DOP에서 단위 테스트는 정말 단순합니다. 어떤 데이터로 함수를 호출하고, 그 함수가 반환하는 데이터가 기대한 것과 같은지 확인할 뿐입니다.

데이브 그건 저도 알고 있습니다. 이 방식으로 도서관 관리 시스템의 단위 테스트를 많이 작성했어요. 하지만 종종, 테스트 대상 함수의 입력 데이터를 제공하는 데 어려움을 겪습니다. 예를 들어, 모든 중첩 필드가 포함된 장서 데이터를 구축하는 게 간단하지는 않아요.

테오 그럴 때 재현 가능성이 유용하죠. 데이터를 수작업으로 준비하는 대신, 시스템이 테스트하려는 상황에 놓이게 만든 후에 테스트 대상 함수의 내부 데이터를 포착합니다. 일단 데이터를 포착했으면, 단위 테스트에서 사용합니다.

데이브 좋네요. 그 방식으로 Catalog.searchBooksByTitle의 단위 테스트를 작성해볼게요.

데이브는 또 다시 검색 종단점을 호출한다. 그다음, 콘솔을 열어서 포착된 장서 데이터 부분을 복사한다. 마지막으로는 단위 테스트 코드 안에 붙여 넣는다.

리스트 15.14 데이터를 포착해 사용한 단위 테스트

```
var catalogData =
  {"booksByIsbn":{"978-1982137274":{"isbn":"978-1982137274",
  "title":"7 Habits of Highly Effective People","authorIds":["sean-covey",
    "stephen-covey"]},"978-1779501127":{"isbn":"978-1779501127","title":
    "Watchmen","publicationYear":1987,"authorIds":["alan-moore",
      "dave-gibbons"]}},"authorsById":{"stephen-covey":{"name":
    "Stephen Covey","bookIsbns":["978-1982137274"]},"sean-covey":
    {"name":"Sean Covey","bookIsbns":["978-1982137274"]},"dave-gibbons":
    {"name":"Dave Gibbons","bookIsbns":["978-1779501127"]},"alan-moore":
    {"name":"Alan Moore","bookIsbns":["978-1779501127"]}}};
var query = "Habit";

var result = Catalog.searchBooksByTitle(catalogData, query);
var expectedResult = [
  {
    "authorNames": [
      "Sean Covey",
      "Stephen Covey",
    ],
    "isbn": "978-1982137274",
    "title": "7 Habits of Highly Effective People",
  }
];

_.isEqual(result, expectedResult);
// → true
```

테오 잘하셨어요! 이제, 같은 작업을 복사해 붙이지 않고 할 수 있는데 알고 싶으세요?

데이브 물론이죠.

테오 콘솔에 포착된 데이터를 표시하는 대신, 파일에 그 데이터를 기록하고 단위 테스트에서 그 파일의 데이터를 읽을 겁니다.

데이브 포착된 데이터가 저장된 파일은 어디에 만드실 건가요?

테오 그 파일은 단위 테스트의 일부입니다. 단위 테스트가 저장된 위치에 같이 있어야 해요.

데이브 파일이 너무 많아요! 기존 파일을 덮어 쓰지 않았는지 어떻게 알 수 있을까요?

테오 단순한 규칙에 따라 파일 이름을 정하면 됩니다. 포착된 데이터를 저장하는 파일의 이름은 콘텍스트(예를 들어, 데이터가 포착되는 함수의 이름)와 UUID, 두 부분으로 돼 있어요.

데이브 UUID는 어떻게 생성하나요?

테오 어떤 언어에서는 기본으로 제공되지만, 자바스크립트 같은 다른 언어에서는 `uuid` 같은 별도 라이브러리가 필요합니다. 제가 사이트를 북마크해둘게요. 마침 UUID 라이브러리 목록도 갖고 있으니 표도 보내드리죠.

테오는 데이브의 컴퓨터에 `uuid` 라이브러리 사이트(https://github.com/uuidjs/uuid)를 북마크한다. 그러고 나서 자신의 노트북을 사용해 목록을 찾은 후 데이브에게 보낸다. 이메일을 받은 데이브는 테오에게 다시 집중하기 전에 표 15.2를 빠르게 살펴본다.

▼ **표 15.2** UUID 생성 라이브러리

언어	UUID 라이브러리
자바스크립트	https://github.com/uuidjs/uuid
자바	`java.util.UUID`
C#	`Guid.NewGuid`
파이썬	`uuid`
루비	`SecureRandom`

테오 콘텍스트를 받아서 파일 경로를 반환하는 `dataFilePath` 함수의 코드는 아주 단순해요. 확인해보시죠.

리스트 15.15 포착된 데이터를 저장할 파일 경로 계산

```
var capturedDataFolder = "test-data";   ◀ 포착된 데이터가 저장될 최상위 폴더
function dataFilePath(context) {
```

```
  var uuid = generateUUID();
  return capturedDataFolder
    + "/" + context
    + "-" + uuid + ".json";
}
```

UUID 생성 방법은 언어마다 다르다(표 15.2 참고).

데이터는 JSON으로 직렬화되므로 파일 확장자는 json을 사용한다.

데이브 JSON 파일에 데이터를 저장하는 방법은 어떻게 되나요?

테오 데이터를 직렬화한 다음에 디스크에 저장합니다.

데이브 동기식으로요? 아니면 비동기식으로요?

테오 저는 비동기식으로 디스크에 기록하는 쪽을 선호합니다. 멀티스레드가 지원되는 런타임에서는 원래 작업이 느려지지 않게 분리된 스레드에서 처리하고요. 이 코드가 dumpData 구현입니다.

리스트 15.16 JSON 데이터 저장

```
function dumpData(data, context) {
  var path = dataFilePath(context);
  var content = JSON.stringify(data);
  fs.writeFile(path, content, function () {
    console.log("Data for " +
      context +
      "stored in: " +
      path);
  });
}
```

원래 작업을 방해하지 않도록 비동기식으로 기록한다.

콜백 함수인 번째 인자는 이 완료되면 호출된다.

데이터가 파일에 기록되면 메시지를 표시한다.

데이브 Catalog.searchBooksByTitle 안에서 dumpData를 사용해 콘텍스트를 파일로 포착할 수 있는지 보겠습니다. 이 코드로 잘될 것 같은데요.

리스트 15.17 파일로 콘텍스트 포착

```
Catalog.searchBooksByTitle = function(catalogData, query) {
  dumpData([catalogData, query], 'searchBooksByTitle');
  var allBooks = _.get(catalogData, "booksByIsbn");
  var queryLowerCased = query.toLowerCase();
  var matchingBooks = _.filter(allBooks, function(book) {
    return _.get(book, "title")
```

```
      .toLowerCase()
      .startsWith(queryLowerCased);
  });
  var bookInfos = _.map(matchingBooks, function(book) {
    return Catalog.bookInfo(catalogData, book);
  });
  return bookInfos;
};
```

테오 종단점을 호출해서 동작하는지 확인해보죠.

데이브는 검색 종단점을 다시 호출하고 콘솔의 출력을 확인한다. 로그 메시지에 표시된 파일을 열자, 해독하기 어려운 한 줄이 보인다.

리스트 15.18 검색 종단점이 호출될 때 콘솔 출력

```
Data for searchBooksByTitle stored in
test-data/searchBooksByTitle-68e57c85-2213-471a-8442-c4516e83d786.json
```

리스트 15.19 콘텍스트 JSON 파일의 내용

```
[{"booksByIsbn":{"978-1982137274":{"isbn":"978-1982137274",
  "title":"7 Habits of Highly Effective People","authorIds":
  ["sean-covey","stephen-covey"]},"978-1779501127":{"isbn":
    "978-1779501127","title":"Watchmen","publicationYear":1987,
    "authorIds":["alan-moore","dave-gibbons"]}},"authorsById":
  {"stephen-covey":{"name":"Stephen Covey","bookIsbns":
    ["978-1982137274"]},"sean-covey":{"name":"Sean Covey",
      "bookIsbns":["978-1982137274"]},"dave-gibbons":
    {"name":"Dave Gibbons","bookIsbns":["978-1779501127"]},
    "alan-moore":{"name":"Alan Moore","bookIsbns":
      ["978-1779501127"]}}},"Habit"]
```

데이브 이 JSON 파일은 너무 읽기 어렵네요!

테오 원한다면 읽기 좋게 정리할 수 있어요.

데이브 어떻게요?

테오 `JSON.stringify`에 들여쓰기에 사용할 공백 문자 개수를 넘기면 됩니다. 몇 자나 들여쓰시나요?

데이브 두 글자요.

dumpData의 코드에 들여쓰는 글자 수를 추가하고 나서, 데이브는 로그 메시지에 언급된 (매번 파일 이름이 바뀐다) JSON 파일을 연다. 이제는 요소가 둘인 JSON 배열이 깔끔하게 정리돼 보인다.

리스트 15.20 들여쓰여진 JSON 데이터 저장

```
function dumpData(data, context) {
  var path = dataFilePath(context);
  var content = JSON.stringify(data, null, 2);

  fs.writeFile(path, content, function () {
    console.log("Data for " + context + "stored in: " + path);
  });
}
```

JSON.stringify의 두 번째 인자는 무시된다. JSON.stringify의 세 번째 인자는 들여쓰기에 사용될 문자의 개수를 JSON.stringify에 지정한다.

리스트 15.21 정돈된 콘텍스트 JSON 파일의 내용

```
[
  {
    "booksByIsbn": {
      "978-1982137274": {
        "isbn": "978-1982137274",
        "title": "7 Habits of Highly Effective People",
        "authorIds": [
          "sean-covey",
          "stephen-covey"
        ]
      },
      "978-1779501127": {
        "isbn": "978-1779501127",
        "title": "Watchmen",
        "publicationYear": 1987,
        "authorIds": [
          "alan-moore",
          "dave-gibbons"
```

```
        ]
      }
    },
    "authorsById": {
      "stephen-covey": {
        "name": "Stephen Covey",
        "bookIsbns": [
          "978-1982137274"
        ]
      },
      "sean-covey": {
        "name": "Sean Covey",
        "bookIsbns": [
          "978-1982137274"
        ]
      },
      "dave-gibbons": {
        "name": "Dave Gibbons",
        "bookIsbns": [
          "978-1779501127"
        ]
      },
      "alan-moore": {
        "name": "Alan Moore",
        "bookIsbns": [
          "978-1779501127"
        ]
      }
    }
  },
  "Habit"
]
```

데이브 JSON 파일의 내용을 보는 동안, 비동기 방식으로 파일에 데이터를 기록한다는 점에 대해 생각해봤습니다. 그 말은 데이터가 함수 코드가 실행되는 동시에 저장된다는 뜻 아닌가요?

테오 맞아요. 말씀드렸듯이 원래 작업이 지연되는 걸 원하지 않으니까요.

데이브 알겠습니다. 그럼 함수의 코드가 저장하고 있는 데이터를 수정하면 어떻게 되나요? 원래 데이터가 파일에 기록되나요? 아니면 수정된 데이터가 기록되나요?

테오 박물관 커피숍에서 차 한 잔을 마시면서 생각해보면 어떨까요? 커피 드실래요?

데이브 어? 커피 안 드세요?

테오 찰스 두히그의 『습관의 힘』을 드디어 읽고 있습니다. 죠가 이 책을 읽고 손톱 물어뜯는 습관을 버렸다고 하더군요. 그래서 저도 커피를 연달아 마시는 습관을 없애려고 읽어보기로 했어요.

데이브 인상적이군요. 하지만 전 그냥 에스프레소를 마실게요.

테오가 커피숍에 간 사이, 데이브는 강당 밖에서 '공기의 흐름Wind Arrows'이란 전시를 관람한다. 그는 자신의 마음이 과학의 아름다움에 의해 영감을 받길 바라고 있다. 심호흡을 하면서 긴장을 풀던 중에 데이브는 순간적으로 깨달음을 얻는다. 데이터를 변경하는 함수에 관한 자신의 질문에 대해 답을 알게 됐다.

뜨거운 음료를 조심스럽게 들고 돌아온 테오가 강당에 있던 데이브를 바라보자, 데이브는 미소를 띤 얼굴로 테오에게 이야기한다.

데이브 DOP에서는 데이터를 변경하지 않습니다. 따라서 제가 한 질문은 애초에 질문이 성립하지 않아요. 함수 코드는 데이터를 파일에 기록하는 중에 데이터를 수정하지 못합니다.

테오 알아차리셨군요! 이제, JSON 파일에 저장된 데이터를 단위 테스트에서 사용하는 방법을 보여드리죠. 먼저, JSON 파일에서 데이터를 읽어 역직렬화하는 함수가 필요합니다. 아마도 `readData` 같은 함수가 되겠네요.

리스트 15.22 JSON 파일에서 데이터 읽기

```
function readData(path) {
  return JSON.parse(fs.readFileSync(path));
}
```

데이브 왜 데이터를 포착하셨을 때처럼 비동기로 처리하지 않고 동기식으로 읽나요?

테오 readData가 단위 테스트 안에서 사용되기 때문입니다. 데이터를 파일에서 읽기 전에 테스트를 실행해서는 안 되기도 하고요.

데이브 말이 되네요. 단위 테스트 안에서 readData를 사용하는 것은 단순하군요. readData를 사용해서 포착된 데이터를 읽어볼게요.

리스트 15.23 파일에서 포착된 데이터를 읽는 단위 테스트

```
var data = readData("test-data/" +
  "searchBooksByTitle-68e57c85-2213-471a-8442-c4516e83d786.json");
var catalogData = data[0];
var query = data[1];

var result = Catalog.searchBooksByTitle(catalogData, query);
var expectedResult = [
  {
    "authorNames": [
      "Sean Covey",
      "Stephen Covey",
    ],
    "isbn": "978-1982137274",
    "title": "7 Habits of Highly Effective People",
  }
];

_.isEqual(result, expectedResult);
// → false
```

테오 단위 테스트 코드에 데이터를 포함시키는 쪽이 마음에 드세요? 아니면 파일에서 데이터를 읽는 쪽이 마음에 드세요?

데이브 상황에 따라 다릅니다. 데이터가 아주 적다면 데이터를 코드에 포함시키는 쪽이 좋습니다. 데이터가 바로 보이니까요. 하지만 장서 데이터처럼 대량의 데이터를 코드에 포함시키면 읽기 어려워집니다.

테오 좋습니다. 빈 결과를 반환하는 두 검색 조건이 잘 동작하도록 개선된 검색 코드를 수정해보죠.

데이브 그 일을 완전히 잊었네요. 두 검색 조건이 어떤 거였죠?

테오 habit과 7 Habits였습니다.

데이브 첫 번째 검색 조건이 동작하지 않는 이유는 문자열의 대소문자가 원래대로 유지되기 때문입니다. 이 문제는 도서명과 검색 조건을 모두 소문자로 바꿔서 쉽게 바로잡을 수 있습니다.

테오 두 번째 검색 조건은 어떨까요?

데이브 이건 훨씬 어렵네요. 두 단어로 돼 있어서요. 어떤 식으로든 도서명이 두 접두사를 포함하는지 확인해야 합니다.

테오 정규식 메타 문자 중 \b를 아시나요?

데이브 아니요.

테오 \b는 단어 경계word boundary라고 하는 위치로 패턴에 부합하는지 판단합니다. 이 기능을 사용해서 접두사가 일치하는지 알 수 있어요.

데이브 멋지군요. 예를 보여주시겠어요?

테오 물론이죠. 가령 \bHabits와 \b7 Habits는 7 Habits of Highly Effective People에 부합합니다. 하지만 abits는 그렇지 않죠.

데이브 \bHabits of는 어떨까요?

테오 그것도 부합합니다.

데이브 아주 좋습니다. 바로 제가 원하는 것이네요.

리스트 15.24 hasWordStartingWith 개선판

```
function hasWordStartingWith(sentence, prefix) {
  var sentenceLowerCase = sentence.toLowerCase();
  var prefixLowerCase = prefix.toLowerCase();
  var prefixRegExp = new RegExp("\\b" +        ◀ \b를 RegExp의 생성자에 넘길 때는
    prefixLowerCase);                            역슬래시가 추가로 필요하다.
  return sentenceLowerCase.match(prefixRegExp) != null;
}
```

테오 이제 모든 사례의 단위 테스트를 작성해볼게요.

데이브 검색 조건 하나에 테스트를 하나씩 작성하는 건가요?

테오 그렇게 해도 되지만, 모든 검색 조건에 책 하나를 반환하는 단위 테스트 하나와

모든 검색 조건에 아무런 책도 반환하지 않는 또 다른 테스트 하나를 작성하는 쪽이 더 효율적입니다. 잠시만 기다려주세요.

테오는 잠시 코딩을 하면서 단위 테스트 두 개를 만든다. 작업을 마치자 그는 테스트를 데이브에게 보여주고 차를 한 모금 마신다.

리스트 15.25 책을 하나 찾아 반환하는 여러 검색 조건에 대한 단위 테스트

```
var data =
readData("test-data/" +
  "searchBooksByTitle-68e57c85-2213-471a-8442-c4516e83d786.json");
var catalogData = data[0];
var queries = ["Habit", "habit", "7 Habit", "habits of"];
var expectedResult = [
  {
    "authorNames": [
      "Sean Covey",
      "Stephen Covey",
    ],
    "isbn": "978-1982137274",
    "title": "7 Habits of Highly Effective People",
  }
];

_.every(queries, function(query) {
  var result = Catalog.searchBooksByTitle(catalogData, query);
  return _.isEqual(result, expectedResult);
});
// → [true, true, true, true]
```

리스트 15.26 아무 책도 반환하지 않는 여러 검색 조건에 대한 단위 테스트

```
var data =
readData("test-data/" +
  "searchBooksByTitle-68e57c85-2213-471a-8442-c4516e83d786.json");
var catalogData = data[0];
var queries = ["abit", "bit", "7 abit", "habit of"];
var expectedResult = [ ];
```

```
_.every(queries, function(query) {
  var result = Catalog.searchBooksByTitle(catalogData, query);
  return _.isEqual(result, expectedResult);
});
// → [true, true, true, true]
```

데이브 _.every는 뭔가요?

테오 로대시 함수인데요. 컬렉션과 판정하는 함수를 받아서 컬렉션의 요소에 대한 판정 결과가 모두 true이면 true를 반환하는 함수입니다.

데이브 좋군요.

데이브가 단위 테스트들을 실행하니 모두 통과한다. 그러자 그는 에스프레소 한 모금을 즐긴다.

데이브 이제 7 Habit으로 검색 종단점을 호출해서 개선된 검색이 잘 동작하는지 확인해봐도 될까요?

테오 물론이죠. 반복해서 코드를 개선하는 동안에는 짧은 피드백 루프의 장점을 누리기 위해 외부에서 시스템을 호출하지 않는 것을 권장합니다. 디버깅과 수정이 일단 끝나고 나면, 시스템의 처음부터 끝까지 전 구간을 테스트해봐야 해요.

데이브는 7 Habit으로 검색 종단점을 호출한다. 예상대로 『성공하는 사람들의 7가지 습관』의 상세 정보가 반환된다.

15.5 외부 데이터 테스트

데이브 코드가 데이터베이스나 외부 서비스와 같은 곳에서 데이터를 얻어올 때도 재현가능성을 사용할 수 있나요?

테오 안 될 이유가 있을까요?

데이브 함수 콘텍스트는 완전히 동일할 거예요. 하지만 함수가 동일한 조건에 다른 응답을 반환하는 외부의 데이터 출처에서 데이터를 얻는다면 함수의 동작이 달라질

수 있어요.

테오 음, 데이터 출처에 따라 다를 것 같네요. 어떤 데이터베이스는 동일한 쿼리에 언제나 동일한 응답을 반환하기 때문에 불변입니다.

데이브 불변 데이터베이스는 들어본 적이 없네요.

테오 종종 함수형 데이터베이스functional database나 추가 전용 데이터베이스append-only database라고도 부르는 것들이죠.

데이브 그것도 들어본 적이 없습니다. 읽기 전용 데이터베이스read-only database와 같은 걸까요?

테오 읽기 전용 데이터베이스는 당연히 불변입니다. 하지만 애플리케이션의 상태를 저장하는 용도로도 사용하지 못하죠.

데이브 어떻게 데이터베이스가 기록 가능하면서도 불변일 수 있는 거죠?

테오 시간을 활용하면 됩니다.

데이브 시간이 불변성과 무슨 상관이 있을까요?

테오 불변 데이터베이스에서는 레코드마다 자동 생성된 시간 정보가 포함됩니다. 그리고 레코드를 수정하는 대신, 새로운 시간 정보를 갖는 새로운 버전의 레코드를 생성해요. 게다가 쿼리에는 매개변수 외에도 항상 시간 범위가 포함됩니다.

데이브 그렇게 하면 동일한 쿼리에 항상 동일한 응답이 반환되나요?

테오 불변 데이터베이스에서는 데이터베이스 자체를 대상으로 쿼리가 처리되지 않아요. 대신, 절대 변하지 않는 데이터베이스 스냅샷에서 쿼리를 처리합니다. 따라서 매개변수가 동일한 쿼리에는 언제나 동일한 응답이 반환됩니다.

데이브 그런 데이터베이스가 진짜로 있나요?

테오 네, 데이토믹Datomic 같은 불변 데이터베이스는 몇몇 디지털 은행에서 사용됩니다.

> |**노트**| 데이토믹 트랜잭셔널 데이터베이스(Datomic transactional database)에 대한 자세한 정보는 웹사이트(https://www.datomic.com)를 참고한다.

데이브 하지만 대부분의 데이터베이스에서는 그런 보장을 하지 않아요!

테오 맞습니다. 하지만 개인 개발 환경에서 디버깅할 때는 보통 데이터가 바뀌지 않아요.

데이브 어떤 의미인가요?

테오 클라핌의 데이터베이스를 예로 들어보죠. 이론적으로, 검색 종단점을 호출하고 나서 REPL에서 동일한 콘텍스트로 검색 코드를 재실행하는 사이에 책이 대출되고 데이터베이스의 대출 가능 상태가 바뀔 겁니다. 이 때문에 검색 요청의 응답이 달라집니다.

데이브 맞습니다.

테오 하지만 개인 개발 환경에서 시스템을 사용하는 사람은 한 사람뿐이에요. 따라서 REPL에서 재실행하기 전에 데이터가 변경되는 일은 일어나지 않습니다.

데이브 잘 알겠습니다. 마침 우리가 과학 박물관에 있으니 제가 한번 과학으로 비유해볼까요?

테오 물론이죠!

데이브 외부 데이터 출처는 양자역학의 숨은 변수[5]와 같습니다. 이론에 따르면, 숨은 변수가 아무런 분명한 이유 없이도 실험의 결과를 바꿀 수 있습니다. 하지만 현실에서 우리 물리 세계는 거시적으로 안정된 것처럼 보이죠.

오늘의 논의를 마치면서, 테오는 박물관 기념품 가게에서 선물 포장한 꾸러미를 찾아 미소를 띠며 데이브에게 건넨다. 데이브가 포장을 벗기자 꾸러미에 들어 있던 티셔츠가 보인다. 티셔츠 한쪽에는 알버트 아인슈타인의 아바타와 함께 '신은 우주로 주사위 놀이를 하지 않는다God does not play dice with the universe'는 말이 인쇄돼 있고, 반대쪽에는 앨런 케이Alan Kay[6]의 아바타와 함께 '아무도 내부 상태를 엉망으로 만들고 싶어 하지 않는다The last thing you want to do is to mess with internal state'는 말이 인쇄돼 있다.

---

5 양자역학을 해석하는 이론들 중에서 입자가 확률적으로 중첩된 상태로 존재한다는 코펜하겐 해석에 반대하며 아인슈타인 등이 주장한 전통 물리학적 입장의 이론이다. 입자 내부에 알지 못하는 어떤 상태가 있다고 가정하며, 'EPR 역설'로 잘 알려져 있다. – 옮긴이

6 객체지향 프로그래밍의 개념과 최초의 OOP 언어인 스몰토크(smalltalk)의 주요 창시자로, 1970년대에 제록스 팔로알토 연구소에서 현대 컴퓨팅 환경의 근간이 되는 다수의 발명을 해냈다. – 옮긴이

데이브는 테오의 선물에 고마워한다. 테오는 다가올 이별을 아쉬워하는 데이브의 표정과 목소리를 읽어내고는 잠시 할 말을 잃는다. 실력 있는 데이브의 멘토로서 활동한 기간은 그에게도 정말로 즐거운 시간이었다.

작별

박물관에서 데이브와 만나고 일주일 후, 테오는 죠와 낸시를 알바트로스에서 열리는 자신의 송별회에 초대한다. 이번이 죠와 낸시의 첫 만남이다. 테오는 그 자리를 빌려 클라핌 프로젝트가 마감일을 맞출 수 있었던 건 죠 덕분이라고 말한다. 테오가 앞으로 어떤 회사에서 일할지 참석자 모두가 궁금해하면서도 아무도 물어볼 엄두를 내지 못한다. 마침내 데이브가 용기를 내서 묻는다.

데이브 어떤 회사로 이직하시는지 여쭤봐도 될까요?

테오 잠시 쉬려고 합니다.

데이브 정말요?

테오 네, 두어 달 여기저기 해외여행을 다녀보려고요.

데이브 그 후에 다시 프로그래머로 일하실 건가요?

테오 잘 모르겠어요.

데이브 혹시 다른 계획을 갖고 계신 거예요?

테오 책을 써볼까 해요.

데이브 책이요?

테오 네, DOP는 저에게 의미 있는 여정이었어요. 프로그래밍의 복잡도를 줄이는 법에 대해 가치 있는 교훈을 몇 가지 얻었죠. 제 경험을 개발자 커뮤니티와 나누고 싶습니다.

데이브 음, 멘토로서 저를 가르치실 때만큼 훌륭한 이야기꾼이라면, 그 책이 성공할 거라고 믿어요.

테오 고맙습니다.

모니카, 데이브, 낸시, 죠를 비롯해 모든 알바트로스 직원이 테오의 건승을 위해 잔을 들어 외친다. "건배! 책의 성공을 위해!"

요약

- 시나리오를 재현하려면 호출된 함수의 콘텍스트를 포착하고 REPL이나 단위 테스트에서 재실행한다. 이 장에서는 이를 '콘텍스트 포착context capturing'이라고 부른다.
- DOP에서 함수 콘텍스트는 데이터로만 구성된다.
- 함수 콘텍스트를 포착하는 위치는 클립보드, 콘솔, 파일 등 다양하다.
- 데이터가 범용 자료구조로 표현되는 이상, 함수의 콘텍스트는 포착할 수 있고 쉽게 직렬화된다.
- REPL에서 시나리오를 재실행하면 빠른 주기의 피드백 루프를 얻어 효율적으로 코드의 결함을 바로잡을 수 있다.
- 포착된 콘텍스트로 함수를 실행할 때, 함수가 DOP의 지침에 따라 불변 데이터를 조작하기만 한다면 함수는 언제나 동일하게 동작한다.
- 불변 데이터를 다루는 모듈에서 함수의 동작은 결정론적이다. 동일한 인자에 대해 동일한 값이 반환된다.
- 함수 콘텍스트는 함수 인자의 값으로 구성된다.
- 종종 '언어 셸'이라고도 불리는 REPLRead Eval Print Loop은 코드를 입력하고, 실행하고, 결과를 표시하는 프로그래밍 환경이다.
- 범용 자료구조를 복사해서 붙이려면 직렬화한 후 역직렬화해야 한다.
- 재현 가능성은 완벽한 환경에서 시나리오를 재현할 수 있게 해준다.
- 재현 가능성의 두 가지 조건은 불변성과 직렬화/역직렬화 용이성이다.

▼ 이 장에서 소개된 로대시 함수

함수	설명
every(coll, pred)	pred가 coll의 모든 요소에 true를 반환하는지 확인한다.
find(coll, pred)	coll의 각 요소를 순차적으로 pred에 적용해서 처음으로 true가 반환되는 요소를 반환한다.

부록 A

데이터 지향 프로그래밍 원리

데이터 지향 프로그래밍DOP은 웹 애플리케이션의 프론트엔드나 백엔드, 또는 웹 서비스와 같이 정보가 시스템의 중심인 소프트웨어 시스템의 설계와 구현을 단순화하는 것을 목표로 하는 프로그래밍 패러다임이다. DOP에서는 정보 시스템을 코드와 데이터가 결합된(예: 클래스에서 생성된 객체) 소프트웨어 요소로 설계하는 대신에 코드에서 데이터를 분리하도록 권장된다. 게다가 DOP는 데이터를 표현하고 조작하는 방법에 대한 지침을 제시한다.

> **|팁|** DOP에서 데이터는 일급 시민으로 취급된다.

DOP의 정수는 데이터를 일급 시민으로 취급한다는 것이다. 개발자는 프로그램 내부의 데이터를 숫자나 문자열을 조작하듯 단순하게 조작할 수 있다. 데이터를 일급 시민으로 취급한다는 것은 네 가지 핵심 원리를 준수한다는 뜻이다.

- 데이터와 코드(행위)의 분리
- 범용 자료구조로 표현되는 데이터
- 불변 취급되는 데이터

■ 데이터 표현과 데이터 스키마의 분리

위 네 원리가 결합되면, 그림 A.1과 같이 응집된 하나의 전체를 이룬다. DOP를 사용해 구축되는 시스템은 더 단순하고 더 이해하기 쉽다. 개발자 경험developer experience[1]도 현저하게 개선된다.

|팁| 데이터 지향 시스템에서 코드는 데이터와 분리된다. 데이터는 불변이면서 스키마가 분리된 범용 자료구조로 표현된다.

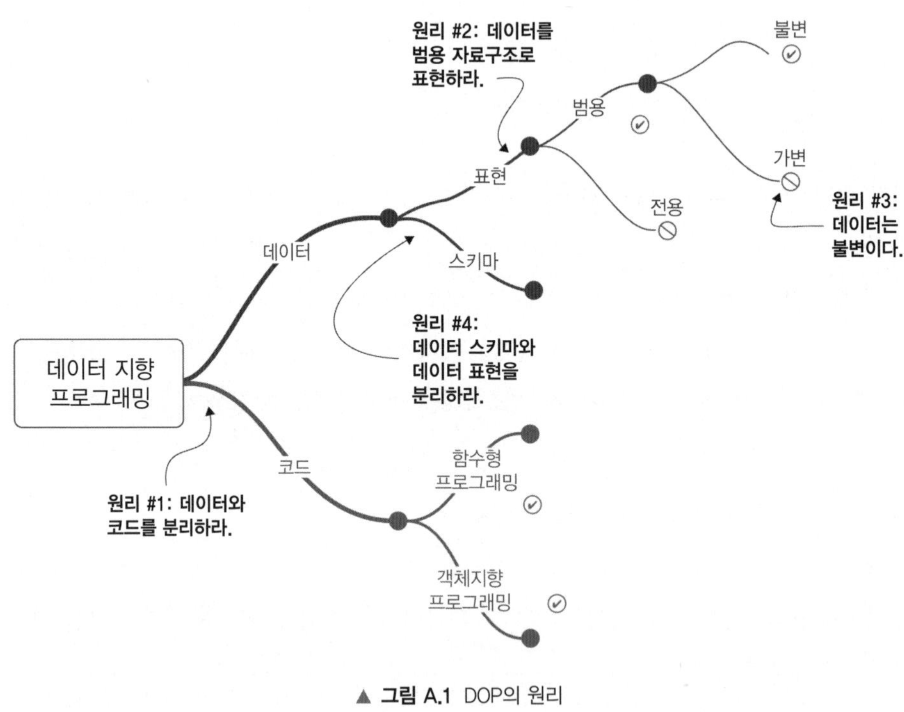

▲ **그림 A.1** DOP의 원리

DOP 원리는 언어와 관련이 없다는 점에 주목하자. 다음 언어에서 DOP 원리를 따를 수

1 개발자가 소프트웨어 개발 과정에서 갖는 종합적인 경험을 지칭한다. 개발의 주체인 개발자가 사람, 프로세스, 기술, 지원 등의 요인이 개선돼 더 나은 경험을 하게 되면 결국 산출물의 품질, 생산성, 성과가 개선될 것이라는 생각에서 중요하게 논의되고 있다. – 옮긴이

도 있고 어길 수도 있다.

- 자바, C#, C++ 같은 객체지향 프로그래밍OOP 언어
- 클로저, 오캐믈OCaml, 하스켈Haskell 같은 함수형 프로그래밍FP 언어나 자바스크립트, 파이썬, 루비, 스칼라Scala와 같이 OOP와 FP를 모두 지원하는 언어

|**팁**| DOP 원리는 모든 프로그래밍 언어에 적용할 수 있다.

|**노트**| OOP 개발자가 DOP를 적용하려면 FP 개발자에 비해 더 큰 생각의 전환이 필요할 것이다. DOP에서는 상태를 가진 클래스로 데이터를 캡슐화하는 것을 금지하기 때문이다.

이 부록에서는 DOP 원리를 자바스크립트에서 어떻게 적용하고 위반할 수 있는지를 간결하게 설명한다. 또한 각 원리를 지킴으로써 얻을 수 있는 이점과 그 이점을 누리기 위해 지불해야 하는 비용도 간략히 언급한다. 이 부록에서는 간단한 코드로 DOP 원리를 시연하기도 한다. DOP 원리를 적용해 정보 시스템을 만드는 것에 대한 깊이 있는 탐구는 이 책 전체를 통해 다뤄진다.

A.1 원리 #1: 코드와 데이터의 분리

원리 #1은 코드(행위)와 데이터를 명확히 분리할 것을 권하는 설계 원리다. 이 원리는 FP 원리처럼 보일 수 있지만, 사실 FP와 OOP 모두에서 지켜지거나 위반될 수 있다.

- OOP에서는 정적 클래스[2]의 메서드에 코드를 모으는 식으로 이 원리를 준수하게 된다.[3]

2 정적 요소만 있는 클래스를 가리킨다. 자바의 정적 중첩 클래스(static nested class)와는 무관하며, 자바의 java.lang.Math 클래스가 대표적이다. C#에서는 클래스 선언에 static 키워드를 지정해 명시적으로 정적 클래스로 만들 수 있다. – 옮긴이

3 이 책에서는 정적 메서드로 코드를 표현하도록 권장하지만, 무상태 객체(특히 싱글턴)를 사용해도 비슷한 효과를 얻을 수 있다. – 옮긴이

- FP에서 함수의 구문상 변수 영역lexical scope 안에 상태를 숨긴다면 이 원리를 위반하게 된다.

또한 이 원리는 데이터를 표현하는 방식과 관련이 없다. 데이터 표현은 원리 #2에서 다룬다.

> **원리 #1** 데이터는 함수의 콘텍스트에 캡슐화되게 하고 코드는 데이터에 종속돼 동작하지 않는 함수에 두는 방식으로 코드와 데이터를 분리하라.

A.1.1 원리 #1 설명

원리 #1을 OOP와 FP에 어떻게 적용하는지 보이면서 이 원리를 탐구해보자. 다음을 처리하는 간단한 프로그램을 예로 들어 이 원리가 어떻게 준수되거나 위반되는지 살펴본다.

- 성(lastName), 이름(firstName), 저서 수(books) 정보를 가진 저자 개체
- 저자의 성명을 조합하는 코드
- 저서 수에 기반해 저자가 다작을 했는지 판단하는 코드

OOP의 원리 #1 위반

OOP에서 데이터와 코드를 객체로 함께 결합하는 식으로 코드를 작성한다면 원리 #1을 위반하게 된다. 다음 코드는 이런 상황을 보여준다.

리스트 A.1 OOP의 원리 #1 위반

```
class Author {
  constructor(firstName, lastName, books) {
    this.firstName = firstName;
    this.lastName = lastName;
    this.books = books;
  }
  fullName() {
```

```
    return this.firstName + " " + this.lastName;
  }
  isProlific() {
    return this.books > 100;
  }
}

var obj = new Author("Isaac", "Asimov", 500);
obj.fullName();
// → "Isaac Asimov"
```

아이작 아시모프(Isaac Asimov)는 정말로 500여 권의 책을 저술했다!

FP의 원리 #1 위반

FP에서 함수의 구문상 변수 영역 안에 데이터를 숨기면 클래스를 사용하지 않아도 이 원리를 위반하게 된다. 다음 코드는 이 상황의 한 예다.

리스트 A.2 FP의 원리 #1 위반

```
function createAuthorObject(firstName, lastName, books) {
  return {
    fullName: function() {
      return firstName + " " + lastName;
    },
    isProlific: function () {
      return books > 100;
    }
  };
}

var obj = createAuthorObject("Isaac", "Asimov", 500);
obj.fullName();
// → "Isaac Asimov"
```

OOP의 원리 #1 준수

리스트 A.3은 OOP에서 원리 #1을 준수하는 예시다. 클래스를 사용하더라도 프로그램을 다음과 같이 작성한다면 이 원리에 부합하게 만들 수 있다.

- 코드는 정적 메서드로 구성된다.
- 데이터는 데이터 클래스(데이터만 담는 클래스)에 캡슐화된다.

리스트 A.3 OOP의 원리 #1 준수

```
class AuthorData {
  constructor(firstName, lastName, books) {
    this.firstName = firstName;
    this.lastName = lastName;
    this.books = books;
  }
}

class NameCalculation {
  static fullName(data) {
    return data.firstName + " " + data.lastName;
  }
}

class AuthorRating {
  static isProlific (data) {
    return data.books > 100;
  }
}

var data = new AuthorData("Isaac", "Asimov", 500);
NameCalculation.fullName(data);
// → "Isaac Asimov"
```

FP의 원리 #1 준수

리스트 A.4는 FP에서 원리 #1을 준수하는 예시다. 코드와 데이터를 분리하기 때문에 이 원리에 부합한다.

리스트 A.4 FP의 원리 #1 준수

```
function createAuthorData(firstName, lastName, books) {
  return {
```

```
    firstName: firstName,
    lastName: lastName,
    books: books
  };
}

function fullName(data) {
  return data.firstName + " " + data.lastName;
}

function isProlific (data) {
  return data.books > 100;
}

var data = createAuthorData("Isaac", "Asimov", 500);
fullName(data);
// → "Isaac Asimov"
```

A.1.2 원리 #1의 이점

OOP와 FP 모두에서 어떻게 원리 #1을 따르거나 위반하는지 설명했으니 원리 #1이 프로그램에 어떤 이점을 가져다주는지 살펴보자. 코드를 데이터에서 신중하게 분리하면 프로그램에 다음과 같은 도움이 된다.

- 다른 상황에서 코드를 재사용할 수 있다.
- 코드를 격리해서 테스트할 수 있다.
- 시스템이 비교적 단순해지는 편이다.

이점 #1: 다른 상황에 재사용 가능한 코드

저자 개체 외에, 저자 개체와 아무런 상관이 없지만 저자 개체와 동일한 데이터 필드가 둘(fistName, lastName)인 사용자 개체가 있다고 해보자. 성명을 조합하려고 명칭이 동일한 두 필드 값을 얻는 로직은 저자 개체와 사용자 개체가 동일하다. 하지만 createAuthorObject의 OOP 버전인 리스트 A.5에서 fullName의 코드는 사용자 개체에 직접 사용될 수 없다. Author

클래스에 종속돼 있기 때문이다.

리스트 A.5 Author 클래스에 종속된 fullName의 코드

```
class Author {
  constructor(firstName, lastName, books) {
    this.firstName = firstName;
    this.lastName = lastName;
    this.books = books;
  }
  fullName() {
    return this.firstName + " " + this.lastName;
  }
  isProlific() {
    return this.books > 100;
  }
}
```

코드와 데이터가 혼합돼 있을 때 코드 재사용성을 달성할 한 가지 방법은 상속이나 구성 같은 OOP 메커니즘을 사용해서 `User`와 `Author` 클래스가 동일한 `fullName` 메서드를 사용하도록 하는 것이다. 이런 기법은 간단한 상황에서는 적합하지만, 실제 시스템에서는 클래스가 많아지면 복잡도가 증가하게 된다.

리스트 A.6은 상속을 피하는 단순한 방법을 보여준다. 이 코드에서는 `fullName`을 `createUserObject` 함수에서 중복해 사용한다.

리스트 A.6 OOP에서 상속을 피하기 위한 코드 중복

```
function createAuthorObject(firstName, lastName, books) {
  var data = {firstName: firstName, lastName: lastName, books: books};

  return {
    fullName: function fullName() {
      return data.firstName + " " + data.lastName;
    }
  };
}
```

```
function createUserObject(firstName, lastName, email) {
  var data = {firstName: firstName, lastName: lastName, email: email};

  return {
    fullName: function fullName() {
      return data.firstName + " " + data.lastName;
    }
  };
}

var obj = createUserObject("John", "Doe", "john@doe.com");
obj.fullName();
// → "John Doe"
```

DOP에서는 아무런 수정도 필요 없이 저자 개체를 다루는 코드를 사용자 개체에도 사용할 수 있는데, 그 이유는 다음과 같다.

- 성명을 조합하는 코드는 저자 데이터를 생성하는 코드와 분리돼 있다.
- 성명을 조합하는 함수는 어느 해시맵이든 `firstName`과 `lastName` 필드만 있다면 정상적으로 처리한다.

사용자와 저자의 성명 계산에 관련된 데이터가 동일한 규격이라는 사실을 활용하면 동일한 코드를 재사용할 수 있다. 다음 코드와 같이, 아무런 수정 없이도 `fullName` 함수는 저자 데이터와 사용자 데이터 모두에서 잘 동작한다.

리스트 A.7 다른 유형의 데이터 개체에 동일 코드 사용(FP 방식)

```
function createAuthorData(firstName, lastName, books) {
  return {firstName: firstName, lastName: lastName, books: books};
}

function fullName(data) {
  return data.firstName + " " + data.lastName;
}

function createUserData(firstName, lastName, email) {
  return {firstName: firstName, lastName: lastName, email: email};
```

```
}

var authorData = createAuthorData("Isaac", "Asimov", 500);
fullName(authorData);

var userData = createUserData("John", "Doe", "john@doe.com");
fullName(userData);
// → "John Doe"
```

원리 #1을 OOP에 적용할 때, 클래스가 사용되더라도 코드 재사용은 단순하다. 자바나 C# 같은 정적 타입 OOP 언어에서는 AuthorData와 UserData에 맞는 공통 인터페이스를 만들어야 한다. 하지만 자바스크립트 같은 동적 타입 언어에서는 이런 인터페이스가 필요하지 않다. 다음 코드에서 보여주는 NameCalculation.fullName()의 코드는 저자 데이터와 사용자 데이터 모두에 작동한다.

리스트 A.8 다른 유형의 데이터 개체에 동일 코드 사용(OOP 방식)

```
class AuthorData {
  constructor(firstName, lastName, books) {
    this.firstName = firstName;
    this.lastName = lastName;
    this.books = books;
  }
}

class NameCalculation {
  static fullName(data) {
    return data.firstName + " " + data.lastName;
  }
}

class UserData {
  constructor(firstName, lastName, email) {
    this.firstName = firstName;
    this.lastName = lastName;
    this.email = email;
  }
}
```

```
var userData = new UserData("John", "Doe", "john@doe.com");
NameCalculation.fullName(userData);

var authorData = new AuthorData("Isaac", "Asimov", 500);
NameCalculation.fullName(authorData);
// → "John Doe"
```

> **|팁|** 코드가 데이터와 분리되면, 다른 콘텍스트에서 코드를 재사용하는 것이 단순해진다. 이는 FP와 OOP 모두에서 실현될 수 있다.

이점 #2: 격리 테스트 가능한 코드

코드와 데이터를 분리하면 격리된 콘텍스트에서 코드를 테스트할 수 있는 가능성이 주어진다. 코드가 데이터와 분리돼 있지 않다면, 메서드를 테스트할 때 그 메서드가 속한 객체를 생성해야 한다. 예컨대, `createAuthorObject` 함수 내부에 있는 `fullName` 코드를 테스트하려면 다음 코드와 같이 저자 객체를 생성해야 한다.

리스트 A.9 코드와 데이터가 혼합돼 있을 때 코드 테스트

```
var author =  createAuthorObject("Isaac", "Asimov", 500);
author.fullName() === "Isaac Asimov"
// → true
```

이 시나리오는 간단하기 때문에 객체를 생성하는 부담이 크지 않다. 불필요한 `isProlific`의 코드가 메모리에 읽혀질 뿐이다. 하지만 실제 상황에서는 객체를 생성하면서 복잡하고 지루한 설정 과정이 필요할 수 있다.

`createAuthorData`와 `fullName`이 분리된 DOP 버전에서는 `fullName`에 전달할 데이터를 격리해서 생성할 수 있다. `fullName`의 테스트도 역시 격리된다. 다음 코드는 그 예다.

리스트 A.10 격리된 코드 테스트(FP 방식)

```
var author =  {
  firstName: "Isaac",
  lastName: "Asimov"
};
fullName(author) === "Isaac Asimov"
// → true
```

클래스를 사용하는 경우 데이터 객체를 생성하기만 하면 된다. fullName을 테스트하려고 isProlific 코드까지 가져올 필요가 없는데, fullName과 분리된 클래스에 있기 때문이다. 다음 코드는 이 방식의 예를 보여준다.

리스트 A.11 격리된 코드 테스트(OOP 방식)

```
var data =  new AuthorData("Isaac", "Asimov");

NameCalculation.fullName(data) === "Isaac Asimov"
// → true
```

> **|팁|** 코드가 데이터와 분리되면 테스트를 작성하기 쉬워진다.

이점 #3: 더 단순해지는 시스템

프로그램에 원리 #1을 적용해 얻을 수 있는 세 번째 이점은 시스템이 더 단순해지는 경향을 보인다는 것이다. 이 이점은 가장 심오하면서도 설명하기 가장 까다롭기도 하다.

여기서 논의하는 '복잡성complexity'은 벤 모슬리Ben Moseley와 피터 막스Peter Marks의 논문 「타르 웅덩이 밖으로Out of the Tar Pit」[4]에 정의된 대로 시스템을 이해하기 어려운 정도를 말한다. 이는 프로그램이 소비하는 (시간이나 메모리 같은) 자원의 복잡도와는 아무런 관련이 없다. 이와 비슷하게 '단순성simplicity'은 복잡하지 않은 것, 다시 말해 쉽게 이해할 수 있다는 의미로

4 http://mng.bz/enzq

사용된다.

|**노트**| 이 책에서 '복잡하다'는 말은 '이해하기 어렵다'는 뜻이다.

복잡성과 단순성은 ('어렵다'와 '쉽다'와 같이) 절대적이지 않은 상대적 개념이다. 두 시스템의 복잡도는 한 시스템이 다른 시스템보다 더 복잡하거나 단순한지 평가하기 위해 비교될 수 있다. 코드와 데이터가 분리된 채로 유지되면, 시스템은 다음 두 가지 이유 덕분에 더 이해하기 쉬워진다.

- 데이터와 관련된 프로그램 요소나 코드와 관련된 프로그램 요소의 범위는 코드와 데이터가 결합된 요소의 범위보다 좁다. 따라서 프로그램 요소를 더 쉽게 이해할 수 있다.
- 시스템의 프로그램 요소는 코드와 데이터라는 서로 끊어진 그룹으로 나뉜다. 따라서 각 프로그램 요소는 다른 요소와 맺는 관계의 수가 적어진다.

코드와 데이터가 혼합된 가상의 도서관 관리 시스템의 클래스도에서 이 통찰이 잘 드러난다. 그림 A.2에 표현된 (이해하기 어렵다는 의미로) 복잡한 시스템의 클래스도를 이해하는 데 있어 시스템의 클래스 세부 사항을 알 필요는 없다. 이 시스템은 시스템을 구성하는 요소 간의 의존 관계가 많기 때문에 이해하기 어렵다.

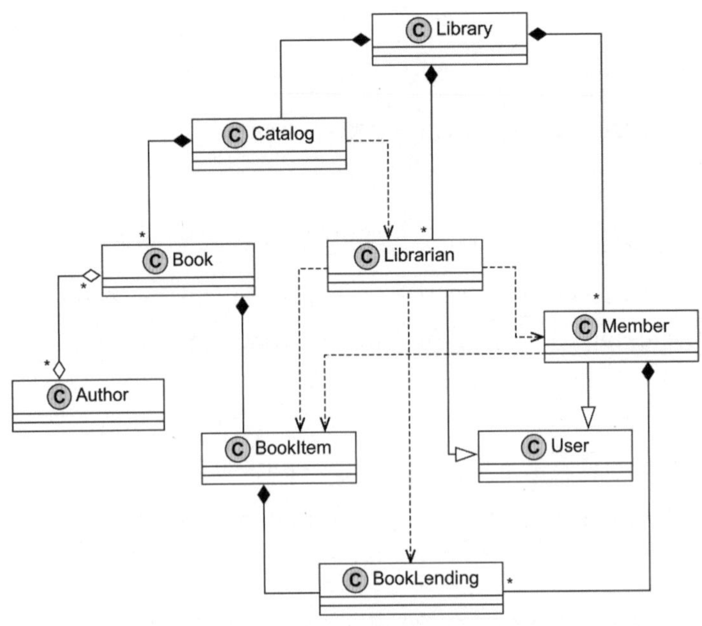

▲ **그림 A.2** 도서관 관리 시스템의 개괄적 클래스도

그림 A.2의 시스템에서 가장 복잡한 요소는 다른 요소와 여섯 개의 관계를 맺고 있는 `Librarian`이다. 어떤 관계는 (연관과 포함 같은) 데이터 관계다. 그리고 어떤 관계는 (상속과 의존 같은) 코드 관계다. 하지만 이 설계에서 `Librarian` 요소는 코드와 데이터가 혼합돼 있으므로 데이터 관계와 코드 관계에 모두 관여한다. 시스템의 각 요소가 그대로 코드 요소와 데이터 요소로 분할된다면, 시스템은 그림 A.3과 같이 독립적인 두 부분으로 나뉘게 된다.

- 왼쪽은 데이터 개체와 연관 및 포함의 데이터 관계로만 구성된다.
- 오른쪽은 코드 개체와 의존 및 상속의 코드 관계로만 구성된다.

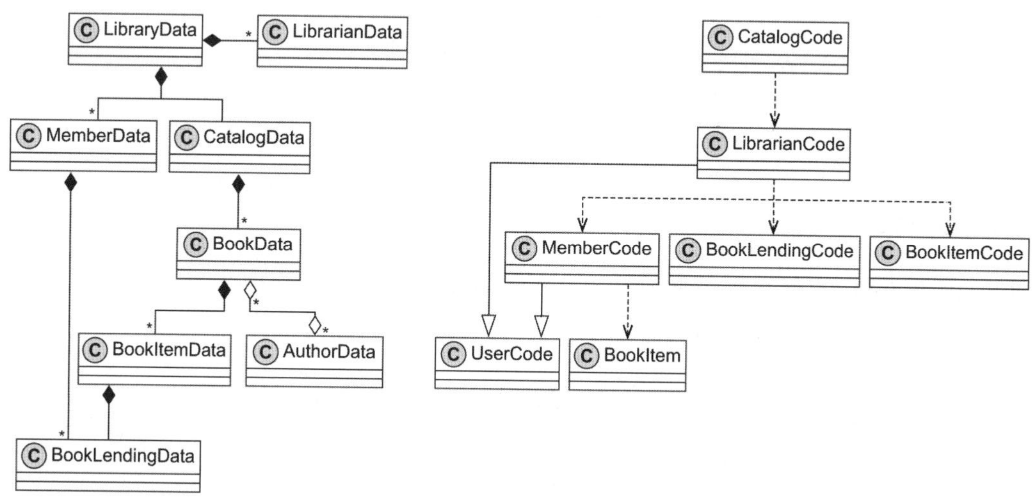

▲ **그림 A.3** 모든 클래스가 코드와 데이터 개체로 분할된 클래스도

코드와 데이터가 분리된 새로운 시스템은 코드와 데이터가 혼합된 원래 시스템에 비해 이해하기 쉽다. 다시 말해, 시스템의 데이터 부분과 코드 부분을 개별적으로 이해할 수 있다.

> **|팁|** 단절된 여러 부분으로 나뉘어 있는 시스템은 단일한 시스템에 비해 단순하다.

코드와 데이터가 혼합된 원래 시스템의 복잡도에 대해 이의가 있을 수 있다. 이 시스템이 복잡한 이유는 설계가 형편없기 때문이고 숙련된 OOP 개발자라면 디자인 패턴을 적절하게 사용해서 단순한 시스템을 설계할 수 있다고 주장할 수 있는 것이다. 이는 사실이다. 하지만 어떤 의미에서 이런 논의는 무의미하다. 원리 #1의 요지는 코드와 데이터가 분리된 요소로 만들어진 시스템은 코드와 데이터가 결합된 요소로 만들어진 시스템보다 전반적으로 단순한 편이라는 것이다.

다시 말하지만, 시스템을 단순하게 만드는 것은 어렵다. DOP의 첫 번째 원리를 따라 코드와 데이터를 분리하면 더 쉽게 단순한 시스템을 만들 수 있다.

> |팁| 단순성은 코드가 데이터와 분리됐을 때 더 달성되기 쉽다.

A.1.3 원리 #1의 비용

원리 #1을 도입하려고 하면 치르게 될 비용이 있다. 코드와 데이터를 분리하는 이점을 누리려고 할 때 지불할 대가는 세 가지다.

- 어떤 코드가 어떤 데이터에 접근할 수 있는지를 제어하지 못한다.
- 패키지로 구분하지 못한다.
- 시스템의 구성 요소가 더 많아진다.

비용 #1: 데이터에 접근 가능한 코드 제어 불가

코드와 데이터가 혼합돼 있으면, 어떤 데이터에 어떤 코드가 접근할 수 있는지 이해하기 쉽다. 예컨대, OOP에서는 데이터가 객체에 캡슐화되고 그 데이터는 해당 객체의 메서드만 접근할 수 있다. DOP에서는 데이터가 독자적으로 존재하고 투명하게 열어둘 수 있다. 따라서 원한다면 어느 코드라도 데이터에 접근할 수 있다.

어떤 데이터의 규격을 리팩터링할 때는 이 유형의 데이터에 접근하는 모든 코드를 알고 있어야 한다. 게다가 나중에 다룰 원리 #3(데이터 불변성 강제)을 적용하지 않으면, 모든 코드가 데이터에 접근한다는 상황 자체가 태생적으로 안전할 수 없다. 이 경우, 데이터의 유효성을 보장하기 힘들 것이다.

> |팁| 데이터 안전성은 데이터 불변성을 강제하는 다른 원리(원리 #3)에 의해 확보된다.

비용 #2: 패키지 부재

코드와 데이터를 혼합하는 이점 중 하나는 객체 하나가 (메서드로서) 코드와 (구성 요소로서) 데이터 모두를 담는 패키지 역할을 한다는 점이다. 덕분에 클래스의 메서드만 살피면 데이터를 조작하는 방법을 쉽게 찾을 수 있다.

DOP에서 데이터를 조작하는 코드는 어떤 위치에도 있을 수 있다. 예를 들어 한 파일에 `createAuthorData`가 있고 다른 파일에 `fullName`이 있을 수 있다. 이 때문에 개발자가 `fullName` 함수가 사용 가능하다는 사실을 발견하기 어렵다. 경우에 따라서는 시간을 낭비하거나 코드가 불필요하게 중복되는 문제가 일어날 수 있다.

비용 #3: 시스템 구성 요소 증가

간단한 계산을 해보자. 코드와 데이터가 결합된 *N*개의 클래스로 구성된 시스템이 있다고 가정한다. 시스템을 코드 요소와 데이터 요소로 나누면, 시스템에는 2*N*개의 요소가 생길 것이다. 하지만 코드와 데이터를 나누면 클래스 상속과 구성이 필요 없어져서 클래스 계층 구조가 단순해지는 편이므로 이 계산은 정확하지 않다. 따라서 결과적으로 시스템의 클래스 수는 아마도 *N*과 2*N* 사이가 될 것이다.

원리 #1을 준수하면, 한편으로 시스템의 구성 요소가 더 단순해지는 반면에 또 한편으로는 요소의 수가 더 많아진다. 이 비용은 데이터를 범용 자료구조로 표현하라고 안내하는 원리 #2로 경감된다.

> **|팁|** 원리 #1을 준수하면 시스템은 더 단순한 요소로 구성되지만, 요소의 수는 더 많아진다.

A.1.4 원리 #1 요약

DOP는 데이터에서 코드를 분리하도록 요구한다. OOP 언어에서는 코드를 정적 메서드에 두고 데이터는 메서드가 없는 클래스에 담는다. FP 언어에서는 데이터를 함수의 구문상 변수 영역에 숨기지 않도록 하자.

데이터에서 코드를 분리하는 데는 대가가 따른다. 어떤 코드가 데이터에 접근할 수 있는지 제어하기 힘들고 시스템을 구성하는 요소의 수가 더 많아진다. 하지만 대가를 지불할 가치는 있다. 이 원리를 준수하면 다른 콘텍스트에서 직관적으로 재사용할 수 있게 되고 격리된 테스트가 가능해지기 때문이다. 게다가 코드 요소와 데이터 요소로 나뉜 시스템은 이해하기 쉬운 편이다.

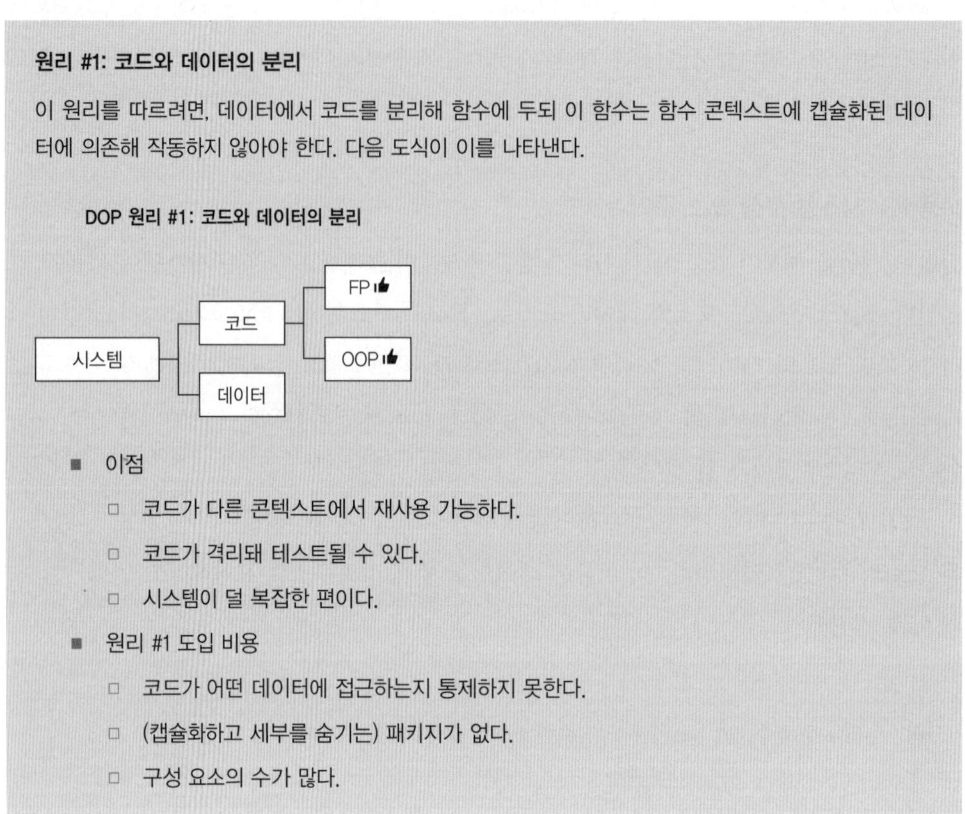

원리 #1: 코드와 데이터의 분리

이 원리를 따르려면, 데이터에서 코드를 분리해 함수에 두되 이 함수는 함수 콘텍스트에 캡슐화된 데이터에 의존해 작동하지 않아야 한다. 다음 도식이 이를 나타낸다.

- 이점
  - 코드가 다른 콘텍스트에서 재사용 가능하다.
  - 코드가 격리돼 테스트될 수 있다.
  - 시스템이 덜 복잡한 편이다.
- 원리 #1 도입 비용
  - 코드가 어떤 데이터에 접근하는지 통제하지 못한다.
  - (캡슐화하고 세부를 숨기는) 패키지가 없다.
  - 구성 요소의 수가 많다.

A.2 원리 #2: 범용 자료구조로 표현되는 데이터

원리 #1을 준수하면 코드가 데이터에서 분리된다. DOP에서는 코드를 조직화하는 데 사용되는 프로그래밍 수단에 대해서는 다양한 입장을 수용하는 편이지만, 데이터를 표현하는 방법에 대해서는 입장이 분명한 편이다. 원리 #2의 주제는 데이터의 표현이다.

가장 보편적인 범용 자료구조는 맵(또는 사전)과 배열(또는 리스트)이다. 하지만 집합set, 트리tree, 큐queue 같은 여타 범용 자료구조 역시 사용될 수 있다. 원리 #2는 데이터의 변경 또는 불변을 다루지 않는다. 이는 원리 #3의 주제다.

> **원리 #2** 애플리케이션 데이터를 범용 자료구조로 표현하라.

A.2.1 원리 #2 설명

DOP에서는 데이터를 특정 클래스로 생성해 표현하는 대신 (맵이나 배열 같은) 범용 자료구조로 표현한다. 사실, 일반적인 애플리케이션에서 볼 수 있는 데이터 개체 대부분은 맵과 배열(또는 리스트)로 표현할 수 있다. 하지만 그 외에도 일부 특정 상황에 쓸모 있는 집합, 리스트, 큐 등의 다른 범용 자료구조가 존재한다. 원리 #1을 설명할 때 사용했던 간단한 예제(저자를 표현하는 데이터)를 다시 살펴보자.

저자는 이름(firstName), 성(lastName), 저술한 도서의 개수(books)로 구성된 데이터 개체다. 다음 코드처럼 저자를 표현하면서 전용 클래스를 만들면 원리 #2를 위반하게 된다.

리스트 A.12 OOP의 원리 #2 위반

```
class AuthorData {
  constructor(firstName, lastName, books) {
    this.firstName = firstName;
    this.lastName = lastName;
    this.books = books;
  }
}
```

저자를 표현하면서 범용 자료구조인 맵(또는 사전이나 연관 배열)을 사용하면 원리 #2를 따르게 된다. 다음 코드는 OOP에서 이 원리를 따르는 방법을 보여준다.

리스트 A.13 OOP의 원리 #2 준수

```
function createAuthorData(firstName, lastName, books) {
  var data = new Map;
  data.firstName = firstName;
```

```
  data.lastName = lastName;
  data.books = books;
  return data;
}
```

자바스크립트 같은 언어에서는 데이터 리터럴로 좀 더 편리하게 맵을 생성할 수도 있다. 다음 코드는 그 예다.

리스트 A.14 맵 리터럴을 사용한 원리 #2 준수

```
function createAuthorData(firstName, lastName, books) {
  return {
    firstName: firstName,
    lastName: lastName,
    books: books
  };
}
```

A.2.2 원리 #2의 이점

범용 자료구조를 사용해 데이터를 표현하면 여러 이점을 누릴 수 있다. 여기서는 다음과 같은 이점들을 자세히 다루겠다.

- 특정 쓰임새에 구애받지 않는 범용 함수 사용 가능성
- 유연한 데이터 모델

이점 #1: 특정 용도에 제한되지 않는 함수 사용

프로그래밍 언어는 기본으로 범용 자료구조를 다루는 함수를 다양하게 제공한다. 데이터를 표현하는 데 범용 자료구조를 사용하면 관련 함수를 충분히 활용할 수 있다. 게다가 별도 라이브러리를 통해 더 많은 함수를 제공받을 수 있다. 예를 들어 자바스크립트는 맵과 배열을 다루는 몇 가지 기본 함수를 제공한다. 그리고 로대시(https://lodash.com/) 같은 외부 라이브러리는 더 많은 함수로 기능을 확장시켜준다. 앨런 펄리스Alan Perlis는 이 이점을 이렇게 요약했다.

한 가지 자료구조를 다루는 함수 100개가 열 가지 자료구조를 다루는 함수 열 개보다 낫다.

— 앨런 펄리스('Epigrams on Programming', 1982)[5]

저자를 맵으로 표현하면, 저자 데이터는 자바스크립트 기본인 `JSON.stringify()`를 사용해 JSON으로 직렬화될 수 있다. 다음 코드는 그 예다.

리스트 A.15 맵으로 표현된 저자의 JSON 직렬화

```
var data = createAuthorData("Isaac", "Asimov", 500);
JSON.stringify(data);
// → "{\"firstName\":\"Isaac\",\"lastName\":\"Asimov\",\"books\":500}"
```

저자 데이터에서 저서 수를 빼고 직렬화하려면 로대시의 `_.pick()` 함수를 사용하면 된다. 다음 코드에서는 일부 키만 가진 객체를 생성하는 데 `_.pick()`을 사용한다.

리스트 A.16 범용 함수를 사용한 데이터 조작

```
var data = createAuthorData("Isaac", "Asimov", 500);
var dataWithoutBooks = _.pick(data, ["firstName", "lastName"]);
JSON.stringify(dataWithoutBooks);
// → "{\"firstName\":\"Isaac\",\"lastName\":\"Asimov\"}"
```

| **팁** | 원리 #2를 준수하면 데이터를 조작하는 다양한 기능을 충분히 제공받을 수 있다.

이점 #2: 유연한 데이터 모델

범용 자료구조를 사용하면, 데이터 모델이 유연하며 데이터가 특정 규격으로 고정될 필요가 없다. 따라서 미리 정해진 규격 없이 데이터를 생성할 수 있고 원하는 규격으로 수정할 수 있다.

기존 OOP에서 원리 2를 준수하지 않으면, 데이터는 클래스에 의해 생성되며 반드시 일

5 https://www.cs.yale.edu/homes/perlis-alan/quotes.html – 옮긴이

정한 규격을 따라야 한다. 즉, 조금만 다른 규격의 데이터가 필요해도 새로운 클래스가 정의돼야 한다. 저자 개체를 표현하고 firstName, lastName, books 등 세 필드로 구성된 AuthorData란 클래스를 예로 들어본다. 저자의 성명을 담는 fullName이라는 필드를 추가하고 싶다고 해보자. 우리가 원리 #2를 따르지 못한다고 하면, AuthorDataWithFullName 같은 새 클래스를 정의해야 한다. 하지만 범용 자료구조를 사용하면, 다음 코드에서 볼 수 있는 것처럼 실행 중에도 즉시 필드를 맵에 넣거나 맵에서 뺄 수 있다.

리스트 A.17 실행 중 필드 추가

```
var data = createAuthorData("Isaac", "Asimov", 500);
data.fullName = "Isaac Asimov";
```

> **|팁|** 데이터의 규격이 자주 동적으로 변하는 (웹 앱이나 웹 서비스 같은) 애플리케이션에서는 유연한 데이터 모델을 사용해 작업하는 것이 특히 유용하다.

이 책의 1부에서는 실제 애플리케이션에서 유연한 데이터 모델이 갖는 이점을 자세히 탐구한다. 이제, 원리 #2를 준수하는 데 들어가는 비용을 알아보자.

A.2.3 원리 #2의 비용

여느 프로그래밍 원리와 마찬가지로, 이 원리도 이점을 얻으려면 함께 따라오는 단점을 감수해야 한다. 데이터를 범용 자료구조로 표현하려고 할 때 지불할 대가는 다음과 같다.

- 약간의 성능 저하가 있다.
- 데이터 스키마가 기본이 아니다.
- 컴파일할 때 데이터가 유효한지 확인할 수 없다.
- 일부 정적 타입 언어에서는 타입 변환이 필요하다.

비용 #1: 성능 저하

데이터를 생성할 때 전용 클래스를 사용하면 클래스 멤버 값을 얻는 속도가 빠르다. 컴파일러가 데이터의 규격을 미리 알고 다양한 최적화 작업을 할 수 있기 때문이다. 범용 자료구조는 최적화하기 어렵다. 따라서 맵에서 키와 연관된 값을 얻는다고 할 때, 클래스 멤버 값을 얻을 때보다 좀 더 느리다. 이와 같이, 맵에서 임의의 키의 값을 설정할 때도 클래스 멤버 값을 설정하는 것보다 조금 느리다. 대부분의 프로그래밍 언어에서 이런 성능 저하는 심각하지 않다. 하지만 염두에 두기는 해야 한다.

> **|팁|** 맵에서 특정 키에 연관된 값을 얻거나 저장하는 작업은 클래스 멤버를 다룰 때보다 조금 느리다.

비용 #2: 데이터 스키마 부재

클래스에서 데이터가 생성되면, 데이터 규격에 대한 정보는 클래스 정의 안에 포함돼 있다. 모든 데이터가 연관된 데이터 규격을 가진다. 클래스 수준의 데이터 스키마는 개발자와 IDE에 다음과 같은 이유로 유용하다.

- 개발자가 기대하는 데이터의 규격을 쉽게 파악할 수 있다.
- IDE가 필드명 자동 완성 같은 기능을 제공한다.

데이터가 범용 자료구조로 표현되면, 데이터 스키마는 데이터 표현에 포함되지 않는다. 따라서 일부 데이터는 연관된 데이터 스키마를 갖겠지만, 다른 데이터는 그렇지 않을 것이다 (원리 #4 참고).

> **|팁|** 범용 자료구조가 데이터 보관에 사용되면 데이터 규격은 데이터 표현에 포함되지 않는다.

비용 #3: 컴파일 시점 데이터 유효성 확인 부재

원리 #1을 다룰 때 만들었던 `fullName` 함수를 다시 살펴보자. 이 함수는 조작할 데이터를 인자로 받는다.

리스트 A.18 fullName 함수 선언

```
function fullName(data) {
  return data.firstName + " " + data.lastName;
}
```

fullName이 기대한 규격에 부합하지 않는 데이터가 fullName으로 전달되면, 실행 중 오류가 발생한다. 범용 자료구조를 사용하면, 이름을 저장한 필드에 (firstName이 아닌 fistName이라고) 오타가 있어도 컴파일 오류나 예외가 발생하지 않는다. 그보다, 이상하게도 firstName이 결과에서 누락된다. 다음 코드는 이 예상치 못한 동작을 보여준다.

리스트 A.19 유효하지 않은 데이터로 인한 예상치 못한 동작

```
fullName({fistName: "Issac", lastName: "Asimov"});
// → "undefined Asimov"
```

정해진 데이터 규격의 클래스로 데이터를 생성하면, 오류의 유형이 컴파일 시점에 포착된다. 이런 단점은 데이터 유효성을 다루는 원리 #4를 적용해서 보완할 수 있다.

> **|팁|** 데이터가 범용 자료구조로 표현되면, 데이터 규격 오류는 실행 중에만 포착된다.

비용 #4: 명시적인 타입 변환의 필요성

일부 정적 타입 언어에서는 명시적인 타입 변환이 필요하다. 여기서는 자바의 명시적 타입 변환과 C#의 동적 필드를 살펴볼 것이다.

자바 같은 정적 타입 언어에서는 저자 데이터를 키가 String 타입이고 값이 Object 타입인 맵으로 표현할 수 있다. 예를 들어, 자바에서는 다음 코드에서 보는 것처럼 저자 데이터가 Map<String, Object>로 표현된다.

리스트 A.20 자바 문자열 맵으로 표현된 저자 데이터

```
var asimov = new HashMap<String, Object>();

asimov.put("firstName", "Isaac");
asimov.put("lastName", "Asimov");
asimov.put("books", 500);
```

필드 값의 정확한 타입에 대한 정보를 컴파일 시점에 알 수 없으므로, 필드에 접근하려고 하면 명시적인 타입 변환이 필요하다. 예컨대, 다음 코드와 같이 한 저자가 다작을 하는지 확인하려면 books 필드의 값을 int로 타입 변환해야만 한다.

리스트 A.21 필드에 접근하려면 타입 변환이 필요한 자바

```
class AuthorRating {
  static boolean isProlific (Map<String, Object> data) {
    return (int)data.get("books") > 100;
  }
}
```

Gson(https://github.com/google/gson) 같은 몇몇 JSON 직렬화 라이브러리는 사용자가 타입 변환을 하지 않아도 Map<String, Object> 타입의 맵을 직렬화해준다. 내부에서 타입을 알아서 변환하는 마법을 부리는 셈이다.

C#은 dynamic이라고 부르는 동적 자료형(http://mng.bz/voqJ 참고)이 있어서 실행 중에 타입 확인이 이뤄지도록 해준다. 이 기능을 사용하면, 저자 데이터가 키가 String 타입이고 값이 dynamic 타입인 사전처럼 표현된다.

리스트 A.22 C#에서 동적 문자열 맵으로 표현된 저자 데이터

```
var asimov = new Dictionary<string, dynamic>();
asimov["name"] = "Isaac Asimov";
asimov["books"] =  500;
```

필드 값의 정확한 타입 정보는 실행 중에 결정된다. 필드에 접근할 때는 타입 변환이 필요 없다. 예컨대, 저자가 다작을 하는지 확인하려고 할 때는 다음 코드와 같이 books 필드가

정수로 선언된 것처럼 접근할 수 있다.

리스트 A.23 타입 변환이 필요 없는 C#의 동적 필드

```
class AuthorRating {
  public static bool isProlific (Dictionary<String, dynamic> data) {
    return data["books"] > 100;
  }
}
```

A.2.4 원리 #2 요약

DOP는 범용 자료구조를 데이터 표현에 사용한다. 이 때문에 (소폭) 성능 하락이 발생하고 컴파일러가 정적으로 유효성을 확인할 수 없기 때문에 데이터의 규격을 직접 문서화해야 한다. 이 원리를 준수하면 (언어가 제공하는 라이브러리와 별도 라이브러리를 통해) 풍부한 범용 함수로 데이터를 조작하는 것이 가능해진다. 게다가 데이터 모델이 유연하다. 지금 시점에서는 데이터가 변경 가능일 수도 있고 불변일 수도 있다. 다음 원리(원리 #3)는 불변성의 가치를 설명한다.

DOP 원리 #2: 범용 자료구조로 표현되는 데이터

애플리케이션 데이터는 이 원리에 따라 범용 자료구조, 특히 주로 맵과 배열(또는 리스트)로 표현된다. 다음 도식이 이 원리를 나타낸다.

DOP 원리 #2: 범용 자료구조로 표현되는 데이터

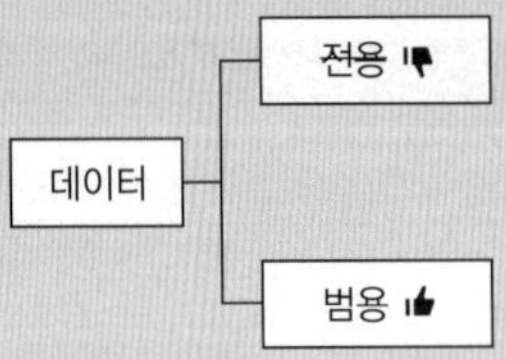

- 이점
  - 특정 쓰임새에 국한되지 않는 범용 함수를 사용한다.
  - 데이터 모델이 유연하다.

- 원리 #2 도입 비용
  - 약간의 성능 저하가 있다.
  - 데이터 스키마가 기본이 아니다.
  - 컴파일 시점 유효성 확인이 없다.
  - 일부 정적 타입 언어에서 명시적인 타입 변환이 필요하다.

A.3 원리 #3: 불변 데이터

데이터가 코드와 분리되고 범용 자료구조로 표현되는 상황에서 그 데이터의 변화는 어떻게 관리돼야 할까? DOP는 이 질문에 대해 매우 단호하다. DOP에서는 데이터의 변경이 허용되지 않으며, 데이터의 변화는 데이터의 새로운 버전을 생성하는 방식으로 이뤄진다. 한 변수에 대한 참조는 새 버전의 데이터를 참조하도록 바뀔 수 있지만, 데이터의 값 자체는 절대 바뀌면 안 된다.

원리 #3 데이터는 변경 불가능하다.

A.3.1 원리 #3 설명

숫자 42를 생각해보자. 여기에 1을 더하면 42에 어떤 일이 일어날까? 42가 43이 될까? 그렇지 않다. 42는 영원히 42로 남는다. 이제 `{num: 42}`처럼 객체에 42를 담자. 42에 1을 더하면 이 객체가 어떻게 될까? 43으로 바뀔까? 이는 프로그래밍 언어에 따라 다르다.

- 클로저와 같이 데이터 불변성을 강조하는 프로그래밍 언어에서는 `num` 필드의 값이 무슨 일이 있어도 영원히 `42`로 남는다.
- 대다수의 프로그래밍 언어에서 `num` 필드의 값은 `43`이 된다.

예컨대, 자바스크립트에서는 두 변수가 참조하는 맵의 필드를 변경하면 두 변수 모두에 영향을 미친다. 다음 코드가 이를 보여준다.

리스트 A.24 두 변수가 참조하는 데이터의 변경이 두 변수 모두에 영향을 미침

```
var myData = {num: 42};
var yourData = myData;

yourData.num = yourData.num + 1;
console.log(myData.num);
// → 43
```

이제 myData.num은 43이다. 하지만 DOP에 따르면 데이터는 절대 바뀌면 안 된다. 데이터를 변경하는 대신 새로운 버전이 만들어진다. 데이터의 새 버전을 만드는 단순한 (그리고 비효율적인) 방식은 수정하기 전에 복제하는 것이다. 리스트 A.25를 예로 살펴보자. 이 코드에는 자바스크립트가 기본 제공하는 Object.assign으로 객체를 복제하고 객체 내부 필드 값을 수정하는 함수가 있다. myData로 changeValue를 호출해도 myData는 영향을 받지 않는다. 즉, 변경 작업 후에도 myData.num은 42로 남는 것이다. 이것이 데이터 불변성의 본질이다.

리스트 A.25 복제를 사용한 데이터 불변성

```
function changeValue(obj, k, v) {
  var res = Object.assign({}, obj);
  res[k] = v;
  return res;
}

var myData = {num: 42};
var yourData = changeValue(myData, "num", myData.num + 1);
console.log(myData.num);
// → 43
```

연산과 메모리 모두의 측면에서 효율적인 방식의 불변성을 도입하려면 Immutable.js (https://immutable-js.com/) 같은 별도의 라이브러리가 필요하다. 이 라이브러리는 효율적으로 구현된 영속 자료구조를 제공한다. 영속 자료구조는 불변 자료구조라고도 한다. 대부분의 프로그래밍 언어에는 영속 자료구조를 효율적으로 구현한 라이브러리가 존재한다.

Immutable.js를 사용하면, 자바스크립트 기본 맵과 배열은 사용되지 않는다. 그 대신에 `Immutable.Map`과 `Immutable.List`가 불변 맵과 불변 리스트로 사용된다. 맵의 요소는 `get` 메서드로 접근된다. `set` 메서드로 필드가 수정될 때는 새로운 버전의 맵이 생성된다.

리스트 A.26에서 불변 데이터를 외부 라이브러리를 사용해 생성하고 다루는 방법을 볼 수 있다. 출력 결과를 보면, `yourData.get("num")`은 43이지만 `myData.get("num")`은 여전히 42이다.

리스트 A.26 불변 데이터의 생성과 조작

```
var myData = Immutable.Map({num: 42})
var yourData = myData.set("num", 43);
console.log(yourData.get("num"));
// → 43
console.log(myData.get("num"));
// → 42
```

> **|팁|** 불변 데이터에서는 데이터를 변경하는 대신 새로운 버전을 만든다.

A.3.2 원리 #3의 이점

데이터를 변경하지 못하도록 프로그램에 제약을 가하면, 다양한 방면의 이점이 따라온다. 여기서는 다음과 같은 이점들을 상세히 다룬다.

- 모두가 안심하고 데이터에 접근할 수 있다.
- 코드의 동작이 예측 가능하다.
- 빠른 동일성 확인을 사용할 수 있다.
- 본질적으로 동시성 안전하다.

이점 #1: 모두에게 안전한 데이터 접근

(데이터에서 코드를 분리하는) 원리 #1에 따르면, 원하는 데이터에 제한 없이 접근할 수 있다. 모든 함수는 모든 데이터에 접근하도록 허용된다. 데이터 불변이라는 제약이 없다면, 함수의 인자로 전달되는 데이터를 조심해야 한다. 함수가 데이터를 변경하지 않는지 확인하거나 함수에 데이터를 전달하기 전에 복제해야 한다. 데이터 불변성을 준수하게 되면, 이런 고민을 할 필요가 없다.

> **|팁|** 데이터가 불변이라면, 데이터가 절대로 바뀌지 않으므로 어떤 함수도 안심하고 데이터를 전달할 수 있다.

이점 #2: 예측 가능한 코드 동작

'예측 가능하다'는 말이 어떤 의미인지 설명하기 위해, 데이터 불변성을 따르지 않아서 예측 불가능한 코드를 예로 들어본다. 다음의 비동기 자바스크립트 코드를 살펴보자. 데이터가 변경 가능하면, 비동기 코드의 동작은 예측할 수 없다.

리스트 A.27 데이터가 변경 가능할 때 예측할 수 없는 비동기 코드

```
var myData = {num: 42};
setTimeout(function (data){
  console.log(data.num);
}, 1000, myData);
myData.num = 0;
```

시한 만료 콜백 내부의 `data.num` 값은 예측할 수 없다. 1,000ms의 만료 시간 동안 코드의 다른 부분에서 데이터가 수정되는지 여부에 따라 값이 달라지기 때문이다. 하지만 불변 데이터라면, 데이터가 절대로 바뀌지 않기 때문에 콜백 함수 내에서 `data.num`은 언제나 42이다.

> **|팁|** 데이터가 불변이라면, 데이터를 다루는 코드의 동작은 예측 가능하다.

이점 #3: 신속한 동일성 확인

리액트.js 같은 UI 프레임워크는 이전 렌더링 주기 이후로 UI 데이터의 어떤 부분이 수정됐는지를 주기적으로 확인한다. 따라서 바뀌지 않은 부분은 다시 렌더링되지 않는다. 사실, 전형적인 프론트엔드 애플리케이션에서 UI 데이터 대부분은 다음 렌더링 주기까지 바뀌지 않고 유지된다.

데이터 불변성을 따르지 않는 리액트 애플리케이션에서는 UI 데이터의 내부 깊은 곳까지 포함해 모든 부분을 확인해야만 한다. 데이터 불변성을 따르는 리액트 애플리케이션에서는 데이터가 수정되지 않았다는 사실을 파악하기 위한 비교 작업을 최적화할 수 있다. 사실, 객체의 주소가 동일하면 데이터가 바뀌지 않았다고 장담해도 된다.

객체 주소를 비교하는 것은 모든 필드를 비교하는 것보다 훨씬 빠르다. 이 책의 1부에서는 고도로 확장 가능한 실운영 시스템에서 동시에 일어나는 변경 작업 간의 조정에 이 신속한 동일성 확인이 사용됐다.

|**팁**| 불변 데이터는 데이터 참조를 비교해 빠르게 동일성을 확인할 수 있다.

이점 #4: 본질적인 동시성 안전

다중 스레드 환경에서 사용되는 (뮤텍스 같은) 동시성 안전 장치는 스레드 B가 어떤 데이터를 사용하는 동안 스레드 A가 그 데이터를 수정하지 못하게 막는다. 동시성 안전 장치가 일으키는 이런 약간의 성능 하락이 영향을 미칠 뿐 아니라 코드를 쓰고 읽기가 훨씬 어려워져서 정신적인 부담도 가중된다.

|**팁**| 데이터 불변성을 준수하면 동시성 장치를 사용할 필요가 없어진다. 처리하는 데이터가 절대 바뀌지 않기 때문이다.

A.3.3 원리 #3의 비용

다른 원리와 같이 원리 #3을 지킬 때도 대가가 따른다. 여기서는 비용을 살펴본다.

- 성능 저하가 있다.
- 별도의 영속 자료구조 라이브러리가 필요하다.

비용 #1: 성능 저하

앞서 언급했듯이, 영속 자료구조 구현은 대부분의 프로그래밍 언어에 존재한다. 하지만 아무리 효율적으로 구현된 라이브러리라고 해도 데이터를 직접 변경하는 것에 비하면 어느 정도는 느리다. 대부분의 애플리케이션에서 불변 자료구조를 사용함에 따라 발생하는 성능 저하나 추가적인 메모리 소비는 그다지 크지 않다. 하지만 염두에 두기는 해야 한다.

비용 #2: 별도의 영속 자료구조 라이브러리 필요

클로저 같은 언어에서는 언어가 기본으로 제공하는 자료구조가 불변이다. 하지만 대부분의 프로그래밍 언어에서 데이터 불변성을 준수하려면 영속 자료구조 구현을 제공하는 외부 라이브러리가 별도로 필요하다.

영속 자료구조가 언어의 기본이 아니라는 사실은 불변 데이터를 전부 사용하도록 강제하는 것이 (불가능하지는 않지만) 어렵다는 것을 뜻한다. 또한 (차트 라이브러리 등) 다른 라이브러리와 통합하려면 영속 자료구조를 언어 기본 자료구조로 변환해야만 한다.

A.3.4 원리 #3 요약

DOP에서는 데이터를 절대 바뀌지 않는 값으로 본다. 이 원리를 준수하면, 결과적으로 코드는 다중 스레드 환경에서도 예측 가능하고 동일성 확인이 빠르다. 하지만 무시할 수 없을 정도의 사고 전환이 필요하고, 대부분의 프로그래밍 언어에서는 영속 자료구조를 효율적으로 구현한 라이브러리가 별도로 필요하다.

원리 #3: 불변 데이터

이 원리를 준수하려면, 데이터가 불변 자료구조로 표현돼야 한다. 다음 도식이 이를 나타낸다.

DOP 원리 #3: 불변 데이터

- 이점
  - 모두가 안심하고 데이터에 접근할 수 있다.
  - 코드의 동작이 예측 가능하다.
  - 빠른 동일성 확인을 사용할 수 있다.
  - 본질적으로 동시성 안전하다.
- 원리 #3 도입 비용
  - 성능 저하가 있다.
  - 별도의 영속 자료구조 라이브러리가 필요하다.

A.4 원리 #4: 데이터 표현과 분리된 데이터 스키마

코드에서 분리된 데이터를 불변인 범용 자료구조로 표현하고 나면, 데이터의 규격을 나타낼 방법이 궁금해진다. DOP에서는 데이터와 별도로 존재하는 데이터 스키마로 데이터가 어떤 규격을 갖길 바라는지를 나타낸다. 어떤 데이터에 스키마가 필요하고 어떤 데이터에 필요 없는지를 개발자가 결정할 수 있게 한다는 것이 원리 #4의 주된 이점이다.

원리 #4 데이터 표현에서 데이터 스키마를 분리하라.

A.4.1 원리 #4 설명

시스템에 저자를 추가하는 요청을 처리하는 상황을 생각해보자. 최대한 단순히, 요청에는 이름(firstName) 및 성(lastName)과 저자가 저술한 저서 수(books) 같은 저자의 기본 정보만 포함돼 있다고 가정해본다. 그중에서 저서 수는 생략 가능하다. (데이터를 범용 자료구조로 표현하라는) 원리 #2에서 봤듯이, DOP에서 요청 데이터는 문자열 맵으로 표현된다. 이 맵에는 다음과 같은 세 필드가 들어 있을 것이다.

- **firstName**: 문자열
- **lastName**: 문자열
- **books**: 숫자(생략 가능)

DOP에서 원하는 데이터의 규격은 요청 데이터와 별도로 관리되는 데이터로 표현된다. 가령, JSON 스키마(https://json-schema.org/)는 요청의 데이터 스키마를 맵으로 표현할 수 있다. 다음 코드는 JSON 스키마의 예다.

리스트 A.28 addAuthor 요청 데이터의 JSON 스키마

```
var addAuthorRequestSchema = {
  "type": "object",
  "required": ["firstName", "lastName"],
  "properties": {
    "firstName": {"type": "string"},
    "lastName": {"type": "string"},
    "books": {"type": "integer"}
  }
};
```

- 데이터가 맵이다(JSON에서는 맵을 object라고 부름).
- firstName과 lastName 필드만 필수다.
- firstName은 문자열이어야 한다.
- lastName은 문자열이어야 한다.
- books는 (값이 지정된다면) 숫자여야 한다.

데이터가 데이터 스키마에 부합하는지 확인하는 데는 유효성 확인 라이브러리가 사용된다. 예컨대, Ajv JSON 스키마 유효성 확인 라이브러리의 `validate` 함수가 데이터 유효성 확인에 사용될 수 있다. 이 함수는 데이터가 유효할 때 `true`를 반환하고, 유효하지 않을 때 `false`를 반환한다. 다음 코드가 이 방식을 보여준다.

리스트 A.29 Ajv를 사용한 데이터 유효성 확인

```
var validAuthorData = {
  firstName: "Isaac",
  lastName: "Asimov",
  books: 500
};

ajv.validate(addAuthorRequestSchema,
  validAuthorData); //   ◀── 데이터가 유효하다.
// → true

var invalidAuthorData = {
  firstName: "Isaac",
  lastNam: "Asimov",
  books: "five hundred"
};

ajv.validate(addAuthorRequestSchema,
  invalidAuthorData);   ◀── 데이터에 lastName이 아닌 lastNam이 있고
// → false                  books가 숫자가 아닌 문자열이다.
```

데이터가 유효하지 않으면, 사람이 읽기 좋은 형식으로 데이터 유효성 확인 실패 상세 결과가 제공된다. 다음 코드에서 확인할 수 있다.

리스트 A.30 데이터 유효성 실패 상세 결과

```
var invalidAuthorData = {
  firstName: "Isaac",
  lastNam: "Asimov",
  books: "five hundred"
};

var ajv = new Ajv({allErrors: true});   ◀── 기본으로, Ajv는 첫 번째 데이터 유효성 확인 실패 결과만 보관한다.
                                            모든 오류를 보관하려면 allErrors: true를 설정한다.
ajv.validate(addAuthorRequestSchema, invalidAuthorData);
ajv.errorsText(ajv.errors);   ◀── 데이터 유효성 오류는 내부에 배열로
// → "data should have required property 'lastName',   저장된다. 사람이 읽기 좋은 문자열로
// →  data.books should be number"   변환하려면 errorsText 함수를 사용한다.
```

A.4.2 원리 #4의 이점

데이터 표현에서 데이터 스키마를 분리하면 여러 이점을 누릴 수 있다. 여기서는 다음과 같은 이점을 상세히 다룬다.

- 어떤 데이터가 유효성 검증이 필요한지 자유롭게 선택할 수 있다.
- 필드가 생략 가능하다.
- 고급 데이터 유효성 조건을 지정할 수 있다.
- 데이터 모델 시각화를 자동 생성할 수 있다.

이점 #1: 유효성 검증이 필요한 데이터를 선택할 수 있는 자유

데이터 표현에서 데이터 스키마가 분리되면, 데이터 규격을 지정하지 않고도 데이터를 생성할 수 있게 된다. 이런 선택의 자유는 다양한 상황에서 유용하다.

- 신속한 프로토타이핑이나 실험
- 코드 리팩터링과 데이터 유효성 확인

프로토타이핑을 빠르게 진행한다고 해보자. 기존 OOP에서는 모든 데이터에 클래스가 사용된다. 따라서 아직 최종 규격이 결정되지 않은 코딩의 초기 탐색 단계에서 데이터 모델이 바뀔 때마다 클래스 정의를 변경해야 하므로 진행이 느려진다. DOP에서는 탐색 단계를 빠른 속도로 진행하고 데이터 스키마는 나중으로 미뤄 정의하는 게 가능하다.

흔한 리팩터링 패턴 중 하나는 단계 분할(https://refactoring.com/catalog/splitPhase.html)이다. 이 패턴은 큰 단일 함수를 고유 유효 범위[scope]를 갖는 작은 함수 여럿으로 나누는 리팩터링 방식을 말한다. 작게 분할된 함수는 더 큰 함수에서 이미 검증된 데이터를 사용해 호출된다. DOP에서는 내부 함수의 인자가 어떤 규격이어야 하는지를 지정할 필요가 없다. 이미 데이터의 유효성이 확인됐으므로 중복해서 확인할 필요가 없기 때문이다.

저자의 성명이나 다작 작가 여부 같은 저자에 대한 모종의 정보를 출력해야 한다고 해보자. 원리 #2를 설명하려고 앞서 제시됐던 코드를 저자의 성명과 다작 수준을 계산하는 데 사용하면, 다음 코드와 같은 `displayAuthorInfo`를 떠올릴 수 있다.

리스트 A.31 저자 정보 표시

```
class NameCalculation {
  static fullName(data) {
    return data.firstName + " " + data.lastName;
  }
}

class AuthorRating {
  static isProlific (data) {
    return data.books > 100;
  }
}

var authorSchema = {
  "type": "object",
  "required": ["firstName", "lastName"],
  "properties": {
    "firstName": {"type": "string"},
    "lastName": {"type": "string"},
    "books": {"type": "integer"}
  }
};

function displayAuthorInfo(authorData) {
  if(!ajv.validate(authorSchema, authorData)) {
    throw "displayAuthorInfo called with invalid data";
  };
  console.log("Author full name is: ",
    NameCalculation.fullName(authorData));
  if(authorData.books == null) {
    console.log("Author has not written any book");
  } else {
    if (AuthorRating.isProlific(authorData)) {
      console.log("Author is prolific");
    } else {
      console.log("Author is not prolific");
    }
  }
}
```

displayAuthorInfo 내부에서 가장 먼저 함수에 전달된 인자의 유효성을 확인하는 것을 알 수 있다. 이제, 이 간단한 예제에 단계 분할 리팩터링을 적용해 displayAuthorInfo를 내부 함수 두 개로 나누자.

- displayFullName은 저자의 성명을 표시한다.
- displayProlificity는 저자가 다작을 하는지 여부를 표시한다.

다음 코드는 리팩터링 결과다.

리스트 A.32 단계 분할 리팩터링 패턴의 적용

```
function displayFullName(authorData) {
  console.log("Author full name is: ",
    NameCalculation.fullName(authorData));
}

function displayProlificity(authorData) {
  if(authorData.books == null) {
    console.log("Author has not written any book");
  } else {
    if (AuthorRating.isProlific(authorData)) {
      console.log("Author is prolific");
    } else {
      console.log("Author is not prolific");
    }
  }
}

function displayAuthorInfo(authorData) {
  if(!ajv.validate(authorSchema, authorData)) {
    throw "displayAuthorInfo called with invalid data";
  };
  displayFullName(authorData);
  displayProlificity(authorData);
}
```

데이터 스키마를 데이터 표현에서 분리하면 내부 함수인 displayFullName과 displayProli

ficity의 인자에 데이터 스키마를 지정해야 할 필요가 사라진다. 이 때문에 리팩터링 과정이 좀 더 원활해진다. 어떤 경우에는 내부 함수가 더 복잡해서 인자의 데이터 스키마를 지정하는 것이 적합할 수 있다. DOP는 우리에게 선택권을 준다.

이점 #2: 생략 가능한 필드

OOP에서는 클래스의 멤버를 생략 가능하게 만들기 쉽지 않다. 예컨대, 자바에서는 자바 8에 도입된 Optional 클래스(http://mng.bz/4jWa) 같은 특별한 수단이 필요하다.[6] DOP에서 사용되는 맵의 필드는 특별한 수단 없이 생략 가능하게 선언할 수 있다. 사실, JSON 스키마에서 모든 필드는 기본으로 생략 가능하다.

필드를 생략 불가능하게 만들려면, required 배열에 필수 필드의 이름이 포함돼야 한다. 리스트 A.33의 저자 스키마를 보면, required 배열에 firstName과 lastName이 나열됐고 books는 생략 가능한 필드로 남아 있다. 생략 가능한 필드가 맵에 존재하면 스키마에 따라 그 값의 유효성이 확인된다.

리스트 A.33 생략 가능한 필드를 가진 스키마

```
var authorSchema = {
  "type": "object",
  "required": ["firstName", "lastName"],    ◀─ books 필드는 required에 포함되지 않아 생략 가능하다.
  "properties": {
    "firstName": {"type": "string"},
    "lastName": {"type": "string"},
    "books": {"type": "number"}    ◀─ 값이 존재하면 books는 반드시 숫자여야 한다.
  }
};
```

유효성 확인 함수가 생략 가능한 필드를 어떻게 다루지 설명해본다. 리스트 A.34와 같이 books 필드가 없는 맵은 유효하다고 인정된다. 리스트 A.35에서 보듯, 맵에 books 필드가 있지만 값이 숫자가 아니라면 유효하지 않은 것으로 처리된다.

6 아쉽지만, 자바의 Optional 클래스는 직렬화할 수 없어 모델 객체의 생략 가능한 필드를 나타내는 용도로 쓰기에 적합하지 않다. 따라서 Optional은 반환값이 생략될 수 있는 경우에만 쓰도록 권장된다. 자바에서는 생략된 필드를 나타낼 때 여전히 null을 추천한다. – 옮긴이

리스트 A.34 생략 가능한 필드가 없는 유효한 맵

```
var authorDataNoBooks = {
  "firstName": "Yehonathan",
  "lastName": "Sharvit"
};

ajv.validate(authorSchema, authorDataNoBooks);   ◀ books가 생략 가능한 필드이므로 유효성 확인이 성공한다.
// → true
```

리스트 A.35 유효하지 않은 생략 가능한 필드를 가진 맵

```
var authorDataInvalidBooks = {
  "firstName": "Albert",
  "lastName": "Einstein",
  "books": "Five"
};

validate(authorSchema, authorDataInvalidBooks);   ◀ books가 숫자가 아니므로 유효성 확인이 실패한다.
// → false
```

이점 #3: 고급 데이터 유효성 조건

DOP에서는 데이터 유효성이 실행 중에 확인된다. 덕분에 필드 타입 이상의 데이터 유효성 조건을 지정할 수 있다. 예를 들어, 어떤 필드가 문자열인지 확인할 수 있을 뿐 아니라 최대 글자 수가 지정된 문자열이나 허용 범위가 지정된 숫자인지도 확인할 수 있다.

JSON 스키마는 문자열을 정규식으로 확인하거나 숫자의 여러 가능한 수를 조건으로 제한하는 등 복잡한 데이터 유효성 조건을 다수 지원한다. 리스트 A.36의 저자 스키마에는 `firstName`과 `lastName`이 100자 이내의 문자열이고 `books`가 0에서 10,000 사이의 숫자여야 한다고 지정돼 있다.

리스트 A.36 데이터 유효성 조건이 복잡한 스키마

```
var authorComplexSchema = {
  "type": "object",
  "required": ["firstName", "lastName"],
```

```
  "properties": {
    "firstName": {
      "type": "string",
      "maxLength": 100
    },
    "lastName": {
      "type": "string",
      "maxLength": 100
    },
    "books": {
      "type": "integer",
      "minimum": 0,
      "maximum": 10000
    }
  }
};
```

이점 #4: 데이터 모델 시각화의 자동 생성

정의된 데이터 스키마 자체가 데이터인 만큼, 여러 데이터 모델 시각화 도구를 사용할 수 있다. JSON 스키마 뷰어(https://navneethg.github.io/jsonschemaviewer/)나 말리(https://github.com/metosin/malli) 같은 도구를 사용해 JSON 스키마로 UML을 생성할 수 있다.

예를 들어 리스트 A.37의 JSON 스키마에는 bookList 필드의 규격이 정의돼 있다. 이 필드는 도서가 요소인 배열이고 각 도서는 맵이다. 이것이 그림 A.4에 UML로 시각화돼 있다. 위 도구들은 JSON 스키마로 UML을 생성한다.

리스트 A.37 객체의 배열을 가진 JSON 스키마

```
{
  "type": "object",
  "required": ["firstName", "lastName"],
  "properties": {
    "firstName": {"type": "string"},
    "lastName": {"type": "string"},
    "bookList": {
      "type": "array",
```

```
      "items": {
        "type": "object",
        "properties": {
          "title": {"type": "string"},
          "publicationYear": {"type": "integer"}
        }
      }
    }
  }
}
```

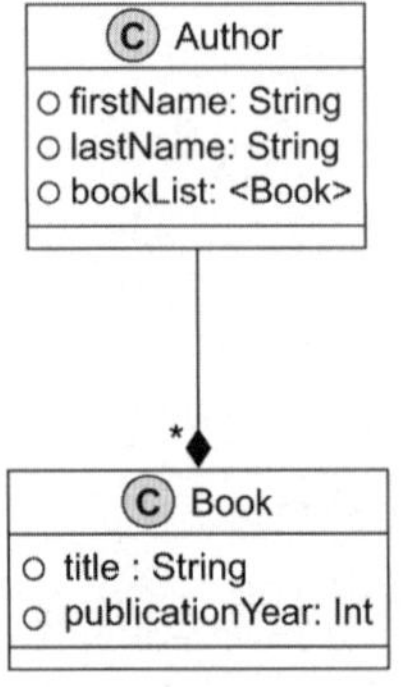

▲ **그림 A.4** UML로 시각화된 리스트 A.37의 JSON 스키마

A.4.3 원리 #4의 비용

원리 #4를 적용하면 대가가 따라온다. 다음은 여기서 살펴볼 비용이다.

- 데이터와 스키마의 연결이 약하다.
- 성능 저하가 소폭 발생한다.

비용 #1: 데이터와 스키마의 약한 연결

정의대로, 데이터 스키마와 데이터 표현이 분리되면 데이터와 스키마의 연결은 클래스로 데이터가 표현될 때에 비해 약해진다. 게다가 (JSON 스키마 같은) 스키마 정의 언어는 프로그래밍 언어의 일부가 아니다. 어디에 데이터 유효성 확인이 필요하고 어디에 필요하지 않은지 결정하는 것은 개발자에게 달려 있다. 말 그대로 큰 힘에는 큰 책임이 따르는 것이다.

비용 #2: 가벼운 성능 저하

앞서 언급한 대로, 대부분의 프로그래밍 언어에는 JSON 스키마 유효성 확인 구현체가 있다. DOP에서는 데이터 유효성을 실행 중에 확인하므로, 데이터 유효성을 확인하는 데 시간이 소요된다. OOP에서는 보통 데이터 유효성을 컴파일할 때 확인한다.[7]

OOP에서조차 일부 데이터 유효성 확인이 실행 중에 시행되기 때문에 아주 심각한 단점이라고 보기는 어렵다. 가령, 요청 JSON 데이터가 객체로 변환되면서 실행 중에 유효성 확인이 일어난다. 게다가, DOP에서는 일반적으로 대부분 개발 중에만 데이터 유효성 확인 부분을 활성화하고 시스템이 운영될 때는 비활성화한다. 따라서 성능 저하는 심각한 문제가 아니다.

A.4.4 원리 #4 요약

DOP에서는 데이터가 불변 범용 자료구조로 표현된다. 데이터 규격에 대한 부가 정보가 필요하면, 데이터 스키마를 (JSON 스키마를 사용해) 정의할 수 있다. 데이터 스키마를 데이터 표현으로부터 분리시키면 언제 데이터의 유효성을 확인해야 하는지를 자유롭게 결정할 수 있게 된다.

또한 데이터 유효성은 실행 중에 확인된다. 따라서 정적 데이터 타입을 넘어서는 데이터 유효성 조건이 표현될 수 있다. 하지만 앞서 말한 것처럼 큰 힘에는 큰 책임이 따르기 마련이므로, 개발자는 잊지 말고 데이터의 유효성을 확인해야 한다.

---

7 정확히는 OOP 언어가 아닌, 정적 타입 언어가 컴파일 시점에 타입 확인을 한다. OOP 언어 중에 동적 타입 언어는 컴파일 시점 타입 확인 과정이 없고, FP 언어 중에서도 정적 타입 언어는 컴파일 시점에 타입 확인을 한다. 저자는 많이 쓰이는 OOP 언어인 자바와 C#을 염두에 두고 이런 설명을 하고 있다. – 옮긴이

DOP 원리 #4: 데이터 표현과 분리된 데이터 스키마

이 원리를 준수하려면, 데이터 스키마와 데이터 표현을 분리하자. 다음 도식이 이를 나타낸다.

DOP 원리 #4: 데이터 표현과 분리된 데이터 스키마

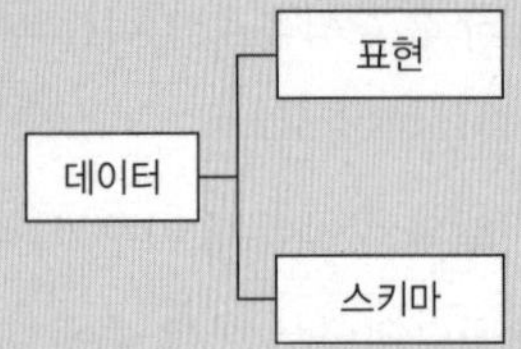

- 이점
  - 어떤 데이터가 유효성 검증이 필요한지 자유롭게 선택할 수 있다.
  - 필드가 생략 가능하다.
  - 고급 데이터 유효성 조건을 지정할 수 있다.
  - 데이터 모델 시각화를 자동 생성할 수 있다.
- 원리 #4 도입 비용
  - 데이터와 스키마의 연결이 약하다.
  - 성능 저하가 소폭 발생한다.

결론

DOP는 데이터를 일급 시민으로 다룸으로써 정보 시스템의 설계와 구현을 단순화한다. 이는 (그림 A.5와 같은) 네 가지 언어 중립적인 핵심 원리를 준수함으로써 가능해진다.

- 데이터와 코드의 분리
- 범용 자료구조로 표현되는 애플리케이션 데이터
- 불변으로 취급되는 데이터
- 데이터 표현과 데이터 스키마의 분리

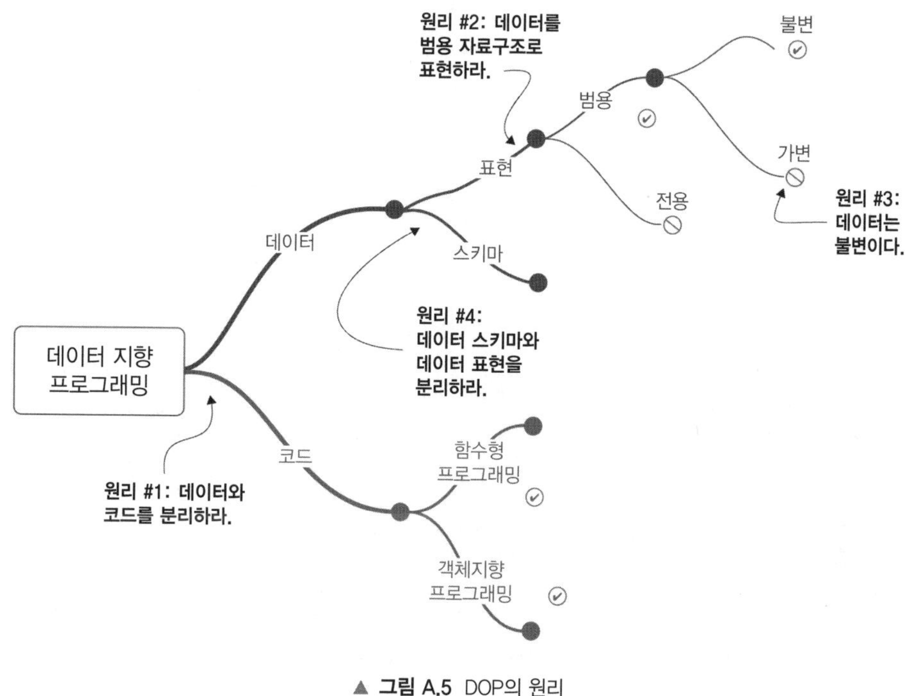

▲ **그림 A.5** DOP의 원리

부록 A에서는 각 원리가 FP와 OOP 언어에 어떻게 적용될 수 있는지를 설명했다. 그리고 각 원리의 이점과 원리를 준수할 때 드는 비용도 개괄적으로 살펴봤다.

부록 B

정적 타입 언어의 범용 데이터 접근

범용 자료구조로 데이터를 표현하는 방식은 자바스크립트, 루비, 파이썬 같은 동적 타입 프로그래밍 언어에서는 자연스럽게 들어맞는다. 하지만 자바나 C# 같은 정적 타입 프로그래밍 언어에서는 타입이 지정되지 않은 값을 가진 문자열 맵으로 데이터를 표현하는 방식은 다음과 같은 몇 가지 이유에서 자연스럽지 않다.

- 맵 필드에 접근하려면 타입 변환을 해야 한다.
- 맵의 필드 이름이 유효한지 컴파일 시점에 확인되지 않는다.
- IDE의 자동 완성이나 여타 편리한 기능을 사용하지 못한다.

이 부록에서는 정적 타입 언어에서 범용 데이터에 접근하는 방식을 개선하는 다양한 방법을 모색한다. 살펴볼 내용은 다음과 같다.

- 타입 변환 없이 맵의 필드에 접근할 수 있는 값 취득 메서드value getter
- 맵의 필드 이름 유효성을 컴파일 시점에 확인하는 이점을 얻을 수 있도록 해주는 타입 지정 취득 객체typed getter
- 자동 완성과 여타 IDE 편의 기능의 이점을 누릴 수 있도록 리플렉션을 사용하는 클래스의 범용 접근법

B.1 문자열 맵용 동적 취득 메서드

1부에서 제시했던 방식을 다시 한번 살펴보자. 1부에서는 레코드를 문자열 맵으로 표현했고 맵의 필드에 동적 취득 메서드dynamic getter와 타입 변환으로 접근했다.

> **|노트|** 이 부록에서 다루는 대부분의 코드는 자바를 사용하지만, 설명하는 방식은 C#이나 고(Go) 같은 다른 객체지향 정적 타입 언어에도 적용될 수 있다.

B.1.1 동적 취득 메서드로 중첩 없는 맵 필드 접근

이 부록 전체에서는 도서 레코드를 사용해 다양한 범용 데이터 접근 방법을 설명할 것이다. 도서 레코드는 세 부분으로 구성돼 있다.

- title(문자열)
- isbn(문자열)
- publicationYear(정수)

리스트 B.1은 두 도서 『왓치맨』과 『성공하는 사람들의 7가지 습관』을 자바로 표현하는 방법을 보여준다. 두 문자열 맵은 Object 타입의 값을 갖고 있다.

리스트 B.1 맵으로 표현된 두 책

```
var watchmenMap = Map.<String, Object>of(
  "isbn", "978-1779501127",
  "title", "Watchmen",
  "publicationYear", 1987
);

var sevenHabitsMap = Map.<String, Object>of(
  "isbn", "978-1982137274",
  "title", "7 Habits of Highly Effective People",
  "publicationYear", 2020
);
```

맵의 필드는 범용 동적 취득 메서드를 사용해서 접근할 수 있다. 다음은 동적 취득 메서드를 구현한 코드다.

리스트 B.2 동적 취득 메서드 구현

```
class DynamicAccess {
  static Object get(Map<String, Object> m, String k) {
    return (m).get(k);
  }
}
```

동적 취득 메서드는 맵의 필드 값을 조작하려면 타입 변환이 필요하다는 것이 단점이다. 예컨대, 리스트 B.3과 같이 `title` 필드 값으로 `toUpperCase` 문자열 메서드를 호출하려면 `String`으로 타입을 변환해야 한다.

리스트 B.3 동적 취득 메서드와 타입 변환을 사용한 맵 필드 접근

```
((String)DynamicAccess.get(watchmenMap, "title")).toUpperCase();
// → "WATCHMEN"
```

동적 취득 메서드는 문자열 맵이 표현하는 데이터의 타입에 대해 아무런 특정 지식도 요구하지 않는다는 측면에서 범용 데이터 접근 방법을 제공한다. 따라서 리스트 B.4에서와 같이 필드의 이름을 (예를 들어 사용자에게서) 동적으로 받을 수 있다. 문자열 맵의 도서 데이터 필드에 접근하는 데 있어서 도서를 정의한 클래스를 알아야 할 필요가 없으므로 이런 방식이 동작하는 것이다.

리스트 B.4 필드명을 동적으로 지정해 도서 리스트에서 도서명 리스트로 맵핑

```
var books = List.of(watchmenMap, sevenHabitsMap);
var fieldName = "title";

books.stream()
.map(x -> DynamicAccess.get(x, fieldName))
.map(x -> ((String)x).toUpperCase())
.collect(Collectors.toList());
// → ["WATCHMEN", "7 HABITS OF HIGHLY EFFECTIVE PEOPLE"]
```

동적 취득 메서드가 갖는 또 다른 측면의 범용성은 어느 유형의 데이터에도 사용될 수 있다는 것이다. 예를 들어, `title` 필드에 접근하는 데 사용된 동적 취득 메서드는 도서 정보뿐 아니라 어느 데이터라도 `title` 필드만 있다면 잘 동작한다.

B.1.2 동적 취득 메서드로 중첩된 맵 필드 접근

리스트 B.5는 검색 결과 예를 보여준다. 검색 결과가 다음과 같은 문자열 맵이라고 해보자.

- 키가 도서 ISBN이다.
- 값은 이전 절에서 쓰인 것과 같이 문자열 맵으로 표현된 도서 데이터다.

리스트 B.5 맵으로 표현된 검색 결과

```
var searchResultsMap = Map.<String, Object>of(
  "978-1779501127", Map.<String, Object>of(
    "isbn", "978-1779501127",
    "title", "Watchmen",
    "publicationYear", 1987
  ),
  "978-1982137274", Map.<String, Object>of(
    "isbn", "978-1982137274",
    "title", "7 Habits of Highly Effective People",
    "publicationYear", 2020
  )
);
```

검색 결과 맵의 도서 필드는 중첩돼 있다. 중첩된 맵의 필드에 접근할 수 있도록 리스트 B.6처럼 `DynamicAccess` 클래스에 `get` 메서드가 하나 추가됐다. 이 `get` 메서드는 중첩된 맵 필드의 정보 경로를 표현하는 문자열 리스트를 받는다.

리스트 B.6 중첩된 맵 필드에 접근하는 동적 취득 메서드 구현[1]

```
class DynamicAccess {
```

1 원서에서는 이 장의 모든 자바 코드에서 제네릭을 사용하지 않아서 추가했다. 불특정 타입을 다루는 이종 맵이라서 실행 중에 형변환을 해야 하므로 제네릭이 큰 의미는 없다. – 옮긴이

```
  static Object get(Map<String, Object> m, String k)  {
    return (m).get(k);
  }

  @SuppressWarnings("unchecked")
  static Object get(Map<String, Object> m, List<String> path) {
    Object v = m;
    for (String k : path) {
      if(!Map.class.isInstance(v))
        return null;

      v = get((Map<String, Object>) v, k);
      if (v == null) {
        return null;
      }
    }
    return v;
  }
}
```

앞서 살펴본 중첩 없는 맵 필드와 같이, 중첩된 맵 필드를 조작하려면 타입 변환이 필요하다. 리스트 B.7은 중첩된 맵 필드에 접근하는 방법을 보여준다. 이제는 타입 변환 없이 문자열 맵의 값을 조작하는 방법을 살펴보게 될 것이다.

리스트 B.7 중첩된 맵 필드의 동적 취득 메서드와 타입 변환 사용

```
((String)DynamicAccess.get(searchResultsMap,
List.of("978-1779501127", "title"))).toUpperCase();
// → "WATCHMEN"
```

B.2 맵 값 취득 메서드

문자열 맵의 필드 값을 조작하면서 타입 변환을 피하는 가장 단순한 방법은 동적 데이터 타입을 사용하는 것이다(부록 A 참고). 동적 데이터 타입은 C# 같은 언어에서는 제공되지만, 자바 같은 언어에서는 제공되지 않는다. 다음으로는 값 취득 메서드value getter로 타입 변환을 피하는 방법을 설명한다.

B.2.1 값 취득 메서드로 중첩 없는 맵 필드 접근

이번에도 값이 Object 타입인 문자열 맵으로 도서 정보가 표현된다. 다음 코드에서 데이터 표현을 확인할 수 있다.

리스트 B.8 맵으로 표현된 도서 두 권

```
var watchmenMap = Map.<String, Object>of(
  "isbn", "978-1779501127",
  "title", "Watchmen",
  "publicationYear", 1987
);

var sevenHabitsMap = Map.<String, Object>of(
  "isbn", "978-1982137274",
  "title", "7 Habits of Highly Effective People",
  "publicationYear", 2020
);
```

값 취득 메서드란 개념은 무척 단순하다. 메서드 외부에서 타입을 변환하는 대신, 메서드 내부에서 처리한다. 문자열에는 getAsString, 정수에는 getAsInt, 부동 소수점에는 getAsFloat, 불리언 값에는 getAsBoolean 등과 같이 타입마다 고유의 값 취득 메서드가 필요하다.

값 취득 메서드 방식은 아파치 위켓Apache Wicket(http://mng.bz/wnqQ)이나 Gson(https://github.com/google/gson) 같은 자바 라이브러리에서 사용됐다. 리스트 B.9는 맵 필드 값을 문자열로 얻는 getAsString[2]의 구현이다.

---

2 자바에서 메서드의 서명은 메서드 이름과 인자 타입으로 구성된다. 그래서 기존 메서드와 반환값의 타입만 다른 메서드는 추가 정의(overload)되지 못한다. 이런 문제를 해결하기 위해 반환값의 타입을 메서드 이름에 명기하는 관례가 생겼는데, 이때 사용되는 전치사가 'As'이다. 즉, getAsString()은 반환 타입이 String인 get 메서드란 뜻이다. – 옮긴이

리스트 B.9 맵 필드의 값 취득 메서드 구현

```
class DynamicAccess {
  static Object get(Map<String, Object> m, String k) {
    return (m).get(k);
  }

  static String getAsString(Map<String, Object> m, String k) {
    return (String)get(m, k);
  }
}
```

맵 필드의 값을 얻을 때는 타입 변환이 필요 없다. 가령, 다음 코드와 같이 도서명을 조작하면서 getAsString을 사용할 수 있다.

리스트 B.10 값 취득 메서드를 사용한 중첩 없는 필드 접근

```
DynamicAccess.getAsString(watchmenMap, "title").toUpperCase();
// → "WATCHMEN"
```

도서 리스트를 도서명 리스트로 매핑하는 작업은 타입 변환이 없어 좀 더 간편하다. 다음 코드는 그 예다.

리스트 B.11 값 취득 메서드로 맵 리스트 맵핑

```
var books = List.of(watchmenMap, sevenHabitsMap);

books.stream()
.map(x -> DynamicAccess.getAsString(x, "title"))
.map(x -> x.toUpperCase())
.collect(Collectors.toList());
// → ["WATCHMEN", "7 HABITS OF HIGHLY EFFECTIVE PEOPLE"]
```

B.2.2 값 취득 메서드로 중첩된 맵 필드 접근

값 취득 메서드 방식은 중첩된 맵 필드에 자연스럽게 적용된다. 동적 취득 메서드를 설명할 때와 같이 검색 결과는 리스트 B.12처럼 문자열 맵으로 표현된다고 가정한다. 도서 필드가 다음과 같이 검색 결과 맵에 중첩돼 있다.

- 키가 도서 ISBN이다.
- 값은 이전 절에서 쓰인 것과 같이 문자열 맵으로 표현된 도서 데이터다.

리스트 B.12 맵으로 표현된 검색 결과

```
var searchResultsMap = Map.<String, Object>of(
  "978-1779501127", Map.<String, Object>of(
    "isbn", "978-1779501127",
    "title", "Watchmen",
    "publicationYear", 1987
  ),
  "978-1982137274", Map.<String, Object>of(
    "isbn", "978-1982137274",
    "title", "7 Habits of Highly Effective People",
    "publicationYear", 2020
  )
);
```

타입 변환 없이 중첩된 맵 필드에 접근할 수 있도록 `DynamicAccess` 클래스에 `getAsString`이 추가됐다. 이 메서드는 다음 코드와 같이 중첩된 맵 필드의 정보 경로를 문자열 리스트로 받는다.

리스트 B.13 중첩된 맵 필드의 값 취득 메서드 구현

```
class DynamicAccess {
  static Object get(Map<String, Object> m, String k)  {
    return (m).get(k);
  }

  @SuppressWarnings("unchecked")
  static Object get(Map<String, Object> m, List<String> path) {
    Object v = m;
    for (String k : path) {
      if(!Map.class.isInstance(v))
        return null;
```

```
      v = get((Map<String, Object>) v, k);
      if (v == null) {
        return null;
      }
    }
    return v;
  }

  static String getAsString(Map<String, Object> m,, String k) {
    return (String)get(m, k);
  }

  static String getAsString(Map<String, Object> m,, List<String> p) {
    return (String)get(m, p);
  }
}
```

중첩된 값 취득 메서드를 사용해 타입 변환 없이 검색 결과 내부의 도서명을 조작할 수 있다. 다음 코드가 그 예를 보여준다.

리스트 B.14 값 취득 메서드를 사용한 중첩된 맵 필드 접근

```
var informationPath = List.of("978-1779501127", "title");

DynamicAccess.getAsString(searchResultsMap, informationPath)
.toUpperCase();
// → "WATCHMEN"
```

값 취득 메서드는 타입 변환을 피하면서 좀 더 간편하게 데이터에 접근할 수 있게 해준다. 이어지는 절에서는 타입 지정 취득 객체를 사용해 데이터가 문자열 맵으로 표현됐다고 해도 컴파일 시점에 타입을 확인하는 이점을 누리는 방법을 설명한다.

B.3 타입 지정 맵 취득 객체

타입 지정 취득 객체는 자바나 C#과 같이 제네릭 타입generic type을 지원하는 정적 타입 언어에 적용할 수 있다. 여기서는 자바로 타입 지정 취득 객체typed getter 방식을 설명한다.

B.3.1 타입 지정 취득 객체로 중첩 없는 맵 필드 접근

이전에 했던 것처럼 『왓치맨』과 『성공하는 사람들의 7가지 습관』을 자바에서 문자열 맵으로 표현해 사용해본다. 다음 코드에서 값이 Object 타입인 맵을 볼 수 있다.

리스트 B.15 맵으로 표현된 도서 두 권

```
Map watchmenMap = Map.<String, Object>of(
  "isbn", "978-1779501127",
  "title", "Watchmen",
  "publicationYear", 1987
);

Map sevenHabitsMap = Map.<String, Object>of(
  "isbn", "978-1982137274",
  "title", "7 Habits of Highly Effective People",
  "publicationYear", 2020
);
```

타입 지정 취득 객체는 타입 매개변수를 사용해 제네릭 객체를 만드는 것이다.[3] 제네릭 객체는 다음과 같은 정보를 가질 것이다.

- 필드 이름
- 필드 값의 타입

이제 이 객체를 문자열 맵에 사용해 타입이 지정된 맵의 필드 값을 얻을 수 있다. 예를 들어, 리스트 B.16에는 TITLE이라는 타입 지정 취득 객체가 있어 title이라는 필드의 값을 문자열로 얻는다. 타입 지정 취득 객체의 구현은 리스트 B.17과 같다.

리스트 B.16 타입 지정 취득 객체를 통한 맵 필드 접근

```
Getter<String> TITLE = new Getter<>("title");
TITLE.get(watchmenMap).toUpperCase();
// → "WATCHMEN"
```

3 이 책에서는 제네릭 클래스를 사용한 방법을 설명하지만, 정적 제네릭 메서드를 사용해 더 간결하게 동일한 동작을 하도록 구현할 수도 있다. – 옮긴이

리스트 B.17 타입 지정 취득 객체의 구현

```
class Getter <T> {
  private String key;

  public Getter(String k) {
    this.key = k;
  }

  @SuppressWarnings("unchecked")
  public T get (Map m) {
    return (T)(DynamicAccess.get(m, key));
  }
}
```

|**팁**| 타입 지정 취득 객체는 제네릭 객체다. 앞서 살펴봤던 값 취득 메서드와 달리 타입마다 별도의 구현이 필요하지 없다.

어떤 의미에서 타입 지정 취득 객체는 컴파일 시점 타입 확인과 자동 완성을 지원한다. 타입 지정 취득 객체의 이름인 TITLE에 오타가 있으면 컴파일러가 오류를 던지고, TITLE의 처음 몇 자를 입력하면 IDE가 자동으로 이름을 완성해준다. 하지만 타입 지정 취득 객체를 생성할 때 필드명은 문자열로 전달돼야 한다. 이 부분에서는 컴파일 시점의 확인이나 자동 완성이 지원되지 않는다. 타입 지정 취득 객체를 사용해 맵의 리스트를 매핑하는 것은 다음 코드와 같이 무척 단순하다.

리스트 B.18 타입 지정 취득 객체를 사용한 맵 리스트의 매핑

```
var books = List.of(watchmenMap, sevenHabitsMap);

books.stream()
.map(x -> TITLE.get(x))
.map(x -> x.toUpperCase())
.collect(Collectors.toList());
// → ["WATCHMEN", "7 HABITS OF HIGHLY EFFECTIVE PEOPLE"]
```

B.3.2 타입 지정 취득 객체로 중첩된 맵 필드 접근

타입 지정 취득 객체 방식은 중첩된 맵 필드로도 잘 확장된다. 값 취득 메서드에서와 같이 검색 결과가 리스트 B.19처럼 문자열 맵으로 표현된다고 해보자.

- 키가 도서 ISBN이다.
- 값은 이전 절에서 쓰인 것과 같이 문자열 맵으로 표현된 도서 데이터다.

리스트 B.19 맵으로 표현된 검색 결과

```
var searchResultsMap = Map.<String, Object>of(
  "978-1779501127", Map.<String, Object>of(
    "isbn", "978-1779501127",
    "title", "Watchmen",
    "publicationYear", 1987
  ),
  "978-1982137274", Map.<String, Object>of(
    "isbn", "978-1982137274",
    "title", "7 Habits of Highly Effective People",
    "publicationYear", 2020
  )
);
```

중첩된 맵 필드를 지원하기 위해 Getter 클래스에 정보 경로를 표현하는 문자열 리스트를 인자로 받는 생성자 하나가 추가된다. 다음 코드가 그 구현이다.

리스트 B.20 중첩된 맵용 타입 지정 취득 객체

```
class Getter <T> {
  private List<String> path;
  private String key;
  private boolean nested;

  public Getter (List<String> path) {
    this.path = path;
    nested = true;
  }
```

```
  public Getter (String k) {
    this.key = k;
    nested = false;
  }

  @SuppressWarnings("unchecked")
  public T get(Map<String, Object> m) {
    return (T)((nested) ?
      DynamicAccess.get(m, path):
      DynamicAccess.get(m, key));
  }
}
```

중첩된 맵 필드는 어떤 타입 변환 없이 타입 지정 취득 객체로 조작된다. 다음 코드에서 예를 볼 수 있다.

리스트 B.21 타입 지정 취득 객체로 중첩된 맵 필드 접근

```
var informationPath = List.of("978-1779501127", "title");

var NESTED_TITLE = new Getter<String>(informationPath); NESTED_TITLE.
get(searchResultsMap).toUpperCase();
// → "WATCHMEN"
```

타입 지정 취득 객체를 사용하는 이유는 여러 이점이 있기 때문이다.

- 타입 변환 불필요
- 타입마다 모두 취득 메서드를 구현할 필요성 제거
- 취득 객체 사용의 컴파일 시점 타입 확인
- 취득 객체 사용의 자동 완성

하지만 취득 객체를 생성할 때는 맵 필드 이름을 문자열로 지정해야 한다. 이제 데이터가 문자열 맵이 아닌 클래스로 표현될 때 범용 값 접근 방식을 제공하는 방법을 설명한다.

B.4 클래스 멤버의 범용 접근법

클래스 멤버에 범용 접근 방식을 제공하는 것은 지금까지와는 전혀 다른 방식이다. 이 기법을 사용하면, 기존 OOP처럼 데이터는 클래스로 표현되고 리플렉션reflection이 범용 데이터 접근을 제공하는 데 쓰인다.

> **|노트|** 클래스 멤버의 범용 접근 방식은 자바나 C#과 같이 리플렉션을 제공하는 정적 타입 언어에 적용될 수 있다. 여기서는 자바로 이 방식을 설명한다.

B.4.1 중첩 없는 클래스 멤버의 범용 접근법

데이터를 문자열 맵 대신 클래스로 표현할 수 있다. 이 클래스에는 데이터 멤버만 있고 클래스 멤버에 접근하는 방법으로 리플렉션을 통한 범용 방법이 제공된다. 이 방식은 읽기 전용 데이터 접근만 필요할 때는 쓸 만하다. 하지만 새로운 버전의 데이터를 생성하거나 새로운 데이터 필드를 추가할 때는 이 책의 1부와 같이 데이터를 맵으로 표현하는 편이 낫다.

> **|노트|** 여기서 제시하는 방식은 읽기 전용 데이터 접근에만 적용 가능하다.

다음은 도서를 클래스로 표현하는 몇 가지 지침이다. 해당 내용을 잘 기억해두자.

- 클래스는 (메서드 없이) 데이터 멤버만 가진다.
- 데이터 멤버의 가시성은 공개public다.
- 데이터 멤버는 불변이다.
- `hashCode()`, `equals()`, `toString()` 메서드는 적절하게 구현한다.

예를 들어 자바에서는 리스트 B.22처럼 데이터 멤버에 `public`과 `final`을 지정한다. 해당 코드에서 `hashCode()`, `equals()`, `toString()` 메서드의 구현은 단순화하려고 생략했다.

리스트 B.22 클래스로 표현된 도서

```
public class BookData {
  public final String isbn;
  public final String title;
  public final Integer publicationYear;
  public BookData (
    String isbn,
    String title,
    Integer publicationYear) {
      this.isbn = isbn;
      this.title = title;
      this.publicationYear = publicationYear;
    }

  public boolean equals(Object o) {
    // 단순화를 위해 생략
  }

  public int hashCode() {
    // 단순화를 위해 생략
  }

  public String toString() {
    // 단순화를 위해 생략
  }
}
```

자바 14부터는 데이터 레코드(http://mng.bz/q2q2)를 사용해 더욱 단순하게 데이터를 표현하는 방법이 생겼다. 데이터 레코드는 다음을 제공한다.

- 비공개 불변 필드
- 공개 읽기 전용 접근 메서드
- 레코드 구성 요소 목록에서 서명이 도출된 공개 생성자
- 두 레코드의 타입이 동등하고 레코드 구성 요소가 등등하면 동등하다고 판단하는 `equals()`와 `hashCode()` 메서드의 구현
- 레코드 구성 요소의 이름과 값을 문자열로 표현하는 `toString()` 구현

리스트 B.23 레코드로 표현된 도서

```
public record BookData (String isbn,
  String title,
  Integer publicationYear
) {}
```

『왓치맨』과 『성공하는 사람들의 7가지 습관』에 대한 객체(또는 레코드) 두 개를 만들자. 다음은 두 객체의 코드다.

리스트 B.24 두 도서 레코드

```
var watchmenRecord = new BookData(
  "978-1779501127",
  "Watchmen",
  1987
);

var sevenHabitsRecord = new BookData(
  "978-1982137274",
  "7 Habits of Highly Effective People",
  2020
);
```

데이터 멤버에는 자체 접근 메서드로 접근하는 것(가령 『왓치맨』의 제목은 `watchmen.title()`로 얻는 등)이 일반적인 방법이다. 접근해야 하는 데이터 멤버의 이름이 (웹 요청으로 전달된 값을 담은) 변수와 같이 동적으로 바뀌는 곳에 들어 있어 특정할 수 없다면 리플렉션을 사용해야 한다. 자바에서 리플렉션으로 도서 레코드의 `title` 필드에 접근하는 방법은 다음 코드와 같다.[4]

리스트 B.25 리플렉션을 통한 데이터 멤버 접근

```
var titleField = watchmenRecord.getClass().getDeclaredField("title");
titleField.setAccessible(true);
titleField.get(watchmenRecord);
// → "watchmen"
```

4 리플렉션 관련 예외 처리는 예제에서 생략했다. – 옮긴이

리스트 B.26은 리플렉션을 사용해서 어떤 데이터 멤버에도 접근할 수 있는 방법을 보여준다. 이 코드는 중첩 없는 클래스 멤버에 동적으로 접근하는 기능의 구현이다.

리스트 B.26 중첩 없는 클래스 멤버의 동적 접근

```
class DynamicAccess {
  @SuppressWarnings("unchecked")
  static Object get(Object o, String k)  {
    if(o instanceof Map) {
      return ((Map<String, Object>)o).get(k);
    }
    try {
      var f = o.getClass().getDeclaredField(k);
      f.setAccessible(true);
      return (f.get(o));
    } catch (IllegalAccessException | NoSuchFieldException e) {
      throw new RuntimeException(e);
    }
  }

  static String getAsString(Object o, String k) {
    return (String)get(o, k);
  }
}
```

이제, 범용의 동적인 방식으로 문자열 맵의 필드에 접근하듯이 데이터 멤버에도 접근할 수 있다. 다음 코드는 접근하는 예다.

리스트 B.27 클래스 멤버 동적 접근

```
((String)DynamicAccess.get(watchmenRecord, "title")).toUpperCase();
// → "WATCHMEN"
```

아무런 코드 변경 없이, (문자열 맵을 다루기 위해 부록 앞부분에서 제시됐던) 값 취득 메서드는 이제 클래스와 레코드에 쓰일 수 있다. 다음 코드는 이 방식으로 값 취득 메서드를 사용한 예다.

리스트 B.28 클래스 멤버 접근에 사용된 값 취득 메서드

```
DynamicAccess.getAsString(watchmenRecord, "title").toUpperCase();
// → "WATCHMEN"
```

클래스에 대한 정보가 없어도 리스트의 모든 객체를 순차적으로 매핑할 수 있다. 다음 코드에서 볼 수 있다.

리스트 B.29 값 취득 메서드로 리스트 객체 순차 매핑

```
var books = List.<BookData>of(watchmenRecord, sevenHabitsRecord);

books.stream()
.map(x -> DynamicAccess.getAsString(x, "title"))
.map(x -> x.toUpperCase())
.collect(Collectors.toList())
// → ["WATCHMEN", "7 HABITS OF HIGHLY EFFECTIVE PEOPLE"]
```

앞서 소개된 타입 지정 취득 객체도 조금만 수정하면 문자열 맵이 아닌 데이터 객체에 사용될 수 있다. 다음 코드에서 어떻게 동작하는지 살펴보자.

리스트 B.30 수정된 타입 지정 취득 객체와 객체 리스트의 매핑

```
class Getter <T> {
  private String key;

  public Getter(String k) {
  this.key = k;
  }

  @SuppressWarnings("unchecked")
  public T get (Object o) {
  return (T)(DynamicAccess.get(o, key));
  }
}

var TITLE = new Getter<String>("title");

var books = List.of(watchmenRecord, sevenHabitsRecord);
```

```
books.stream()
.map(x -> TITLE.get(x))
.map(x -> x.toUpperCase())
.collect(Collectors.toList());
// → ["WATCHMEN", "7 HABITS OF HIGHLY EFFECTIVE PEOPLE"]
```

B.4.2 중첩된 클래스 멤버의 범용 접근법

이전 절에서는 문자열 맵을 사용할 때와 같은 범용 방식으로 클래스의 데이터에 접근하는 방법을 설명했다. 클래스와 맵을 결합할 때 이 방식은 더욱 유용하다. 리스트 B.31은 다음과 같은 검색 결과 맵의 예다.

- 키가 도서 ISBN(문자열)이다.
- 값은 이전 절에서 쓰인 것과 같이 데이터 클래스(또는 레코드)로 표현된 도서 데이터다.

리스트 B.31 레코드의 맵으로 표현된 검색 결과

```
var searchResultsMap = Map.<String, BookData>of(
  "978-1779501127", new BookData(
    "978-1779501127",
    "Watchmen",
    1987
  ),
  "978-1982137274", new BookData(
    "978-1982137274",
    "7 Habits of Highly Effective People",
    2020
  )
);
```

중첩된 맵을 처리하려면 메서드 두 개를 추가해야 한다. 문자열 리스트를 인자로 받는 정적 메서드 get()과 getAsString()을 선언해야 한다.

리스트 B.32 중첩된 클래스 멤버를 얻는 값 취득 메서드 구현

```
class DynamicAccess {
  @SuppressWarnings("unchecked")
  static Object get(Object o, String k)  {
    if(o instanceof Map) {
      return ((Map<String, Object>)o).get(k);
    }
    try {
      var f = o.getClass().getDeclaredField(k);
      f.setAccessible(true);
      return (f.get(o));
    } catch (IllegalAccessException | NoSuchFieldException e) {
      throw new RuntimeException(e);
    }
  }

  static Object get(Object o, List<String> p) {
    Object v = o;
    for (String k : p) {
      v = get(v, k);
    }
    return v;
  }

  static String getAsString(Object o, String k) {
    return (String)get(o, k);
  }

  static String getAsString(Object o, List<String> p) {
    return (String)get(o, p);
  }
}
```

이제, 리스트 B.6의 예처럼 문자열 맵 속에 중첩된 데이터 멤버에 정보 경로를 사용해 접근할 수 있다. 리스트 B.6에서는 값 취득 메서드로 데이터 멤버에 접근한다.

리스트 B.33 맵에 중첩된 클래스 멤버에 접근하는 예

```
var informationPath = List.of("978-1779501127", "title");
DynamicAccess
  .getAsString(searchResultsRecords, informationPath)
  .toUpperCase();
// → "WATCHMEN"
```

데이터 요소가 중첩되는 또 다른 유형이 있다. 데이터 요소 자체가 객체인 경우다. 리스트 B.34는 BookAttributes 클래스로 bookAttributes 필드를 어떻게 만드는지 보여준다. 리스트 B.35는 중첩된 클래스의 예다.

리스트 B.34 중첩된 클래스로 표현된 도서 속성

```
public class BookAttributes {
  public Integer numberOfPages;
  public String language;
  public BookAttributes(Integer numberOfPages, String language) {
    this.numberOfPages = numberOfPages;
    this.language = language;
  }
}

public class BookWithAttributes {
  public String isbn;
  public String title;
  public Integer publicationYear;
  public BookAttributes attributes;
  public BookWithAttributes (
      String isbn,
      String title,
      Integer publicationYear,
      Integer numberOfPages,
      String language) {
        this.isbn = isbn;
        this.title = title;
        this.publicationYear = publicationYear;
        this.attributes = new BookAttributes(numberOfPages, language);
      }
}
```

리스트 B.35 중첩된 클래스의 예

```
var sevenHabitsNestedRecord = new BookWithAttributes(
  "978-1982137274",
  "7 Habits of Highly Effective People",
  2020,
  432,
  "en"
);
```

값 취득 메서드는 아무런 수정 없이 중첩된 데이터 요소에 잘 동작한다. 다음 코드와 같이 사용할 수 있다.

리스트 B.36 값 취득 메서드를 사용해 중첩 클래스 멤버에 접근하는 예

```
var informationPath = List.of("attributes", "language");
DynamicAccess.getAsString(sevenHabitsNestedRecord, informationPath).toUpperCase();
// → "EN"
```

B.4.3 객체의 JSON 자동 직렬화

이전 절에서 설명한 것과 비슷한 방식이 Gson 같은 JSON 직렬화 라이브러리가 자동으로 객체를 JSON으로 직렬화하는 데 사용된다. Gson은 리플렉션으로 클래스 멤버에 순차로 접근해서 각 요소 값의 JSON 표현을 생성한다. 리스트 B.37은 Gson의 실 사용 예다.

리스트 B.37 Gson을 사용한 객체의 JSON 직렬화

```
import com.google.gson.*;
var gson = new Gson();

var sevenHabitsRecord = new BookData(
  "978-1982137274",
  "7 Habits of Highly Effective People",
  2020
);

System.out.println(gson.toJson(sevenHabitsRecord));
// → {"title":"7 Habits of Highly Effective People", ...}
```

리스트 B.38은 맵에 중첩된 객체에서도 잘 동작하는 것을 보여준다. 이어서 리스트 B.39는 객체에 중첩된 객체의 예다.

리스트 B.38 Gson을 사용한 객체가 중첩된 맵의 JSON 직렬화

```
var searchResultsRecords = Map.<String, BookData>of(
  "978-1779501127", new BookData(
    "978-1779501127",
    "Watchmen",
    1987
  ),
  "978-1982137274", new BookData(
    "978-1982137274",
    "7 Habits of Highly Effective People",
    2020
  )
);

System.out.println(gson.toJson(searchResultsRecords));
// → {"978-1779501127":{"isbn":"978-1779501127","title":"Watchmen", ...}}
```

리스트 B.39 Gson을 이용한 객체가 중첩된 객체의 JSON 직렬화

```
var sevenHabitsNestedRecord = new BookWithAttributes(
  "978-1982137274",
  "7 Habits of Highly Effective People",
  2020,
  432,
  "en" );

System.out.println(gson.toJson(sevenHabitsNestedRecord));
// → {"isbn":"978-1982137274",
// → "title":"7 Habits of Highly Effective People", ...}
```

요약

이 부록에서는 정적 타입 프로그래밍 언어에서 범용 데이터 접근을 제공하는 다양한 방법을 제시했다. 각 방법의 이점과 결점을 정리하면 표 B.1과 같다. 각자의 프로그램에 DOP를 적용할 때는 데이터가 문자열 맵이나 클래스로 표현될 수 있다는 사실과 다음의 범용 데이터 접근 방법으로 얻을 이득을 기억하자.

- 동적 취득 메서드
- 값 취득 메서드
- 타입 지정 취득 객체
- 리플렉션

▼ **표 B.1** 적정 타입 프로그래밍 언어에서 범용 데이터 접근을 제공하는 다양한 방법

방법	표현	이점	결점
동적 취득 메서드	맵	범용 접근	타입 변환 필요
값 취득 메서드	맵	타입 변환 불필요	타입마다 별도 구현 필요
타입 지정 취득 객체	맵	데이터 접근의 컴파일 시점 타입 확인	취득 객체 생성 시 컴파일 시점 타입 확인 불가
리플렉션	클래스	완전한 컴파일 시점 타입 확인	읽기 전용

부록 C

패러다임의 발전과 데이터 지향 프로그래밍

데이터 지향 프로그래밍DOP의 기원은 1950년대에 리스프Lisp라는 프로그래밍 언어가 발명된 것에서 찾을 수 있다. DOP는 함수형 프로그래밍FP과 객체지향 프로그래밍OOP 모두에서 발견되는 여러 우수 실천법을 기반으로 한다. 하지만 이 패러다임은 2010년 이후 효율적인 영속 자료구조가 구현되고 나서야 실제 대규모 시스템에 적용됐다. 이 부록에서는 어떤 주요 발상과 발견이 오랜 세월에 걸쳐 이어져 DOP가 출현하게 됐는지를 추적해본다(그림 C.1 참고).

C.1 연력

C.1.1 1958년: 리스프

존 맥카시John McCarthy는 리스프에 두 가지 기발한 발상을 담았다. 데이터를 범용 불변 리스트로 표현하겠다는 것이 하나이고, 기본으로 리스트를 생성하고 임의의 지점에 접근할 수 있는 언어를 발명하겠다는 것이 다른 하나다. 그래서 리스트list에서 따온 'lis'와 '처리'라는 뜻을 지닌 프로세싱processing의 'p'가 합쳐져 '리스프Lisp'라는 이름이 만들어졌다.

어떤 면에서 리스프 리스트는 자바스크립트 객체 리터럴의 조상이다. 데이터를 범용 자료구조(DOP 원리 #2)로 표현하는 것이 합리적이라는 생각은 분명히 리스프에서 유래했다.

리스프 리스트의 가장 명확한 한계는 리스트를 갱신할 때면 리스트를 복제해서 새로운 버전의 리스트를 만들어야 한다는 것이다. 이 방식은 CPU와 메모리 모두의 성능에 부정적인 영향을 미친다.[1]

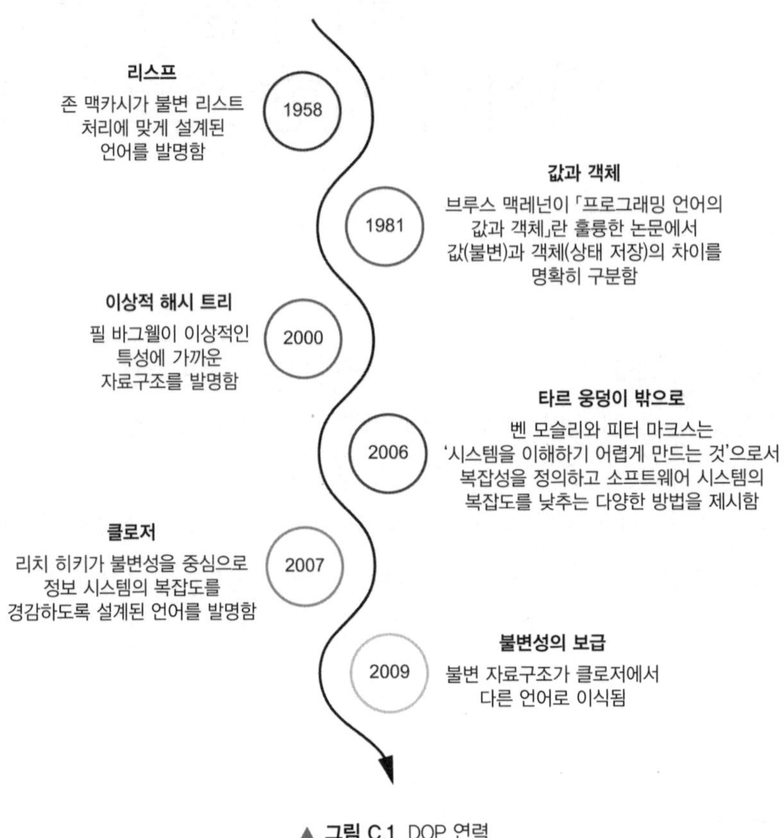

▲ **그림 C.1** DOP 연력

1 리스프의 리스트는 구조적 공유 방식이기 때문에 부분적으로는 영속 자료구조다. 리스트의 앞에 새 항목이 추가될 때는 복제가 필요 없고 성능 문제도 없다. 다만, 리스트의 첫 항목 이후가 갱신된다면 그 위치만큼 복제가 일어나야 한다. 이 책에서는 모든 경우에 영속 자료구조로서 이상적 특성을 보이는 필 바그웰의 HAMT만을 영속 자료구조로 취급하는 엄격한 입장을 보인다. – 옮긴이

C.1.2 1981년: 값과 객체

짧고 이해하기 쉬운 「프로그래밍 언어의 값과 객체Values and Objects in Programming Languages」라는 논문에서 브루스 맥레넌Bruce MacLennan은 값과 객체의 차이를 명확하게 설명한다. 간단히 정리하면 다음과 같다.

- 값(예: 숫자)은 시간과 무관해서 갱신, 공유, 생성이 아무런 의미가 없는 추상화다.
- 객체(예: 인사관리 시스템의 직원 객체)는 시간 내에 존재하며, 따라서 생성되고 소멸되고 복사되고 공유되고 갱신될 수 있다.

|**노트**| 이 논문에서 말하는 '객체'라는 용어는 의미 면에서 OOP의 객체와 정확히 동일하지 않다.

저자는 객체를 다루는 코드를 작성하는 것보다 값을 다루는 코드를 작성하는 것이 훨씬 단순한 이유를 설명한다. 코드 대부분이 값을 처리하는 방식으로 시스템을 구현하도록 권장하는 DOP는 이 논문에서 영감을 받았다. 해당 논문은 웹 사이트(http://mng.bz/7WNy)에서 읽을 수 있다.

C.1.3 2000년: 이상적 해시 트리

필 바그웰Phil Bagwell은 HAMTHash Array Mapped Trie라고 하는 자료구조를 발명했다. 그는 자신의 논문 「이상적 해시 트리Ideal Hash Trees」에서 연산과 메모리 사용 모두의 측면에서 거의 이상적인 특성을 보이는 해시맵을 구현하는 데 HAMT를 사용했다. 9장에서 설명한 것처럼, HAMT와 이상적 해시 트리는 효율적인 영속 자료구조의 토대다. 이 기술적인 논문을 읽으려면 웹 문서(https://lampwww.epfl.ch/papers/idealhashtrees.pdf)를 참조하자.

C.1.4 2006년: 타르 웅덩이 밖으로

벤 모슬리Ben Moseley와 피터 마크스Peter Marks는 자신들의 논문 「타르 웅덩이 밖으로Out of the Tar Pit」에서 대규모 소프트웨어 시스템 개발의 최대 난관이 복잡성이라고 주장한다. 논문에 따르면, 복잡성이란 '대규모 시스템을 이해하기 어렵게 만드는 것'을 의미한다.

저자들의 핵심 통찰은 소프트웨어 시스템의 복잡성 대부분이 본질적인 것이 아닌 우발적인 것[2]이라는 점이다. 소프트웨어의 복잡성이 우리가 풀려는 문제에 원래부터 포함돼 있는 것이 아니라 문제를 풀려고 사용하는 소프트웨어 구축 과정에서 생긴다는 말이다. 저자들은 소프트웨어 시스템의 복잡도를 경감하는 다양한 방법을 제안한다.

어떤 의미로, DOP는 타르 웅덩이에서 벗어나는 방법이다. 이 논문의 사본은 웹 사이트(http://mng.bz/mxq2)에서 내려받을 수 있다.

C.1.5 2007년: 클로저

OOP 전문가인 리치 히키Rich Hickey는 대규모 정보 시스템을 더 쉽게 개발할 수 있도록 클로저Clojure를 발명했다. 리치 히키는 클로저의 핵심 가치를 '그냥 맵을 사용해Just use maps!'라는 문장으로 요약하곤 한다. 그가 말하는 맵은 범용 함수로 효율적으로 조작할 수 있는 불변 맵이다. 클로저의 맵은 필 바그웰이 자신의 논문 「이상적 해시 트리」에서 제시한 자료구조를 사용해 구현됐다.

클로저는 DOP에 필요한 주요 영감을 얻게 해줬다. 어떤 면에서, 이 책은 클로저의 기본 원리와 이를 다른 프로그래밍 언어에 적용하는 방법을 형식화한 결과다.

C.1.6 2009년: 불변성의 보급

클로저에서 효율적으로 구현된 영속 자료구조는 다른 프로그래밍 언어 개발자에게도 매력적인 것이었다. 2009년에는 이들 자료구조가 스칼라로 이식됐으며,[3] 그 후로 다른 프로그래밍 언어에도 이식됐다. 페이스북 같은 회사의 Immutable.js나 글렌 피터슨Glen Peterson 같은 개인 개발자의 자바용 파구로Paguro가 그 예다. 오늘날, DOP는 거의 모든 프로그래밍 언어에

2 「은탄환은 없다(No Silver Bullet)」라는 논문에서 프레데릭 브룩스(Frederick Brooks)는 소프트웨어를 만드는 어려움은 대부분 요구 사항을 도출하고 분석하고 모델링하고 설계하는 소프트웨어의 본질적인 면에 있으므로, 아무리 소프트웨어를 만드는 도구나 언어 같은 기술이 발달해 우발적(비본질적)인 복잡도를 낮추더라도 큰 진전이 없을 것이라고 주장했다. – 옮긴이

3 여기서 클로저에서 먼저 구현됐다는 효율적인 영속 자료구조는 필 바그웰의 HAMT를 말한다. 효율이 떨어지지만 영속 자료구조 특성을 가진 불변 자료구조 자체는 그 전부터 스칼라에 있었다. HAMT는 스칼라 2.8에 적용됐으며, 클로저 구현이 직접 스칼라로 이식된 것은 아니다. – 옮긴이

적용될 수 있다.

C.2 우수 실천법으로서 DOP 원리

이 책 전체에서 소개한(그리고 부록 A에서 형식화한) DOP 원리는 새로운 것이 아니라, 다양한 프로그래밍 언어의 소프트웨어 개발자 사이에 널리 알려진 우수 실천법에서 비롯됐다. DOP의 혁신이라면, 이 원리들을 하나의 통합된 체계로 합친 것이다. 여기서는 네 가지 DOP 원리 각각을 더 큰 관점에서 살펴본다.

C.2.1 원리 #1: 코드와 데이터의 분리

코드와 데이터의 분리는 OOP와 FP 사이의 주요 논쟁거리였다. 기존의 OOP에서는 데이터를 상태를 갖고 있는 객체에 코드와 함께 캡슐화한다. 반면에 FP에서는 상태가 없는 함수를 작성하고 조작할 데이터는 명시적인 인자로 전달받는다.

FP에서도 데이터를 구문상 변수 영역에 캡슐화하는 방식(https://developer.mozilla.org/en-US/docs/Web/JavaScript/Closures)으로 상태를 가진 함수를 작성할 수 있기 때문에 이런 차이는 해가 갈수록 줄어들었다. 게다가, 자바나 C# 같은 OOP 언어는 무명 함수(또는 람다식) 지원이 추가됐다.

C.2.2 원리 #2: 범용 자료구조로 표현되는 데이터

1995년 12월에 발표된 자바스크립트의 주요 혁신 중 하나는 객체 리터럴로 해시맵을 쉽게 만들고 조작할 수 있다는 것이었다. 자바스크립트가 여러 해 동안 (프론트엔드, 백엔드, 데스크톱 등) 모든 곳에서 사용되는 언어로 인기를 얻으면서 개발자 공동체에는 데이터를 가능한 한 해시맵으로 표현하는 분위기가 확대됐다. 이런 경향은 동적 타입 언어에서는 더 자연스럽게 느껴지지만, 부록 B에서 본 것처럼 정적 타입 프로그래밍 언어에도 적용 가능하다.

C.2.3 원리 #3: 불변 데이터

데이터 불변성은 프로그램의 동작을 더욱 예측 가능하게 만드는 우수 실천법으로 취급된다. 예컨대, 『이펙티브 자바』(인사이트, 2018)에서 조슈아 블로크Joshua Bloch는 자바 우수 실천법 중 하나로 '변경 가능성을 최소화하라'라는 말을 했다. 많은 사람에게 OOP의 창시자로 여겨지는 앨런 케이가 불변성의 가치에 대해 언급한 유명한 말을 인용하면 다음과 같다.

> 비록 비유적인 표현이라 하더라도, 내부 상태가 엉망으로 꼬이는 것은 어떤 프로그래머도 원하지 않는 일이다. 대신, 객체는 동적 구성 요소로 쓰기에 더 적합한 상위 행위가 있는 장소로 제공돼야 한다. 오늘날 '객체지향 프로그래밍'이라고 부르는 것의 대부분이 더 화려한 구조를 가진 구식 프로그래밍에 불과한 것은 안타까운 일이다. 많은 프로그램이 더 비싼 첨부 프로시저procedure로 처리되는 '할당 방식assignment-style' 연산으로 가득하다.
>
> — 앨런 케이('스몰토크 초기 역사The Early History of Smalltalk', 1993)

안타깝지만, 2007년 클로저에서 효율적인 영속 자료구조가 구현되기 전까지는 불변성을 대규모 애플리케이션에 적용하는 것이 불가능했다. 9장에서 언급했듯, 요즘에는 효율적인 영속 자료구조를 대부분의 프로그래밍 언어에서 사용할 수 있다. 표 C.1에 해당 내용을 정리했다.

▼ **표 C.1** 영속 자료구조 라이브러리

언어	라이브러리
자바	파구로: https://github.com/GlenKPeterson/Paguro
C#	언어 기본 제공: http://mng.bz/y4Ke
자바스크립트	Immutable.js: https://immutable-js.com/
파이썬	퍼시스턴트: https://github.com/tobgu/pyrsistent
루비	햄스터: https://github.com/hamstergem/hamster

그뿐 아니라, 많은 언어가 기본으로 읽기 전용 객체를 지원한다. 자바는 레코드 클래스(http://mng.bz/q2q2)를 자바 14에 추가했고, C#은 레코드 타입을 C# 9에 도입했다. 자바스크립트에는 불변 레코드와 튜플을 지원하자는 ECMA스크립트ECMAScript 제안(https://github.

com/tc39/proposal-record-tuple)이 있다. 마지막으로, 파이썬 3.7은 불변 데이터 클래스(https://docs.python.org/3/library/dataclasses.html)를 도입했다.

C.2.4 원리 #4: 데이터 표현과 분리된 데이터 스키마

동적 타입 프로그래밍 언어에 대한 강도 높은 비판 중 하나는 데이터 타입 확인의 결핍과 관련돼 있었다. 동적 타입 프로그래밍 언어 측에서 이와 같은 비판에 대해 흔히 내놓는 주장은 데이터 안전성 대신 데이터 유연성을 얻는다는 것이었다. JSON 스키마(https://json-schema.org/) 같은 데이터 스키마 언어가 개발된 후로는 데이터가 해시맵으로 표현되더라도 데이터 유효성을 확인하는 것이 당연해졌다. 7장과 12장에서 본 것처럼, 데이터 유효성 확인이 단지 가능할 뿐 아니라 어떤 면에서는 데이터가 클래스로 표현될 때보다 더욱 강력하다.

C.3 DOP와 다른 데이터 관련 패러다임

이제 DOP와 이름에 '데이터'라는 단어가 동일하게 들어가 있는 다른 두 가지 프로그래밍 패러다임 간의 차이를 명확히 구분해보자. 하나는 데이터 지향 디자인data-oriented design이고, 다른 하나는 데이터 주도 프로그래밍data-driven programming이다.[4]

> 컴퓨터 과학에서 어려운 일은 캐시 무효화와 작명, 두 가지뿐이다.
>
> — 필 칼튼Phil Karlton

각 패러다임은 저마다 고유의 목표가 있고, 데이터의 서로 다른 측면에 초점을 맞춰 그 목표를 추구한다. 표 C.2에서 해당 목표들을 요약한 후 각 패러다임을 좀 더 자세히 다뤄본다.

4 여기서 비교하는 세 패러다임이 개념상 서로 관련이 있어 비교하는 것은 아니며, 단지 이름이 비슷할 뿐 서로 다른 것임을 알려주는 데 그 목적이 있다. 다시 말해, 전혀 다른 개념들이라서 비교 대상 자체가 되지 않는다. - 옮긴이

▼ **표 C.2** 데이터 관련 패러다임: 목표와 집중하는 주 데이터의 측면

패러다임	목표	주 데이터 관점
데이터 지향 설계	성능 향상	데이터 저장 구조
데이터 주도 프로그래밍	명확성 향상	데이터로 기술되는 동작
데이터 지향 프로그래밍	복잡도 경감	데이터 표현

C.3.1 데이터 지향 설계

데이터 지향 설계는 CPU 캐시의 효율적인 사용을 추구하는 프로그램 최적화 방법으로, 대부분 비디오 게임 개발에서 사용된다. 이 방법은 데이터가 메모리에 저장되는 구조에 초점을 맞춘다. 필요에 따라 필드를 분리하거나 정렬하고 데이터 변환에 대해 신경 쓰도록 장려한다. 이 맥락에서 가장 중요한 것은 데이터가 메모리에 저장되는 방식이다. 이 패러다임의 목표는 시스템의 성능을 개선하는 것이다.

C.3.2 데이터 주도 프로그래밍

데이터 주도 프로그래밍은 서술형 데이터로 된 도메인 특화 언어[DSL, Domain Specific Language]를 만들자는 발상을 말한다. 이는 선언적 프로그래밍의 한 갈래다. 이 맥락에서는 데이터로 프로그램의 행위를 서술하는 것이 무엇보다 중요하다. 이 패러다임의 목표는 코드 명확성을 향상시키고 프로그램의 동작을 구현하다가 저지르는 실수로 인한 버그의 위험을 감소시키는 것이다.

C.3.3 데이터 지향 프로그래밍

이 책에서 설명한 것처럼, 데이터 지향 프로그래밍은 시스템 데이터를 일급 시민으로 취급하자는 패러다임이다. 데이터는 맵과 벡터(배열이나 리스트) 같은 범용 불변 자료구조로 표현되고 `map`, `filter`, `select`, `group`, `sort` 등과 같은 범용 함수로 조작된다. 이 맥락에서 중요한 것은 프로그램에 의한 데이터의 표현이다. 이 패러다임의 목표는 시스템의 복잡도를 경감시키는 것이다.

요약

이 부록에서는 DOP에 영감을 준 발상과 경향을 알아봤다. 또한 대부분의 프로그래밍 언어에서 대규모 시스템에 적용 가능해진 여러 발견을 살펴봤다.

부록 D

로대시 요약

이 책에서는 범용 함수로 어떻게 데이터를 조작하는지 설명하는 데 로대시(https://lodash.com/)가 쓰였다. 하지만 로대시가 특별할 것은 없다. 정확히 동일한 방식이 다른 데이터 조작 라이브러리로 구현돼 있거나 직접 구현될 수 있다.

아울러, 로대시 FP(https://github.com/lodash/lodash/wiki/FP-Guide)가 변경 없이 데이터를 조작하는 데 사용됐다. 기본적으로는 불변 버전의 로대시 함수와 원래 로대시 함수의 인자 순서가 다르다. 리스트 D.1과 같이 로대시를 설정하면, 변경 가능 버전의 함수와 불변 버전의 함수가 정확히 동일한 함수 서명[signature]을 갖게 된다.

리스트 D.1 불변 함수 구성

```
_ = fp.convert({
  "cap": false,
  "curry": false,
  "fixed": false,
  "immutable": true,
  "rearg": false
});
```

이 간략한 부록에서는 이 책에 사용된 28가지 로대시 함수를 정리했으므로, 로대시 함수를 사용한 코드를 살펴볼 때 잘 이해되지 않는다면 도움이 될 것이다. 함수는 크게 세 분류로 나뉘어 있다.

- 표 D.1: 맵 관련 함수
- 표 D.2: 배열 관련 함수
- 표 D.3: 컬렉션(배열과 맵) 관련 함수

표는 세 가지 열로 구성된다.

- '함수' 열은 함수 서명이다.
- '설명' 열에는 함수에 대한 간략한 설명이 적혀 있다.
- '장' 열의 숫자는 함수가 처음 사용된 장을 의미한다.

▼ **표 D.1** 맵 관련 함수

함수	설명	장
at(map, [paths])	맵의 경로에 해당하는 값으로 된 배열을 생성한다.	10
get(map, path)	경로에 있는 맵 값을 얻는다.	3
has(map, path)	경로가 가리키는 필드가 맵에 있는지 확인한다.	3
merge(mapA, mapB)	mapA와 mapB를 재귀적으로 결합한 맵을 생성한다.	5
omit(map, [paths])	맵에서 경로에 없는 필드로 구성된 맵을 생성한다.	10
set(map, path, value)	주어진 map에 <path, value> 필드를 더한 새로운 맵을 생성한다.	4
values(map)	맵의 값을 배열로 생성한다.	3

▼ **표 D.2** 배열 관련 함수

함수	설명	장
concat(arrA, arrB)	arrA와 arrB를 이어 붙인 새 배열을 생성한다.	5
flatten(arr)	배열의 배열인 arr을 단일 배열로 평탄화한다.	14
intersection(arrA, arrB)	arrA와 arrB 모두에 속한 고유 값으로 구성된 새 배열을 생성한다.	5

(이어짐)

함수	설명	장
nth(arr, n)	arr의 n번째 요소를 반환한다.	10
union(arrA, arrB)	arrA와 arrB의 고유 값으로 구성된 새 배열을 생성한다.	5
uniq(arr)	arr에서 중복을 제거하고 유일한 값만으로 구성된 배열을 반환한다.	14

▼ **표 D.3** 컬렉션(배열과 맵) 관련 함수

함수	설명	장
every(coll, pred)	pred가 coll의 모든 요소에 true를 반환하는지 확인한다.	15
filter(coll, pred)	coll의 요소를 순회하면서 pred가 true를 반환하는 모든 요소의 배열을 반환한다.	3
find(coll, pred)	coll의 요소를 순차 탐색해서 pred가 true를 반환하는 첫 요소를 반환한다.	15
forEach(coll, f)	coll의 모든 요소를 차례로 f에 대입한다.	14
groupBy(coll, f)	coll의 각 요소로 f를 실행해 반환된 결과가 키가 되는 맵을 생성한다. 각 키에 대응하는 값은 해당 키를 생성하는 데 쓰인 요소의 배열이다.	10
isEmpty(coll)	coll이 비었는지 확인한다.	5
keyBy(coll, f)	coll의 각 요소를 f에 적용해 얻은 결과를 키로 하는 맵을 생성한다. 각 키에 대응되는 값은 해당 키를 생성하는 데 마지막으로 사용된 요소다.	11
map(coll, f)	coll의 모든 요소에 f를 적용한 값을 배열로 생성한다.	3
reduce(coll, f, initVal)	coll의 각 요소로 f 함수를 수행해 누적된 결과를 한 값으로 축소한다. f를 호출할 때 이전 f 함수의 반환값이 인자로 전달된다.	5
size(coll)	coll의 크기를 반환한다.	13
isEqual(collA, collB)	collA와 collB의 중첩된 요소를 포함한 모든 요소에 대해 비교를 수행한다.	6
isArray(coll)	coll이 배열인지 확인한다.	5
isObject(coll)	coll이 컬렉션인지 확인한다.	5

찾아보기

데이터 지향 프로그래밍

불필요한 복잡도를 낮추는 설계 원칙의 발견

발　행 | 2024년 10월 31일

지은이 | 예호나탄 샤르빗
옮긴이 | 박 성 철

펴낸이 | 옥 경 석
편집장 | 황 영 주
편　집 | 김 진 아
임 지 원
디자인 | 윤 서 빈

에이콘출판주식회사
서울특별시 양천구 국회대로 287 (목동)
전화 02-2653-7600, 팩스 02-2653-0433
www.acornpub.co.kr / editor@acornpub.co.kr

ISBN 979-11-6175-922-7
http://www.acornpub.co.kr/book/data-oriented-programming

책값은 뒤표지에 있습니다.

OOP에서 DOP로

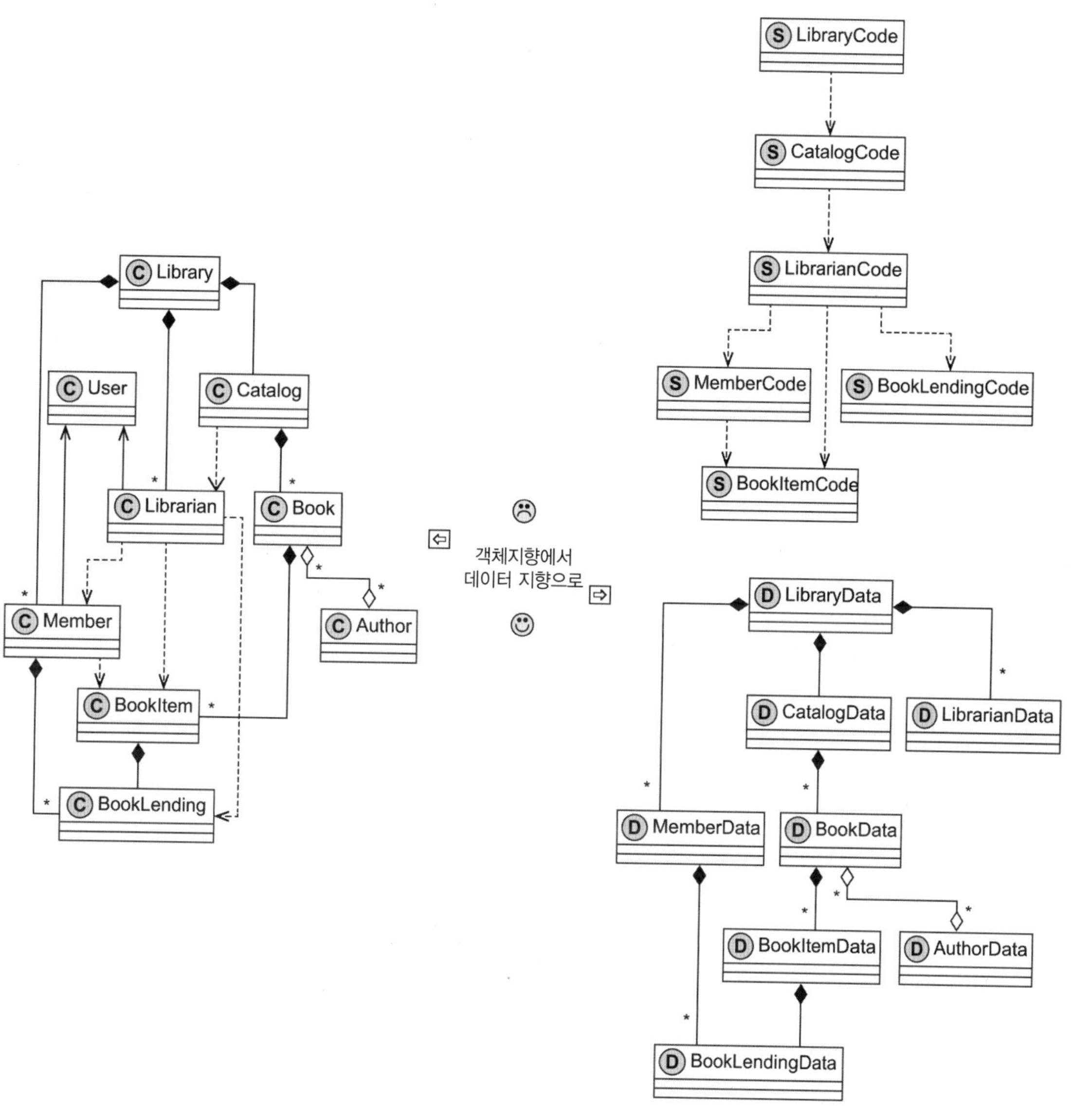
Library
User
Catalog
Librarian
Book
Member
Author
BookItem
BookLending
객체지향에서
데이터 지향으로
LibraryCode
CatalogCode
LibrarianCode
MemberCode
BookLendingCode
BookItemCode
LibraryData
CatalogData
LibrarianData
MemberData
BookData
BookItemData
AuthorData
BookLendingData